Im Lehrbuch findest du unterschiedlich gekennzeichnete Seiten.
Die Inhalte sollen dich bei der Aneignung naturwissenschaftlicher Kompetenzen unterstützen.

Inhaltsseiten

Inhaltsseiten vermitteln dir – unterstützt durch Merksätze, Tabellen und Übersichten – Grundlagenwissen über wichtige Erscheinungen, Begriffe, Zusammenhänge und Gesetze.
Hier kannst du nachlesen, wenn du im Unterricht etwas nicht verstanden hast.

Physik im Alltag

An Beispielen wird dir gezeigt, wie dir dein Wissen helfen kann, den Alltag zu verstehen, und wie du Probleme lösen, Fragen beantworten oder Sachverhalte bewerten kannst.

Interessantes aus …

Interessantes aus der Natur, der Technik, der Geschichte oder der Wissenschaft bietet dir zusätzliche Informationen, die über die obligatorischen Inhalte hinausgehen.

So kannst du vorgehen

Auf diesen Seiten wird dir an Beispielen gezeigt, wie du typische Tätigkeiten und Methoden ausführen kannst und was dabei zu beachten ist.
Dieses Methodenwissen brauchst du im gesamten Physikunterricht.

Selbst erforscht

Du erhältst Anregungen für selbstständiges Experimentieren. Dabei wirst du feststellen, dass du durch eigenes Experimentieren manche Dinge besser verstehst und dass Physik richtig Spaß machen kann.
Einige der Experimente kannst du zu Hause durchführen.

Gemeinsam erkunden

Auf diesen Seiten findest du neben Sachinformationen interessante Fragen, Anregungen und Experimente zu einem **Projekt.** Hier ist Teamarbeit angesagt. Ihr könnt auch Ideen für eigene Projekte entwickeln.

Das Wichtigste im …

Auf diesen Überblicksseiten wird das Wesentliche eines Abschnitts übersichtlich und strukturiert dargestellt.

Basiskonzepte

Basiskonzepte fassen grundlegende Inhalte aus dem Kapitel zusammen, die für alle physikalischen Prozesse und Phänomene gelten.
Die Seiten helfen dir, dein Wissen zu strukturieren und Zusammenhänge zu erkennen.

Erfasst und vernetzt

Auf diesen Seiten findest du Aufgaben zu einem größeren Kapitel. Hier kannst du zeigen, wie du mit Fachwissen umgehen, Methoden nutzen, Informationen erschließen und austauschen sowie Sachverhalte erkennen und bewerten kannst.

Physik 7/8

Gymnasium Thüringen

Duden Schulbuchverlag
Berlin

Autoren
PD Dr. habil. Barbara Gau
Prof. Dr. habil. Lothar Meyer

Beiträge von:
Michael Neunzig
Dr. Gerd-Dietrich Schmidt
Silvia Wenning

Beratung
StR Jürgen Darr, Hörselberg–Hainich

Redaktion Prof. Dr. habil. Lothar Meyer
Gestaltungskonzept Britta Scharffenberg, Simone Hoschack
Einband Britta Scharffenberg
Layout zweiband.media, Berlin
Grafik Heribert Braun, Christiane Gottschlich, Gabriele Lattke, Christiane Mitzkus,
Jens Prockat, Walther-Maria Scheid, zweiband.media, Berlin
Titelbild Tauchender Junge, Bob Krist/CORBIS

www.cornelsen.de

Dieses Werk enthält Vorschläge und Anleitungen für Untersuchungen und Experimente.
Vor jedem Experiment sind mögliche Gefahrenquellen zu besprechen. Beim Experimentieren
sind die Richtlinien zur Sicherheit im naturwissenschaftlichen Unterricht einzuhalten.

Die Webseiten Dritter, deren Internetadressen in diesem Lehrwerk angegeben sind,
wurden vor Drucklegung sorgfältig geprüft. Der Verlag übernimmt keine Gewähr für
die Aktualität und den Inhalt dieser Seiten oder solcher, die mit ihnen verlinkt sind.

1. Auflage, 5. Druck 2022

Alle Drucke dieser Auflage sind inhaltlich unverändert
und können im Unterricht nebeneinander verwendet werden.

© 2012 Duden Paetec GmbH, Berlin
© 2021 Cornelsen Verlag GmbH, Berlin

Das Werk und seine Teile sind urheberrechtlich geschützt.
Jede Nutzung in anderen als den gesetzlich zugelassenen Fällen bedarf der vorherigen schriftlichen Einwilligung des Verlages.
Hinweis zu §§ 60 a, 60 b UrhG: Weder das Werk noch seine Teile dürfen ohne eine solche Einwilligung an
Schulen oder in Unterrichts- und Lehrmedien (§ 60 b Abs. 3 UrhG) vervielfältigt, insbesondere kopiert oder
eingescannt, verbreitet oder in ein Netzwerk eingestellt oder sonst öffentlich zugänglich gemacht oder
wiedergegeben werden.
Dies gilt auch für Intranets von Schulen.

Das Wort **Duden** ist für den Verlag Bibliographisches Institut GmbH als Marke geschützt.

Druck: Grafisches Centrum Cuno GmbH & Co.KG, Calbe

ISBN 978-3-8355-3219-9

PEFC zertifiziert
Dieses Produkt stammt aus nachhaltig
bewirtschafteten Wäldern und kontrollierten
Quellen.

www.pefc.de

PEFC/04-31-1370

Inhaltsverzeichnis

2   Geladene Körper, Stromkreise, Größen und Leitungsvorgänge   86

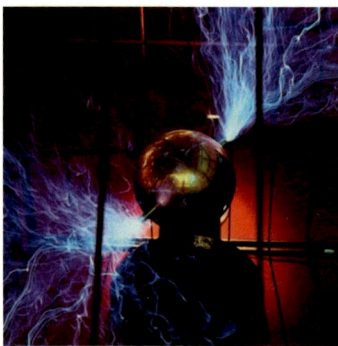

3   Temperatur, Wärme und Zustandsänderungen   150

1 Kraft, Druck und mechanische Energie

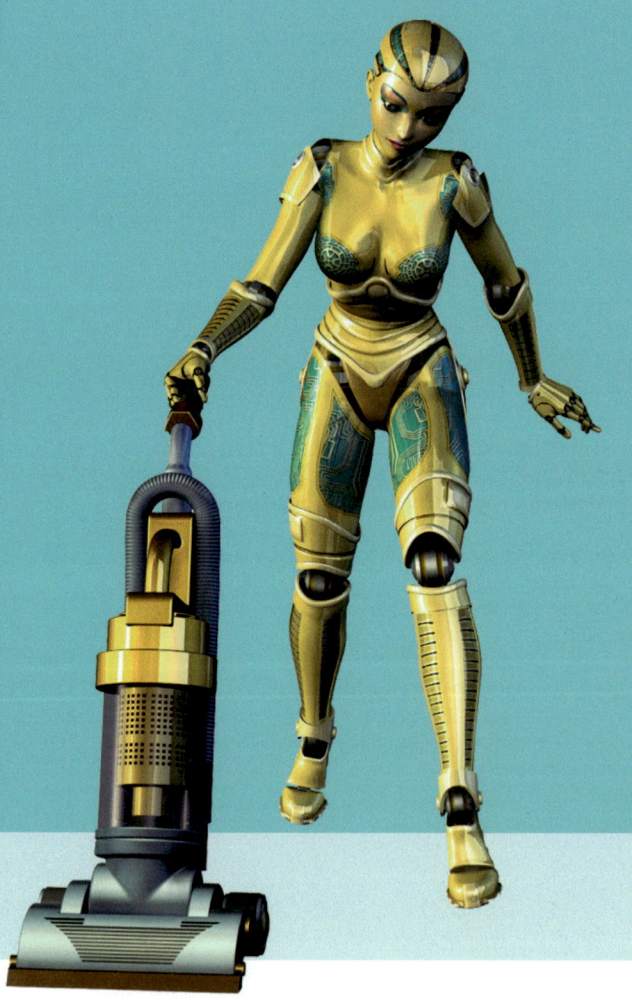

Immer sportlich bleiben

Ob in der Freizeit oder im Leistungssport – Hilfsmittel wie Schuhe und Geräte aus Materialien mit besonderen Eigenschaften helfen uns, unsere Muskelkraft besser zur Wirkung zu bringen.

Leichter und schneller

Das verspricht man sich von der Entwicklung von Robotern, die unangenehme und oft auch schwere Arbeiten verrichten können.

In vielen komplizierten Geräten und Anlagen verbergen sich unter anderem Rollen und Hebel, deren Nutzung schon unseren Vorfahren bekannt war. Dabei wirken Kräfte. Es erfolgen Energieumwandlungen.

1.1 Körper und Stoffe

1

Groß = schwer und klein = leicht?

Das scheint nicht immer zu stimmen. Der Stein ist viel kleiner als der Pappkarton, aber offensichtlich wesentlich schwerer.
Wovon hängt es ab, wie schwer ein Körper ist?

2

Unsichtbare Teilchen

Wenn du Zucker in Tee gibst, dann ist der Tee süß. Der Zucker ist nicht mehr sichtbar.
Wie ist das zu erklären? Suche und schreibe weitere Beispiele.

3

So leicht bzw. so schwer sind …

Ordne den Säugern die richtigen Massen zu: ca. 13 kg, ca. 3 500 g, ca. 7 t, ca. 600 kg, ca. 100 kg, ca. 800 kg, ca. 5 000 kg, ca. 60 kg. Erkunde außerdem die Masse eines Eichhörnchens, eines Hunds und deine eigene Masse. Welches ist das schwerste bzw. das leichteste Säugetier?
Erstelle eine Tabelle.

Eichhörnchen

Kuh
Kleinkind

Elefantenjunges
Elefant

Körper, Stoffe, Teilchen

Wir alle haben es täglich mit unterschiedlichen Gegenständen, technischen Geräten, Fahrzeugen, Lebewesen oder Nahrungsmitteln zu tun. In der Physik bezeichnen wir alle diese verschiedenen Dinge als Körper. Ein Handy ist also ebenso ein Körper wie ein Stück Zucker, eine Flasche Limonade oder ein luftgefüllter Reifen.
Untersucht man den Aufbau von Körpern, dann ergibt sich:

> **Jeder Körper besteht aus einem oder mehreren Stoffen.**

So besteht z. B. ein luftgefüllter Reifen aus Luft, Gummi und einem Ventil aus Stahl. Ein Smartphone besteht aus verschiedenen Kunststoffen und Metallen, die Klinge eines Messers aus Stahl.

Jeder dieser verschiedenen Stoffe hat bestimmte Eigenschaften. Solche Eigenschaften von Stoffen sind z. B. seine Farbe, der Geruch, die Härte des Stoffs oder sein Aggregatzustand bei Zimmertemperatur. Stoffe können auch dadurch unterschieden werden, ob sie Wärme oder elektrischen Strom gut leiten oder nicht.

a)
b)
c)
d)

1 Benenne die Körper und beschreibe, aus welchen Stoffen sie bestehen.

> **Jeder Stoff hat eine für ihn typische Kombination von Eigenschaften.**

Körper kann man durch verschiedene Trennverfahren (z. B. Sägen, Schneiden, Feilen) in Teile zerlegen. Bei einem Stück Kreide geht das z. B. sehr leicht schon mithilfe der Finger. Dabei erhält man immer kleinere Teilchen. Bei sehr feinem Kreidestaub sind die einzelnen Teilchen mit bloßem Auge nicht mehr zu erkennen. Wenn wir Zucker in Tee lösen, dann schmecken wir zwar den Zucker in diesem Tee, sehen können wir ihn aber nicht mehr. Der Zucker hat sich im Tee in sehr kleine Teilchen zerteilt, die aber untereinander gleich sind. Luft ist überall vorhanden. Bei Wind spüren wir sie auch. Luft ist aber nicht sichtbar. Sie besteht ebenso aus sehr kleinen Teilchen, die wiederum untereinander gleich, aber verschieden von denen anderer Stoffe sind. Allgemein gilt:

> **Alle Stoffe bestehen aus Teilchen.**

In der Physik und Chemie werden diese Teilchen als Atome bzw. Moleküle bezeichnet.

Gewusst · Gekonnt

1. Auf dieser Seite sind einige Eigenschaften von Stoffen genannt. Überlegt euch, welche weiteren Eigenschaften Stoffe noch haben können.
   Fertigt dazu eine Übersicht an.

2. Stoffe kann man nach ihren Eigenschaften einteilen. Macht Vorschläge für solche Einteilungen und diskutiert sie.

3. Charakterisiere drei verschiedene Stoffe durch ihre Eigenschaften. Versuche, die Eigenschaften so genau zu beschreiben, dass deine Mitschüler den betreffenden Stoff erkennen können.
   Präsentiert eure Beispiele.

Das Teilchenmodell

Wenn man einige Tropfen Tinte in ein Glas mit kaltem und warmem Wasser gibt, so verteilt sich die Tinte jeweils im gesamten Wasser. Im warmen Wasser erfolgt die Durchmischung jedoch schneller als im kalten Wasser (Abb. 2). Das geschieht, weil sich die Teilchen der Tinte und des Wassers bewegen. Allgemein gilt für die Teilchen beliebiger Stoffe:

> **Die Teilchen der Stoffe befinden sich in ständiger Bewegung.**

Den Duft von Parfüm kann man nach einiger Zeit im gesamten Raum wahrnehmen. Die Luftteilchen des Raums vermischen sich mit den Teilchen des Parfüms. Diese Erscheinung des Durchmischens nennt man **Diffusion**.

Die Beweglichkeit der Teilchen ist bei festen Stoffen, Flüssigkeiten und Gasen unterschiedlich und ändert sich auch mit der Temperatur. Bei einer bestimmten Temperatur gilt: Die Teilchen von Gasen bewegen sich schneller als die von Flüssigkeiten und diese wiederum schneller als die bei festen Stoffen.

Beim Biegen eines Lineals oder beim Zerreißen von Papier spürst du, dass die Teilchen eines Stoffs zusammenhalten. Zwischen ihnen wirken anziehende Kräfte. Das gilt auch für unterschiedliche Stoffe. Das merkst du, wenn du mit Klebstoff arbeitest. Diese anziehenden Kräfte zwischen den Teilchen bewirken zum Beispiel, dass ein fester Körper seine Form beibehält.

Willst du aber einen festen Körper, z. B. einen Stein, zusammendrücken, dann stellst du fest: Es wirken auch abstoßende Kräfte.
Das Wissen über den Aufbau der Stoffe können wir zu einer anschaulichen, vereinfachten Vorstellung zusammenfassen. Eine solche vereinfachte Vorstellung bezeichnet der Physiker als **Modell.** Mit einem Modell kann man Sachverhalte beschreiben, erklären oder voraussagen. Die Teilchen eines Stoffs können wir uns vereinfacht als kleine Kugeln vorstellen, zwischen denen Kräfte wirken.

> **Das Teilchenmodell:**
> 1. **Alle Stoffe bestehen aus Teilchen.**
> 2. **Die Teilchen befinden sich in ständiger Bewegung.**
> 3. **Zwischen den Teilchen wirken Kräfte.**

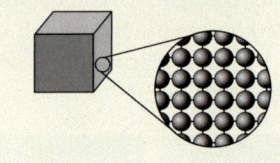

Mit diesem Teilchenmodell lassen sich Eigenschaften von Körpern erklären (↗ S. 13).

1 Kreide kann man immer weiter zerteilen. Letztendlich entsteht Kreidestaub.

2 Tinte verteilt sich in Wasser, weil die Teilchen von Wasser und Tinte in ständiger Bewegung sind.

Feste Körper, Flüssigkeiten und Gase

Feste Körper, z. B. ein dicker Metalldraht oder eine Zange, haben eine bestimmte Form und ein unveränderliches Volumen. Nur mit großen Kräften ist es möglich, den Draht mithilfe der Zange zu verbiegen oder ein Stück abzukneifen.

Die Teilchen in festen Körpern nehmen bestimmte Plätze ein und liegen dicht beieinander. Zwischen ihnen wirken große Kräfte.

Deshalb haben feste Körper ein bestimmtes Volumen und eine bestimmte Form, solange keine Kräfte auf sie wirken. Sie lassen sich nicht zusammendrücken.

Bei **Flüssigkeiten** ist der Abstand zwischen den Teilchen ebenfalls gering. Die Kräfte sind aber kleiner als bei festen Körpern. Die Teilchen können sich gegeneinander verschieben. Deshalb nimmt eine Flüssigkeit immer die Form des Gefäßes an, in dem sie sich befindet.

Von **Gasen** wissen wir, dass sie sich in ihrer Form und ihrem Volumen jeweils dem Gefäß anpassen, in dem sie sich gerade befinden. Da die Teilchen keinen festen Platz haben und der Abstand zwischen ihnen relativ groß ist, kann ein gasförmiger Körper, zum Beispiel die Luft in einer Luftpumpe oder in einem Reifen, zusammengedrückt werden.

	Feste Körper	Flüssigkeiten	Gase
Aufbau und Eigenschaften	Die Teilchen haben einen bestimmten Platz. Die Teilchen schwingen um ihren Platz hin und her. Zwischen ihnen wirken starke anziehende bzw. abstoßende Kräfte.	Die Teilchen sind gegeneinander verschiebbar. Die Teilchen führen unregelmäßige Bewegungen aus. Zwischen den Teilchen wirken Kräfte, die kleiner als bei festen Körpern sind.	Die Teilchen bewegen sich beliebig im Raum. Die Teilchen bewegen sich frei im vorhandenen Raum. Zwischen den Teilchen wirken nur geringe Kräfte.
Form	Feste Körper haben eine bestimmte Form. 	Flüssigkeiten passen sich der Form des Gefäßes an, in dem sie sich befinden. 	Gase passen sich der Form des Gefäßes an, in dem sie sich befinden.
Volumen	Feste Körper haben ein bestimmtes Volumen. Sie lassen sich nicht zusammendrücken.	Flüssigkeiten haben ein bestimmtes Volumen. Sie lassen sich nicht zusammendrücken.	Gase nehmen den gesamten Raum ein, der ihnen zur Verfügung steht. Sie lassen sich zusammendrücken und haben ein veränderliches Volumen.

Das Volumen von Körpern

Verschiedene Körper nehmen einen unterschiedlich großen Raum ein. Eine Erbse nimmt einen kleinen Raum, ein Apfel einen größeren Raum ein. Auch Flüssigkeiten und Gase nehmen einen Raum ein. Diese Eigenschaft wird durch die physikalische Größe **Volumen** beschrieben.

> **Das Volumen gibt an, wie viel Raum ein Körper einnimmt.**
>
> Formelzeichen: V
> Einheiten: ein Kubikmeter $(1\,m^3)$
> ein Liter $(1\,l)$

Teile der Volumeneinheit $1\,m^3$ sind ein Kubikdezimeter $(1\,dm^3)$, ein Kubikzentimeter $(1\,cm^3)$ und ein Kubikmillimeter $(1\,mm^3)$.
Es gilt:

$$1\,m^3 = 1\,000\,dm^3 = 1\,000\,000\,cm^3$$
$$1\,dm^3 = 1\,000\,cm^3 = 1\,000\,000\,mm^3$$
$$1\,cm^3 = 1\,000\,mm^3$$

Vielfache und Teile der Einheit $1\,l$ sind ein Hektoliter $(1\,hl)$ und ein Milliliter $(1\,ml)$:

$$1\,hl = 100\,l$$
$$1\,l = 1\,000\,ml$$

Dabei gilt:

$$1\,dm^3 = 1\,l$$
$$1\,cm^3 = 1\,ml$$

Volumen von Körpern in Natur und Technik	
Tischtennisball	$25\,cm^3$
Streichholzschachtel	$28\,cm^3$
Mauerziegel	$2,2\,dm^3$
Klassenzimmer	$250\,m^3$
große Tasse	$0,25\,l$
Limonadenflasche	$0,75\,l$
Tank eines Pkw	$45\,l \ldots 65\,l$
Tankwagen	$20\,000\,l$

1   Mit Messbechern oder Messzylindern kann man das Volumen von Flüssigkeiten bestimmen.

Das Volumen von Flüssigkeiten sowie von pulverförmigen festen Körpern (Zucker, Salz, Mehl) kann mit Messzylindern oder Messbechern gemessen werden (Abb. 1). Das Volumen von strömenden Flüssigkeiten und Gasen lässt sich mit Wasser- oder Gasuhren bestimmen (Abb. 2).
Wenn ein Körper eine regelmäßige geometrische Form besitzt, z. B. die eines Würfels oder eines Quaders, kann man das Volumen dieses Körpers aus seinen Abmessungen berechnen.

> **Unter der Bedingung, dass ein Körper die Form eines Quaders besitzt, gilt für das Volumen des Körpers:**
>
> $V = a \cdot b \cdot c$
> a Länge
> b Breite
> c Höhe

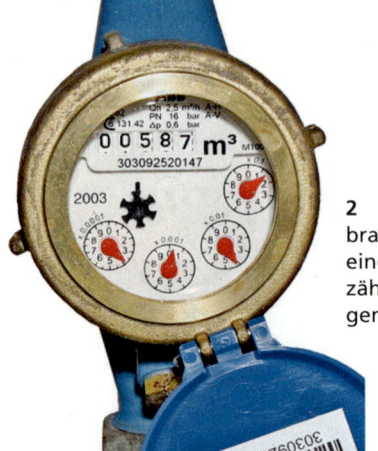

2   Der Wasserverbrauch wird mit einem Durchflusszähler (Wasseruhr) gemessen.

a) Differenzmethode   b) Überlaufmethode

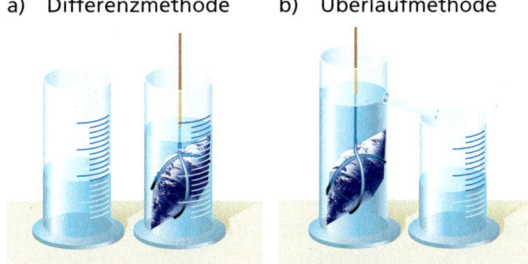

$$V_{\text{Körper}} = V_2 - V_1 \qquad V_{\text{Körper}} = V$$

1 Bestimmung des Volumens unregelmäßig geformter fester Körper

Messzylinder benutzt man auch dann, wenn feste Körper eine so unregelmäßige Form haben, dass man ihr Volumen nicht berechnen kann. Abb. 1 zeigt zwei mögliche Methoden zur Bestimmung des Volumens fester Körper.

So kannst du vorgehen

Messfehler vermeiden

1. Schätze zunächst das Volumen und wähle keinen zu großen oder zu kleinen Messzylinder aus.
2. Blicke beim Ablesen stets in Höhe der Flüssigkeitsoberfläche auf den Messzylinder. Lies in der Mitte der Flüssigkeitsoberfläche ab.

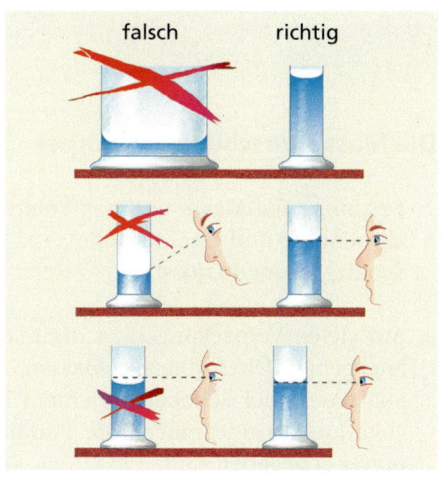

falsch   richtig

Selbst erforscht

Volumen gesucht

1. Als Maß für das Volumen wird im Alltag häufig ein Teelöffel oder ein Esslöffel genutzt.
   Überlege dir, wie du möglichst genau das Fassungsvermögen eines Löffels bestimmen kannst. Bestimme das Fassungsvermögen eines Teelöffels und eines Esslöffels.
   Vergleicht eure Ergebnisse. Diskutiert Ursachen für die Unterschiede.

2. Ein tropfender Wasserhahn ist ein Ärgernis. Aber wie viel Wasser geht dadurch an einem Tag verloren? Um das herauszufinden, muss man das Volumen eines Wassertropfens kennen.
   Diskutiert, wie man das Volumen eines Wassertropfens bestimmen kann.
   Führt diese Bestimmung durch. Wie kann man dann die Wassermenge bestimmen, die an einem Tag aus einem defekten Wasserhahn tropft?

Gewusst · Gekonnt

1. Bestimme das Volumen der Flüssigkeit in jedem der Messzylinder (s. Abb.). Gib das Ergebnis jeweils in Milliliter, Liter, Kubikzentimeter und Kubikdezimeter an.

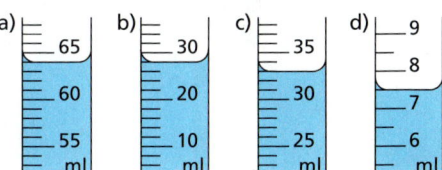

2. Es soll ein Betonsockel von 10 m Länge, 30 cm Höhe und 20 cm Dicke gebaut werden. Berechne, wie viel Beton man dafür braucht.

Die Masse von Körpern

Du weißt aus Erfahrung: Ein Volleyball und ein Medizinball sind unterschiedlich schwer. Der Volleyball ist leicht. Du kannst ihn bequem hochheben. Der Medizinball ist schwerer als der Volleyball.
Die Eigenschaft eines Körpers, schwer zu sein, wird durch die physikalische Größe **Masse** beschrieben.

Die Ursache für die Schwere der Körper sind Anziehungskräfte, die zwischen ihnen aufgrund ihrer unterschiedlichen Massen wirken. Körper auf der Erde sind unterschiedlich schwer, weil sie von der Erde unterschiedlich stark angezogen werden (Abb.).

Diese Anziehung wirkt aber nicht nur zwischen einem Körper und der Erde, sondern z. B. auch zwischen Sonne und Erde und zwischen Erde und Mond. Auch zwischen dir und deinem Nachbarn wirken Anziehungskräfte, allerdings sind diese sehr klein.
Die Stärke der Anziehung hängt also von der Masse der beiden beteiligten Körper ab.

> **Die Masse gibt an, wie schwer ein Körper ist.**
>
> Formelzeichen: m
> Einheiten: ein Kilogramm (1 kg)
>   ein Gramm   (1 g)

Gebräuchlich sind auch die Einheiten ein Milligramm (1 mg) und eine Tonne (1 t). Es gilt:

$$1\,t = 1\,000\,kg$$
$$1\,kg = 1\,000\,g$$
$$1\,g = 1\,000\,mg$$

Im Alltag werden auch die Einheiten ein Pfund (500 g) und ein Zentner (50 kg) verwendet. Die Masse als Eigenschaft eines Körpers ist unabhängig davon, wo sich dieser Körper gerade befindet.

> **Die Masse eines Körpers ist überall gleich groß.**

Die Masse eines Körpers kann mit einer **Waage** gemessen werden.
Bei einer Balkenwaage (↗ S. 19) oder einer Einschalenwaage (Abb. 1b) wird die unbekannte Masse eines Körpers mit der bekannten Masse von Wägestücken verglichen. Wenn sich die Waage im Gleichgewicht befindet, braucht man nur noch die Massen der einzelnen Wägestücke zu addieren oder man kann die Masse direkt ablesen. Elektronische Waagen in Supermärkten zeigen nicht nur die Masse an, sondern drucken sie auch zusammen mit dem Preis aus.

Selbst erforscht

Die Masse verschiedener Körper

1. Bestimme die Masse und das Volumen eines Apfels und einer Kartoffel.
   Schätze, bevor du misst.

2. Auf vielen Verpackungen ist die Masse angegeben. Überprüfe die Massen, die auf einer Tafel Schokolade, einem Becher Joghurt und einer Tüte Puddingpulver angegeben sind.

 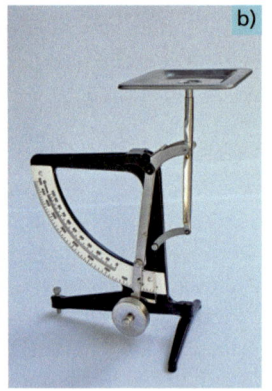

1 Elektronische Waage, wie man sie in Supermärkten findet (a), und Einschalenwaage (b)

Experimentieren und Protokollieren

Viele Erkenntnisse werden durch Experimentieren gewonnen, indem man Erscheinungen zielgerichtet genauer untersucht. Dabei wird beobachtet, gemessen und ausgewertet.
Jedes Experiment muss wiederholbar sein, damit seine Ergebnisse überprüft werden können. Deshalb müssen alle Beobachtungen und Messungen protokolliert werden.

Beim Experimentieren ist es zweckmäßig, in den Schritten Vorbereitung, Durchführung und Auswertung vorzugehen.
Was bei den einzelnen Schritten zu beachten ist, wird nachfolgend erläutert.

Untersuche den Zusammenhang zwischen dem Volumen und der Masse von Zucker.

Schritt 1

Vorbereiten
Bei diesem Schritt überlege Folgendes:
– Musst du nur beobachten oder auch messen?
– Wie kann das Experiment aufgebaut werden? Manchmal ist eine Skizze sinnvoll.
– Welche Geräte und Hilfsmittel benötigst du?

Das Volumen V des Zuckers wird mit einem Messbecher bestimmt, die Masse m mit einer Waage.

Schritt 2

Durchführen
Das Experiment wird aufgebaut. Dabei gilt:
– Gehe sorgfältig mit den Geräten um.
– Halte alle Sicherheitsvorschriften ein.
– Gefährde nicht fahrlässig die eigene Gesundheit und die anderer.

Alle Beobachtungen werden notiert. Messwerte werden in Tabellen eingetragen.

Wichtig ist bei einer solchen Messwertetabelle, dass die Größen mit ihren Einheiten angegeben werden.

Messwertetabelle:

Volumen V in cm³	Masse m in g
100	93
200	185
300	275
400	365
500	450

Schritt 3

Auswerten
Beobachtungen werden gedeutet und Vergleiche angestellt. Messwerte werden in Diagrammen dargestellt und interpretiert. Es werden Berechnungen vorgenommen.
Bei unserem Versuch ist die Darstellung der Messwerte in einem Diagramm zweckmäßig.

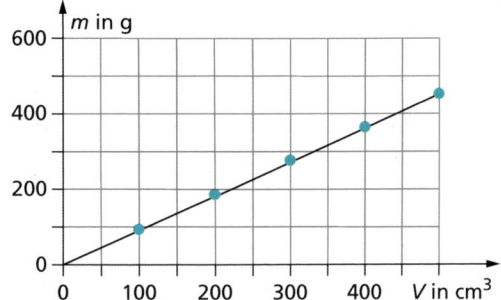

Deuten der Messungen und des Diagramms:
Zwischen dem Volumen von Zucker und seiner Masse besteht ein linearer Zusammenhang. Volumen und Masse sind proportional zueinander. Verdoppelt man das Volumen, so verdoppelt sich auch die Masse. Wird das Volumen halbiert, so ist auch die Masse nur halb so groß.

Alle wichtigen Angaben zum Experiment und die Ergebnisse werden in einem **Versuchsprotokoll** erfasst. Es sollte enthalten: Aufgabe, Vorbereitung (Geräte, Versuchsaufbau, Messwertetabelle), Durchführung, Beobachtungen und Auswertung der Messungen.

Die Dichte von Stoffen

Verändert man das Volumen von Wasser (Abb. 1) oder Zucker, so verändert sich auch die Masse (↗ S. 17). Das gilt für beliebige Körper. Bildet man für einen bestimmten Stoff den Quotienten aus Masse und Volumen, dann ist dieser konstant, unabhängig davon, wie groß das Volumen bzw. die Masse ist.

Für verschiedene Stoffe hat er unterschiedliche Werte. Der Quotient aus Masse und Volumen ist deshalb geeignet, den Stoff zu kennzeichnen, aus dem ein Körper besteht.

Die Eigenschaft eines Stoffs, bei einem bestimmten Volumen eine bestimmte Masse zu haben, wird durch die physikalische Größe **Dichte** beschrieben.

> Die Dichte gibt an, welche Masse jeder Kubikzentimeter (cm^3) Volumen eines Stoffs hat.
>
> Formelzeichen: ϱ (griechischer Buchstabe, sprich: rho)
>
> Einheiten: ein Gramm je Kubikzentimeter $\left(1\,\frac{g}{cm^3}\right)$
>
> ein Kilogramm je Kubikmeter $\left(1\,\frac{kg}{cm^3}\right)$

Für die Einheiten der Dichte gilt:

$$1\,\frac{g}{cm^3} = 1\,000\,\frac{kg}{m^3} \qquad 1\,\frac{kg}{cm^3} = 0,001\,\frac{g}{cm^3}$$

Die Dichte von Gasen wird manchmal auch in der Einheit Gramm je Liter angegeben.

Für die Einheiten gilt:

$$1\,\frac{g}{l} = 1\,\frac{kg}{m^3} = 0,001\,\frac{g}{cm^3}$$

Kennt man die Masse und das Volumen eines Körpers, so kann man die Dichte des Stoffs berechnen, aus dem der Körper besteht.

> Die Dichte ϱ kann berechnet werden mit der Gleichung:
>
> $\varrho = \frac{m}{V}$ $\qquad$ m Masse des Körpers
> V Volumen des Körpers

Bei Körpern gleichen Volumens hat derjenige die größere Masse, der aus dem Stoff mit der größeren Dichte besteht. So hat $1\,cm^3$ Eisen eine größere Masse als $1\,cm^3$ Wasser.

Bei Körpern gleicher Masse hat derjenige das kleinere Volumen, der aus dem Stoff mit der größeren Dichte besteht (Abb. 2).

Im Alltag werden Stoffe mit großer Dichte, wie Kupfer oder Blei, als „schwere" Stoffe bezeichnet. „Leichte" Stoffe sind z. B. Styropor oder Kork. Sie haben eine relativ kleine Dichte. Auch Gase oder Gasgemische wie Luft haben eine kleine Dichte.

Die Dichte von Stoffen kannst du dir folgendermaßen veranschaulichen:

Man überlegt, was z. B. der Wert $\varrho = 2,7\,\frac{g}{cm^3}$ (Dichte von Aluminium) bedeutet.

Er bedeutet, dass ein Würfel von 1 cm Kantenlänge ($V = 1\,cm^3$) eine Masse von 2,7 g hat. Bei anderen Stoffen ist die Masse bei dem gleichen Volumen von $1\,cm^3$ eine andere (↗ S. 19).

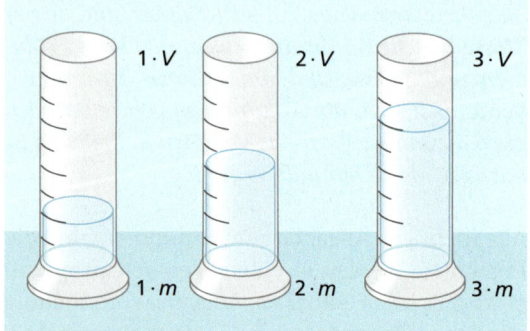

1 Zwischen Masse und Volumen von Körpern aus demselben Stoff besteht direkte Proportionalität.

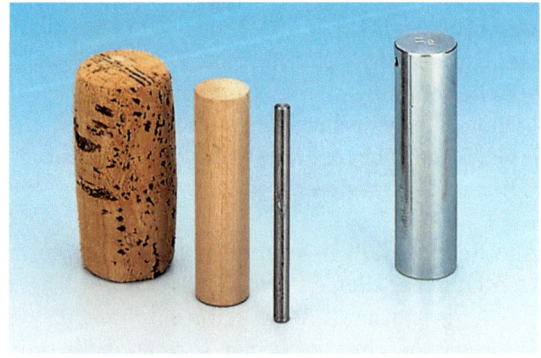

2 Diese Körper aus verschiedenen Stoffen haben dieselbe Masse. Ihr Volumen ist aber unterschiedlich.

Körper mit gleichem Volumen aus verschiedenen Stoffen haben eine unterschiedliche Masse:

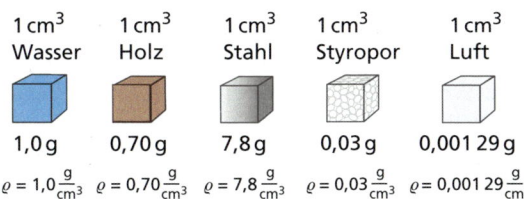

1 cm³	1 cm³	1 cm³	1 cm³	1 cm³
Wasser	Holz	Stahl	Styropor	Luft
1,0 g	0,70 g	7,8 g	0,03 g	0,001 29 g

$\varrho = 1{,}0\,\frac{g}{cm^3}$ $\varrho = 0{,}70\,\frac{g}{cm^3}$ $\varrho = 7{,}8\,\frac{g}{cm^3}$ $\varrho = 0{,}03\,\frac{g}{cm^3}$ $\varrho = 0{,}001\,29\,\frac{g}{cm^3}$

Körper mit gleicher Masse aus unterschiedlichen Stoffen haben ein unterschiedliches Volumen:

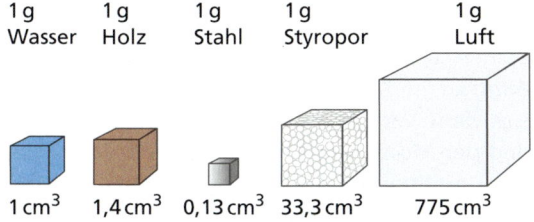

1 g	1 g	1 g	1 g	1 g
Wasser	Holz	Stahl	Styropor	Luft
1 cm³	1,4 cm³	0,13 cm³	33,3 cm³	775 cm³

Selbst erforscht

Dichte verschiedener Stoffe

1. Bestimme experimentell die Dichte eines Apfels, einer Kartoffel und von Salz. Orientiere dich dabei an den Hinweisen auf S. 17. Fertige ein Protokoll an.

2. Auf eine Waage werden zwei Luftballons gelegt und die Waage wird so eingestellt, dass sie sich im Gleichgewicht befindet. Dann wird ein Luftballon zerstochen.

Was passiert? Beschreibe und erkläre. Könnte man mit einer solchen Anordnung die Dichte von Luft bestimmen?

Interessantes aus der Technik

Das Aräometer – ein Dichtemesser

Die Dichte von Flüssigkeiten kann man direkt mit einem **Aräometer** messen. Es wird auch als **Senkwaage** bezeichnet. Abb. 1 zeigt verschiedene Bauformen. Das Prinzip der Messung beruht darauf, dass ein fester Körper bekannter Masse in einer Flüssigkeit schwimmt. Wie tief er dabei eintaucht, ist ein Maß für die Dichte der Flüssigkeit.

Im einfachsten Fall besteht ein Aräometer aus einem beidseitig verschlossenen Glasrohr, in das zuvor etwas Bleischrot gefüllt wurde (Abb. 1a).

Dadurch wird erreicht, dass es gut in der Flüssigkeit „steht". An einer Skala kann man die Dichte der Flüssigkeit ablesen. Sinkt das Glasrohr tief in die Flüssigkeit ein, so hat sie eine kleine Dichte. Geringere Eintauchtiefe in einer anderen Flüssigkeit bedeutet größere Dichte.

Für genaue Messungen werden Aräometer mit verschiedenen Messbereichen verwendet.

Bei ätzenden Flüssigkeiten, z. B. Säuren, verwendet man eine etwas andere Bauform (Abb. 1b). Die zu untersuchende Flüssigkeit wird zunächst mit einem Gummiball angesaugt. In dieser Flüssigkeit schwimmt dann das Aräometer. Seine Eintauchtiefe ist auch hier ein Maß für die Dichte der Flüssigkeit. Solche Aräometer werden z. B. zur Prüfung der Flüssigkeit in Autobatterien verwendet.

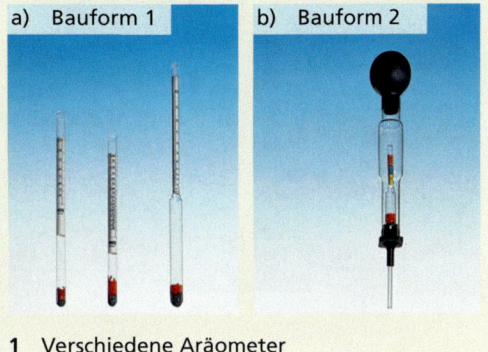

a) Bauform 1 b) Bauform 2

1 Verschiedene Aräometer

Physik im Alltag

Auch Luft ist schwer

Jedem von uns ist bekannt: Solche Körper wie ein Apfel, ein Auto, eine Limonadenflasche, ein Fahrrad oder eine Tüte Zucker sind schwer und haben eine Masse. Das gilt ebenso für eine Fliege oder eine Mücke, auch wenn deren Massen sehr klein sind.
Hat aber auch die uns umgebende Luft eine Masse? Wie groß ist ihre Dichte?

Tatsächlich haben alle Körper, also auch gasförmige Körper, eine Masse. Um die Masse von Luft zu bestimmen, könnte man folgendermaßen vorgehen: Es wird ein Gefäß ausgewählt, dessen Volumen bekannt ist oder leicht bestimmt werden kann. Dieses Gefäß muss so gebaut sein, dass es luftdicht verschlossen werden kann. Nun wird die Masse des Gefäßes mit Luft mit einer Waage gemessen (Abb. 1). Anschließend wird mithilfe einer Pumpe die Luft aus dem Gefäß herausgepumpt und die Masse des Gefäßes ohne Luft mit einer Waage gemessen. Das Gefäß ohne Luft ist etwas leichter. Die Masse der Luft erhält man dann als Differenz aus den beiden Messungen. Genaue Messungen haben ergeben, dass ein Liter Luft bei 0 °C und normalem Luftdruck eine Masse von 1,29 g hat.
Damit kann man die Dichte berechnen:

$$\varrho = \frac{1{,}29\,\text{g}}{1\,\text{l}} = \frac{1{,}29\,\text{g}}{1\,000\,\text{cm}^3} = 0{,}001\,29\,\frac{\text{g}}{\text{cm}^3}$$

1 Wägung von Luft mithilfe einer Waage

Aus dem Alltag eines Bauleiters

Eine Baufirma benötigt für eine Deckenkonstruktion 25 Stahlträger, die aus einem 170 km entfernten Betrieb zu holen sind. Der Bauleiter kennt die Abmessungen und damit das Volumen eines Trägers. Es sind 0,03 m³. Außerdem weiß er, dass der firmeneigene Lkw höchstens mit einer Masse von 5,0 t beladen werden darf.
Wie oft muss der Lkw fahren, um die 25 Stahlträger zu transportieren? Gibt es eine günstigere Variante für den Transport?

Analyse:
Aus dem Vergleich der Masse aller Stahlträger und der Masse von 5,0 t (höchste Belastung des Lkw) ergibt sich, wie oft der Lkw fahren muss. Dazu ist zunächst die Masse eines einzelnen Stahlträgers zu ermitteln. Daraus ergibt sich dann die Gesamtmasse der 25 Stahlträger.

Gesucht: m_{Stahl} aller Träger
Gegeben: $V_{\text{Stahl}} = 0{,}03\,\text{m}^3$
$m_{\text{max}} = 5\,\text{t} = 5\,000\,\text{kg}$
$\varrho_{\text{Stahl}} = 7{,}8\,\frac{\text{g}}{\text{cm}^3} = 7\,800\,\frac{\text{kg}}{\text{m}^3}$

Lösung:
Die Masse von 0,03 m³ Stahl ergibt sich aus der Dichte von Stahl. $\varrho_{\text{Stahl}} = 7\,800\,\frac{\text{kg}}{\text{m}^3}$ bedeutet:
1 m³ Stahl hat eine Masse von 7 800 kg.
Damit haben 0,03 m³ eine Masse von:
$$m = 7\,800 \cdot 0{,}03\,\text{kg}$$
$$m = 234\,\text{kg}$$
25 Stahlträger haben dann eine Masse von:
$$m_{\text{Stahl}} = 234 \cdot 25\,\text{kg}$$
$$m_{\text{Stahl}} = 5\,850\,\text{kg}$$

Ergebnis:
Der Lkw muss zweimal fahren, weil die Masse von 25 Stahlträgern mit 5 850 kg = 5,85 t größer als seine zulässige Beladung ist. Damit müsste der Lkw einmal voll beladen und einmal fast leer fahren. Effektiver wäre es, einen Lkw mit größerer Tragfähigkeit zu schicken, der die Stahlträger mit einer Fahrt transportieren kann.

Gewusst · Gekonnt

1. Woraus besteht Luft?
Erkunde, welches die Hauptbestandteile der Luft sind. Fertige eine Tabelle an.

2. Natur- und Kunststoffe
Nach ihrer Entstehung kann man zwischen Naturstoffen und Kunststoffen unterscheiden. Gib für jede Art der Stoffe mindestens drei Beispiele an.

3. Verschiedene Aggregatzustände
Stoffe können nach dem Aggregatzustand eingeteilt werden. Nenne je drei Beispiele für feste Stoffe, Flüssigkeiten und Gase.

4. Zwei Flüssigkeiten
In einem Gefäß wurden Sirup und Wasser übereinandergeschichtet (Abb. a).
Abb. b zeigt das Ergebnis nach 12 Stunden.
Was ist passiert?
Probiere es selbst aus.
Erkläre.

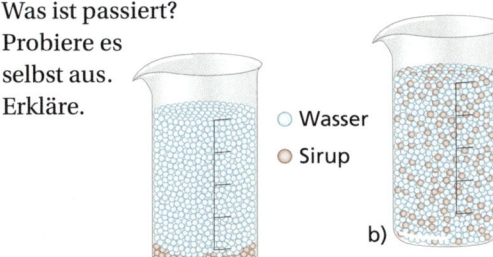

○ Wasser
○ Sirup

a)
b)

5. Teilchen und Volumen
Erkläre mithilfe der Teilchenvorstellung, warum feste Körper und Flüssigkeiten ein bestimmtes Volumen haben. Was ist bei Gasen in dieser Hinsicht anders?

6. Teilchen und Form
Erkläre, weshalb feste Körper eine bestimmte Form besitzen, Flüssigkeiten aber immer die Form des Gefäßes annehmen, in das sie geschüttet werden.

7. Teilchen im Raum
Wie lässt sich mit dem Teilchenmodell die Ausbreitung von Parfümduft in der Umgebung erklären?

8. Gute Haftung
Erkläre, warum Kreide an der Wandtafel haftet.

9. Geschicktes Ausgießen
Wenn man Wasser aus einer Tasse sehr vorsichtig ausgießt, läuft es meist an der Tasse herunter. Das passiert aber nicht, wenn man das Wasser zügig ausgießt. Erkläre.

10. Ein gekrümmter Rand
Wie kannst du erklären, dass sich in einem Messzylinder der Wasserspiegel an den Wänden nach oben hin „anschmiegt"?

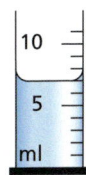

11. Überall Tropfen
Wenn es geregnet hat, kann man auf Blättern, Scheiben oder Autos Wassertropfen beobachten. Warum bildet sich keine gleichmäßige Wasserschicht, sondern Tropfen?

Gewusst · Gekonnt

12. Verschiedene Volumen

Gib an, welches Volumen in Liter, Milliliter und Kubikzentimeter die Flüssigkeit in der jeweiligen Verpackung (Abb.) hat.

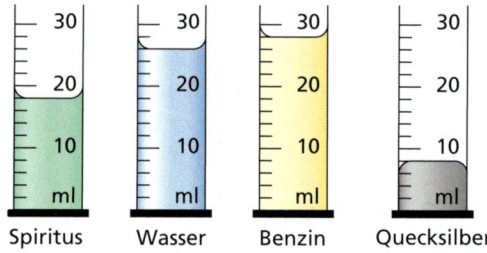

13. Messverfahren für leichte Büroklammer

Plane ein Experiment, mit dem du die Masse einer Büroklammer sehr genau ermitteln kannst. Als Messgerät steht dir eine Haushaltswaage zur Verfügung.

a) Beschreibe dein Vorgehen.
b) Führe die Messung durch und formuliere ein Ergebnis.
c) Möglicherweise haben deine Mitschüler ein anderes Messergebnis erhalten. Wie ist das zu erklären?

14. Gleiche Volumen

Ein Körper aus Holz und ein Körper aus Stahl haben das gleiche Volumen.
Welcher der beiden Körper hat die kleinere Masse? Begründe.

15. Unterschiedliche Dichten

Ordne folgende Körper nach der Dichte der Stoffe, aus denen sie bestehen:
Kupfermünze, Aluminiumtopf, Holzlöffel, Heft, Bleiklotz, Benzin im Tank, Luft in einem Fahrradreifen.

16. Die Dichte eines Körpers

Überlege, wie du mithilfe einer Badewanne und einer Waage annähernd die Dichte deines Körpers bestimmen kannst.
Führe diese Bestimmung durch. Vergleiche das Ergebnis mit der Dichte von Wasser.

17. Flüssigkeiten im Vergleich

Wie groß ist die Masse der Flüssigkeit im jeweiligen Messzylinder?

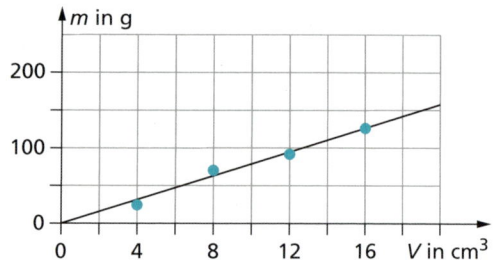

18. Die Masse von Luft

Bestimmt die Masse der Luft in eurem Klassenraum. $1 \, m^3$ hat eine Masse von 1,29 kg.

19. Aussagekräftiges Diagramm

Nachfolgend ist für einen Stoff der Zusammenhang zwischen Volumen und Masse dargestellt.

a) Interpretiere das Diagramm. Nutze dafür die Hinweise auf S. 57.
b) Wie groß ist die Masse bei $12 \, cm^3$ und bei $20 \, cm^3$? Wie groß ist das Volumen bei 100 g und bei 150 g?
c) Berechne mit Daten aus dem Diagramm die Dichte des Stoffs. Um welchen Stoff könnte es sich handeln?

20. Die größte Dichte

Erkunde, welche Stoffe die größte Dichte haben. Nutze dazu Tabellenwerke und das Internet.

Körper und Stoffe

■ Alle uns umgebenden Körper bestehen aus einem oder mehreren Stoffen. Dabei gilt:

> Jeder Stoff hat eine für ihn typische Kombination
> von Eigenschaften.

■ Solche Eigenschaften von Stoffen sind die **Farbe**, der **Geruch**, die **Dichte**, die **Härte**, die **Leitfähigkeit für Wärme**, die **elektrische Leitfähigkeit**, der **Aggregatzustand** bei Zimmertemperatur, die **Siedetemperatur** oder die **Schmelztemperatur**.

■ Der Aufbau von Stoffen kann mit dem **Teilchenmodell** beschrieben werden.

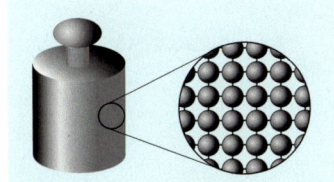

1. Alle Stoffe bestehen aus Teilchen.
2. Die Teilchen befinden sich in ständiger Bewegung.
3. Zwischen den Teilchen wirken Kräfte.

■ Jeder Körper nimmt ein bestimmtes Volumen ein und hat eine bestimmte Masse.

Das Volumen V	Die Masse m
eines Körpers gibt an, welchen Raum er einnimmt.	eines Körpers gibt an, wie schwer der Körper ist.
Es wird meist in Kubikzentimeter (cm³) oder in Liter (l) gemessen.	Sie wird meist in Gramm (g) oder Kilogramm (kg) gemessen.
Das **Volumen** kann durch Berechnung oder Messung mit einem **Messzylinder** bestimmt werden.	Die **Masse** kann durch Wägung mit einer **Waage** bestimmt werden.

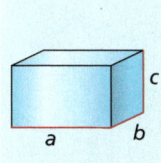 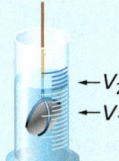  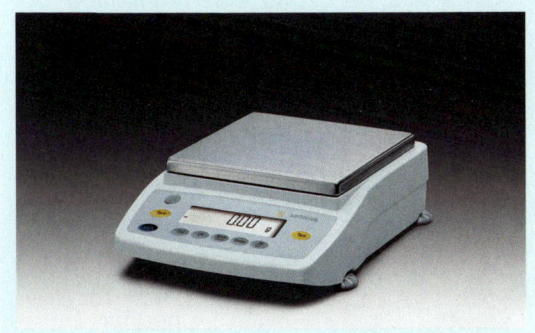

$V = a \cdot b \cdot c$ $V = V_2 - V_1$ V direkt ablesbar

■ Jeder Stoff hat eine bestimmte Dichte. Die Dichte ist eine stoffspezifische Größe.

Dichte $= \frac{\text{Masse}}{\text{Volumen}}$ $\varrho = \frac{m}{V}$ $\varrho_{\text{Wasser}} = 1{,}0 \, \frac{g}{cm^3}$

1.2 Kräfte in Natur und Technik

1

Körper zeigen Wirkung

Wie könnt ihr die Bewegung von Körpern ändern, wie ihre Form? Nutzt verschiedene Geräte und Materialien.
Beschreibt euer Vorgehen.

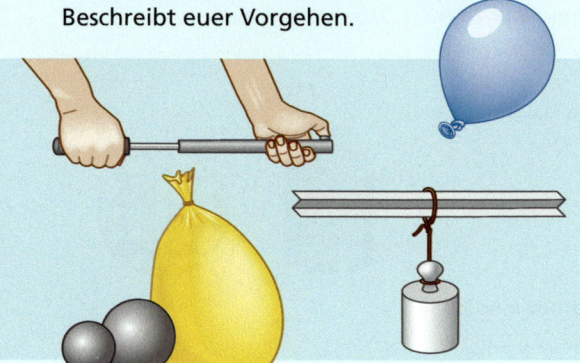

2

Kraftvoll abspringen

Wovon hängt es ab, wie weit sich ein Sprungbrett durchbiegt?
Stellt Vermutungen auf.
Überlegt euch, wie ihr eure Vermutungen mit Experimenten nachprüfen könnt.

3 Kraft gespart?

Klar, dass es so wie in der Abbildung leichter geht als ohne Rollen. Aber um wie viel ist die aufzuwendende Kraft wirklich kleiner als beim Heben ohne Rollen?
Finde es selber heraus.

4

Nicht ganz wörtlich nehmen – „Kraftausdrücke" gefragt

Das Wort Kraft kommt in vielen Wortverbindungen und Redewendungen vor.
In der Ruhe liegt die Kraft.
Das Gesetz ist außer Kraft.
Die Waschkraft ist unübertroffen.
Dorian ist ein echter Kraftprotz.
Sucht weitere Beispiele und diskutiert, welche Bedeutung sie haben.
Was meint der Physiker mit Kraft?

Kräfte und ihre Wirkungen

Wenn unsere Muskelkraft nicht ausreicht, nutzen wir Werkzeuge und Geräte. Hebel wie der Nussknacker, Rollen oder geneigte Ebenen vergrößern unsere Muskelkraft. Sie werden als **Kraftwandler** oder **Kraftverstärker** bezeichnet. Woran erkennt man die Kraftverstärkung? Was bedeutet Kraft? Wie kann man sie messen?

Wenn Körper bewegt oder verformt werden, erkennst du, dass Kräfte wirken.

Beim Sprint setzt du deinen Körper durch Muskelkraft in Bewegung (Abb. 1). Um eine Nuss zu knacken, nutzt du einen Nussknacker. Bei diesen und anderen Vorgängen wirken Körper aufeinander ein. Dabei ändert sich ihre Bewegung oder Form. Oft trifft auch beides zu. So wird beim Aufschlag eines Tennisballs nicht nur die Bewegung des Balls geändert, sondern kurzzeitig auch seine Form. Körper wie ein Tennisschläger und ein Ball wirken wechselseitig aufeinander ein. Wirkt z. B. Körper A auf Körper B mit einer bestimmten Kraft, so wirkt umgekehrt Körper B auf Körper A mit einer genauso großen Kraft. Infolgedessen wird auch der Tennisschläger verformt.

Ebenso wirken beim Aufprall eines Autos auf ein Hindernis beide aufeinander ein und werden auch beide verformt (Abb. 3).

> **Körper können Kräfte aufeinander ausüben. Die Kräfte erkennt man an ihren Wirkungen: Sie bewirken eine Änderung der Bewegung oder der Form von Körpern oder beides.**

Körper können mehr oder weniger stark aufeinander einwirken und dadurch kleine oder große Wirkungen hinterlassen.

In der Physik beschreibt man die Stärke der Wirkungen durch die physikalische Größe Kraft.

> **Die Kraft gibt an, wie stark ein Körper auf einen anderen einwirkt.**
>
> **Formelzeichen:** F
> **Einheit:** ein Newton (1 N)

1 N ist etwa die Kraft, mit der die Erde einen Körper anzieht, der eine Masse von 100 g hat.

Vielfache der Einheit 1 N sind ein Kilonewton (1 kN) und ein Meganewton (1 MN). Es gilt:

$$1\,kN = 1\,000\,N$$
$$1\,MN = 1\,000\,kN = 1\,000\,000\,N$$

Die Einheit ein Newton (1 N) wurde nach dem englischen Physiker Isaac Newton (1643–1727) benannt, der wichtige Gesetze der Mechanik, der Elektrizitätslehre und der Optik entdeckt hat.

Gewusst · Gekonnt

Überprüft noch einmal das Ergebnis von Aufgabe 4 auf der Seite 24.

Welche der Wortverbindungen und Redewendungen, die ihr gefunden habt, meinen die Kraft im physikalischen Sinne? Wie ist das mit dem Wort Kraftbrühe? Begründet eure Aussagen.

1 Die Muskeln beschleunigen den Körper beim Sprint und halten den Körper in Bewegung.

2 Der Sturm wirkt auf das Wasser, setzt es in Bewegung und türmt riesige Wellen auf.

3 Bei einem Crashtest wird das Auto bis zum Stillstand abgebremst und verformt sich.

Wie Kräfte wirken

Experiment 1

Wie stark ist Nähgarn? Ermittle durch ein Experiment, bei welcher Kraft Nähgarn (Zwirn, Schnur …) zerreißt.

Plane und protokolliere das Experiment. Orientiere dich dabei an „So kannst du vorgehen"auf Seite 17.

Experiment 2

Untersuche den Zusammenhang zwischen der wirkenden Kraft und der Verlängerung

a) einer Feder aus Stahl,

b) eines Gummibands.

Wende bei deinen Untersuchungen die experimentelle Methode an (↗ S. 108).

Vorbereitung:

Stelle Vermutungen über den Zusammenhang auf. Notiere sie.

Durchführung:

a) Baue die Experimentieranordnung ähnlich der Abbildung rechts auf.

b) Befestige Wägestücke bekannter Gewichtskraft an der Feder.

c) Miss die jeweilige Verlängerung. Übernimm die folgende Messwertetabelle in dein Protokoll und trage die Messwerte ein.

Kraft F in N	0	0,1	0,2	0,3	0,4
Verlängerung s in cm					

d) Wiederhole die Messung mit dem Gummiband, lege eine weitere Tabelle an und trage die Messwerte ein.

Auswertung:

a) Stelle die Messwerte für die Feder und das Gummiband in einem Diagramm dar.

Trage auf der waagerechten Achse die Kraft ab und auf der senkrechten Achse die Verlängerung.

b) Interpretiere das Diagramm. Konntest du deine Vermutungen bestätigen? Welche Ähnlichkeiten und welche Unterschiede gibt es im Vergleich zwischen Feder und Gummiband?

c) Vergleiche deine Ergebnisse mit denen deiner Mitschüler.

d) Diskutiert, warum Federn geeigneter zum Bau von Kraftmessern sind als Gummibänder.

Experiment 3

Wenn eine Feder mit einer Skala versehen wird, kann man mit ihr Kräfte messen. Stelle einen Federkraftmesser her und bestimme mit diesem die Gewichtskräfte einiger Körper.

Vorbereitung:

Plane dein Vorgehen. Die Abbildung hilft dir dabei. Welche Größen musst du messen?

Material: Feder, Wägestücke, Papierstreifen, Lineal

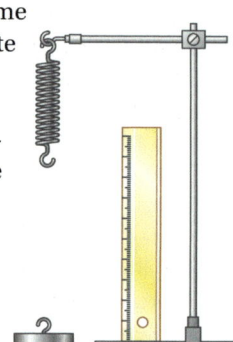

Durchführung:

a) Stelle die Skala her.

b) Miss die Gewichtskräfte einiger Gegenstände.

c) Miss sie dann mit einem fabrikmäßig hergestellten Federkraftmesser.

Auswertung:

Vergleiche die Gewichtskräfte der Körper, die du mit deinem selbst gebauten Messgerät und einem fabrikmäßig hergestellten Federkraftmesser ermittelt hast. Wodurch können Abweichungen entstehen?

Experiment 4

Mit einer Kneifzange könnt ihr einen Nagel durchkneifen. Dazu ist manchmal eine erhebliche Kraft erforderlich.

Ermittelt experimentell die maximale Kraft, die ihr mit den Fingern einer Hand aufbringen könnt. Beschreibt euer Vorgehen. Vergleicht die Messwerte. Wer ist der Stärkste? Tipp: Nutzt eine geeignete Waage.

Messen und Darstellen von Kräften

Zur Messung von Kräften verwendet man einen **Federkraftmesser** (Abb. 1). Dabei nutzt man die elastische Verformung von Stahlfedern aus. Für solche Stahlfedern gilt: Ihre Verlängerung s ist direkt proportional der wirkenden Kraft F (↗ Experiment 2 und 3, Seite 26). Es gilt: $s \sim F$

Dieses Gesetz entdeckte der englische Physiker ROBERT HOOKE (1635–1703) auf der Suche nach einem Federantrieb für Uhren. Es wird nach ihm **hookesches Gesetz** genannt.

Um eine Skala zu erhalten, an der man die Kraft in Newton (N) ablesen kann, lässt man eine Kraft von 1 N, 2 N usw. auf die Feder einwirken und markiert die jeweiligen Verlängerungen.

Beim Messen von Kräften sollten Regeln eingehalten werden (↗ Kasten rechts unten). So ist vor jeder Messung der **Nullpunkt** der Skala einzustellen. Je nach Bauart kann das durch Verschieben einer Hülse (Abb. 1) oder durch Verstellen einer Schraube geschehen. Um kleine bzw. große Kräfte zu messen, verwendet man Federkraftmesser mit verschiedenen **Messbereichen.** Federkraftmesser für große Kräfte haben dicke Federn, sol-

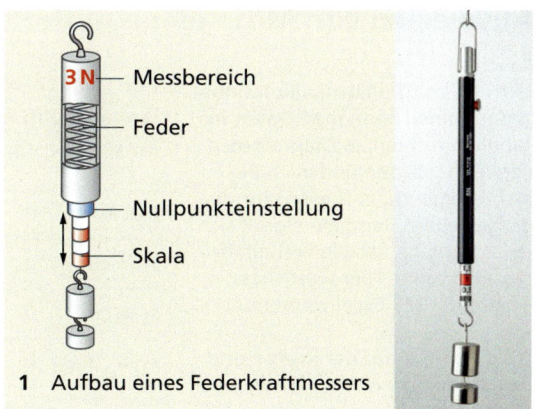

1 Aufbau eines Federkraftmessers

che für kleine Kräfte dagegen dünne Federn. Die Wirkung einer Kraft ist von ihrem Angriffspunkt, ihrem Betrag und ihrer Richtung abhängig. Das konntest du bei deinen Untersuchungen zur Biegsamkeit eines Sprungbretts feststellen (↗ S. 24). Je größer die Gewichtskraft des Jungen ist und je weiter vorn er auf dem Brett steht, desto stärker biegt sich das Brett durch.

Die Kraft ist eine gerichtete (vektorielle) Größe. Kräfte werden deshalb durch Pfeile dargestellt.

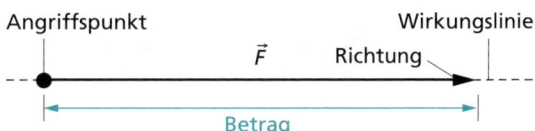

Für genaue Zeichnungen muss man einen Maßstab vereinbaren, z. B. 5 N ≙ 1 cm. Gerichtete Größen werden durch einen Pfeil über dem Formelzeichen gekennzeichnet.

Kräfte in Natur und Technik	
Gewichtskräfte	
10-Cent-Stück	0,04 N
Tafel Schokolade (100 g)	1 N
Mensch	450–1 000 N
Pkw	8 000–15 000 N
Zugkräfte	
Pferd	400 N–750 N
Pkw	≈ 5 000 N
Lokomotive	≈ 200 000 N
Hubkräfte	
Schüler beim Klimmzug	≈ 450 N
Gewichtheben	1 000–2 500 N
Eisenbahndrehkran	bis 2 500 000 N
Verformungskräfte	
Kneten	5 N
Pkw bei Unfall	≈ 150 000 N

So kannst du vorgehen

Messen von Kräften

1. Schätze die Kraft und wähle davon ausgehend einen geeigneten Federkraftmesser aus.
2. Stelle den Nullpunkt der Skala am Federkraftmesser ein.
3. Lass die Kraft einwirken und lies an der Skala den Betrag der Kraft ab.

Auswerten von Messreihen mithilfe eines Computerprogramms

Beachte!
Mithilfe von **Tabellenkalkulations-programmen** kann man Daten in Tabellen ordnen, in Diagrammen veranschaulichen und auch Berechnungen durchführen. Für die dargestellten Beispiele eignet sich jedes gängige Tabellenkalkulationsprogramm. Hier wurde das Programm **MS Excel** verwendet.

Der Quotient aus der **Kraft F** und der **Dehnung s** ist die **Federkonstante D**:

$$D = \frac{F}{s}$$

Bei einer elastischen Feder ist die Federkonstante D immer gleich groß.

Die Gleichung $F = D \cdot s$ wird nach ihrem Entdecker ROBERT HOOKE (1635–1703) **hookesches Gesetz** genannt.

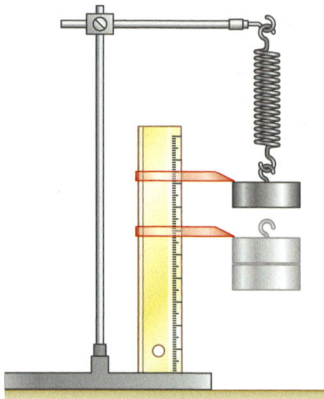

Für zwei verschiedene Federn und ein Gummiband wird die Verlängerung in Abhängigkeit von der wirkenden Kraft untersucht. Die Messwerte sind in der folgenden Messwertetabelle erfasst:

F in N	0	0,5	1,0	1,5	2,0	2,5
s_1 in cm	0	0,9	1,7	2,4	3,1	4,1
s_2 in cm	0	0,35	0,75	1,15	1,55	1,95
s_3 in cm	0	0	0,25	0,5	0,75	0,8

Untersuche, ob für die drei Körper das hookesche Gesetz gilt.

Um zu erkennen, ob das hookesche Gesetz gilt, gibt es zwei Möglichkeiten:
a) Es wird der Quotient aus der wirkenden Kraft und der Verlängerung der Feder bzw. des Gummibands gebildet. Ist dieser Quotient konstant, so gilt das hookesche Gesetz.
b) Es wird ein Dehnungsdiagramm gezeichnet. Ist der Graph eine Gerade, die durch den Koordinatenursprung verläuft, so gilt das hookesche Gesetz.
Beide Möglichkeiten kannst du mit einem Computer in einem Tabellenkalkulationsprogramm realisieren.

Schritt 1

Darstellen der Messwerte in einer Tabelle und Berechnen der Federkonstanten

1. Öffne das Tabellenkalkulationsprogramm.
2. Trage in die erste Zeile den Kopf der Tabelle ein.
   Der Tabellenkopf kann farbig, die Schrift fett gestaltet werden. Dazu musst du die jeweiligen Zellen markieren und im Menü „Format" die entsprechenden Einstellungen vornehmen.
3. Speichere die Daten, z. B. unter dem Dateinamen „Feder 1".
4. Gib die Messwerte für die Kraft und die Dehnung ein.
5. Wenn du die Berechnung vornehmen willst, kannst du so vorgehen:
   – Markiere das Feld C3.
   – Klicke im Menü auf das Gleichheitszeichen und gib die Rechenoperation A3/B3 ein. Drücke „Enter".
   – Wiederhole das für die Felder C4 bis C7.

Du erhältst die Tabelle, die auf der Seite 29 links oben dargestellt ist. Analoges erhältst du, wenn du die Schritte für die Feder 2 wiederholst. Die Quotienten für die beiden Federn sind annähernd konstant.

	A	B	C
1	Kraft F in N	Dehnung s in cm	Federkonstante D in N/cm
2	0	0	0
3	0,5	0,9	0,56
4	1,0	1,7	0,59
5	1,5	2,4	0,63
6	2,0	3,1	0,65
7	2,5	4,1	0,61

	A	B	C	D
1	Kraft F in N	Dehnung Feder 1 in cm	Dehnung Feder 2 in cm	Dehnung Gummi in cm
2	0	0	0	0
3	0,5	0,9	0,35	0
4	1,0	1,7	0,75	0,25
5	1,5	2,4	1,15	0,5
6	2,0	3,1	1,55	0,75
7	2,5	4,1	1,95	0,8

So kann man die Messwerte im Tabellenkalkulationsprogramm darstellen und die Federkonstante berechnen.

Schritt 2

Darstellen der Messwerte in einem Dehnungsdiagramm

Die Messwerte können auch in einem Dehnungsdiagramm darge-stellt werden, wenn man ein Tabellenkalkulationsprogramm nutzt. Dabei kann man den Graphen für eine oder auch für mehrere Messreihen in einem Diagramm darstellen:

Der Diagrammassistent hat das Symbol:

1. Trage die Messwerte so in die Tabelle ein, wie es rechts oben dargestellt ist.
2. Markiere alle Messwerte.
3. Rufe den Diagrammassistenten durch Klicken auf das entspre-chende Symbol in der Menüleiste auf. Wähle den Diagrammtyp „Punkt (XY)" und einen Diagrammuntertyp. Drücke auf „Weiter".
4. Gehe zum Bereich „Reihe" und beschrifte Reihe 1 bis 3. Drücke auf „Weiter".
5. Nun kannst du das Diagramm benennen, die Achsen beschrif-ten und die Gitternetzlinien wählen. Drücke auf „Diagramm fertigstellen".

Damit erhältst du das unten abgebildete Dehnungsdiagramm.

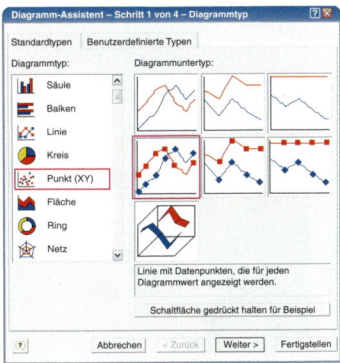

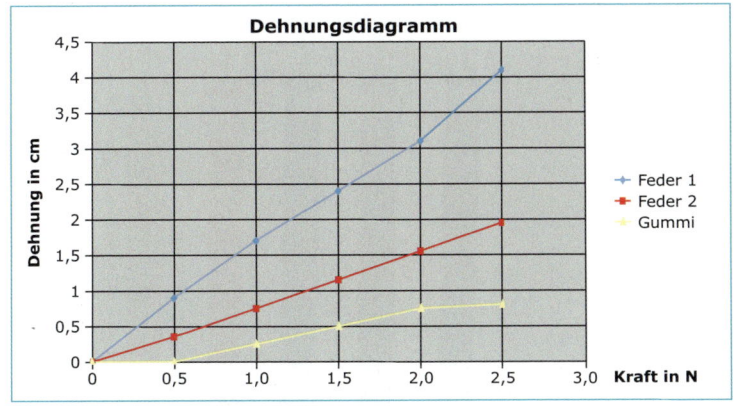

Die Farben der Graphen und Flä-chen kannst du beliebig ändern.

Aus dem Diagramm ist erkennbar:
– Beide Federn genügen annähernd dem hookeschen Gesetz.
– Feder 1 ist weicher als Feder 2, weil sie bei der gleichen Kraft stärker gedehnt wird.
– Das Gummiband genügt nicht dem hookeschen Gesetz.

Interessantes aus dem Alltag

Plastisch oder elastisch?

Wenn der Ton beim Töpfern verformt wird, geht er nicht wieder von allein in seine ursprüngliche Form zurück (Abb. 1). Diese Art der Verformung wird plastisch genannt. Nach einer **plastischen Verformung** behält ein Körper seine Form. Das ist auch beim Schmieden eines Werkstücks, beim Biegen eines Rohrs, beim Bearbeiten von Knetmasse oder beim Pressen eines Karosserieteils der Fall.

1 Beim Töpfern einer Tonvase erfolgen plastische Verformungen.

Auch das Ausrollen eines Kuchenteigs ist eine plastische Verformung.

Wirkt dagegen eine Kraft auf einen Ball, die Saiten einer Gitarre (↗ Abb.) oder den Ast eines Baums, so erfolgt zwar eine Verformung dieser Körper. Sie nehmen aber ihre ursprüngliche Form wieder an, wenn die Kraft nicht mehr wirkt. Die Verformung der Körper ist **elastisch,** wenn sie von allein wieder ihre ursprüngliche Form annehmen. Elastisch verformt werden z. B. auch die metallischen Zungen bei einer Mundharmonika, die Stimmbänder oder Flugzeugtragflächen. Auch die Stahlfedern in Federkraftmessern werden elastisch verformt.

Gewusst · Gekonnt

1. Lies auf Seite 27 nach: Warum haben Federkraftmesser für große Kräfte dicke Federn, für kleine Kräfte dagegen dünnere?

2. Wie groß ist der Betrag der Kräfte, wenn gilt: 2 N ≙ 1 cm

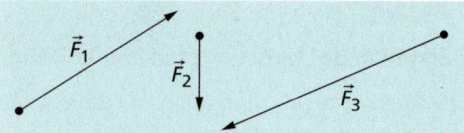

3. Zeichne in dein Heft Kräfte mit dem Betrag von 3,2 N, 5,6 N und 85 N. Wähle jeweils einen geeigneten Maßstab.
Vergleicht eure Lösungen. Woher kommen die Unterschiede?

4. Christin wählt den blauen Federkraftmesser aus, um die Gewichtskraft ihres Physikbuchs zu messen. Was hältst du von ihrer Wahl? Tipp: Eine Tafel Schokolade (100 g) hat etwa eine Gewichtskraft von 1 N. Begründe deine Entscheidung.

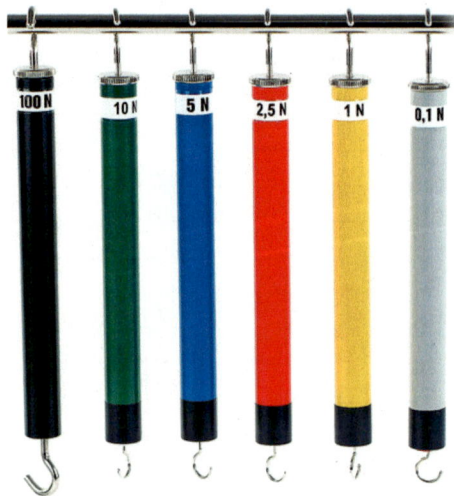

5. Was bedeutet Nullpunkteinstellung bei einem Federkraftmesser?

Arten von Kräften

Magnetische Kraft

Durch einen Elektromagneten werden Körper aus Eisen angezogen. Zwischen Magnet und Eisenkörper wirken **magnetische Kräfte.**

Elektrische Kraft

Ein Kamm wird durch Reibung elektrisch geladen und zieht Kugeln aus Styropor an. Zwischen Styroporkugeln und Kamm wirken **elektrische Kräfte.**

Federspannkraft

Eine gespannte Feder übt eine Kraft aus. Diese Kraft wird als **Federspannkraft** bezeichnet. Die Feder kann dabei gedehnt oder gestaucht sein.

Gewichtskraft

Jeder Körper wird von der Erde angezogen und übt auf seine Unterlage eine Kraft aus, die man **Gewichtskraft** nennt.

Reibungskraft

Beim Fahren mit dem Fahrrad wirken immer auch Kräfte, die die Bewegung hemmen. Sie heißen **Reibungskräfte.**

Hangabtriebskraft

Auf einen Skifahrer wirkt hangabwärts eine Kraft, die seine Bewegung bewirkt. Man nennt sie **Hangabtriebskraft.**

Windkraft

In einer Windkraftanlage zur Gewinnung von Elektroenergie werden die Rotoren von Windrädern durch **Windkraft** in Bewegung versetzt.

Wasserkraft

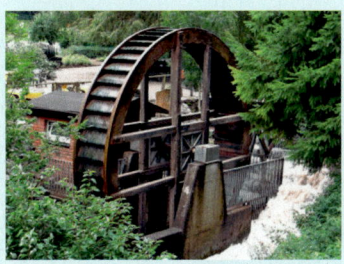

In alten Mühlen wird **Wasserkraft** genutzt, um mithilfe von Wasserrädern Mahl- oder Schleifsteine anzutreiben. Man kann auch Elektroenergie gewinnen.

Schubkraft

Um eine Rakete in Bewegung zu setzen, werden Verbrennungsgase mit großer Geschwindigkeit ausgestoßen. Auf die Rakete wirkt dann eine **Schubkraft.**

Wenn mehrere Kräfte wirken

Experiment 1

Tragt einen Wettkampf im Tauziehen aus. Legt vorher Regeln fest. Wann hat eine Mannschaft gewonnen? Welche Aussage könnt ihr über die wirkenden Kräfte machen? Wo greifen sie an?

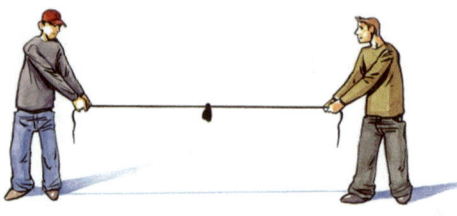

Experiment 2

Baut die folgenden Anordnungen auf:

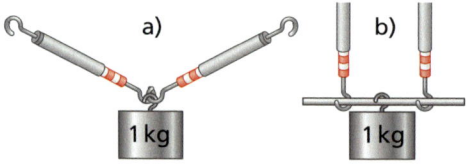

Ermittelt jeweils die Kräfte. Schätzt vor dem Messen. Welche der beiden Anordnungen kann als ein Modell für das Einspannen der Pferde (Abb. 1) angesehen werden?

1 Bei Pferdekutschen wie bei dieser Wattenmeerkutsche wirken die Kräfte in gleicher Richtung.

Zusammenwirken von Kräften

Auf einen Körper können gleichzeitig mehrere Kräfte wirken. Das ist z. B. der Fall, wenn zwei Personen ein Auto anschieben, ein Radfahrer bergauf fährt oder Pferde einen Wagen ziehen (Abb. 1). Oft haben die Kräfte zwar den gleichen Angriffspunkt, aber sie wirken in gleicher oder entgegengesetzter Richtung.

Jeweils zwei Kräfte kann man zu einer Gesamtkraft zusammenfassen. Das kann zeichnerisch oder rechnerisch geschehen.
Aus den Experimenten unter „Selbst erforscht" können folgende Schlüsse gezogen werden:

Wirken zwei Kräfte längs einer Wirkungslinie auf einen Körper in gleicher Richtung, so addieren sich ihre Beträge:

$F = F_1 + F_2$

$\vec{F_1}$ $\vec{F_2}$

$\vec{F}$

$\vec{F_1}$ $\vec{F_2}$

Diese Aussage gilt auch für Kräfte, die parallel in die gleiche Richtung wirken, wie es z. B. bei einer Pferdekutsche der Fall ist. Die Kutsche wird mit einer Zugkraft von zwei „Pferdestärken" bewegt.
Beim Tauziehen wirken auf das Seil Kräfte in entgegengesetzter Richtung. Für diesen Fall gilt:

Wirken zwei Kräfte längs einer Wirkungslinie auf einen Körper in entgegengesetzter Richtung, so subtrahieren sich ihre Beträge:

$F = F_2 - F_1$

$\vec{F_1}$ $\vec{F_2}$

$\vec{F}$ $\vec{F_1}$

$\vec{F_2}$

Die Richtung der Gesamtkraft ist gleich der Richtung der größeren der beiden Kräfte.

Die Gewichtskraft

Hängst du einen Gegenstand, z. B. dein Physikbuch, an einen Federkraftmesser, kannst du ablesen, mit welcher Kraft es an der Aufhängung zieht. Hältst du das Buch in der Hand, spürst du eine Kraft, die nach unten zieht. Legst du das Buch auf einen Tisch, drückt es mit derselben Kraft auf diese Unterlage. Lässt du es los, fällt es nach unten in Richtung Erdmittelpunkt.

Wie ist das zu erklären? Alle Körper ziehen sich aufgrund ihrer Massen gegenseitig an. Die Erde zieht das Buch an, das Buch zieht die Erde an. Aber weil die Masse der Erde im Vergleich zur Masse des Buchs viel größer ist, beobachtet man nur die Erdanziehungskraft.

In der Physik wird die Kraft, die dadurch auf alle Körper auf der Erdoberfläche und in Erdnähe wirkt, als **Gewichtskraft** bezeichnet.

> Die Gewichtskraft F_G gibt an, wie stark ein Körper auf eine ruhende Unterlage drückt oder an einer Aufhängung zieht.

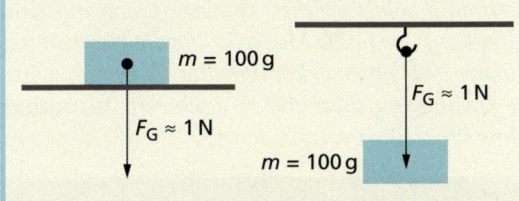

Von Gewichtskraft spricht man auch, wenn sich ein Körper z. B. auf dem Mond befindet (Abb. 2).

Die Gewichtskraft, die auf einen Körper wirkt, hängt ab von
1. seiner Masse (Abb. 1) und
2. dem Ort, an dem er sich befindet (Abb. 2).

An einem bestimmten Ort hat der Quotient aus Gewichtskraft und Masse immer den gleichen Wert. Auf der Erdoberfläche beträgt dieser Wert im Durchschnitt $9,81 \frac{N}{kg}$. Für Abschätzungen und Überschlagsrechnungen wird meist mit dem Näherungswert $10 \frac{N}{kg}$ gerechnet.

Der Quotient aus Gewichtskraft und Masse wird **Ortsfaktor** g genannt, denn er ist wie die Gewichtskraft von Ort zu Ort verschieden.

Damit gilt für die Gewichtskraft:

> Die Gewichtskraft, die ein Körper erfährt, ist proportional zu seiner Masse und kann berechnet werden mit der Gleichung:
>
> $$F_G = m \cdot g$$
>
> m Masse des Körpers
> g Ortsfaktor $\left(g_{Erde} = 9,81 \frac{N}{kg} \right)$

Ortsfaktor	Äquator	Nordpol	Mond	Mars
g in $\frac{N}{kg}$	9,78	9,83	1,62	3,70

Beachte: In der Technik wird auch der Begriff Gewicht genutzt. Damit ist in der Regel die Masse gemeint, die sorgfältig von der Gewichtskraft zu unterscheiden ist (↗ S. 35).

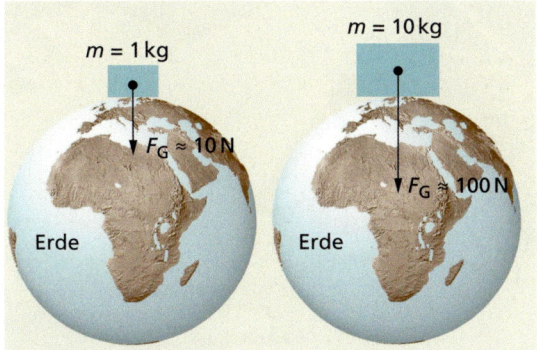

1   Je größer die Masse eines Körpers ist, desto größer ist am gleichen Ort auch seine Gewichtskraft.

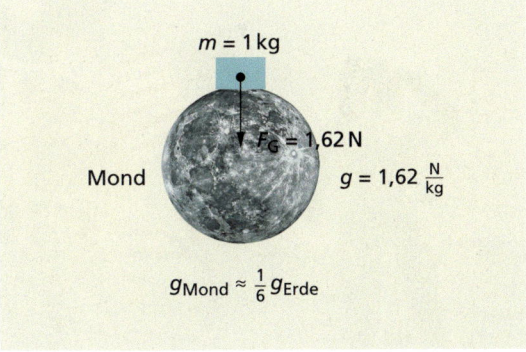

2   Die Gewichtskraft eines Körpers auf dem Mond ist nur etwa 1/6 so groß wie auf der Erde.

Erklären

Voller Spannung verfolgten Zeitzeugen die Landung amerikanischer Astronauten auf dem Mond (Abb. 1). Neil Armstrong betrat im Juli 1969 als erster Mensch die Mondoberfläche. Beobachter staunten über die großen Sprünge, die die Astronauten trotz Raumanzug und Ausrüstung machen konnten. Allein die Ausrüstung hatte eine Masse von etwa 84 kg.

Wenn du wissen möchtest, **warum** etwas geschieht oder so abläuft, ist eine Erklärung gefragt. Beim **Erklären** wird eine Erscheinung oder ein Vorgang in der Natur oder Technik auf Gesetze zurückgeführt. Es wird dargestellt, wie das Gesetz wirkt. Auch Modelle können zum Erklären genutzt werden. Im Falle der Astronauten interessiert z. B. Folgendes:

Erkläre, warum die Astronauten auf dem Mond sogar mit ihrer schweren Ausrüstung scheinbar mühelos große Sprünge machen konnten.

Schritt 1

Nennen des Sachverhalts, der erklärt werden soll

Astronauten konnten auf dem Mond mit ihrer Ausrüstung große Sprünge machen.

Schritt 2

Aufsuchen von Gesetzen oder Modellen

Die Masse eines Körpers ist überall gleich groß. Die Gewichtskraft hängt vom Ort ab, an dem sich der Körper befindet.

Schritt 3

Zurückführen der Erscheinung auf Gesetze oder Modelle

Es wird gezeigt, dass diese Gesetze in der Erscheinung wirken, die erklärt werden soll.

Die Masse der Ausrüstung ist auf dem Mond genauso groß wie auf der Erde. Sie beträgt 84 kg.
Bei der Gewichtskraft ist das anders. Sie ist ortsabhängig. Auf dem Mond beträgt die Gewichtskraft nur etwa $\frac{1}{6}$ der Kraft, die auf die Ausrüstung auf der Erde wirkt. Sie beträgt also anstelle von 840 N nur noch 140 N. Auch die Gewichtskraft, die der Astronaut selbst erfährt, verringert sich auf dem Mond auf $\frac{1}{6}$. Da die Muskelkräfte die gleichen wie auf der Erde blieben, konnten die Astronauten große Sprünge machen und ihre schwere Ausrüstung ohne Probleme transportieren.

1 Der amerikanische Astronaut James Irving landete 1971 mit Apollo 15 auf dem Mond. Zu sehen sind die Mondlandeeinheit (Mitte) und das Mondmobil (rechts).

Masse und Gewichtskraft
In der Physik muss man die Masse und die Gewichtskraft eines Körpers voneinander unterscheiden.

Masse m	Gewichtskraft $\vec{F}_G$
Die Masse ist eine Eigenschaft eines Körpers. Sie ist nur von diesem Körper abhängig. In der Technik spricht man auch vom Gewicht.	Die Gewichtskraft kennzeichnet die Kraft zwischen zwei Körpern. Sie ist von beiden Körpern abhängig.
Die Masse eines Körpers ist überall gleich groß.	Die Gewichtskraft eines Körpers ist abhängig vom Ort, an dem sich der Körper befindet.
Einheit der Masse ist ein Kilogramm (1 kg).	Einheit der Gewichtskraft ist ein Newton (1 N).
Messgerät für die Masse ist die Waage.	Messgerät für die Gewichtskraft ist der Kraftmesser.

Die Schwerelosigkeit

Die Gewichtskraft eines Körpers hängt nicht nur davon ab, wo er sich befindet. Sie hängt auch davon ab, ob und wie sich der Körper bewegt. Stehst du auf einer ruhenden Unterlage, z. B. auf dem Fußboden, so wirkt auf den Fußboden deine „normale" Gewichtskraft. Ursache dafür ist die Anziehungskraft zwischen dir und der Erde. Diese Anziehungskraft wirkt auch dann, wenn du dich beliebig bewegst, z. B. in einem Fahrstuhl (Abb. 1). Bei einer Bewegung nach oben oder nach unten verändert sich aber die Kraft, die auf die Unterlage wirkt.

Beim Anfahren nach oben empfindest du eine größere Kraft als die „normale" Gewichtskraft. Beim Anfahren nach unten ist das Gegenteil der Fall: Du fühlst eine kleinere Kraft als die „normale" Gewichtskraft.

Auch in Flugzeugen kannst du die Verminderung deiner Gewichtskraft spüren, wenn das Flugzeug in ein „Luftloch" gerät.

Fällt ein Körper frei herunter, so übt er keine Kraft mehr auf eine Unterlage aus. Der Körper ist dann gewichtslos oder, wie man auch sagt, schwerelos. Das ist ebenfalls bei Körpern der Fall, die sich um die Erde herumbewegen, z. B. bei Astronauten in einer Raumstation. Astronauten müssen sich auf diese speziellen Bedingungen einrichten. So unterliegen z. B. die Muskeln einer völlig anderen Belastung. Bei längeren Raumflügen sind deshalb Trainingsmaßnahmen erforderlich.

Gewusst · Gekonnt

1. Erkläre mithilfe des Textes und der Abbildung 1 auf dieser Seite, warum man beim Anfahren und Bremsen eines Fahrstuhls unterschiedliche Kräfte bemerkt.
   Orientiere dich an „So kannst du vorgehen" auf Seite 34.

2. Angenommen, ein Astronaut hatte zur Zeit seiner Mondlandung eine Masse von 75 kg. Wie groß war seine Gewichtskraft?

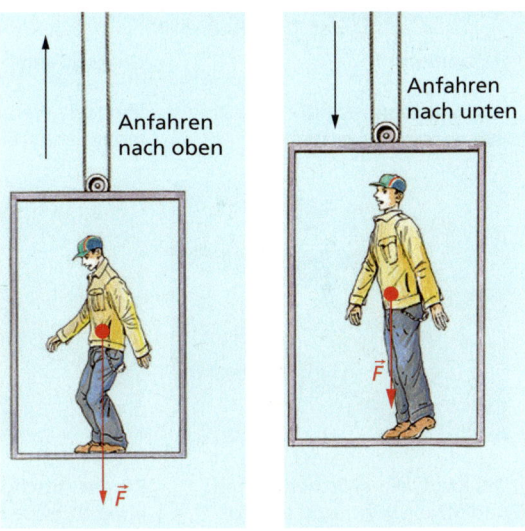

1 Beim Anfahren und Bremsen bemerkt man die unterschiedliche Kraft auf die Unterlage.

Reibungskräfte

Zwischen zwei Körpern, die sich berühren, wirken Reibungskräfte. Das spüren wir z. B., wenn wir einen schweren Schrank wegschieben wollen oder wenn wir mit dem Fahrrad einen sandigen Weg entlangfahren.

> **Reibungskräfte sind immer so gerichtet, dass sie der Bewegung eines Körpers entgegenwirken und diese hemmen oder verhindern.**

Sie sind u. a. die Ursache für Bremsvorgänge und für Erwärmungen bei Körpern, die sich bewegen. Dabei wird zwischen der **Haftreibungskraft**, der **Gleitreibungskraft** und der **Rollreibungskraft** unterschieden (↗ Übersicht unten).
Die wesentliche Ursache für das Auftreten von Reibungskräften liegt in der Oberflächenbeschaffenheit der Körper begründet, die sich berühren. Diese Oberflächen sind mehr oder weniger rau. Liegen die Körper aufeinander oder bewegen sie sich gegeneinander, so „verhaken" sich die Unebenheiten der Flächen. Die Bewegung wird gehemmt oder verhindert. Die Reibungskraft wirkt also stets entgegen der Bewegungsrichtung des betreffenden Körpers (Abb. 1).

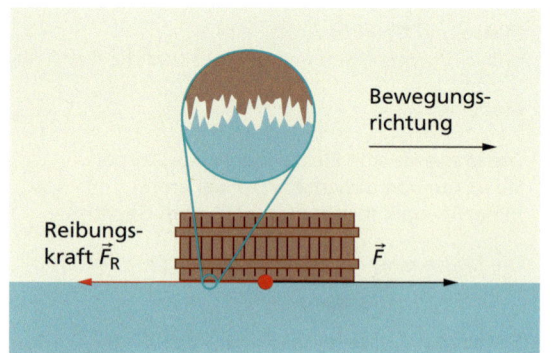

1 Die Reibungskraft wird durch die Rauheit der Oberflächen hervorgerufen.

Wie groß die Reibungskräfte zwischen zwei Körpern sind, lässt sich relativ einfach experimentell untersuchen. Dazu eignet sich die auf S. 37, Abb. 1, dargestellte Experimentieranordnung. Der gelbe Körper wird gleichmäßig über die rote Unterlage gezogen. Die Reibungskraft wird elektronisch gemessen, ihr Wert kann am Messinstrument abgelesen werden. Statt des elektronischen Kraftmessers kann auch ein Federkraftmesser genutzt werden. Das Experiment kann man mit verschieden schweren Körpern und unterschiedlichen Unterlagen durchführen. Dann erhält man folgendes Ergebnis:

Arten der Reibung		
Haftreibung	**Gleitreibung**	**Rollreibung**
liegt vor, wenn ein Körper auf einem anderen haftet.	liegt vor, wenn ein Körper auf einem anderen gleitet.	liegt vor, wenn ein Körper auf einem anderen abrollt.

Die Kraft, die zwischen Reifen und Straße wirkt und das Rutschen der Räder verhindert, nennt man **Haftreibungskraft.**	Kinder rutschen oder gleiten auf einer Rutsche herab. Die bewegungshemmende Kraft nennt man **Gleitreibungskraft.**	Die Kraft, die zwischen rollenden Rädern und dem Weg auftritt und die Bewegung hemmt, nennt man **Rollreibungskraft.**

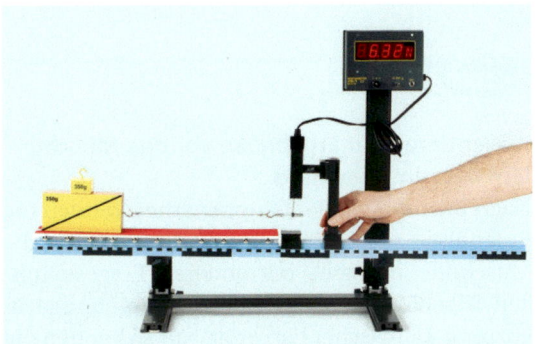

1 Experimentieranordnung zur Untersuchung der Reibungskraft

2 Durch ein Luftkissen kann die Reibungskraft wesentlich verringert werden.

– Die Reibungskraft ist umso größer, je größer die Kraft ist, mit der ein Körper senkrecht auf seine Unterlage drückt. Bei einer waagerechten Unterlage ist diese Normalkraft gleich der Gewichtskraft des Körpers.
– Die Reibungskraft hängt von der Beschaffenheit der Oberflächen ab, die sich berühren. Bei rauen Oberflächen ist die Reibungskraft größer als bei glatten Oberflächen.

Diese Aussagen gelten für die Gleitreibung ebenso wie für die Haftreibung und die Rollreibung. Deshalb kann man allgemein formulieren:

> **Der Betrag der Reibungskraft ist abhängig**
> **– von der Kraft, mit der die reibenden Körper aufeinandergepresst werden,**
> **– von der Art und Beschaffenheit der Berührungsflächen.**

Reibungskräfte sind an manchen Stellen erwünscht, an anderen aber unerwünscht.
Die Reibungskraft kann vergrößert werden durch
– Vergrößerung der Kraft, mit der die Körper aufeinandergepresst werden,
– Aufrauung der Oberflächen.
Die Reibungskraft kann verringert werden durch
– Verkleinerung der Kraft, mit der die Körper aufeinandergepresst werden,
– Glättung der sich berührenden Oberflächen,
– Schmiermittel (Fett, Öl, Wasser, Luft).
Ein Beispiel dafür sind Luftkissenboote, die auf Wasser und auf Land fahren können (Abb. 2).

Gewusst · Gekonnt

1. „Aber die Kiste bleibt ja liegen!", ruft Charlotte aus, als sie die Abbildung 1 auf der Seite 36 betrachtet. Hat sie recht? Begründet eure Meinungen physikalisch. Wiederholt, was mit einem Körper passiert, wenn mehrere Kräfte zusammenwirken.

2. Weise nach, dass Reibung mit Erwärmung von Körpern einhergeht. Bremse mehrmals kräftig mit deinem Fahrrad und berühre danach Reifen und Bremsbacken.
Beschreibe und erkläre deine Beobachtung. Ist die Reibung hier erwünscht oder unerwünscht?

3. Nenne und erläutere Beispiele aus deinem Erfahrungsbereich für
– erwünschte Reibung,
– unerwünschte Reibung.

4. Stelle dir vor: Du sitzt in der Mitte einer völlig ebenen und ganz glatten Fläche. Die Reibung ist vernachlässigbar klein. Entwickle Vorschläge, wie du zum Rand der Fläche gelangen könntest.

5. Luftkissenfahrzeuge (Abb. 2) werden für unterschiedliche Zwecke genutzt.
Erkunde das Funktionsprinzip eines solchen Fahrzeugs.

Arbeiten in Projekten

Bei der Bearbeitung eines Themas in Form eines Projekts geht es darum, dass ihr eigene Ideen entwickelt. Stellt euch in der Gruppe solche Aufgaben, die ihr weitgehend selbstständig bearbeiten könnt. Betrachtet das Thema möglichst von unterschiedlichen Seiten aus.

Auch bei der Arbeit am Projekt könnt ihr schrittweise vorgehen. Das Projekt könnte beispielsweise „Reibung im Straßenverkehr" heißen (↗ S. 39).

Schritt 1

Sammeln von Ideen
Alles, was zum Thema passt, wird „auf den Tisch gepackt". Aus der Fülle der Ideen werden einzelne Themenbereiche ausgewählt und der jeweiligen Gruppe zugeteilt.

Schritt 2

Erstellen eines Arbeitsplans
Jede Gruppe stellt einen Arbeitsplan auf. Er sollte folgende Punkte enthalten:
1. Welche Fragen sollen in der Gruppe zum Themenbereich beantwortet werden?
2. Welche Materialien und Medien sollen genutzt werden?
3. Wer ist für welche Frage zuständig?
4. Welche Methoden sollen bei der Informationsbeschaffung angewendet werden?
5. Welche Experimente möchte die Gruppe durchführen?
6. Wie sollen die Ergebnisse dargestellt werden?
7. Bis wann müssen die Teilaufgaben bearbeitet werden? Wann muss das Projekt beendet werden?

Schritt 3

Arbeiten am Projekt
Dazu gehören: Experimentieren, Experten befragen, mit Nachschlagewerken arbeiten, im Internet surfen, Ergebnisse diskutieren. Wenn Fragen auftreten, wendet euch an eure Lehrkraft.

Schritt 4

Präsentieren der Ergebnisse vor den Mitschülern bzw. im Schulhaus
Nach Beendigung der Gruppenarbeit werden die Ergebnisse präsentiert. Beachtet, dass sich die Mitschüler meistens mit anderen Fragestellungen beschäftigt haben. Stellt die Ergebnisse in kurzer und logischer Form dar. Nur so können die anderen Mitschüler sie verstehen und die gewonnenen Erkenntnisse nachvollziehen. Hilfreich sind **Power-Point-Präsentationen.**

Zum Abschluss des Projekts kann z. B. eine Wandzeitung angefertigt werden. Wählt dafür einen Ort in der Schule, an dem sie gut sichtbar ist. Die anderen Schüler, Eltern und Gäste können dann sehen, womit sich die Klasse beschäftigt hat und zu welchen Ergebnissen sie gekommen ist.

Reibung im Straßenverkehr
- Reibung und Straßenbelag
- Aquaplaning – eine besondere Gefahr
- Reibung bei Schnee und Eis
- Zweckmäßige Bereifung
- Moderne Assistenzsysteme

Reibung im Straßenverkehr

Ob Kopfsteinpflaster oder Sandweg –, wenn ihr mit dem Fahrrad unterwegs seid, spürt ihr Unterschiede. Aber stellt ihr euch auch in eurem Fahrverhalten auf diese Unterschiede ein?
Orientiert euch bei der Durchführung des Projekts an „So kannst du vorgehen", Seite 38.

Aufgabe 1
Untersucht in einem Experiment die Abhängigkeit der Haft-, Roll- und Gleitreibung eines Fahrzeugs von der Beschaffenheit der jeweiligen Unterlage.
Die zu untersuchenden Abhängigkeiten sollen mithilfe eines Spielzeugautos als Modell auf verschiedenen Unterlagen untersucht werden.

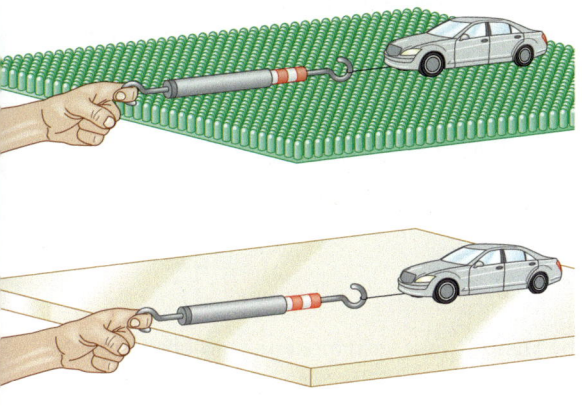

Vorbereitung:
Geräte und Materialien: Spielzeugauto, Federkraftmesser, verschiedene Unterlagen
Durchführung:
Mit dem Federkraftmesser wird die jeweilige Reibungskraft gemessen.
a) Bestimmt die Haftreibungskraft jeweils dann, wenn sich das Auto zu bewegen beginnt.
b) Bestimmt die Rollreibungskraft, wenn das Auto gleichmäßig über die Tischplatte bzw. den Teppichboden rollt.
c) Bestimmt die Gleitreibungskraft. Klebt dazu die Räder so fest an die Karosserie des Autos, dass sie sich nicht drehen können. Zieht das Auto gleitend über die Tischplatte bzw. den Teppichboden und lest jeweils die Kraft ab.

1 Bremsspur eines Fahrrads, mit einer Wärmebildkamera aufgenommen

Auswertung:
a) Vergleicht die Reibungskräfte.
b) Leitet Folgerungen für den Straßenverkehr ab.

Vor allem im Herbst und im Winter hört man, dass sich Verkehrsteilnehmer auf die veränderten Straßenverhältnisse einstellen sollen. Das gilt für alle.

Aufgabe 2
Erkundet, welchen Einfluss Regen, Schnee und Eis auf die Reibung und damit auf den Bremsweg von Fahrzeugen haben. Was ändert sich dabei aus physikalischer Sicht?
Bezieht in eure Diskussionen auch die Abbildung 1 mit ein. Erklärt das Wärmebild der Bremsspur mit dem Teilchenmodell.

Aufgabe 3
In einer thüringischen Zeitung war folgende Notiz zu finden:

> „Bei einem Verkehrsunfall kam gestern Abend ein Radfahrer ums Leben. Der 33-jährige Mann war allein mit seinem Fahrrad auf dem Gehweg der Sperlingstraße unterwegs, als er aufgrund der Schneeglätte zu Fall kam. Nach ersten Feststellungen erlitt er dabei innere Verletzungen, an denen er noch am Unfallort starb."

Bewertet die Zeitungsnotiz. Setzt euch mit der Empfehlung auseinander, vor allem Fahrräder und andere Zweiradfahrzeuge bei Schnee und Eis gar nicht erst zu benutzen.

Hebel und Rollen – was bewirken sie?

Experiment 1

Zerbrich einen Zahnstocher, ein Streichholz oder einen dünnen Ast und wiederhole das mit den kleineren Stücken so lange wie möglich.
Was stellst du fest? Beschreibe deine Beobachtungen.

Experiment 2

Versucht, einen schweren Gegenstand, z. B. einen Schrank, anzuheben. Diskutiert, wie ihr dabei eine Brechstange einsetzen könnt. Sicher habt ihr verschiedene Ideen. Überprüft eure Ideen. Aber Vorsicht! Verletzt euch nicht! In welchem Fall muss die kleinste Kraft aufgewendet werden?

Experiment 3

Baue einen Hebel wie in der Abbildung auf.

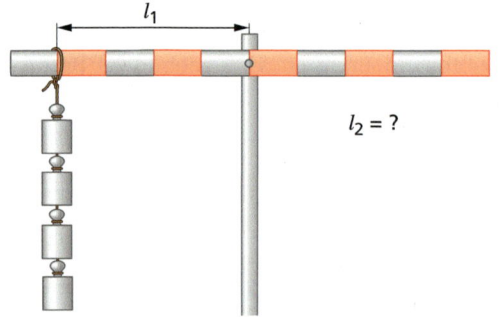

$l_2 = ?$

Die Gewichtskräfte der Wägestücke sollen gleich groß sein. An welcher Stelle müssen
a) gleich viele Wägestücke,
b) die Hälfte der Wägestücke
befestigt werden, um den Hebel im Gleichgewicht zu halten?
Auswertung:
Vervollständige folgenden Satz:
„Je geringer die aufzuwendende Kraft, desto …"

Experiment 4

Rollen und Seile sind zweckmäßige Helfer, um Lasten zu heben. Sie können in unterschiedlicher Weise genutzt werden. In der Abbildung wird in a) eine sogenannte feste Rolle genutzt, in b) eine lose Rolle.
Untersuche den Zusammenhang zwischen der Zugkraft und der Gewichtskraft der Last
a) an einer festen Rolle und
b) an einer losen Rolle.
Vorbereitung:
Begründe, warum im Falle der losen Rolle die Gewichtskraft der Rolle berücksichtigt werden muss.
Durchführung:
a) Baue die Anordnung entsprechend der Abbildung auf.

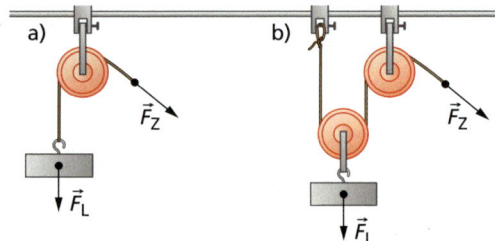

b) Miss für fünf verschiedene Gewichtskräfte die Zugkräfte.
c) Ermittle die Gewichtskraft der losen Rolle und addiere sie zur Gewichtskraft des angehängten Körpers.
d) Trage die Messwerte in eine Messwertetabelle nach folgendem Muster ein:

Nr.	Feste Rolle		Lose Rolle	
	F_L	F_Z	F_L	F_Z
1	…	…	…	…

Auswertung:
a) Deute die Messergebnisse und formuliere für jede Rolle den Zusammenhang zwischen Zugkraft und Gewichtskraft der Last.
b) Welche Abweichungen treten auf? Wodurch können sie zustande gekommen sein?

Helfer im Alltag – Kraftwandler

Im Alltag steht für dich fest: Wenn deine Muskelkräfte nicht reichen, dann greifst du zu Scheren, Brechstangen oder anderen Hilfsmitteln. Hebel, Rollen und Flaschenzüge sind Kraftwandler. Auch die moderne Technik kann auf Kraftwandler nicht verzichten.

Was haben **Hebel** wie Pinzetten, Flaschenöffner, Zangen und Wippen gemeinsam?
Mit Hebeln kann man den Betrag, die Richtung oder den Angriffspunkt einer Kraft ändern. Jeder Hebel hat eine **Drehachse** und zwei **Kraftarme.** Je nach Lage zur Drehachse unterscheidet man zwischen einseitigen und zweiseitigen Hebeln (Abb. 2, 3). Die Kraftarme l_1 und l_2 sind die Entfernungen zwischen der Drehachse und den Angriffspunkten der Kräfte $\vec{F}_1$ und $\vec{F}_2$.
Einseitige Hebel sind Pinzetten, Türklinken oder Schraubenschlüssel. Beispiele für **zweiseitige Hebel** sind Ruder, Balkenwaagen, Nussknacker oder Zangen.
Aus Erfahrung weißt du: Wenn du bei einer Zange möglichst hinten am Griff drückst, ist die Kraftverstärkung am größten: Die aufzubringende Kraft F_2, die am langen Kraftarm l_2 angreift, wird durch den Hebel zur Kraft F_1 verstärkt. Sie wirkt am kurzen Kraftarm l_1.

1 Begründe, warum die Ruder zweiseitige Hebel sind.

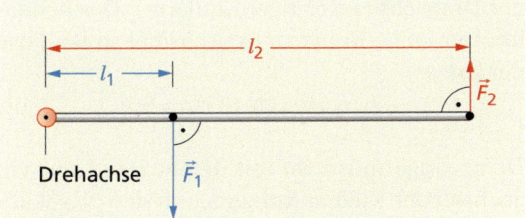

2 Einseitiger Hebel: Die Kräfte greifen, von der Drehachse aus gesehen, auf einer Seite an.

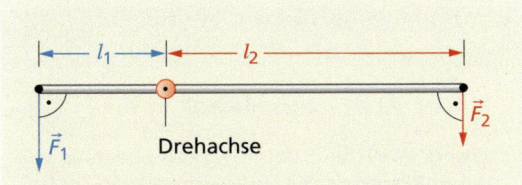

3 Zweiseitiger Hebel: Die Kräfte greifen, von der Drehachse aus gesehen, auf verschiedenen Seiten an.

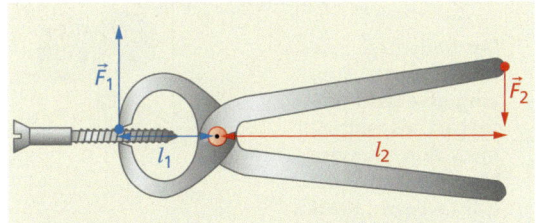

4 Kraftarme und Kräfte an einer Zange: Je länger l_2, desto größer die Verstärkung von F_2.

Untersucht man für Hebel den Zusammenhang zwischen den Kräften und den Kraftarmen, dann erhält man das **Hebelgesetz:**

> **Je länger der gewählte Kraftarm ist, desto kleiner ist die aufzuwendende Kraft. Für einen Hebel im Gleichgewicht gilt:**
>
> $$F_1 \cdot l_1 = F_2 \cdot l_2 \quad \text{oder} \quad \frac{F_1}{F_2} = \frac{l_2}{l_1}$$
>
> F_1, F_2 wirkende Kräfte
> l_1, l_2 Längen der zugehörigen Kraftarme

Ist der Kraftarm l_2 doppelt (dreimal) so lang wie der Kraftarm l_1, so ist die Kraft F_1 doppelt (dreimal) so groß wie F_2.
Wie zeigt sich die Anwendung des Hebelgesetzes am Beispiel der Zange (Abb. 4)?
Angenommen, der kurze Kraftarm ist 2 cm lang und deine Hand greift in 12 cm Entfernung von

der Drehachse an (langer Kraftarm). Das bedeutet: Der lange Kraftarm ist sechsmal so lang wie der kurze:

$$l_2 : l_1 = 12 \text{ cm} : 2 \text{ cm} = 6$$

Demzufolge musst du mit deiner Hand nur ein Sechstel der Kraft aufbringen, um den Nagel abzukneifen. Beträgt $F_1 = 240$ N, so gilt für F_2:

$$F_2 = 240 \text{ N} : 6 = 40 \text{ N}$$

Interessantes aus dem Alltag

Unser Arm – ein Hebel

Unsere Arme und Beine wirken ebenfalls wie Hebel. Wenn wir den Unterarm waagerecht halten, dann gilt für die Kraftarme etwa:

$$l_1 : l_2 = 1 : 8$$

Das bedeutet: Um in dieser Stellung eine bestimmte Last zu halten, muss durch unsere Muskeln etwa die achtfache Kraft aufgebracht werden. Für größere

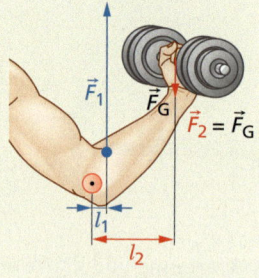

Lasten reicht unsere Muskelkraft nicht aus. Um z. B. eine schwere Tasche zu halten, muss der Kraftarm l_2 verkürzt werden. Das geschieht dadurch, dass man den Unterarm in eine fast senkrechte Stellung bringt.

Die Wirkung einer Kraft auf einen drehbaren Körper beschreibt man in der Physik auch mit der Größe Drehmoment. Wirkt eine Kraft $\vec{F}$ senkrecht zum Kraftarm l, dann gilt für das Drehmoment M:

$$M = F \cdot l$$

Bei allen Hebeln wirken Drehmomente. Befindet sich z. B. ein zweiseitiger Hebel im Gleichgewicht, dann sind die links und rechts wirkenden Drehmomente gleich groß. Man kann das Hebelgesetz (↗ S. 41) auch so formulieren:

Im Gleichgewicht ist das linksdrehende Drehmoment genauso groß wie das rechtsdrehende Drehmoment:

$$M_{\text{links}} = M_{\text{rechts}}$$

Gewusst · Gekonnt

1. Welcher der Gegenstände auf den Fotos ist ein einseitiger, welcher ein zweiseitiger Hebel? Wo befinden sich die Drehachsen und wo greifen Kräfte an?

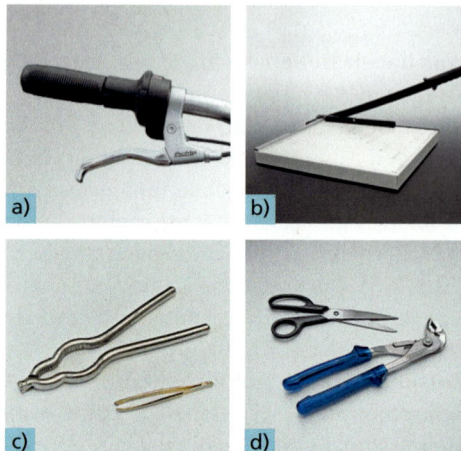

a) b)

c) d)

2. Welche Hebel findest du
   – im Physikraum,
   – zu Hause,
   – am Fahrrad?
   Fertige eine Übersicht an.

3. Vergleiche eine Blechschere mit einer Papierschere.
   Begründe, warum eine Blechschere kurze Schneiden, aber lange Griffe hat.

4. Wo befindet sich in der Abbildung 1, Seite 41, die Drehachse des Hebels? Vergleiche die Länge der Hebelarme. Welche Schlüsse kannst du daraus für das Verhältnis der beiden Kräfte ziehen?

5. Veranstaltet einen Wettbewerb, wer am längsten eine mit Wasser gefüllte 1-l-Flasche am ausgestreckten Arm halten kann.
   Unter welchen Bedingungen könnt ihr die Zeiten verlängern?
   Stellt Vermutungen auf und entwickelt Ideen, wie man diese prüfen kann.

Wippen will gelernt sein

Alexander möchte mit seiner Mutter wippen. Wenn sich beide an das jeweilige Ende der Wippe setzen, baumeln Alexanders Beine in der Luft und das Wippen funktioniert nicht so richtig. Alexander hat eine Masse von 40 kg, seine Mutter hat eine Masse von 60 kg.
Wie müssen sich die beiden auf die 6 m lange Wippe setzen, damit es besser klappt?

Analyse:
Die Wippe ist ein zweiseitiger Hebel. Das Wippen geht besonders gut, wenn sich dieser Hebel im Gleichgewicht befindet. Dann gilt das Hebelgesetz.
Damit sich die Wippe im Gleichgewicht befindet, muss Alexanders Mutter näher zur Mitte rücken. Sie hat die größere Masse, also ist ihre Gewichtskraft auch größer als die von Alexander. Wegen der größeren Gewichtskraft der Mutter muss der Kraftarm auf ihrer Seite kürzer sein.
Die Skizze zeigt den Sachverhalt vereinfacht:

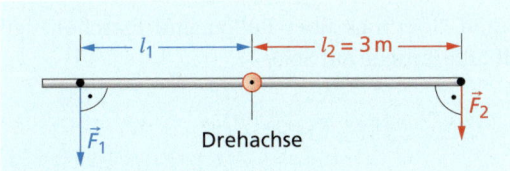

Gesucht: l_1
Gegeben: $l_2 = 3$ m
$m_1 = 60$ kg
$m_2 = 40$ kg

Lösung:
Aus der Masse der beiden Personen können deren Gewichtskräfte berechnet werden. Sie betragen $F_1 = 600$ N und $F_2 = 400$ N.

Nach dem Hebelgesetz muss der Kraftarm l_1 im Verhältnis zum Kraftarm l_2 so viel kürzer sein, wie die Gewichtskraft F_1 der Mutter größer ist als die Gewichtskraft F_2 von Alexander.

Alexander hat eine Gewichtskraft von 400 N, die der Mutter beträgt 600 N. Ihre Gewichtskraft ist also 1,5-mal so groß wie die von Alexander. Deshalb muss sie sich in 2 m Entfernung von der Drehachse auf die Wippe setzen:
$l_1 = 3$ m $: 1{,}5 = \underline{2\ \text{m}}$

Ergebnis:
Damit Alexander und seine Mutter problemlos wippen können, muss die Mutter 2 m entfernt von der Drehachse sitzen, wenn Alexander am Ende der Wippe sitzt. Dann befindet sich die Wippe im Gleichgewicht.

Die günstigste Entfernung der beiden Personen von der Drehachse kann man auch durch einfaches Probieren finden: Die Sitzposition der schwereren Person wird so lange verändert, bis sich die Wippe näherungsweise im Gleichgewicht befindet. Probiere es selber an einem Modell für eine Wippe aus.
Du benötigst folgende Materialien:
runder Bleistift, 30 cm langes Lineal, fünf gleiche Münzen
a) Bringe das Lineal auf dem Bleistift ins Gleichgewicht.
b) Lege zwei Münzen auf ein Ende dieser Wippe. Verschiebe auf der anderen Seite des Lineals den Stapel mit drei Münzen, bis das Gleichgewicht wiederhergestellt ist (↗ Abb.).

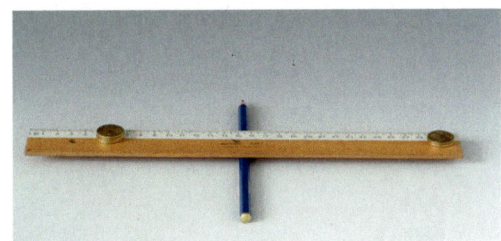

c) Miss die Längen l_1 und l_2 und bilde das Verhältnis l_1/l_2.
d) Bilde das Verhältnis der Kräfte F_2/F_1 und vergleiche mit l_1/l_2.
e) Formuliere das Ergebnis des Vergleichs in einem Satz.

Rollen und Flaschenzüge

Rollen und **Flaschenzüge** ermöglichen es, den Angriffspunkt einer Kraft zu verschieben, ihre Richtung zu ändern oder den Betrag der aufzubringenden Kraft zu verringern. Dazu werden **feste Rollen** und **lose Rollen** verwendet.

1 Mit einer festen Rolle wird nur die Richtung der Kraft verändert.

Bei einer festen Rolle (Abb. 1) ist die Zugkraft genauso groß wie die Gewichtskraft der Last. Zugweg und Lastweg sind ebenfalls gleich groß. Von Vorteil ist aber, dass man die Kraft in eine andere Richtung umlenken kann. Dabei ist es egal, ob man senkrecht oder schräg am Seil zieht. Deshalb wird eine feste Rolle auch als **Umlenkrolle** bezeichnet.

Bei einer losen Rolle (Abb. 2) verteilt sich die Gewichtskraft der Last auf zwei Seile. Auf jedes Seilstück wirkt nur die halbe Kraft. Um die Last zu bewegen, ist also nur die halbe Gewichtskraft der Last erforderlich. Die feste Rolle in der Abbildung 2 dient lediglich zur Umlenkung dieser Kraft. Der Zugweg ist allerdings doppelt so groß

2 Mit einer losen Rolle wird der Betrag der aufzubringenden Kraft verkleinert.

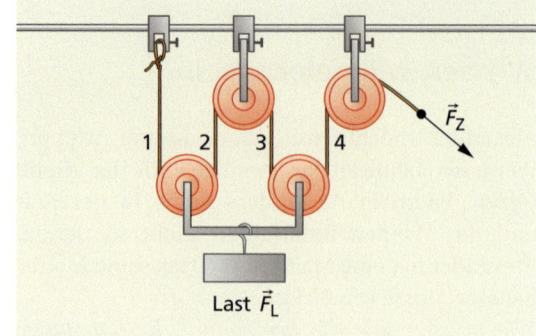

3 Die Last verteilt sich auf vier tragende Seile.

wie der Lastweg. Eine Anordnung von mehreren festen und losen Rollen bezeichnet man als **Flaschenzug** (Abb. 3).

Bei ihm verteilt sich die Gewichtskraft der Last auf die Anzahl der tragenden Seile. Die aufzubringende Kraft ist damit noch kleiner als bei einer losen Rolle, der Zugweg dafür aber größer.

Es gilt:

> **Je größer die Anzahl der tragenden Seile ist, desto kleiner ist die aufzuwendende Kraft und desto größer ist der Zugweg.**

Einen Überblick über Rollen und Flaschenzüge gibt die Tabelle auf Seite 45.

Gewusst · Gekonnt

Welche Kraft ist bei den angegebenen drei Varianten jeweils erforderlich? Die Masse der losen Rollen und die Reibung werden vernachlässigt.

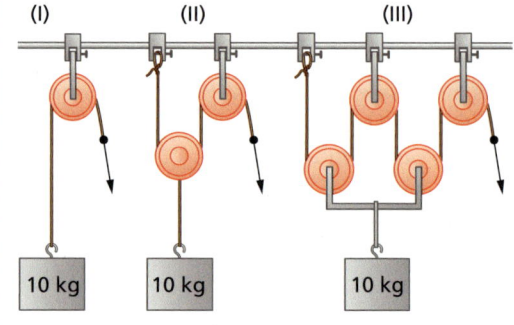

Rollen und Flaschenzug im Vergleich

Feste Rolle	Lose Rolle	Flaschenzug

  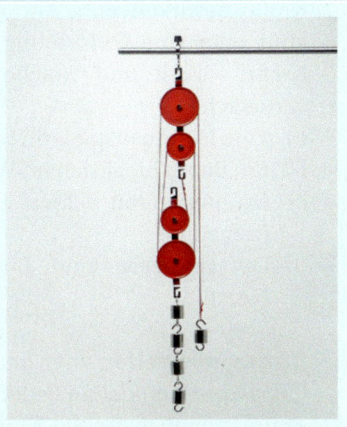

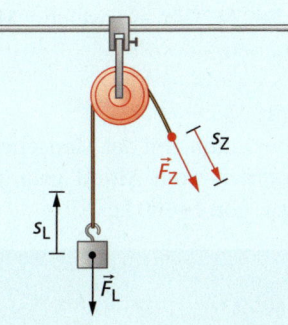 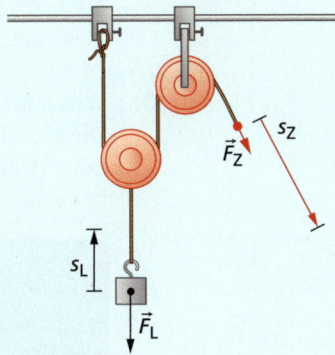 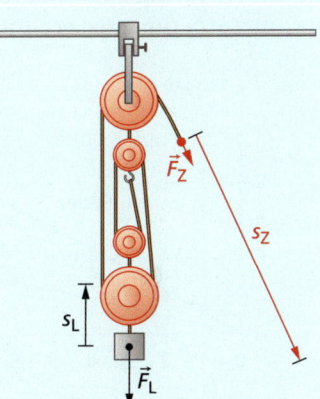

Bei einer festen Rolle ist die Zugkraft F_Z genauso groß wie die Gewichtskraft F_L der Last. Man kann aber die Kraft in eine andere Richtung umlenken (Umlenkrolle).

$$F_Z = F_L$$

Zugweg s_Z und Lastweg s_L sind gleich groß.

$$s_Z = s_L$$

Bei einer losen Rolle verteilt sich die Gewichtskraft der Last auf zwei Seile. Die feste Rolle dient zur Umlenkung der Kraft. Auf jedes Seil wirkt nur die halbe Gewichtskraft.

$$F_Z = \tfrac{1}{2} F_L$$

Der Zugweg s_Z ist doppelt so groß wie der Lastweg s_L.

$$s_Z = 2\,s_L$$

Bei einem Flaschenzug verteilt sich die Gewichtskraft der Last auf die Anzahl der tragenden Seile, z. B. auf vier Seile. Die Zugkraft F_Z beträgt ein Viertel der Gewichtskraft F_L der Last.

$$F_Z = \tfrac{1}{4} F_L$$

Der Zugweg s_Z ist viermal so groß wie der Lastweg s_L.

$$s_Z = 4\,s_L$$

Beträgt die Anzahl der Rollen n, dann gilt allgemein: $F_Z = \dfrac{F_L}{n}$ $s_Z = n \cdot s_L$

Der Zusammenhang zwischen den Kräften gilt exakt nur unter der Bedingung, dass die Masse der Seile und Rollen sowie die Reibung vernachlässigt werden können. Da aber Rollen und Seile eine Masse haben und stets auch Reibung auftritt, ist in der Praxis die tatsächlich erforderliche Zugkraft größer als die mit der oben genannten Gleichung berechnete Kraft.

Gewusst · Gekonnt

1. Überall Kräfte

Kräfte bewirken eine Änderung der Bewegung oder eine Verformung. Gib an, welche Kräfte wirken und welche Wirkungen sie verursachen.

a) Eine Handballspielerin wirft den Ball ab.

b) Ein Baum biegt sich im Wind.

c) Du bremst mit deinem Fahrrad an einer Kreuzung.

d) Du verbiegst eine Büroklammer aus Metall.

2. Diagramme helfen entscheiden

Für zwei verschiedene Federn wurde der Zusammenhang zwischen Kraft und Verlängerung experimentell ermittelt.

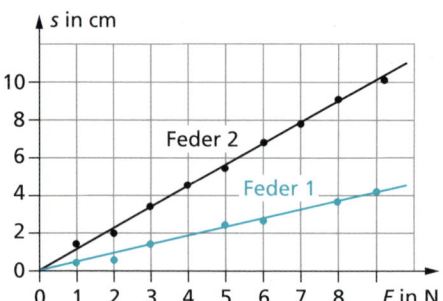

a) Lies ab, wie groß jeweils die Verlängerung der beiden Federn bei einer angreifenden Kraft von $F = 2\,\text{N}$ (5 N, 9 N) ist.

b) Welche Kräfte müssen jeweils angreifen, damit die Federn um 2 cm (5 cm, 8 cm) verlängert werden?

c) Vergleiche die Eigenschaften beider Federn, indem du Gemeinsamkeiten und Unterschiede darstellst.

d) Du möchtest einen Federkraftmesser mit einem Messbereich von $F = 10\,\text{N}$ bauen. Für welche der beiden Federn würdest du dich entscheiden? Begründe.

3. Umgangssprache und Fachsprache?

Erläutere Beispiele, wo im Alltag von Kräften gesprochen wird, aber damit nicht eine Kraft im physikalischen Sinn gemeint ist.

4. Beschädigter Federkraftmesser

An der Skala eines Federkraftmessers kannst du nur noch die Werte 0 N und 8 N erkennen, die übrigen sind nicht mehr lesbar. Wie könntest du die Skala ergänzen, um auf 1 N genau ablesen zu können? Begründe.

5. Gewichtskraft gesucht

Verschiedene Körper haben folgende Masse: 2,5 g; 36 g; 1,5 kg; 7,8 kg; 3,2 t. Gib ihre Gewichtskräfte auf der Erdoberfläche an.

6. Masse gesucht

Verschiedene Körper haben auf der Erdoberfläche folgende Gewichtskraft: 0,5 N; 5,8 N; 3,1 N; 25 kN; 680 N. Gib an, welche Masse diese Körper haben.

7. Schweres Gerät

Die Mondlandeeinheit, mit der Menschen im Jahre 1969 erstmals zum Mond gelangten, hatte eine Masse von 14 700 kg.

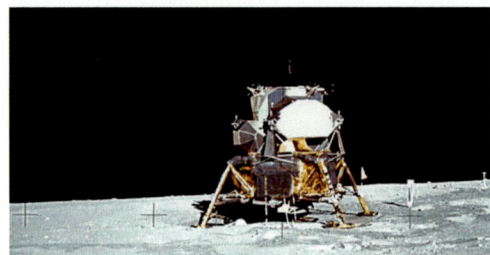

a) Wie groß war demzufolge die Gewichtskraft der Mondlandeeinheit auf der Erde und auf dem Mond?

b) Vergleiche die Gewichtskraft der Mondlandeeinheit mit der eines Pkw auf der Erde.

8. Masse und Gewichtskraft im Vergleich

Ein Raumschiff mit einer Masse von 2,1 t wird mit einer Rakete von der Erdoberfläche aus gestartet. Sein Abstand von der Erdoberfläche wird immer größer. Wie verändern sich die Masse und die Gewichtskraft des Raumschiffs? Begründe.

9. Reis auf Reisen

Experimentiere „in Gedanken": Am Nordpol beträgt die Gewichtskraft einer Packung Reis genau 10 N. Musst du am Äquator Reis dazugeben oder ausschütten, um wieder genau 10 N zu erhalten?
Was musst du in einem Flugzeug in 10 000 m Höhe tun?

10. Kein Fahrrad ohne Bremse

Bremsen sind wichtig für die Verkehrssicherheit eines Fahrrads.
a) Welche Art von Reibung wird bei einer Felgenbremse genutzt? Wie kann man die Bremskraft einer Felgenbremse verändern? Warum sollen Felgen sauber sein?
b) Recherchiere, welche weiteren Typen von Fahrradbremsen es noch gibt. Stelle Vergleiche mit der Felgenbremse an.

11. Holz auf Holz

Ein Holzklotz wird über einen Holztisch gezogen. Er drückt mit der Gewichtskraft F_G von 0,5 N auf die Unterlage. Die dabei wirkende Gleitreibungskraft F_R beträgt 0,3 N.
Nun wird der Holzklotz nacheinander mit Wägestücken von jeweils 50 g beschwert und es wird wieder die Gleitreibungskraft gemessen. Die Tabelle zeigt alle Messwerte.

F_G in N	0,5	1,0	1,5	2,0	2,5
F_R in N	0,3	0,5	0,7	1,0	1,3

a) Zeichne die Messwerte in ein Diagramm.
b) Welchen Zusammenhang zwischen der Gewichtskraft und der Gleitreibungskraft kann man aus dem Diagramm ableiten?

12. Die Reibung ist entscheidend

Beim Abkippen einer Ladung Sand stellt der Fahrer die Ladefläche des Lkw bis zu einem bestimmten Winkel schräg. Danach rutscht der Sand in einem Zug hinunter. Erkläre dies physikalisch. Stelle die wirkenden Kräfte in einer Zeichnung dar.

13. Reibung – erwünscht oder unerwünscht

Quietschende Türscharniere ölt man, quietschende Bremsen aber nicht. Begründe.

14. Unterschiedliche Bremswege

Erkläre, warum der Bremsweg eines Fahrzeugs bei nasser Fahrbahn wesentlich größer ist als bei trockener Fahrbahn.

15. Unbekannte Werte

Berechne für einen Hebel die in der Tabelle fehlenden Werte.

	F_1	l_1	F_2	l_2
a	12 N	30 cm	36 N	
b		1,5 cm	86 N	60 cm
c	20 N		100 N	35 cm

16. Wer spart mehr Kraft

Nik und Tom überlegen, wie sie beim Seilklettern Kraft sparen können. Nik schlägt Variante 1 (Abb.) vor, Tom Variante 2.
Welche Variante würdest du bevorzugen? Begründe.

17. Mörteltransport

Auf einer Baustelle soll ein Gefäß mit Mörtel (25 kg) ins erste Stockwerk transportiert werden. Die zur Verfügung stehende lose Rolle hat eine Gewichtskraft von 15 N.
a) Welche Kraft muss ein Bauarbeiter mindestens aufbringen?
b) Ändert sich diese Kraft, wenn er das Seil zusätzlich noch über eine feste Rolle führt?
c) Ein Kind hilft, kann aber nur eine Kraft von 100 N aufbringen. Wie könnte man das Problem lösen?

Das Wichtigste im Überblick

Kräfte in Natur und Technik

Kräfte können bewirken

eine Änderung der Form von Körpern (plastische oder elastische Verformung)	eine Änderung der Bewegung von Körpern (Schnelligkeit oder Richtung der Bewegung oder beides)

■ Die Kraft $\vec{F}$ ist eine **gerichtete Größe.** Sie gibt an, wie stark zwei Körper wechselseitig aufeinander wirken. Einheit: ein Newton (1 N)

Die **Darstellung einer Kraft** erfolgt durch einen Pfeil.

■ Die **Wirkung einer Kraft** auf einen Körper ist abhängig
  – vom Betrag der Kraft,
  – von der Richtung der Kraft,
  – vom Angriffspunkt der Kraft.

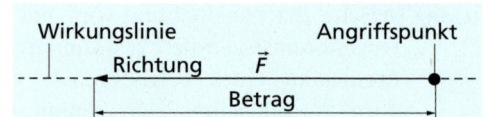

■ Wichtige Arten von Kräften sind die **Gewichtskraft** und die **Reibungskraft.**

Ursache der **Gewichtskraft** ist die Massenanziehung zwischen dem Körper und der Erde.	Ursache der **Reibungskraft** ist die Oberflächenbeschaffenheit der Körper.
Ein Körper der Masse 1 kg hat auf der Erdoberfläche eine Gewichtskraft von etwa 10 N. 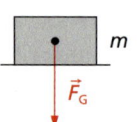	Die Reibungskraft wirkt immer so, dass sie die Bewegung hemmt oder verhindert. 

■ Zu den **kraftumformenden Einrichtungen** (Kraftwandlern) gehören **Hebel, Rollen** und **geneigte Ebenen.**

■ **Hebel**	■ **Rollen, Flaschenzug**
Für alle Hebel im Gleichgewicht gilt das **Hebelgesetz.** 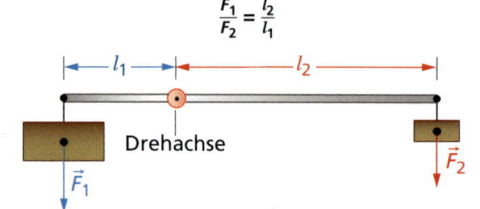	$$F_Z = \frac{F_L}{n}$$ $$s_Z = n \cdot s_L$$ n ist die Anzahl der tragenden Seile. 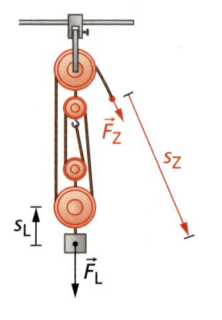

1.3 Druck und Druckkräfte

1 ## Interessante Ferien

Wer wünscht sich das nicht, einmal mit diesem Unterseeboot zu tauchen und in etwa 30 m Tiefe die Tierwelt in einem Korallenriff zu bewundern. Aber wie taucht ein solches Boot? Entwickelt Ideen und fragt auch Erwachsene. Die physikalischen Grundlagen erfahrt ihr auf den Seiten 63 und 65.

2 ## Allerlei mit Ei

- Traust du dich? Umfasse ein Ei wie in der Abbildung und drücke es fest zusammen. Warum sollte man bei dem Versuch keinen Ring tragen? Hast du eine Erklärung?

- Lege ein gekochtes Ei in ein Glas mit Wasser. Streue langsam Salz in das Wasser. Beschreibe deine Beobachtung. Kannst du sie erklären?

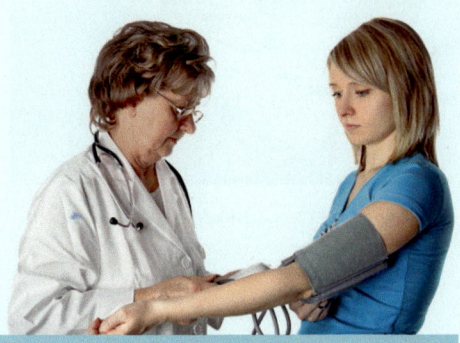

3

Containerschiff beladen

Bei Schiffen ist die Eintauchtiefe von der Masse der Zuladung abhängig. Untersuche den Zusammenhang zwischen dem Volumen des verdrängten Wassers und der Masse der „Zuladung" zu einem schwimmenden Körper.

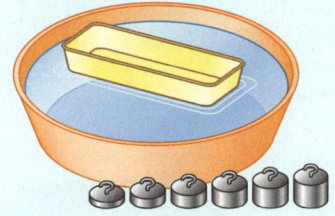

4 ## Aus dem Alltag …

Sicher kennst du das Messgerät. Was misst man damit?

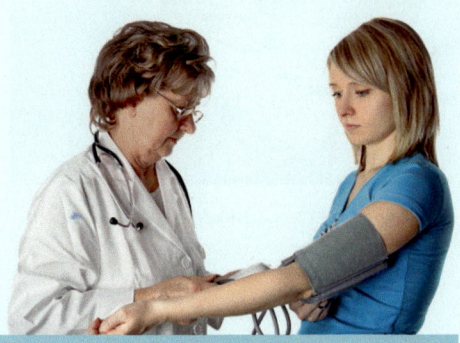

5

Was meinst du?

Wann geht die Kerze aus? Probiere es aus.

Die physikalische Größe Druck

Damit Autoreifen funktionstüchtig bleiben, wird in Abständen der Druck kontrolliert, der in ihrem Innern herrscht (Abb. 2). Ähnliches gilt für unseren Blutdruck (Abb. 4). Die eingeschlossene Luft im Reifen bzw. das Blut in unseren Venen stehen „unter Druck". Sie können Kräfte ausüben.

Druck und Kraft sind jedoch nicht dasselbe. Der Druck hat keine bestimmte Richtung. Er beschreibt den Zustand, in dem sich Flüssigkeiten oder Gase befinden. Er ist die Ursache dafür, dass die eingeschlossenen Flüssigkeiten oder Gase Kräfte auf alle Begrenzungsflächen ausüben, auch auf die Kolben und auf Flächen von Körpern in ihrem Innern (Abb. 3). Diese Kräfte werden als **Druckkräfte** bezeichnet. Die Richtung, in die die Kräfte wirken, kann man in der Abb. 1 erkennen.

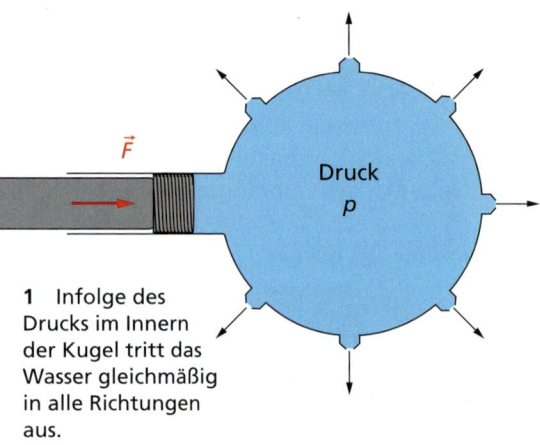

1 Infolge des Drucks im Innern der Kugel tritt das Wasser gleichmäßig in alle Richtungen aus.

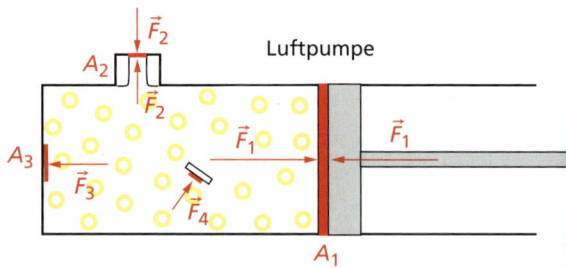

3 Eingeschlossene Flüssigkeiten oder Gase üben Kräfte auf Flächen aus. Der Druck ist konstant.

Drückt man auf den Kolben einer mit Wasser gefüllten Kugelspritze, dann tritt das Wasser gleichmäßig und senkrecht aus allen Öffnungen. Je stärker man auf den Kolben drückt, desto weiter spritzt das Wasser. Das liegt daran, dass der Druck in der Kugel größer wurde. Weil die Öffnungen der Kugel alle gleich groß sind, spritzt das Wasser überall gleich schnell heraus.

> Der Druck kennzeichnet den Zustand einer Flüssigkeit oder eines Gases, die sich in einem geschlossenen Gefäß befinden.
> Es wirken Druckkräfte senkrecht auf die Begrenzungsflächen des Gefäßes.

Kräfte, die senkrecht auf eine Fläche wirken, kennzeichnen auch den Druck, mit dem feste Körper auf ihre Unterlage wirken. Dieser Druck ist umso größer, je größer die Kraft und je kleiner die Fläche ist.

2 In Reifen von Pkws hat die Luft meist einen Druck zwischen 2,0 und 3,0 bar.

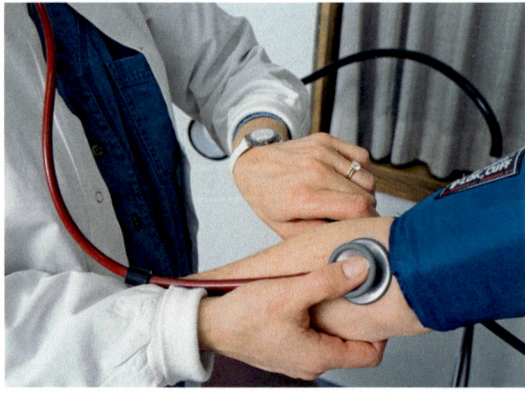

4 Blutdruckwerte geben Auskunft über unseren Gesundheitszustand.

Druck in Gasen	Druck in Flüssigkeiten	Druck fester Körper
In jedem Gas herrscht ein Druck. Er führt zu Kräften auf Flächen innerhalb des Gases, der Gefäßwände sowie beweglicher Kolben.	Der Druck in Flüssigkeiten führt zu Kräften auf Flächen innerhalb der Flüssigkeit, der Gefäßwände sowie beweglicher Kolben.	Durch eine Kraft übt ein Körper auf eine Fläche einen Druck aus. Je kleiner die Fläche ist, desto größer ist der Druck.
Der Druck in Gasen wirkt gleichmäßig nach allen Seiten.	Der Druck in Flüssigkeiten wirkt gleichmäßig nach allen Seiten.	Der Druck tritt nur bei der Fläche auf, auf die die Kraft wirkt.
Bei ihrer freien, ungeordneten Bewegung prallen die Gasteilchen auf Flächen, z. B. des Kolbens oder der Wand, und üben dadurch Kräfte auf diese aus.	Flüssigkeitsteilchen liegen dicht beieinander und sind leicht verschiebbar. Bei Krafteinwirkung durch einen Kolben üben sie deshalb auf alle Nachbarteilchen Kräfte aus.	Die regelmäßige und relativ starre Anordnung der Festkörperteilchen führt dazu, dass eine Kraft fast nur in Richtung dieser Kraft auf Nachbarteilchen übertragen wird.

Allgemein ist der Druck auf eine Fläche abhängig vom Betrag der Kraft, die senkrecht auf diese Fläche wirkt, und der Größe der Fläche selbst.

Unter der Bedingung, dass die Kraft senkrecht auf die Fläche wirkt, kann der Druck p mit folgender Gleichung berechnet werden:

$$p = \frac{F}{A}$$

F wirkende Kraft (Druckkraft)
A Fläche, auf die die Kraft wirkt

Als Einheit für den Druck ergibt sich aus der Gleichung ein Newton je Quadratmeter $\left(1\,\frac{N}{m^2}\right)$.

Diese Einheit wird als ein Pascal (1 Pa) bezeichnet:

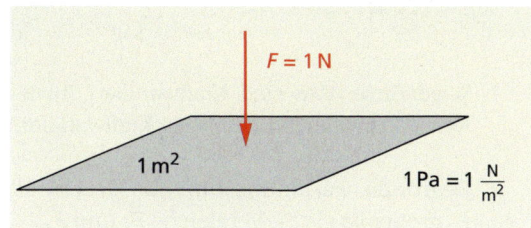

Die Einheit ein Pascal ist nach dem französischen Wissenschaftler BLAISE PASCAL (1623–1662) benannt. 1 Pascal ist der Druck, bei dem eine Kraft von 1 N senkrecht auf eine Fläche von 1 m² wirkt. Dieser Druck ist sehr klein. Deshalb nutzt man meist **Vielfache dieser Einheit.**
Es gilt:

$$1\,\text{Pa} = 1\,\frac{N}{m^2} = 0{,}000\,1\,\frac{N}{cm^2}$$
$$1\,\text{kPa} = 1\,000\,\text{Pa} = 0{,}1\,\frac{N}{cm^2}$$
$$1\,\text{MPa} = 1\,000\,\text{kPa} = 100\,\frac{N}{cm^2}$$

Eine weitere Einheit des Drucks ist ein Bar (1 bar):

$$1\,\text{bar} = 100\,000\,\text{Pa} = 100\,\text{kPa} = 10\,\frac{N}{cm^2}$$

Der Druck in Flüssigkeiten und Gasen kann mit **Druckmessern** direkt gemessen werden. Dabei unterscheidet man zwischen Manometern und **Barometern** (↗ S. 60–61).
Genutzt werden können auch verschiedene Arten von Drucksensoren. Mit solchen Sensoren, die auch sehr klein sein können, lässt sich der Druck elektronisch messen.

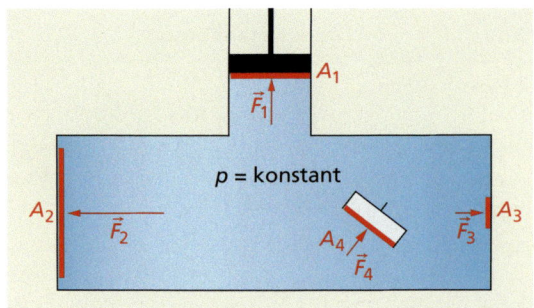

1 Der Druck in einer Flüssigkeit ist überall gleich groß, die Kräfte auf Flächen sind verschieden.

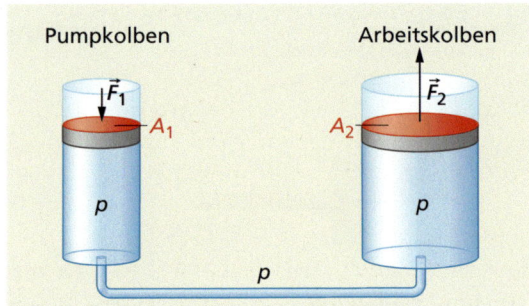

2 Hydraulische Anlage (vereinfacht): Eine kleine Kraft bewirkt eine große Kraft auf den Arbeitskolben.

Hydraulische Anlagen

Schließt man eine Flüssigkeit in einen Kolben ein und übt auf den Kolben eine Kraft aus, dann kann man die Flüssigkeit praktisch nicht zusammendrücken.

Bringt man irgendwo im Gefäß eine Öffnung an, dann wird die Flüssigkeit dort aus dem Gefäß hinausgedrückt. Es wirkt eine Kraft senkrecht zur Gefäßwand. Der Druck selbst besitzt keine Richtung. Er erzeugt aber Kräfte, die senkrecht zu jeder beliebigen Fläche wirken (Abb. 1).

Ist der Druck, den man mit einem Kolben in einem geschlossenen Gefäß erzeugt, sehr viel größer als der Schweredruck in dem Gefäß, dann kann man den Schweredruck in solchen Fällen vernachlässigen. Unter dieser Bedingung gilt für den Druck:

> **Der Druck einer Flüssigkeit in einem geschlossenen Gefäß ist überall gleich groß.**

Somit kann man durch Änderung der Fläche bei gleichem Druck unterschiedlich große Kräfte hervorrufen. Der entsprechende Zusammenhang ist in der Abbildung 1 dargestellt.

Diese Tatsache nutzt man z. B. bei Wagenhebern, Hebebühnen, Bremsanlagen von Fahrzeugen oder Pressen. Sie werden **hydraulische Anlagen** genannt. Diese Anlagen funktionieren nach demselben Prinzip: Sie vergrößern Kräfte mithilfe von Flüssigkeiten. So gesehen sind sie Kraftwandler (↗ S. 41 ff.).

Durch Druck auf einen Kolben können sowohl der Betrag als auch die Richtung von Kräften geändert werden. Eine hydraulische Anlage besteht meist aus zwei unterschiedlich großen Zylindern mit beweglichen Kolben, die miteinander verbunden sind (Abb. 2). Als Flüssigkeit wird Öl verwendet.

Drückt man mit einer kleinen Kraft $\vec{F}_1$ auf den Pumpkolben mit kleiner Fläche A_1, so erzeugt man einen Druck p, der überall in der Anlage gleich ist. Dieser Druck p wirkt auch auf den Arbeitskolben. Da die Fläche A_2 dieses zweiten Kolbens groß ist, ist auch die Kraft $\vec{F}_2$ auf den Kolben groß.

> **Für jede hydraulische Anlage im Gleichgewicht gilt:**
>
> $$\frac{F_1}{A_1} = \frac{F_2}{A_2} \quad \text{oder} \quad \frac{F_1}{F_2} = \frac{A_1}{A_2}$$
>
> F_1, F_2 Kräfte auf die Kolben
> A_1, A_2 Flächen der Kolben

Weitere interessante Informationen über hydraulische Anlagen erhältst du unter „Gemeinsam erkunden" (↗ S. 53).

Gewusst · Gekonnt

1. Wiederhole: Was sind Kraftwandler? Inwiefern sind hydraulische Anlagen Kraftwandler?

2. Begründe, warum in Abb. 1 die Druckkraft $\vec{F}_2$ größer ist als $\vec{F}_1$. Vergleiche $\vec{F}_3$ und $\vec{F}_4$.

Kraft sparen mit Hydraulik

In der modernen Technik geht es heute kaum noch ohne Hydraulik. Ob bei Hebevorrichtungen, Pressen, Bremsen oder Lenkungen – überall trifft man auf hydraulische Anlagen.

Aufgabe 1
Baut das Modell einer hydraulischen Anlage. Orientiert euch beim Aufbau des Modells an folgender Abbildung:

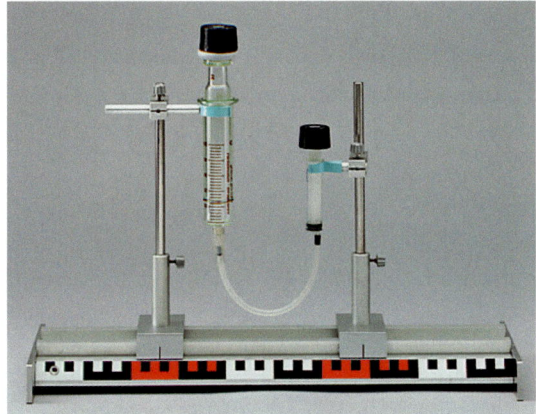

a) Wie groß kann die Last maximal sein, die ihr mit eurer Anlage heben könnt? Entwickelt Ideen, wie ihr die Wirkung der Anlage vergrößern könnt. Überprüft diese Ideen.
b) Gilt bei dieser Anlage die Goldene Regel der Mechanik? Plant ein Experiment, um eine Aussage treffen zu können, und führt es durch.

Der Durchlauf von Waren des täglichen Bedarfs in Supermärkten ist besonders groß. Ständig muss für Nachschub gesorgt werden. Zum Transport der Waren werden oft hydraulische Hubwagen genutzt, die große und schwere Lasten nicht nur transportieren, sondern auch heben und senken können.

Aufgabe 2
Informiert euch in einem nahe gelegenen Supermarkt, wie solche Hubwagen funktionieren und wozu sie eingesetzt werden. Erstellt eine Wandzeitung. Nennt auch technische Details.

Aufgabe 3
Recherchiert in verschiedenen Medien, in welchen Lebensbereichen und in welchen Maschinen hydraulische Anlagen zum Einsatz kommen. Erstellt eine Übersicht. Fertigt eine Präsentation an.

Auch Bremsanlagen von Fahrzeugen nutzen ein Hydrauliksystem. Es wird über eine spezielle Elektronik gesteuert. Das System sichert eine gute Bremswirkung und das gleichmäßige Abbremsen aller vier Räder. Man unterscheidet zwischen Scheiben- und Trommelbremsen (Abb. 1).

Aufgabe 4
Schreibt einen wissenschaftlichen Text zum Aufbau und zur Wirkungsweise einer Scheibenbremse. Wählt den Text aus, der am treffendsten gelungen ist. Diskutiert die Kriterien, nach denen ihr die Auswahl des treffendsten Textes entscheidet.

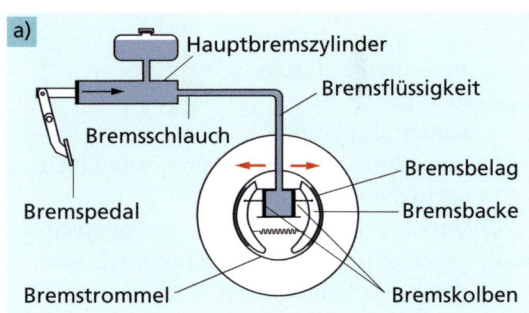

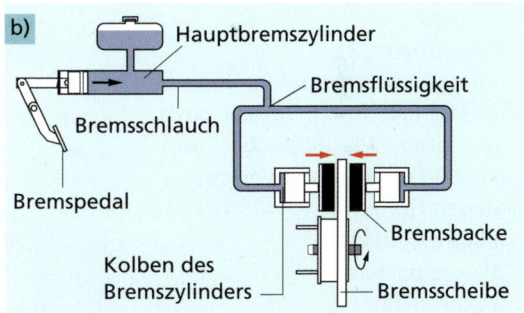

1 Trommelbremse (a) und Scheibenbremse (b): Bei beiden sind die Kolben mit Bremsbacken verbunden, die gegen eine Trommel bzw. eine Scheibe drücken.

Der Schweredruck in Flüssigkeiten

Wenn du in einem Schwimmbad genügend tief tauchst, spürst du einen Druck auf den Ohren (Abb. 1). Dieser Druck ist unabhängig davon, in welcher Lage du den Kopf hältst. Das heißt: Der Druck im Wasser hat keine bestimmte Richtung. Ähnliches kannst du beim Fliegen oder beim Fahren in einem Aufzug spüren, wenn sich die Höhe schnell ändert.

Wovon dieser Druck abhängig ist, kannst du durch einfache Experimente selbst erkunden.

Selbst erforscht

Druck im Wasser

Experiment 1
Untersuche den Druck in einer Flüssigkeit.
a) Fülle einen Luftballon wie in der Abbildung mit Wasser. Befestige den Ballon an einem durchsichtigen Kunststoffröhrchen.
b) Tauche die Anordnung unterschiedlich tief in das Gefäß mit Wasser.
c) Markiere die Wasserstände im Steigrohr.
d) Beschreibe deine Beobachtungen. Vergleiche sie mit deinen Empfindungen beim Tauchen.

Experiment 2
Führe das Experiment wie in der Abbildung durch. Bringe dazu in einer Plastikflasche drei kleine Öffnungen in verschiedenen Höhen an. Fülle mehrmals Wasser nach. Deute deine Beobachtungen.

1 Beim Tauchen spürt man einen Druck auf den Ohren. Er wird größer, je tiefer man taucht.

Wie kommt dieser Druck in Flüssigkeiten zustande?

Betrachten wir dazu ein Gefäß mit Flüssigkeit, z. B. Wasser (↗ Abb.). In einer Tiefe h markieren wir eine Fläche A. Auf diese Fläche wirkt die Gewichtskraft der darüberliegenden Flüssigkeitssäule. Der Druck in einer Flüssigkeit,

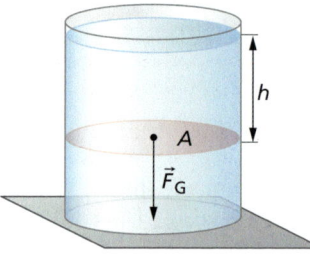

der infolge der Gewichtskraft der darüberliegenden Flüssigkeit entsteht, wird **Schweredruck** genannt.

In einer größeren Tiefe ist die darüberliegende Flüssigkeitssäule länger. Sie hat eine größere Gewichtskraft. Demzufolge ist der Schweredruck größer. Darüber hinaus hängt die Gewichtskraft in einer bestimmten Tiefe auch von der Dichte der betreffenden Flüssigkeit ab. Deshalb gilt allgemein:

> **Der Schweredruck in einer Flüssigkeit ist umso größer, je größer**
> – **die Eintauchtiefe und**
> – **die Dichte der Flüssigkeit**
> **sind.**

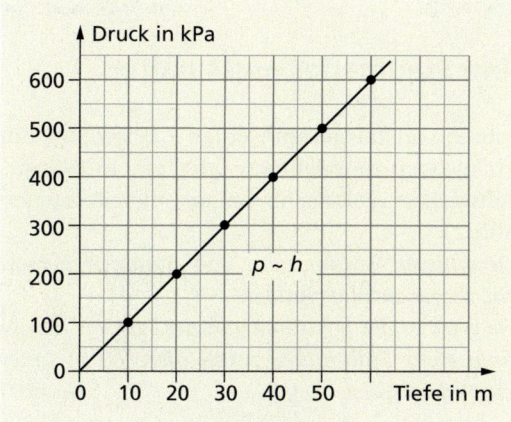

1 In Wasser nimmt der Schweredruck je 10 m Tiefe um 100 kPa zu.

Der Zusammenhang zwischen dem Druck und der Eintauchtiefe (Höhe der Flüssigkeitssäule) ist für Wasser in Abb. 1 dargestellt.

Aus dem Diagramm ist erkennbar: Der Schweredruck in Wasser vergrößert sich gleichmäßig mit zunehmender Tiefe. Zwischen Druck und Tiefe besteht direkte Proportionalität.

Als Faustregel kannst du dir merken:
Je 1 m Tiefe nimmt der Schweredruck im Wasser um 10 kPa zu.

Schweredruck tritt auch in Gefäßen auf, wobei dort eine Besonderheit festzustellen ist. Obwohl sich verschieden viel Wasser in den Gefäßen in Abbildung 2 befindet, zeigen die Kraftmesser denselben Wert an. Der Druck auf den Boden hängt nur von der Höhe der Flüssigkeitssäule und der Dichte der Flüssigkeit ab.

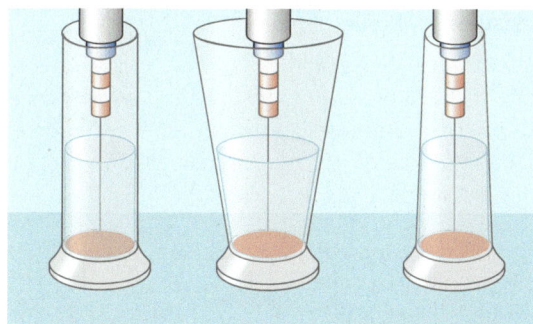

2 Die Druckkraft auf die gleich großen Bodenflächen ist bei gleicher Höhe der Wassersäulen gleich.

Sonderbar (paradox) ist daran, dass eine kleine Flüssigkeitsmenge dieselbe Kraft auf eine Fläche erzeugen kann wie eine große Menge. Die Erscheinung wird deshalb **hydrostatisches Paradoxon** genannt.

> **Der Schweredruck in einer Flüssigkeit ist unabhängig von der Gefäßform.**

Das zeigt sich auch in **verbundenen Gefäßen,** z. B. in Gießkannen. Gießt man Wasser in eine der Öffnungen, dann gleichen sich die Flüssigkeitsspiegel aus, bis sie in beiden

Schenkeln gleich hoch sind. Auch hier hängt der Schweredruck nicht von der Form des Gefäßes, sondern nur von der Höhe der Flüssigkeitssäule und der Dichte der Flüssigkeit ab.

Weitere Beispiele für verbundene Gefäße sind Teekannen, Geruchsverschlüsse an Waschbecken, Füllstandsanzeiger oder Schlauchwaagen, mit denen man Höhen vergleichen kann.

Gewusst · Gekonnt

1. Deute deine Beobachtungen in Experiment 1, Seite 54. Welchem Druck entspricht ein niedriger (hoher) Stand im Steigrohr?

2. Begründe mithilfe von Abb. 1 auf dieser Seite, dass Schweredruck und Wassertiefe proportional zueinander sind.

3. Im Marianengraben im Pazifischen Ozean wurde mit 11 034 m die größte Wassertiefe der Erde gemessen. Wie groß ist in dieser Tiefe der Schweredruck des Wassers? Welche Kraft wirkt dort auf 1 cm^2?

Physik im Alltag

Das U-Rohr-Manometer

Ein einfaches Messgerät für den Druck ist das U-Rohr-Manometer (Abb. 1).
Beschreibe den Aufbau und erkläre die Wirkungsweise dieses Manometers.

Ein U-Rohr-Manometer dient zur Messung des Drucks in Flüssigkeiten und Gasen. Es besteht aus einem U-förmigen Rohr und einer Skala. Das U-Rohr ist ein verbundenes Gefäß, in dem die Flüssigkeitssäule in beiden Schenkeln gleich hoch steht, weil sich die Schweredrücke beider Seiten ausgleichen.
Will man z. B. den Druck in Wasser messen, so wird ein Schenkel des U-Rohrs mit einer Sonde verbunden (Abb. 1). Der zu messende Druck übt nun eine zusätzliche Kraft auf eine Seite der Flüssigkeitssäule aus. Dadurch wird diese Säule in beiden Schenkeln so lange verschoben, bis der zu messende Druck genauso groß ist wie der Schweredruck der Säule mit der Höhe h. Da diese Höhe umso größer wird, je größer der zu messende Druck ist, kann die Höhe h in Verbindung mit einer Skala zur Messung des Drucks benutzt werden. Der Messbereich von U-Rohr-Manometern ist relativ klein.

Eine Staumauer muss halten

Stauseen an Talsperren werden z. B. genutzt, um Trinkwasser zu gewinnen oder um in Wasserkraftwerken elektrische Energie bereitzustellen (Abb. 2).
Wie müssen Staumauern von Stauseen gebaut sein, damit sie auch halten?
Wie groß ist der Schweredruck des Wassers an der Sohle einer Staumauer, wenn diese 50 m unter dem Wasserspiegel liegt?

Staumauern müssen den Kräften entgegenwirken, die durch den Schweredruck des Wassers hervorgerufen werden. Da der Schweredruck mit der Tiefe zunimmt, werden Staumauern so gebaut, dass sie von der Krone zur Sohle immer breiter werden (Abb. 2). Der Druck auf die Mauer ist nur von der Höhe des Wassers abhängig. Der Druck ist nicht davon abhängig, wie lang oder breit der Stausee ist.
Der Schweredruck in Wasser nimmt je 10 m Tiefe um etwa 100 kPa zu.
Es gilt $p \sim h$. Deshalb herrscht in 50 m Tiefe ein Schweredruck von ungefähr $5 \cdot 100$ kPa = 500 kPa. Diesen Wert kann man auch aus dem Diagramm auf der Seite 177 ablesen.

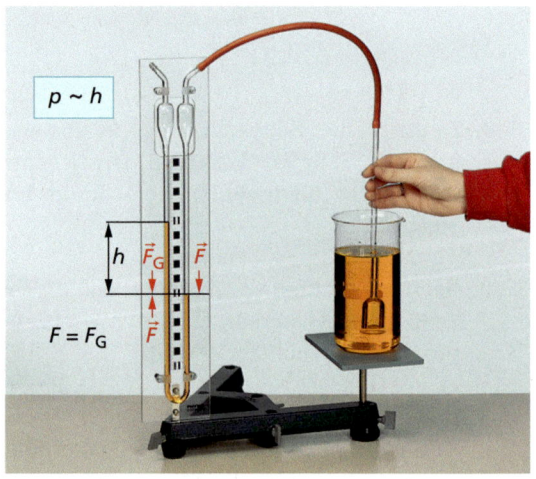

1 U-Rohr-Manometer mit Drucksonde zur Messung des Drucks in einer Flüssigkeit

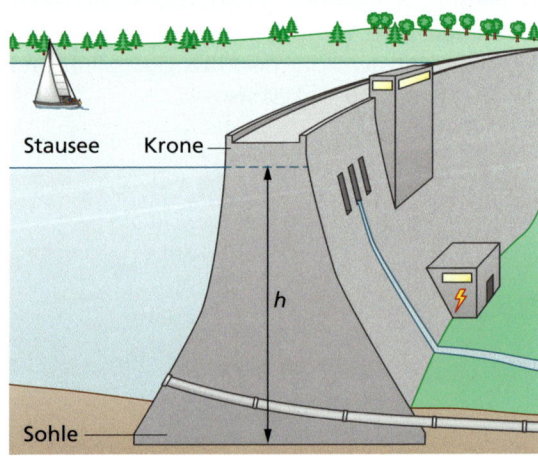

2 Profil einer Staumauer an einem Stausee: Sie wird von der Krone zur Sohle immer breiter.

Interpretieren von Diagrammen

Zur Veranschaulichung von Zusammenhängen sowie zur Darstellung von Verläufen oder von Abhängigkeiten werden in vielen Bereichen von Wissenschaft und Technik Diagramme genutzt.

In der Physik werden Zusammenhänge zwischen zwei Größen meist in Liniendiagrammen dargestellt. Zu solchen Liniendiagrammen kommt man auch, wenn experimentell Zusammenhänge zwischen zwei Größen untersucht und dann ausgewertet werden. So kann z. B. mit einer Druckdose und einem U-Rohr-Manometer der Druck in Wasser in Abhängigkeit von der Eintauchtiefe gemessen werden. Die Druckdose wird jeweils in eine bestimmte Tiefe gebracht. Der Druck am Manometer wird in Millimetern Wassersäule gemessen. Dabei erhält man folgende Messwerte:

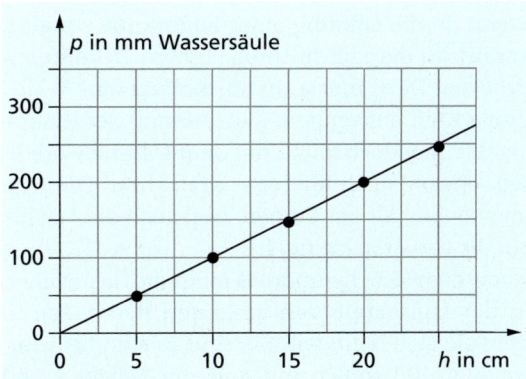

1   Zusammenhang zwischen dem Druck und der Eintauchtiefe

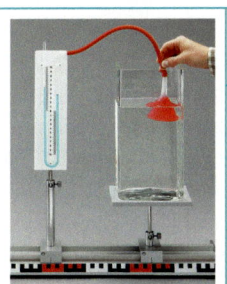

Eintauchtiefe in cm	Druck in mm Wassersäule
0	0
5	50
10	105
15	145
20	200
25	245
30	305

Die grafische Darstellung der Messwerte ergibt das in Abb. 1 gezeichnete Diagramm. Beim Interpretieren eines solchen Diagramms ist es zweckmäßig, in bestimmten Schritten vorzugehen. Dabei ist es egal, ob es sich um ein Diagramm aus eigenen Messwerten oder um ein gegebenes Diagramm handelt. Diese Schritte sind nachfolgend dargestellt.

Schritt 1

Nennen der physikalischen Größen
Es sind die Größen zu nennen, die auf den Achsen abgetragen sind.

Im Diagramm ist der Zusammenhang zwischen der Eintauchtiefe h und dem Schweredruck p dargestellt.

Schritt 2

Beschreiben des Zusammenhangs zwischen den Größen
Es ist zu beschreiben, wie sich die eine Größe in Abhängigkeit von der anderen Größe ändert. Manchmal ist es zweckmäßig, einzelne Abschnitte oder markante Punkte zu unterscheiden und zu deuten.

Der Schweredruck in Wasser nimmt mit der Eintauchtiefe gleichmäßig zu. Der Graph verläuft durch den Koordinatenursprung und ist eine Gerade. Daraus kann man folgern: Der Schweredruck in Wasser ist proportional der Eintauchtiefe. Es gilt:

$$p \sim h$$

Schritt 3

Nennen charakteristischer Werte
Es sind charakteristische Wertepaare abzulesen. Wenn möglich, ist auf die Bedeutung des Anstiegs des Graphen bzw. der Fläche unter dem Graphen einzugehen.

Je 10 cm Tiefe vergrößert sich der Schweredruck in Wasser um 100 mm Wassersäule. Das entspricht einem Kilopascal (1 kPa).

Der Luftdruck

Wenn du die Öffnung einer Luftpumpe zuhältst, kannst du die Luft in ihrem Innern zusammendrücken. Dazu musst du am Kolben eine relativ große Kraft aufwenden. Die Öffnung der Pumpe kannst du jedoch leicht mit dem Daumen zuhalten, obwohl auch hier eine Kraft wirkt. Diese ist aber kleiner als am Kolben, weil auch die Fläche, auf die sie wirkt, kleiner ist.

Nach dem Teilchenmodell nehmen Gasteilchen in der Luftpumpe den gesamten Raum ein, in dem sie sich befinden. Sie sind in ständiger Bewegung und stoßen mit anderen Teilchen und mit den Gefäßwänden zusammen. Wird der Kolben in die Pumpe hineingedrückt, verkleinert sich der Raum für die Gasteilchen. Das Gas gerät „unter Druck". Die Teilchen prasseln jetzt häufiger auf die Wände. Der Druck ist größer (Abb. 1).

> **Der Druck eines Gases in einem geschlossenen Gefäß ist überall gleich groß. Er breitet sich allseitig aus.**

Im Wetterbericht hast du vielleicht schon gehört, dass „der Luftdruck fällt" oder „ein hoher Luftdruck herrscht". Gemeint ist damit der Druck, den die Luft auf Körper auf der Erdoberfläche ausübt.

Luft hat wie andere Stoffe eine Gewichtskraft. Die Luftsäule, die über der Erdoberfläche viele Kilometer hoch ist, wirkt auf eine Fläche A mit ihrer Gewichtskraft $\vec{F}_G$ (Abb. 2).

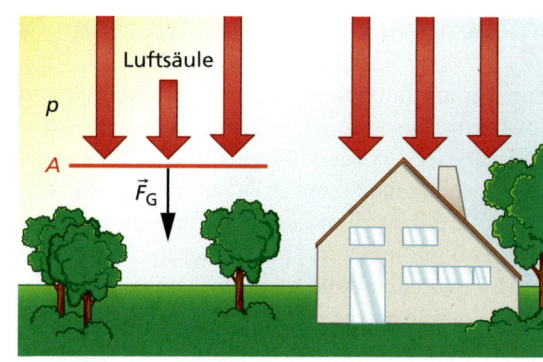

2 Die Gewichtskraft der Luft ruft den Luftdruck an der Erdoberfläche hervor.

Der Luftdruck ist dann der Quotient aus der Gewichtskraft der Luftsäule und der Fläche.

> **Der Luftdruck, den wir auf der Erdoberfläche feststellen, ist der Schweredruck der Luft.**

Der normale Luftdruck ist direkt an der Meeresoberfläche am größten und beträgt $101{,}3\,\frac{kN}{m^2}$ oder $10{,}13\,\frac{N}{cm^2}$. Auf jeden Quadratzentimeter wirkt also aufgrund des Luftdrucks eine Kraft von etwa 10 N. In der Wetterkunde verwendet man als Einheit für den Luftdruck ein Kilopascal (1 kPa), ein Hektopascal (1 hPa) oder ein Millibar (1 mbar). Für den normalen Luftdruck gilt:

$$101{,}3\,\frac{kN}{m^2} = 101{,}3\,kPa$$
$$= 1\,013\,hPa$$
$$= 1\,013\,mbar$$

Mit zunehmender Höhe über dem Meeresspiegel wird der Luftdruck kleiner (Abb. 3).

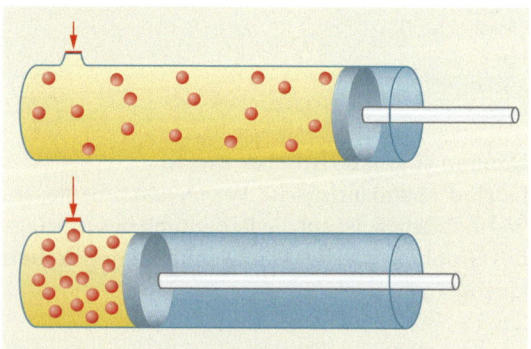

1 Bei Druckerhöhung prasseln die Teilchen heftiger auf die Begrenzungsflächen.

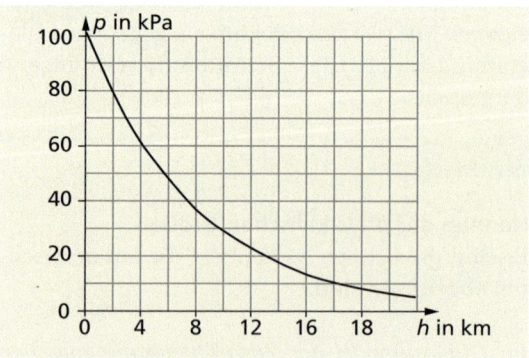

3 Der Luftdruck verringert sich mit zunehmender Höhe über dem Meeresspiegel.

Interessantes aus der Natur

Luftdruck und Wetter

Die Entdeckung des Luftdrucks war eng mit der Suche nach dem luftleeren Raum, dem Vakuum, verbunden.

Seit der Antike herrschte die Auffassung, dass es einen luftleeren Raum nicht geben könne. Wie sollte auch ein „Nichts" existieren? Der griechische Philosoph ARISTOTELES (um 384–322 v. Chr.) vertrat die Auffassung, dass die Natur eine „Abscheu vor dem Leeren" (horror vacui) hätte. Dieser Lehrsatz galt bis ins Mittelalter.

Um 1630 wurde GALILEO GALILEI (1564–1642) von Brunnenbauern auf das Problem aufmerksam gemacht, dass sie mit ihren Pumpen Wasser nur aus einer Tiefe bis ca. 10 m heben konnten. Er beauftragte seinen Schüler EVANGELISTA TORRICELLI (1608 bis 1647), dieses Problem zu untersuchen.

TORRICELLI experimentierte anstelle von Wassersäulen mit langen Röhren, in die Quecksilber gefüllt war. Es hat eine wesentlich größere Dichte als Wasser hat. Er entdeckte, dass die Quecksilbersäule in einem solchen Rohr, das man umdrehte und mit der Öffnung nach unten in Quecksilber brachte, so weit sank, bis sie noch eine Länge von ca. 760 mm hatte (Abb. 1).

Der Schweredruck dieser Quecksilbersäule musste sich mit dem Luftdruck ausgleichen. Über der Säule befand sich offenbar ein Vakuum.

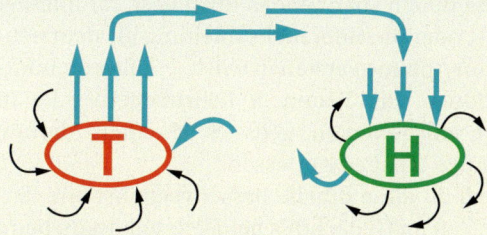

2 Luftströmungen zwischen Tiefdruckgebieten und Hochdruckgebieten

Der Druck von ca. 760 mm Quecksilbersäule entspricht dem normalen Luftdruck. Zu Ehren von TORRICELLI wurde die entsprechende Einheit für den Luftdruck 1 Torr genannt:

1 Torr = 1 mm Quecksilbersäule
760 Torr = 760 mm Quecksilbersäule

Der Luftdruck hat bei uns meist Werte zwischen 970 hPa und 1 030 hPa. Er schwankt um den Normdruck von 1 013 hPa. Gebiete mit niedrigem Luftdruck werden als Tiefdruckgebiete, solche mit hohem Luftdruck als Hochdruckgebiete bezeichnet. Diese Gebiete unterschiedlichen Luftdrucks kommen durch die unterschiedliche Erwärmung von Festland und Meer und die damit verbundenen Luftströmungen zustande. Die Lage von Tiefdruck- und Hochdruckgebieten ändert sich ständig.

Damit entstehen unterschiedliche Wetterlagen und verschiedene Windrichtungen. Luft strömt dabei am Boden immer von Gebieten hohen Luftdrucks in Bereiche niedrigen Luftdrucks, vom Hoch zum Tief. Die Windgeschwindigkeit hängt von den Druckunterschieden ab und kann bei Sturm mehr als 100 $\frac{km}{h}$ erreichen. Die höchste in Deutschland gemessene Windgeschwindigkeit wurde 1984 auf dem Brocken im Harz mit 263 $\frac{km}{h}$ gemessen.

Im **Tiefdruckgebiet** steigt die Luft nach oben, die vom Hochdruckgebiet abgeflossen ist, sich erwärmt und an der Erdoberfläche Feuchtigkeit aufgenommen hat (Abb. 2). Es kommt dabei zur Abkühlung der Luft, zu Wolkenbildung und zu Niederschlag. Tiefdruckgebiete sind bei uns meist mit unbeständigem Wetter verbunden.

Im **Hochdruckgebiet** fließt Luft nach unten ab. Das ist verbunden mit Temperaturzunahme und Wolkenauflösung. Hochdruckgebiete sind bei uns meist mit schönem Wetter verbunden.

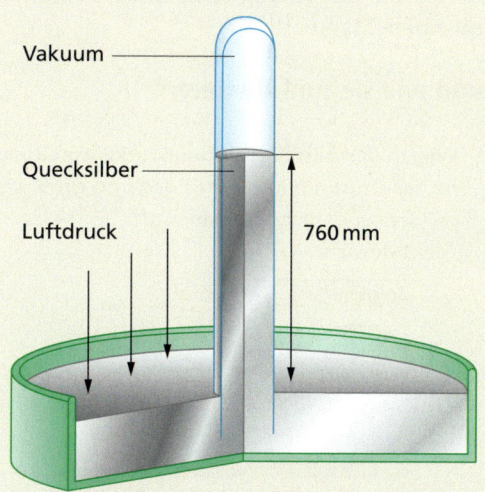

Vakuum

Quecksilber

Luftdruck

760 mm

1 Das Experiment von TORRICELLI zur Ermittlung des Luftdrucks

Lesen und Auswerten von Texten

Wenn du ein spannendes Buch liest, im Internet surfst oder die Gebrauchsanleitung für dein neues Smartphone verstehen willst, erhältst du Informationen. Bei Texten in Lehrbüchern oder in Nachschlagewerken geht es ebenfalls darum, wichtige Inhalte zu erfassen.

Damit du diese Inhalte besser verstehst und längere Zeit im Gedächtnis behältst, solltest du beim Lesen und Auswerten von Texten schrittweise vorgehen.

Schritt 1

Erfassen der Aufgabe
Lies die Aufgabe genau durch. Wenn du sie nicht richtig verstanden hast, frage noch einmal nach.

Erarbeite mithilfe des Textes Aufbau und Wirkungsweise von Druckmessgeräten.

Schritt 2

Erfassen des Hauptinhalts des Textes
Lies den ganzen Text durch, damit du einen Überblick erhältst.
Unterstreiche alle Wörter, die du nicht kennst. Kläre die unbekannten Wörter mithilfe des Lehrbuchs oder anderer Quellen.

Hinweis: Gehört das Lehrbuch nicht dir, arbeite mit einer Kopie.

Schritt 3

Gründliches Durcharbeiten des Textes
Lies den Text jetzt gründlich durch.
Wörter, die dir wichtig erscheinen, kennzeichne mit einem Marker.

Druckmessgeräte – wie sie aufgebaut sind und wie sie funktionieren

Verwendungszweck

Messgeräte für den Druck der Luft sind Barometer und Manometer. Mit einem **Barometer** misst man den Druck der uns umgebenden Luft. Eine häufig verwendete Form ist das Dosenbarometer. Den Druck eingeschlossener Gase in Auto- oder Fahrradreifen ermittelt man mit einem **Manometer.**

Aufbau

Ein **Dosenbarometer** besteht aus einer fast luftleeren Metalldose, auch **Druckdose** genannt (Abb. 1). Die Dose wird von einer **Membran** verschlossen und über eine **Feder** mit einem **Hebelmechanismus** verbunden, der zu einem Zeiger führt. Dadurch wird die Bewegung der Membran auf den Zeiger übertragen.

Grundlagen

Wegen der **Allseitigkeit der Druckausbreitung** ist der Druck im Messgerät genauso groß wie in der uns umgebenden Luft. Es herrscht Gleichgewicht.

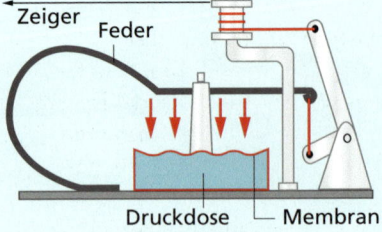

1 Die Verbiegung der Membran ist ein Maß für den Luftdruck.

Schritt 4

Erkennen der inhaltlichen Gliederung

Formuliere für jeden Abschnitt des Textes eine inhaltliche Überschrift.

Schreibe diese Überschrift an den Rand des Abschnitts oder auf einen Zettel.

Formuliere Fragen zum Text und versuche, sie zu beantworten. Schau dir die Abbildungen zum Text an.

Welche Beziehungen zwischen Text und Abbildungen gibt es?

Schritt 5

Zusammenfassen des Wesentlichen

Lies den Text erneut gründlich durch. Formuliere wichtige Inhalte des Textes in einer Zusammenfassung, besonders wenn es ein längerer Text ist.

Vergleiche deine Zusammenfassung mit der Aufgabe.

Hast du alles berücksichtigt? Präge dir die wichtigsten Begriffe und Zusammenhänge ein.

Fragen, die mithilfe des Textes beantwortet werden können

- Wo werden Dosenbarometer und Manometer verwendet?
- Welches sind wesentliche Bestandteile eines Dosenbarometers und eines Manometers?
- Was versteht man unter Überdruck?
- Auf welchen physikalischen Grundlagen beruht die Wirkungsweise der Messgeräte?

Fragen, die noch offen sind und nachgeschlagen werden müssen

- Was ist eine Membran?
- Wo befindet sich der Hebel in der Abbildung 1? Welches sind die Hebelarme? Wo liegt die Drehachse?
- Worin zeigt sich die Allseitigkeit der Druckausbreitung?
- Was bedeutet Normdruck?
- Wie funktionieren Drucksensoren in digitalen Druckmessgeräten?

Wirkungsweise

Bei <u>Normdruck</u> wird der Zeiger auf den Wert 1013 hPa (760 Torr) gestellt. Verändert sich der Luftdruck, dann wird die Membran mehr oder weniger verbogen. Dadurch verändert sich die Stellung des Zeigers. Moderne Barometer gibt es in verschiedenen Bauformen. Teilweise arbeiten sie mit <u>Drucksensoren</u> und zeigen den Luftdruck digital an.

Manometer

Auch ein **Manometer** (Abb. 2) hat eine verformbare Membran. Der Druck in einem Autoreifen verformt über diese Membran eine Feder, die mit einem Zeiger verbunden ist. An einer Skala kann der Druck abgelesen werden. Ein Manometer misst den <u>**Überdruck**</u> in einem Gas. Dieser wird meist in der Einheit 1 bar (1 bar = 100 kPa) angezeigt. Der Überdruck in einem Reifen ist die **Differenz** zwischen dem tatsächlichen Druck im Innern und dem äußeren Luftdruck (etwa 1 bar).

Bei Autoreifen liegt der empfohlene Druck zwischen 2,0 und 3,0 bar.

2 Manometer zur Messung des Überdrucks in Autoreifen

Wasser wird verdrängt

Experiment 1
Drücke einen kleinen Ball unter Wasser und lasse ihn dann los. Beobachte und beschreibe deine Beobachtung.

Experiment 2

Mithilfe eines kartesischen Tauchers kann man gut das Schwimmen, Schweben, Sinken und Steigen demonstrieren. Benannt ist der Taucher nach dem französischen Forscher RENÉ DESCARTES (lat. CARTESIUS), der von 1596 bis 1650 lebte.

Baue selbst Tauchkörper und zeige, wie sie sinken, schweben oder steigen.
Vorbereitung:
Wie kannst du die Gewichtskraft eines Tauchkörpers ändern?
Durchführung:
a) Baue verschiedene Tauchkörper.
   Variante A: Drehe eine dicke Schraube in ein Stück Styropor.
   Variante B: Bringe in der Mitte des Verschlusses von einem kleinen Tablettenröhrchen eine sehr kleine Öffnung an, sodass Wasser ein- und ausströmen kann. Fülle kleine Nägel ein, bis

   der Taucher mit der Öffnung nach unten gerade noch schwimmt.
b) Fülle eine große Plastikflasche vollständig mit Wasser, gib den Tauchkörper hinein und verschließe die Flasche dicht.
c) Drücke nun kräftig mit beiden Händen gegen die Flasche.
Auswertung:
a) Beschreibe, unter welchen Bedingungen die Tauchkörper sinken, schweben und steigen.
b) Wie funktioniert das oben abgebildete Teufelchen?

Experiment 3
Dass Körper im Wasser scheinbar leichter werden, hast du schon selber erfahren. Untersuche, wie die scheinbare Gewichtsverminderung eines Körpers von seiner Eintauchtiefe in Wasser abhängt.
Vorbereitung:
Was ist beim Messen von Kräften mit einem Federkraftmesser zu berücksichtigen?
Durchführung:
a) Orientiere dich beim Aufbau des Experiments an folgender Anordnung:

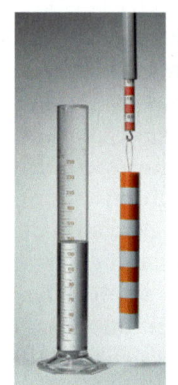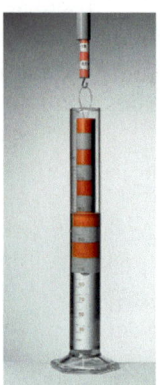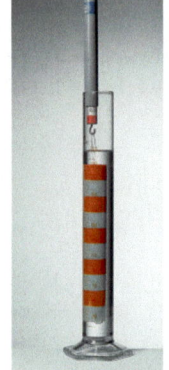

b) Miss die Gewichtskraft des Körpers, wenn sich dieser in Luft befindet.
c) Miss dann die Kraft bei unterschiedlichen Eintauchtiefen des Körpers. Erfasse die Messwerte in einer Tabelle nach folgendem Muster:

Eintauchtiefe in cm	Kraft F in N	Auftriebskraft $F_A = F_G - F$
...		

Auswertung:
a) Ermittle jeweils die Differenz zwischen der Gewichtskraft F_G und der Kraft F. Diese Differenz wird Auftriebskraft F_A genannt.
b) Stelle den Zusammenhang zwischen Eintauchtiefe und Auftriebskraft grafisch dar.
c) Formuliere den Zusammenhang zwischen den Größen in Worten. Vergleiche das Ergebnis mit deinen Erfahrungen.

Auftrieb und Auftriebskraft

Als Tims Bruder schwimmen lernte, konnte Tim ihn bequem auf einer Hand waagerecht im Wasser halten. Außerhalb des Wassers gelang es ihm natürlich nicht. Warum ist das so?

Körper unter Wasser erscheinen leichter. Der Federkraftmesser in der Abbildung 1 zeigt eine kleinere Kraft an, wenn der Stein ganz in das Wasser eingetaucht ist.

Es muss also durch das Wasser eine Kraft entgegengesetzt zur Gewichtskraft des Körpers wirken. Diese Kraft nennt man **Auftriebskraft** F_A, die Erscheinung Auftrieb. Die Auftriebskraft auf einen Körper ist umso größer, je tiefer er ins Wasser eintaucht (↗ S. 62, Experiment 3). Ist der Körper vollständig eingetaucht, dann verändert sich die Auftriebskraft nicht mehr.

Die Ursache für den Auftrieb ist der Schweredruck. Er nimmt mit der Tiefe zu und ruft an der unteren Fläche des Körpers eine Kraft F_2 hervor, an der oberen eine Kraft F_1 (Abb. 2). Die Differenz aus F_2 und F_1 ergibt die Auftriebskraft. Die Kräfte, die auf die linke und rechte Fläche des Körpers wirken, heben sich auf. Es gilt folglich:

$$F_A = F_2 - F_1$$

Da der Schweredruck in einer Flüssigkeit von der Dichte dieser Flüssigkeit abhängt (↗ S. 54), ist auch die Auftriebskraft von der Dichte abhängig.

Die Auftriebskraft F_A auf einen Körper ist umso größer, je größer
– die Dichte der Flüssigkeit und
– das Volumen des eingetauchten Körpers
sind. Es gilt:

$$F_A = \varrho \cdot V \cdot g$$

ϱ Dichte der Flüssigkeit
V Volumen des eingetauchten Körpers
g Ortsfaktor

Das Produkt aus ϱ und V ist die Masse der verdrängten Flüssigkeit. Das Produkt $m \cdot g$ wiederum ist die Gewichtskraft F_G dieser verdrängten Flüssigkeit. Der Zusammenhang zwischen der Auftriebskraft und der Gewichtskraft der verdrängten Flüssigkeit wird durch das **archimedische Gesetz** beschrieben:

Die auf einen Körper wirkende Auftriebskraft F_A ist gleich der Gewichtskraft F_G der verdrängten Flüssigkeit.

$$F_A = F_G$$

Dieses Gesetz wurde von ARCHIMEDES (287 bis 212 v. Chr.) entdeckt.

Das archimedische Gesetz gilt auch für Körper, die sich in einem Gas (z. B. in Luft) befinden, etwa für einen Zeppelin oder einen Heißluftballon.

1 Taucht ein Körper in Wasser ein, dann verringert sich scheinbar seine Gewichtskraft.

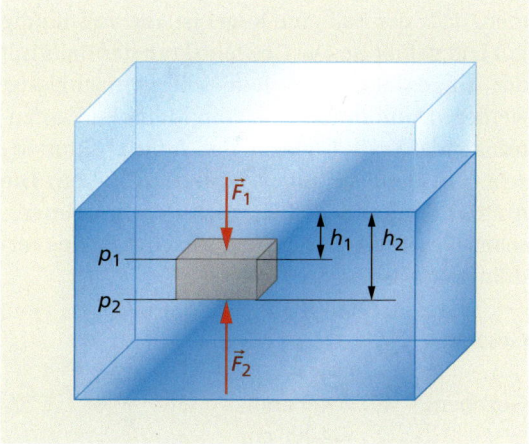

2 Kräfte auf einen Körper in einer Flüssigkeit: Auftriebskraft $F_A = F_2 - F_1$.

Physik im Alltag

Ein kräftiger Wasserball

Will man einen großen Wasserball unter Wasser drücken, so braucht man eine erhebliche Kraft.

Welche Kraft muss man aufbringen, um den Ball vollständig unter Wasser zu drücken, wenn er ein Volumen von 4,0 dm³ besitzt?
Verändert sich diese Kraft, wenn man den Ball immer tiefer unter Wasser drückt?

Analyse:
Um die Kraft zu berechnen, muss man annehmen, dass der Ball eine Kugel ist, die vollständig mit Luft gefüllt ist. Die Gewichtskraft des Balls mit der eingeschlossenen Luft soll vernachlässigt werden. Dann müsste die vom Menschen aufzubringende Kraft F gleich der Auftriebskraft F_A sein, um den Ball unter Wasser zu halten. Die Auftriebskraft am Ball ist nach dem archimedischen Gesetz gleich der Gewichtskraft F_G des verdrängten Wassers.

Gesucht: F_A

Gegeben: $V = 4{,}0 \text{ dm}^3$
$ = 4\,000 \text{ cm}^3$
$\varrho_W = 1{,}0 \, \frac{\text{g}}{\text{cm}^3}$

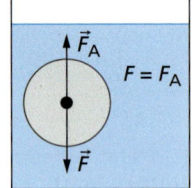

Lösung:
Aus dem Volumen und der Dichte des Wassers kann die Masse des verdrängten Wassers berechnet werden. Das Volumen des verdrängten Wassers ist gleich dem Volumen des Balls.

$$\frac{m}{V} = \varrho_W \quad | \cdot V$$

$$m = \varrho_W \cdot V$$

$$m = 1{,}0 \, \frac{\text{g}}{\text{cm}^3} \cdot 4\,000 \text{ cm}^3$$

$$m = 4\,000 \text{ g} = 4{,}0 \text{ kg}$$

Aus der Masse des verdrängten Wassers kann dessen Gewichtskraft bestimmt werden:

$$F_G = m \cdot g$$

$$F_G = 4{,}0 \text{ kg} \cdot 10 \, \frac{\text{N}}{\text{kg}}$$

$$F_G = 40 \text{ N}$$

Aus dem archimedischen Gesetz $\quad F_A = F_G \quad$ folgt:

$$\underline{F_A = 40 \text{ N}}$$

Ergebnis:
Der Ball muss mit einer Kraft von 40 N unter Wasser gedrückt werden, wenn man von der Gewichtskraft des Balls absieht. Wenn man den Ball unter Wasser losließe, würde er mit dieser Kraft an die Oberfläche gedrückt werden.

Befindet sich der Ball vollständig unter Wasser, so wirkt auf ihn die berechnete Auftriebskraft von 40 N. Diese Kraft ändert sich nicht, wenn man den Ball tiefer unter Wasser drückt, denn die Auftriebskraft hängt nicht davon ab, wie tief sich ein Körper unter der Wasseroberfläche befindet. Sie ist in 10 cm Tiefe genauso groß wie in 100 cm oder 10 m Tiefe. Das gilt auch für Taucher oder für U-Boote. Das, was sich mit zunehmender Tiefe aber vergrößert, ist der Schweredruck.

Sinken, Schweben, Schwimmen

Warum schwimmt ein viele Tonnen schweres Schiff, während eine Stahlschraube im Wasser nach unten sinkt?

Je nachdem, wie groß die Gewichtskraft eines Körpers und die an ihm wirkende Auftriebskraft sind, kann der Körper in einer Flüssigkeit sinken, schweben, steigen oder schwimmen.

Das Volumen des eingetauchten Körpers und das Volumen der verdrängten Flüssigkeit sind gleich groß. Deshalb hängt es nur von den Dichten der Stoffe ab, aus denen ein Körper besteht, ob dieser sinkt, steigt oder schwebt (↗ Übersicht). Ein Schiff besteht nicht völlig aus Stahl, sondern aus mehreren Stoffen. Es enthält vor allem viele Hohlräume mit Luft, sodass letztlich seine mittlere Dichte kleiner ist als die von Wasser.

Einige Meerestiere sind in der Lage, mithilfe ihrer Schwimmblase ihre mittlere Dichte zu ändern. So können sie schweben, steigen oder sinken (Abb. 1). Bei Unterseebooten wird mithilfe von Tauchzellen die Gewichtskraft verändert.

1 Einige Fische können das Volumen ihrer Schwimmblase ändern.

Sinken	Schweben	Steigen	Schwimmen
$F_A < F_G$	$F_A = F_G$	$F_A > F_G$	$F_A = F_G$ Ein Teil des Körpers befindet sich außerhalb der Flüssigkeit.
$\varrho_{Fl} < \varrho_{Körper}$	$\varrho_{Fl} = \varrho_{Körper}$	$\varrho_{Fl} > \varrho_{Körper}$	$\varrho_{Fl} > \varrho_{Körper}$
 Ein Stein sinkt im Wasser nach unten.	 Ein Taucher schwebt in einer bestimmten Tiefe.	 Ein Fisch steigt aus großer Tiefe nach oben.	 Ein Schiff schwimmt auf dem Wasser.

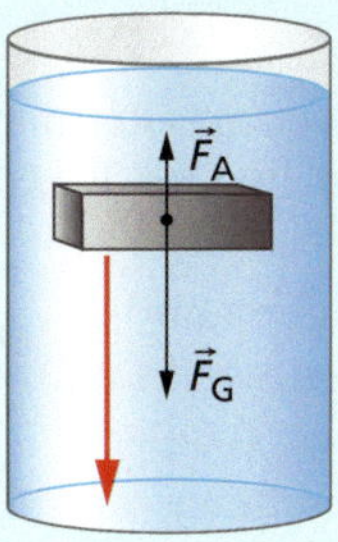

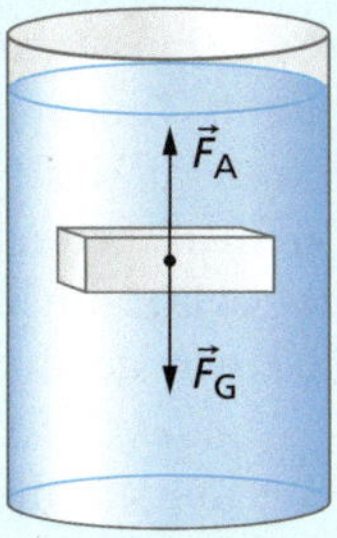

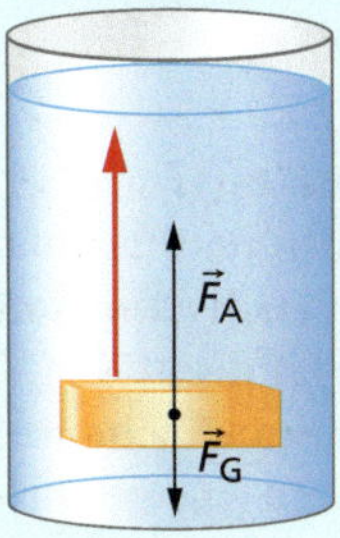

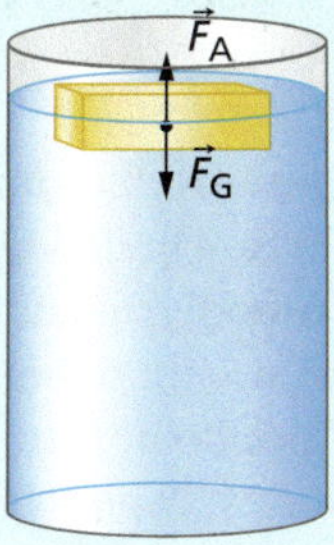

Gewusst · Gekonnt

1. Nicht verwechseln!
Robert verwechselt die Begriffe Druck und Druckkraft. Hilf ihm am Beispiel des Aufpumpens eines Fahrradreifens mit einer Luftpumpe.

2. Auf Piste
Erkläre, warum Raupen, die auf Skipisten eingesetzt werden, breite Ketten und keine Räder haben.

3. Wer übt den größten Druck aus?
Vergleicht den Druck, den ihr jeweils auf den Erdboden ausübt. Überlegt euch eine Methode, wie ihr dabei vorgehen könnt.
Tipp: Beim Ermitteln der Druckfläche ist kariertes Papier hilfreich. Stellt zuvor Vermutungen an.

4. Blut unter Druck
Jeder Mensch besitzt ein geschlossenes Blutgefäßsystem, zu dem das Herz, die Arterien, die Venen und die Kapillaren gehören.
a) In den Arterien, die vom menschlichen Herzen wegführen, herrscht ein Druck von 14 kPa.
Mit welcher Kraft wird das Blut in die Arterien gedrückt, wenn diese eine Querschnittsfläche von 3 cm² haben?
b) Informiere dich mithilfe des Internets, was Blutdruckmessgeräte anzeigen und welche Blutdruckwerte normal sind.
c) Miss deinen Blutdruck und vergleiche ihn mit den empfohlenen Richtwerten.

5. Wasserstand unter Kontrolle
In Waschmaschinen und Geschirrspülern wird der Zufluss von Wasser mit einer Druckdose reguliert.

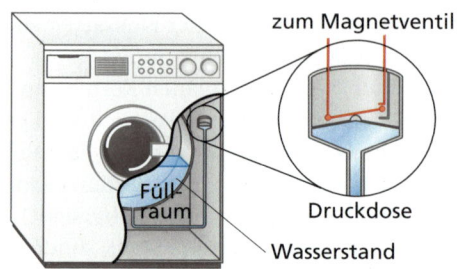

zum Magnetventil

Füllraum

Druckdose

Wasserstand

Die Druckdose steuert ein Magnetventil, das die Wasserzufuhr ein- bzw. ausschaltet. Erkläre die Wirkungsweise einer solchen Wasserstandsregulierung. Recherchiere auch im Internet.

6. Sensibles Trommelfell
Beim Tauchen im Wasser merkt man die Kraft auf das Trommelfell im Ohr. Erkläre einem jüngeren Kind,
a) wie diese Kräfte entstehen und
b) wie sie sich verändern, wenn man tiefer taucht.
Vergleiche die Erscheinungen mit denen beim Starten eines Flugzeugs.

7. Luftdruck beim Wandern
Ermittle aus dem Druck-Höhe-Diagramm (↗ S. 58, Abb. 3) den Druckunterschied, wenn man sich von einer Höhe von 12 km auf 8 km bzw. von 4 km auf Meereshöhe herunterbewegt. Vergleiche die Werte.
Bewerte die Gleichmäßigkeit der Abnahme des Luftdrucks.

8. Alles in Verbindung
Geruchsverschlüsse an Waschbecken sind verbundene Gefäße. Sieh dir in eurem Haushalt Geruchsverschlüsse an.
Erkläre ihre Wirkungsweise. Fertige eine Skizze an.

9. Kräftig genug?

Kannst du es schaffen, ein Auto mit einer Gewichtskraft von etwa 10 000 N mit einem hydraulischen Wagenheber anzuheben? Das Verhältnis der Querschnittsflächen von Hub- und Pumpkolben beträgt 20:1. Stelle vor der Berechnung eine Vermutung an.

10. Werkstücke pressen

In hydraulischen Pressen werden so große Kräfte erzeugt, dass z. B. Karosserieteile im kalten Zustand verformt werden können (Abb.). Der Druck in der Anlage beträgt ca. 20 000 kPa.

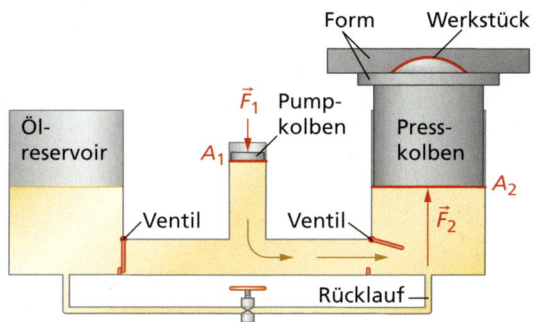

Beschreibe den Aufbau und erkläre die Wirkungsweise einer hydraulischen Presse. Begründe, warum eine solche Presse ein Kraftwandler ist.

11. Das Ei taucht auf

Erkläre, warum ein gekochtes Ei steigt, wenn in Leitungswasser langsam Salz gestreut und umgerührt wird. Welches Gesetz kommt zur Anwendung?

12. Hinkt der Vergleich?

Einige Fische haben Schwimmblasen. Unterseeboote haben Tauchzellen (Abb. unten). Vergleiche die Vorgänge beim Sinken, Schweben und Steigen.

13. U-Boot auf großer Fahrt

Unterseeboote nutzen den Auftrieb in Wasser. Wenn sich ein U-Boot auf Tauchfahrt befindet, dann schwebt es. Bei einer Überwasserfahrt schwimmt es.

Ordne die folgenden Aussagen den jeweiligen Fahrten zu. Beachte: Auch Mehrfachzuordnungen sind möglich.

a) $F_A = F_G$

b) $\varrho_{Boot} < \varrho_{Wasser}$

c) Wasser dringt in die Tauchzellen.

d) $F_A > F_G$

e) $\varrho_{Boot} > \varrho_{Wasser}$

f) Wasser wird mit Druckluft aus den Tauchzellen herausgepresst.

g) $\varrho_{Boot} = \varrho_{Wasser}$

h) Tauchzellen sind vollständig mit Luft gefüllt.

i) $F_A < F_G$

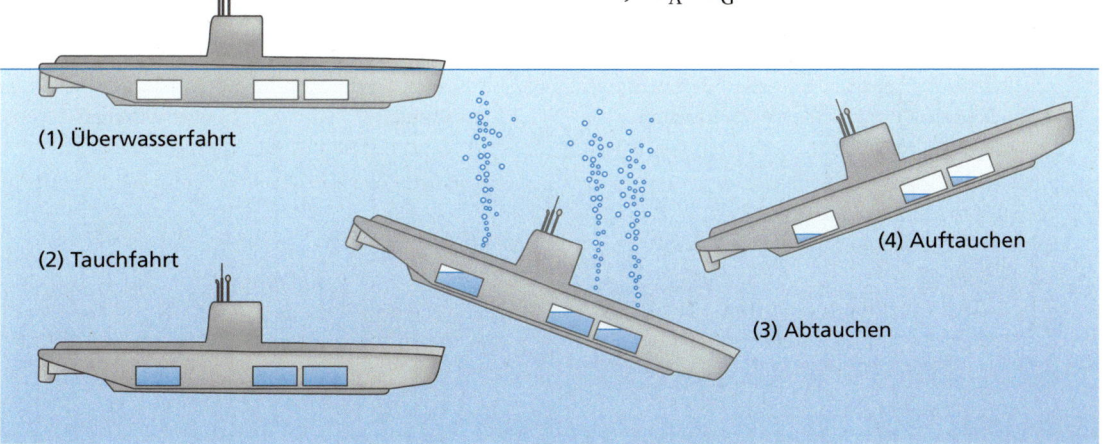

(1) Überwasserfahrt

(2) Tauchfahrt

(3) Abtauchen

(4) Auftauchen

Druck und Druckkräfte

■ Der **Druck** gibt an, mit welcher Kraft F ein Körper senkrecht auf eine Fläche A wirkt. Wenn eine Kraft von $1\,N$ auf $1\,m^2$ wirkt, beträgt der Druck ein Pascal ($1\,Pa$).

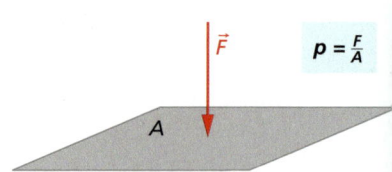

$$p = \frac{F}{A}$$

■ Wirkt ein Druck auf eine Fläche, entsteht eine **Druckkraft.**

$$F = p \cdot A$$

■ Der Druck in einer Flüssigkeit in einem abgeschlossenem Gefäß ist überall gleich groß. Er wirkt nach allen Seiten.

Das wird in hydraulischen Anlagen genutzt. Sie sind Kraftwandler (kraftumformende Einrichtungen).

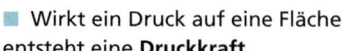

$$\frac{F_1}{A_1} = \frac{F_2}{A_2}$$

$$p = \text{konstant}$$

■ In Flüssigkeiten und Gasen wirkt infolge der Gewichtskraft der Flüssigkeit bzw. des Gases ein Druck, der **Schweredruck** genannt wird.

> Der **Schweredruck** in einer Flüssigkeit ist abhängig
> – von der Eintauchtiefe und
> – von der Dichte ϱ der Flüssigkeit.
> Der Schweredruck in der Atmosphäre ist der **Luftdruck.**

■ Für den **Auftrieb** in Flüssigkeiten und Gasen gilt das **archimedische Gesetz:**

> Die auf einen Körper wirkende Auftriebskraft ist gleich der Gewichtskraft der verdrängten Flüssigkeit bzw. des verdrängten Gases.
>
> $$F_A = F_G \quad \text{bzw.} \quad F_A = \varrho \cdot V \cdot g$$

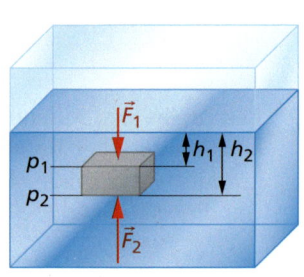

■ Ein Körper schwimmt, sinkt, steigt oder schwebt, je nachdem, wie groß seine Gewichtskraft und die an ihm wirkende Auftriebskraft ist.

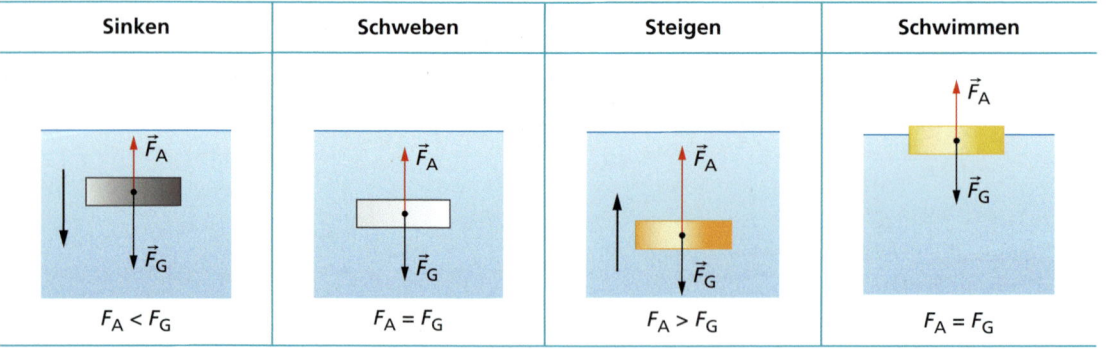

Sinken	Schweben	Steigen	Schwimmen
$F_A < F_G$	$F_A = F_G$	$F_A > F_G$	$F_A = F_G$

1.4 Mechanische Arbeit, Leistung und Energie

1 Eine gefährliche Abfahrt

Nach dem Start der Snowboardfahrerin vergrößert sich ihre Geschwindigkeit. In Kurven wird sie meist kleiner, bei Sprüngen größer. Und nach einem Sturz bleibt sie im tiefen Schnee liegen.
Welche Energieumwandlungen gehen während der Abfahrt vor sich? Versuche, sie zu beschreiben.

2 Spannende Frage

Zum Spannen eines Bogens ist eine Kraft erforderlich. Besitzt der Bogen dann Energie? Welche Energieumwandlungen erfolgen beim Abschuss und Flug des Pfeils? Beschreibe die Energieumwandlungen bei weiteren Sportarten.

3

Immer nur Arbeit

Der Begriff Arbeit wird im täglichen Leben in unterschiedlicher Weise genutzt. Du schreibst eine Klassenarbeit, deine Mutter geht zur Arbeit, jemand ist auf Arbeitssuche.
Arbeit ist aber auch ein physikalischer Begriff. Was versteht man in der Physik unter Arbeit? Wird von einem Kran Arbeit verrichtet?

4 Eine gute Leistung

Nicht jeder kann sportliche Höchstleistungen vollbringen. Wie kann man seine eigene Leistung bestimmen? Erkundet und diskutiert eine Möglichkeit.

Mechanische Arbeit

In der Umgangssprache wird der Begriff Arbeit in unterschiedlicher Weise verwendet. In der Physik ist es ein genau festgelegter Begriff. Mechanische Arbeit oder einfach **Arbeit** wird verrichtet, wenn ein Körper durch eine Kraft bewegt oder verformt wird. Die mechanische Arbeit ist eine physikalische Größe, die einen Vorgang beschreibt.

> Mechanische Arbeit wird verrichtet, wenn ein Körper durch eine Kraft bewegt oder verformt wird.
>
> Formelzeichen: **W**
> Einheiten: ein Newtonmeter   (1 Nm)

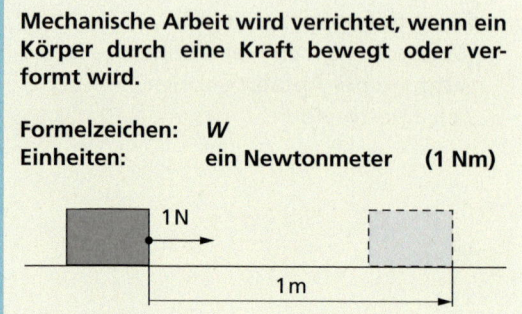

Die bei einem Vorgang verrichtete mechanische Arbeit kann man aus dem Betrag der einwirkenden Kraft F und dem zurückgelegten Weg s berechnen, wobei die Richtungen von Kraft und Weg zu beachten sind.
Wir betrachten immer nur den Fall, dass die Kraft in Richtung des Weges wirkt und immer den gleichen Betrag hat.

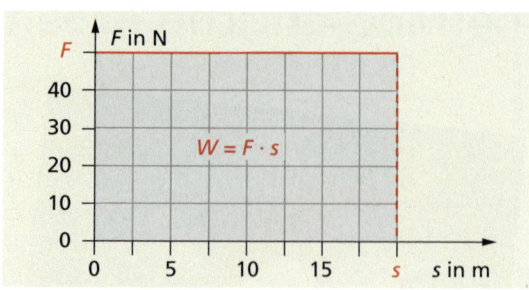

1 Weg-Kraft-Diagramm bei F = konstant. Die konstante Kraft beträgt hier F = 50 N, der Weg s = 20 m.

Die Arbeit ist umso größer, je größer die wirkende Kraft und der zurückgelegte Weg sind.

> Unter der Bedingung, dass die Kraft konstant ist und in Richtung des Weges wirkt, gilt:
>
> $W = F \cdot s$ F wirkende Kraft
> s zurückgelegter Weg

Stellt man Kraft und Weg in einem Diagramm dar, so kann aus einem solchen s-F-Diagramm ebenfalls die Arbeit ermittelt werden (Abb. 1). Das Produkt aus der einwirkenden Kraft und dem zurückgelegten Weg entspricht der Fläche unter dem Graphen. Dabei müssen die jeweiligen Einheiten beachtet werden. Im betrachteten Fall (Abb. 1) ergibt sich $W = 50\,\text{N} \cdot 20\,\text{m} = 1\,000\,\text{Nm}$.

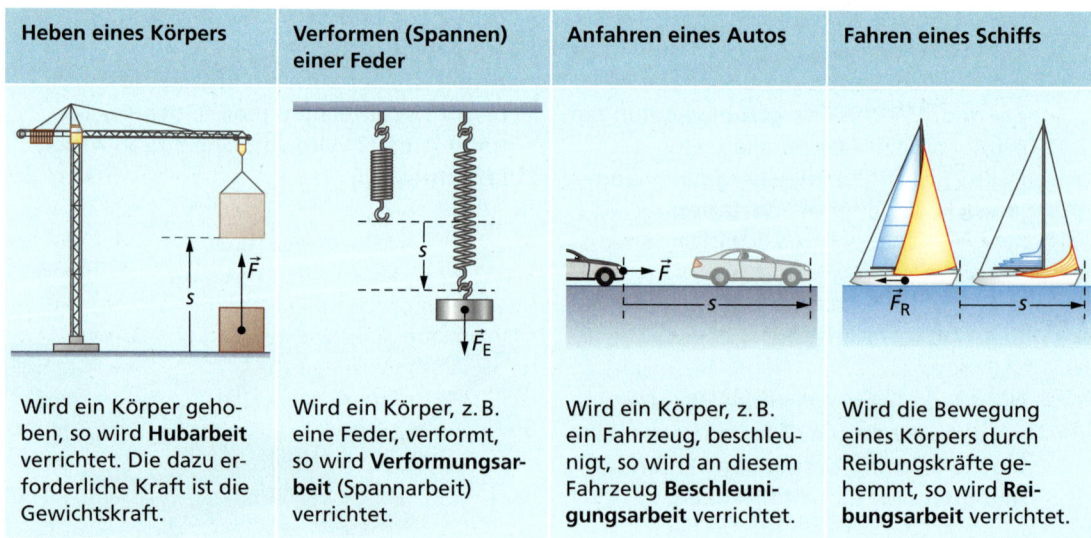

Heben eines Körpers	Verformen (Spannen) einer Feder	Anfahren eines Autos	Fahren eines Schiffs
Wird ein Körper gehoben, so wird **Hubarbeit** verrichtet. Die dazu erforderliche Kraft ist die Gewichtskraft.	Wird ein Körper, z.B. eine Feder, verformt, so wird **Verformungsarbeit** (Spannarbeit) verrichtet.	Wird ein Körper, z.B. ein Fahrzeug, beschleunigt, so wird an diesem Fahrzeug **Beschleunigungsarbeit** verrichtet.	Wird die Bewegung eines Körpers durch Reibungskräfte gehemmt, so wird **Reibungsarbeit** verrichtet.

Die mechanische Leistung

Mechanische Arbeit kann unterschiedlich schnell verrichtet werden. Tina und Lisa wiegen jeweils 50 kg. Beim Klettern an Stangen (Abb. links) schafft Tina die 4-m-Strecke in 7 s, Lisa dagegen braucht 10 s. Tina hat die gleiche mechanische Arbeit schneller verrichtet als Lisa. Damit ist Tinas **Leistung** größer als die von Lisa.

Leistungen in Natur und Technik	
Taschenrechner	0,02 W
Fahrraddynamo	3 W
Mensch (Dauerleistung)	80 W–100 W
Glühlampe im Haushalt	bis 100 W
Rad fahren	200 W
Tauchsieder	300 W–1 000 W
kurzzeitige sportliche Höchstleistung (Mensch)	1,5 kW
mittlerer Automotor	50 kW
Formel-1-Rennwagen	ca. 500 kW
Elektrolokomotive	5 MW
Kraftwerksblock	500 MW–1 000 MW

> **Die mechanische Leistung gibt an, wie viel Arbeit in jeder Sekunde verrichtet wird.**
>
> Formelzeichen: **P**
> Einheiten: ein Newtonmeter je Sekunde $\left(1\,\frac{Nm}{s}\right)$
>
> ein Watt **(1 W)**

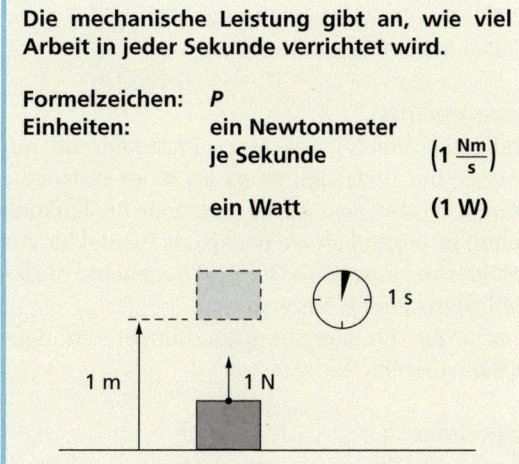

Für die Einheiten gilt:

$$1\,\frac{Nm}{s} = 1\,W$$

Eine Leistung von 1 W wird vollbracht, wenn eine Arbeit von 1 N · m in 1 s verrichtet wird oder wenn ein Körper mit einer Gewichtskraft von 1 N in 1 s um 1 m gehoben wird. Die Einheit 1 W ist eine relativ kleine Einheit. Deshalb nutzt man häufig Vielfache dieser Einheit.
Vielfache der Einheit 1 W sind ein Kilowatt (1 kW) und ein Megawatt (1 MW):

$$1\,kW = 1\,000\,W$$
$$1\,MW = 1\,000\,kW = 1\,000\,000\,W$$
$$1\,GW = 1\,000\,MW = 1\,000\,000\,000\,W$$

Manchmal wird auch noch die gesetzlich nicht mehr zulässige Einheit eine Pferdestärke (1 PS) verwendet. Für die Umrechnung gilt:

$$1\,PS = 736\,W$$

Die Einheit 1 W ist nach dem britischen Ingenieur JAMES WATT (1736–1818) benannt, der die erste für die Wirtschaft brauchbare Dampfmaschine entwickelt hat. Eine Leistung von ein Watt wird z. B. vollbracht, wenn ein Körper mit einer Kraft von einem Newton in einer Sekunde einen Meter in Richtung der Kraft bewegt wird.

> **Die mechanische Leistung kann berechnet werden mit der Gleichung:**
>
> $P = \frac{W}{t}$ W verrichtete mechanische Arbeit
>   t dazu benötigte Zeit

Ein Fahrstuhl, der für die gleiche Stockwerkshöhe nur die Hälfte der Zeit benötigt als ein anderer, hat eine doppelt so große Leistung wie dieser. Wird von einem Kran A die doppelte Menge Steine in der gleichen Zeit in eine bestimmte Höhe transportiert wie von einem Kran B, dann hat Kran A doppelt so viel geleistet wie Kran B. Während Maschinen ausdauernd Leistungen vollbringen können, sind Menschen nur kurzzeitig zu Höchstleistungen in der Lage. Die Höchstleistung kann mehr als 1 000 W betragen. Die mittlere Leistung des Menschen liegt bei etwa 100 W.

Mechanische Energie hat viele Gesichter

Experiment 1

Baue das Modell eines Schleuderbretts, wie es Artisten benutzen (↗ Abb.).

Vorbereitung:

Lege folgende Hilfsmittel bereit: 2 verschiedene Lineale, Radiergummi

Durchführung und Beobachtung:

a) Halte ein Lineal auf der einen Seite fest und biege es auf der Seite mit dem Radiergummi. Wovon hängt es ab, wie hoch der Radiergummi geschleudert wird? Notiere deine Beobachtung.

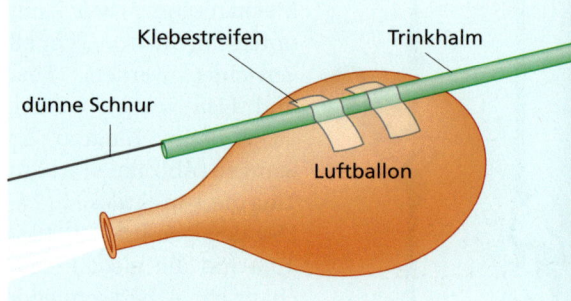

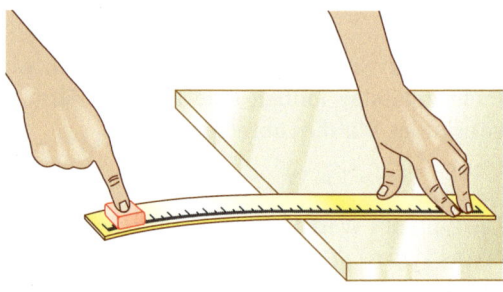

b) Verändere die Versuchsbedingungen.
   – Nutze einen schwereren Radiergummi.
   – Wähle ein anderes Lineal.

Auswertung:

a) Beschreibe den gesamten Vorgang als eine Kette von Energieumwandlungen. Beginne bei dem gespannten Lineal. Welches sind die Energiewandler?

b) Deute deine Beobachtungen. Unter welchen Bedingungen wird die größte Höhe erreicht?

Experiment 2

Baue das Modell eines Raketenantriebs (↗ Abb. rechts oben). Untersuche, unter welchen Bedingungen der Luftballon eine möglichst große Geschwindigkeit erreicht.

Vorbereitung:

a) Der Antrieb von Raketen basiert auf dem Rückstoßprinzip. Was bedeutet das?

b) Überlege zunächst, welche Bedingungen du ändern kannst.

c) Materialien: Luftballon, dünne lange Schnur, Trinkhalm, Klebestreifen

Durchführung:

Verändere die Bedingungen systematisch und erfasse die Beobachtungen in einer Übersicht.

Auswertung:

a) Beschreibe die Energieumwandlungen.

b) Deute die Beobachtungen.

Experiment 3

Stelle ein Pendel aus einer Plastikflasche mit Wasser her. Befestige es so an einer möglichst langen Schnur, dass du die maximale Auslenkung genau festlegen kannst. Lenke das Pendel bis zur Markierung aus, lass es los und beobachte die jeweilige maximale Auslenkung.

Beschreibe die Energieumwandlungen und deute deine Beobachtungen.

Experiment 4

Untersuche die Energieumwandlungen, die bei einem Tischtennisball, einem Flummi und einem Fußball auftreten.

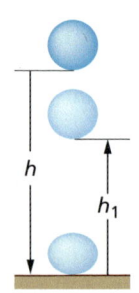

Durchführung und Beobachtung:

a) Lass jeden Ball aus der gleichen Höhe auf die gleiche Unterlage fallen.

b) Miss die Höhe, die jeder Ball nach dem ersten Auftreffen erreicht.

Auswertung:

a) Vergleiche die Energieumwandlungen bei den drei Bällen.

b) Gib auch an, um wie viel Prozent sich die Höhe jedes Balls nach dem ersten Auftreffen verringert hat.

Energieformen in Natur und Technik

Potenzielle Energie

Körper, die aufgrund ihrer Lage mechanische Arbeit verrichten können, besitzen **potenzielle Energie**. Der Bergsteiger besitzt potenzielle Energie.

Kinetische Energie

Körper, die aufgrund ihrer Bewegung mechanische Arbeit verrichten können, besitzen **kinetische Energie**. Ein Flugzeug besitzt kinetische Energie.

Rotationsenergie

Körper, die aufgrund ihrer Rotation Arbeit verrichten können, besitzen **Rotationsenergie**. Der Rotor eines Windrads besitzt Rotationsenergie.

Thermische Energie

Körper, die aufgrund ihrer Temperatur Wärme abgeben oder Licht aussenden können, besitzen **thermische Energie**. Eine Kerzenflamme besitzt thermische Energie.

Chemische Energie

Körper, die bei chemischen Reaktionen Wärme abgeben, Arbeit verrichten oder Licht aussenden, besitzen **chemische Energie**. Beim Verbrennen von Gas entstehen Wärme und Licht.

Lichtenergie

Die Sonne und andere Lichtquellen senden Licht aus. Licht und andere Strahlung besitzen Energie.
Sie wird auch als **Lichtenergie** bezeichnet.

Elektrische Energie

Körper, die aufgrund elektrischer Vorgänge Arbeit verrichten, Wärme abgeben oder Licht aussenden, besitzen **elektrische Energie**. Elektrischer Strom und damit auch ein Blitz besitzt elektrische Energie.

Magnetische Energie

Körper, die aufgrund ihrer magnetischen Eigenschaften mechanische Arbeit verrichten können, besitzen **magnetische Energie**. Das Magnetfeld eines Lasthebemagneten besitzt magnetische Energie.

Kernenergie

Bei der Spaltung von Atomkernen und bei ihrer Verschmelzung wird Energie frei, die als **Kernenergie** bezeichnet wird. Kernenergie wird z. B. bei der Spaltung von Atomkernen des Urans und in der Sonne frei.

Mechanische Energie

Ein fallender Stein, ein fahrendes Auto oder eine gespannte Feder besitzen Energie. Das gilt für strömendes oder angestautes Wasser ebenso wie für bewegte Luft (Wind). Die Energie, die Körper aufgrund ihrer Lage oder ihrer Bewegung haben, wird als **mechanische Energie** bezeichnet.
Neben der mechanischen Energie gibt es weitere Energieformen (↗ S. 73).
Allgemein ist die **Energie** eine physikalische Größe die sich folgendermaßen kennzeichnen lässt:

> **Energie ist die Fähigkeit eines Körpers, mechanische Arbeit zu verrichten, Wärme abzugeben oder Licht auszusenden.**
>
> Formelzeichen: E
> Einheit: ein Joule   (1 J)
>   ein Newtonmeter (1 Nm)

In der Mechanik unterscheidet man verschiedene Energieformen.
Gehobene Körper besitzen **Lageenergie.** Auch elastisch verformte Körper besitzen Energie. Sie wird als **Spannenergie** bezeichnet. Diese beiden Energieformen nennt man **potenzielle Energie.**

1   Gehobene Körper besitzen Lageenergie.

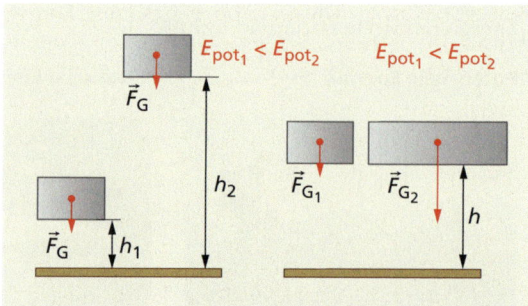

2   Die Energie eines gehobenen Körpers hängt von seiner Höhe und seiner Gewichtskraft ab.

Die potenzielle Energie E_{pot}, die ein Körper aufgrund seiner Lage besitzt, ist umso größer, je höher sich der Körper befindet und je schwerer der Körper ist (Abb. 2).
Die Höhe eines Körpers bezieht sich dabei immer auf ein Nullniveau ($h = 0$). Auf diesem ist die Lageenergie null. Was man als Nullniveau wählt, hängt vom gegebenen Sachverhalt ab. Häufig wird als Nullniveau der Erdboden gewählt. Die Personen in der unteren Reihe in Abb. 1 befinden sich auf dem Erdboden. Dann ist ihre Energie bezüglich des Bodens null, die der anderen Personen ist größer als null.

> **Die potenzielle Energie eines gehobenen Körpers kann berechnet werden mit der Gleichung:**
>
> $E_{pot} = F_G \cdot h$ F_G Gewichtskraft des Körpers
> h Höhe
> $E_{pot} = m \cdot g \cdot h$ m Masse des Körpers
> g Ortsfaktor

Gewusst · Gekonnt

Wende die Festlegungen zur potenziellen Energie auf die Personen in Abb. 1 an.
Formuliere beim Nullniveau Erdboden einen Zusammenhang zwischen der Lageenergie und
– der Masse der Personen, wenn sie sich in der gleichen Höhe befinden,
– der Höhe der Personen, wenn sie gleich schwer sind.

Bewegte Körper wie in Abb. 1 besitzen **Bewegungsenergie**, auch **kinetische Energie** E_{kin} genannt. Die kinetische Energie, die der Bob hat (Abb. 1), hängt ab von seiner Geschwindigkeit und von seiner Masse. Untersuchungen haben ergeben:

> **Die kinetische Energie eines bewegten Körpers ist umso größer,**
> – **je größer die Masse des Körpers ist und**
> – **je schneller er sich bewegt.**

Hat ein Körper eine doppelt (dreifach) so große Masse wie ein anderer, dann ist auch seine kinetische Energie doppelt (dreifach) so groß wie die des anderen Körpers – vorausgesetzt, beide bewegen sich mit gleicher Geschwindigkeit. Es gilt:

$$E_{kin} \sim m$$

Verdoppelt (verdreifacht) sich die Geschwindigkeit eines Körpers, so wird seine kinetische Energie viermal (neunmal) so groß. Das bedeutet: Ist die Geschwindigkeit eines Körpers null, dann ist auch seine kinetische Energie null. Die kinetische Energie eines Körpers vergrößert sich mit dem Quadrat der Geschwindigkeit:

$$E_{kin} \sim v^2$$

Mechanische Energien in Natur und Technik	
Potenzielle Energie	
Ziegelstein (m = 3,5 kg), um 1 m gehoben	35,0 J
Mensch (m = 55 kg) auf 10-m-Sprungbrett	5,5 kJ
Rammbär (m = 1 000 kg), um 1 m gehoben	10 kJ
Kinetische Energie	
Apfel (m = 100 g) bei 1 m freiem Fall	1 J
Mensch (m = 55 kg) beim normalen Gehen	50 J
Pkw (m = 1 000 kg) bei 100 $\frac{km}{h}$ Geschwindigkeit	386 kJ

Interessantes aus der Technik

Spannenergie

Die Energie, die eine gespannte Feder besitzt, ist ebenfalls potenzielle Energie, auch Spannenergie E_{Sp} genannt. Je stärker eine Feder gedehnt wird, desto größer ist ihre Spannenergie.

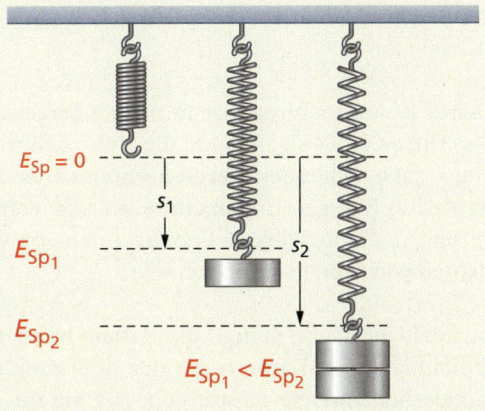

$E_{Sp} = 0$

s_1

E_{Sp_1}

s_2

E_{Sp_2}

$E_{Sp_1} < E_{Sp_2}$

Spannenergie besitzen auch ein gespannter Bogen, ein verformter Expander oder ein gebogener Ast.

1 Bewegte Körper besitzen kinetische Energie.

Wie hängen Arbeit und Energie zusammen?

Beim Heben von Kisten mit einem Gabelstapler wird Arbeit verrichtet (Abb. 1). Dabei vergrößert sich die potenzielle Energie der Kisten gegenüber dem Erdboden. Die verrichtete Hubarbeit W_{Hub} ist gleich der Änderung der potenziellen Energie der Kisten. Es gilt:

$$W_{\text{Hub}} = \Delta E_{\text{pot}}$$

Dieser Zusammenhang ist in Abb. 2 dargestellt. Das Heben eines Körpers um die Höhe h führt zu einer entsprechenden Vergrößerung seiner potenziellen Energie. Umgekehrt kann die Verringerung der potenziellen Energie mit dem Verrichten von Arbeit verbunden sein.

In analoger Weise hängt die Arbeit beim Beschleunigen von Körpern mit der Änderung der kinetischen Energie zusammen. Bei einem anfahrenden Gabelstapler (Abb. 1) wird durch den Motor Beschleunigungsarbeit W_B verrichtet. Der Gabelstapler wird schneller, seine kinetische Energie vergrößert sich (Abb. 3). Auch für diesen Fall gilt:

$$W_B = \Delta E_{\text{kin}}$$

Der Zusammenhang zwischen der an einem Körper oder von einem Körper verrichteten Arbeit und der Änderung seiner Energie gilt für beliebige Vorgänge. Deshalb können wir allgemein formulieren:

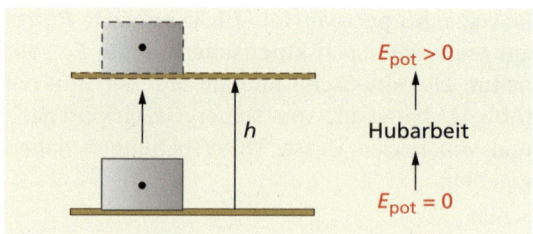

2 Hubarbeit führt zu einer Vergrößerung der potenziellen Energie.

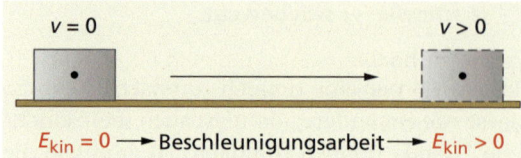

3 Beschleunigungsarbeit führt zu einer Vergrößerung der kinetischen Energie.

> **Die an einem Körper oder von einem Körper verrichtete mechanische Arbeit ist gleich der Änderung seiner Energie:**
>
> $$W = \Delta E$$

Dieser Zusammenhang zwischen Arbeit und Energie lässt sich auch so formulieren:
Arbeit ist eine Form übertragener Energie. Sie ist gleich der Energie, die einem Körper zugeführt oder von ihm abgegeben wurde. Daraus ergibt sich auch, dass Arbeit und Energie in der gleichen Einheit gemessen werden können.
Es gilt:

$$1\,\text{Nm} = 1\,\text{J}$$

Gewusst · Gekonnt

1. Wie ändert sich die potenzielle Energie der Kisten in Abbildung 1 gegenüber dem Erdboden, wenn sie an einem anderen Ort auf dem Boden abgeladen werden?

2. Hebe eine Schultasche vom Boden deines Klassenzimmers auf einen Stuhl. Beschreibe den Zusammenhang zwischen der verrichteten Arbeit und der Änderung der Energie der Tasche.

1 Beim Heben der Kisten wird Arbeit verrichtet. Dadurch vergrößert sich ihre potenzielle Energie.

Umwandlung und Erhaltung mechanischer Energie

Wie du bereits weißt, können verschiedene Formen der Energie ineinander umgewandelt werden. Das gilt auch für die Formen der mechanischen Energie.

So werden z.B. die potenzielle Energie und die kinetische Energie eines Skateboardfahrers ständig ineinander umgewandelt (Abb. 1, 2):

Im Punkt A in der Abbildung 2 befindet sich der Skater im höchsten Punkt. Demzufolge ist seine potenzielle Energie am größten. Während er hinabrollt, wird Beschleunigungsarbeit verrichtet. Er wird immer schneller.

Im Punkt B hat er die größte Geschwindigkeit erreicht, seine potenzielle Energie ist vollständig in kinetische Energie umgewandelt worden.

Beim Hochrollen wird Hubarbeit verrichtet. Er wird wieder langsamer. Seine kinetische Energie wandelt sich in potenzielle Energie um. Der Vorgang beginnt von Neuem.

Allerdings erreicht der Skater nicht exakt wieder dieselbe Höhe, sondern kehrt bereits unterhalb von Punkt A um. Das liegt daran, dass bei realen Vorgängen, wie auf einer Skateboardbahn, ein Teil der mechanischen Energie durch Reibung in Wärme umgewandelt und an die Umgebung abgegeben wird.

Geht man davon aus, dass bei einem Vorgang keine mechanische Energie in andere Energieformen umgewandelt wird und auch kein Ener-

gieaustausch mit der Umgebung erfolgt, so spricht man von einem **abgeschlossenen mechanischen System.**

Für ein solches System gilt der **Energieerhaltungssatz der Mechanik.**

> In einem abgeschlossenen mechanischen System ist die mechanische Energie E_{mech} stets konstant.
>
> $E_{mech} = E_{pot} + E_{kin}$ = konstant
>
> E_{pot} potenzielle Energie
> E_{kin} kinetische Energie

Der Energieerhaltungssatz der Mechanik ist ein Spezialfall des allgemeinen Energieerhaltungssatzes, der besagt: Energie kann weder entstehen noch verloren gehen.

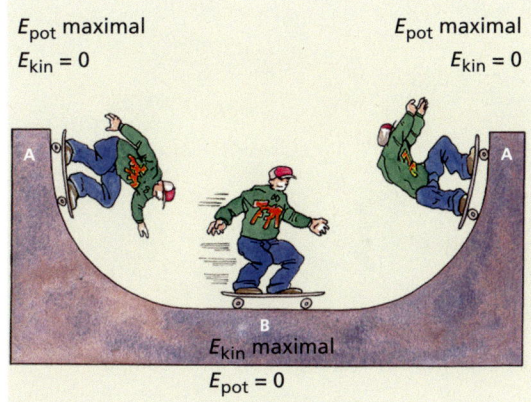

E_{pot} maximal
$E_{kin} = 0$

E_{pot} maximal
$E_{kin} = 0$

E_{kin} maximal
$E_{pot} = 0$

2 Energieumwandlungen bei einem Skateboardfahrer

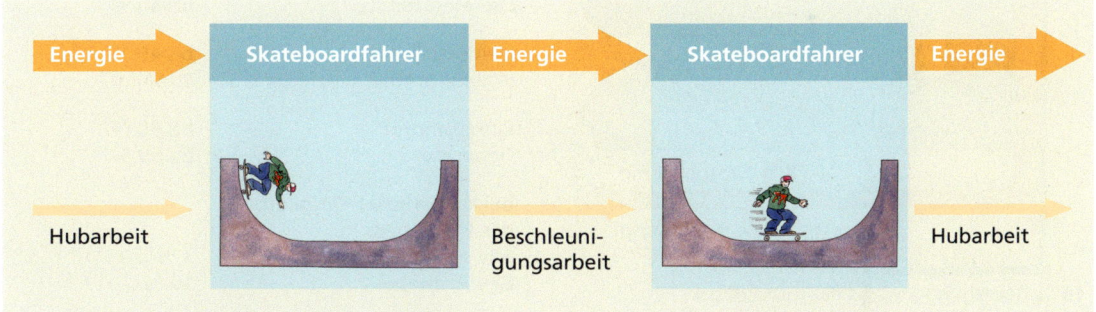

Energie

Skateboardfahrer

Energie

Skateboardfahrer

Energie

Hubarbeit

Beschleunigungsarbeit

Hubarbeit

1 Energieumwandlungen beim Skaten auf einer Skateboardbahn: Potenzielle Energie und kinetische Energie werden ständig ineinander umgewandelt.

Der Wirkungsgrad

Bei den meisten Vorgängen in Natur, Technik und Alltag wird eine Energieform in mehrere andere Energieformen umgewandelt. Dabei sind einige der entstehenden Energieformen für den beabsichtigten Zweck erwünscht und andere unerwünscht. So wird z. B. bei einer Energiesparlampe elektrische Energie in Licht und Wärme umgewandelt (Abb. 1). Die entstehende thermische Energie ist dabei für den Zweck der Beleuchtung unerwünscht.

Der Motor eines Pkw soll das Fahrzeug in Bewegung setzen. Durch das Verbrennen des Kraftstoffs im Motor entsteht nicht nur kinetische Energie, sondern auch unerwünschte Wärme, die über Abgase und Kühlwasser an die Umgebung abgegeben wird (Abb. 2).

Je größer der Anteil der nutzbringenden Energie ist, desto günstiger ist ein Gerät, eine Maschine oder eine Anlage für die Energieumwandlung. Die Güte einer Anlage zur Energieumwandlung wird durch den **Wirkungsgrad** gekennzeichnet.

> **Der Wirkungsgrad gibt an, welcher Anteil der zugeführten Energie in nutzbringende Energie umgewandelt wird.**
>
> **Formelzeichen:** η

Ein Wirkungsgrad von 0,40 oder 40 % bedeutet, dass 40 % der zugeführten Energie in nutzbringende Energie umgewandelt wird. Der andere Teil der Energie, im genannten Fall also 60 %, wird nicht genutzt. Der Wirkungsgrad einer Anlage ist immer kleiner als 1 oder 100 %. Bei der Energiesparlampe (Abb. 1) beträgt er 25 %, bei dem Pkw-Motor (Abb. 2) 21 %.

> **Der Wirkungsgrad kann berechnet werden mit der Gleichung:**
>
> $$\eta = \frac{E_{nutz}}{E_{zu}}$$
>
> E_{nutz} nutzbringende Energie
> E_{zu} zugeführte Energie

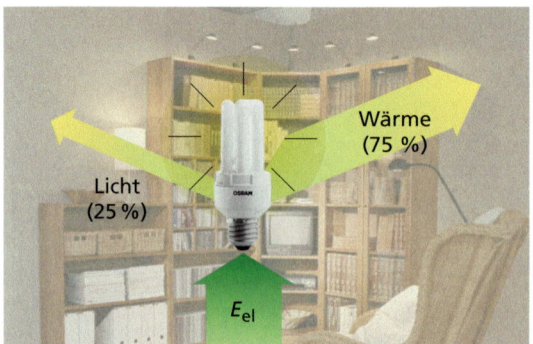

1 Energieumwandlungen bei einer Lampe

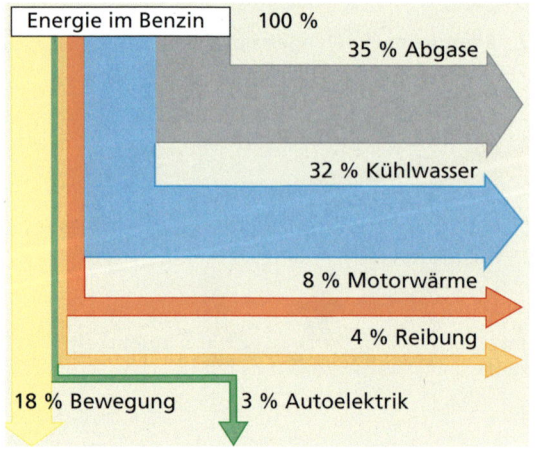

2 Energieflussdiagramm für einen Pkw-Motor

Wirkungsgrade in Natur und Technik	
erste Dampfmaschine	3 % bis 4 %
Glühlampe	5 %
Solarzelle	15 %
Leuchtstofflampe	25 %
Benzinmotor	bis 30 %
Dieselmotor	bis 40 %
Dampfturbine	bis 45 %
Wasserturbine	85 %
Elektromotor	bis 90 %
Generator	bis 99 %
bei körperlicher Tätigkeit des Menschen:	
Schwimmen	3 %
Gewichtheben	10 %
Radfahren	25 %
Bergaufgehen	30 %

Gewusst · Gekonnt

1. Arten mechanischer Arbeit

Welche Arten mechanischer Arbeit werden bei folgenden Vorgängen verrichtet?

a) Ein Pkw verringert durch Bremsen seine Geschwindigkeit.

b) Ein Radfahrer fährt an.

c) Ein Kind steigt eine Leiter hinauf.

d) Ein Handwerker biegt ein Rohr.

2. Eine schwere Kiste

Eine Kiste wird mit einer Kraft von 150 N auf dem Boden 3 m weit geschoben. Wie groß ist die verrichtete Arbeit?

3. Arbeit beim Gehen

Du läufst mit deiner 8,0 kg schweren Schultasche auf einer ebenen Straße 350 m weit. Welche Arbeit verrichtest du an der Schultasche? Begründe deine Aussage.

4. Beispiele gesucht

Nenne Beispiele für Hubarbeit, Spannarbeit, Beschleunigungsarbeit und Reibungsarbeit aus deinem Erfahrungsbereich. Erläutere, welche Kräfte wirken und welche Wege zurückgelegt werden.

5. Vergleiche die Arbeiten

Gleich schwere Kisten sind vom Boden in einzelne Felder eines Regals gehoben worden. In welchen Fällen wurde die gleiche Arbeit zum Füllen der Regalfelder verrichtet? Antworte so: $W_{1A} = W_{2C}$.

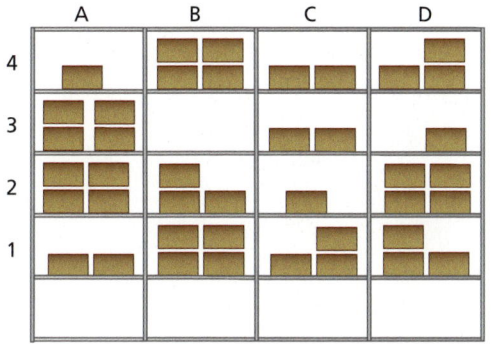

6. Unterschiedliche Möglichkeiten

Ein Schüler verrichtet eine Arbeit von 100 Nm. Nenne vier verschiedene Möglichkeiten, diese Arbeit zu verrichten.

7. Arbeit und Leistung eines Krans

Eine Betonplatte mit einer Masse von 500 kg wird in 15 s um 5,0 m hochgehoben. Dann wird die Betonplatte in horizontaler Richtung um 4,0 m bewegt (Abb.).

a) Wie groß ist die durch den Kran verrichtete Hubarbeit? Berechne die Leistung.

b) Wie groß ist die Arbeit, wenn die Platte nur horizontal bewegt wird?

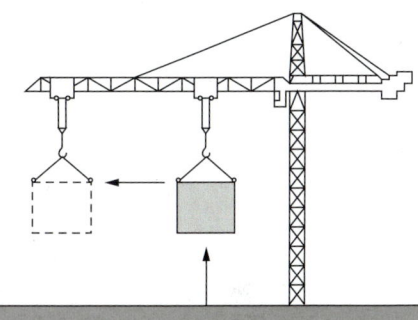

8. Deine Höchstleistung

Bestimme experimentell deine Höchstleistung beim Treppensteigen. Miss die Zeit, die du brauchst! Bestimme den Weg aus der Höhe einer Treppenstufe und der Anzahl der Stufen. Vergleicht die Werte, die ihr ermittelt habt.

9. Größen gesucht

Berechne die fehlenden Werte unter der Bedingung, dass die Arbeit gleichmäßig verrichtet wird.

	W	P	t
a)	360 J		12 s
b)		100 W	1 h
c)	1,2 kJ	0,3 kW	
d)	800 Nm		5 s

Gewusst · Gekonnt

10. Vorgänge in Natur und Technik

Welche Energieformen besitzen die jeweiligen Körper? Welche Energieumwandlungen erfolgen bei diesen Vorgängen?

11. Hin und her

Beschreibe die Energieumwandlungen, die bei einem Fadenpendel und bei einem Federschwinger vor sich gehen.

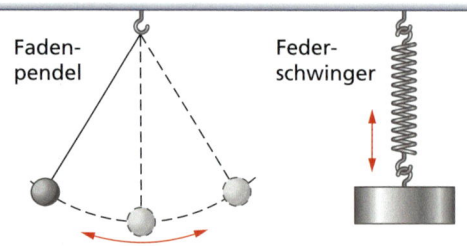

Wodurch kommen die Bewegungen letztlich zur Ruhe?

12. Hoch hinaus

Welche potenzielle Energie besitzt ein Bergsteiger ($m = 80$ kg) auf dem 8 848 m hohen Mount Everest
a) gegenüber dem Meeresspiegel,
b) gegenüber dem Basislager auf 6 850 m Höhe,
c) gegenüber deinem Heimatort?

13. Vater und Sohn mit gleicher Energie?

Während Jens mutig vom 3-m-Brett ins Wasser springt, bevorzugt sein Vater das 1-m-Brett. Trotzdem haben beide auf dem jeweiligen Brett die gleiche potenzielle Energie. Wie kann das sein?

14. Die Kugel rollt

Bis zu welcher Höhe rollt die Kugel in der Abbildung? Beschreibe den Zusammenhang zwischen Energie und Arbeit an diesem Beispiel.

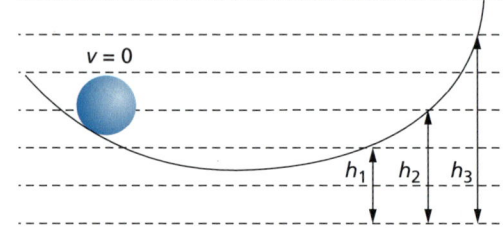

15. Bergsteigen ist anstrengend

Ein Bergsteiger ($m = 65$ kg) bewältigt einen Höhenunterschied von 970 m in $2\frac{1}{2}$ Stunden.
a) Bestimme die von ihm verrichtete Hubarbeit. Welche Aussage kannst du über die Änderung seiner potenziellen Energie treffen? Begründe.
b) Berechne seine mechanische Leistung.

16. Artisten nutzen Physik

Ein Artist ($m = 70$ kg) springt aus einer Höhe von 2 m auf ein Schleuderbrett (Abb.).
a) Beschreibe die Energieumwandlungen.
b) Wie hoch wird seine Partnerin ($m = 55$ kg) höchstens geschleudert?

Mechanische Arbeit, Leistung und Energie

Mechanische Arbeit W	Mechanische Leistung P
wird verrichtet, wenn ein Körper durch eine Kraft bewegt oder verformt wird.	gibt an, wie viel mechanische Arbeit in jeder Sekunde verrichtet wird.
Einheit: ein Newtonmeter (1 Nm)	Einheit: ein Watt (1 W)
Berechnung: $W = F \cdot s$ (F = konstant und F ∥ s)	Berechnung: $P = \frac{W}{t}$ $\qquad$ $P = \frac{F \cdot s}{t}$

■ Eine grundlegende physikalische Größe ist die Energie. Sie lässt sich so kennzeichnen:

Energie E ist die Fähigkeit eines Körpers, mechanische Arbeit zu verrichten, Wärme abzugeben oder Licht auszusenden.

Einheiten: 1 J, 1 kJ, 1 MJ

Energie kann in verschiedenen Energieformen vorliegen.

■ Bewegte, gehobene oder gespannte Körper besitzen mechanische Energie E_{mech}.
Wichtige Formen sind die potenzielle Energie E_{pot} eines gehobenen Körpers und die kinetische Energie E_{kin} eines bewegten Körpers.

$$E_{pot} = m \cdot g \cdot h$$

E_{kin} ist von der Masse und der Geschwindigkeit des Körpers abhängig.

■ Für viele Energieumwandlungen gilt der **Energieerhaltungssatz der Mechanik:**

In einem abgeschlossenen mechanischen System bleibt die mechanische Energie erhalten.

$$E_{pot} + E_{kin} = konstant$$

■ Wird von einem Körper oder an einem Körper Arbeit verrichtet, so ändert sich seine Energie.

$$W = \Delta E$$

■ Bei jedem technischen Gerät und jeder Anlage erfolgen Energieumwandlungen.
Der **Wirkungsgrad** η gibt an, welcher Anteil der zugeführten Energie in nutzbringende Energie umgewandelt wird.

Basiskonzepte

Basiskonzepte – was ist denn das?

In den letzten Wochen hast du dich gemeinsam mit deinen Mitschülern im Physikunterricht mit dem Thema „Kraft, Druck und mechanische Energie" beschäftigt. Dabei habt ihr viele Zusammenhänge erarbeitet und eine Menge Erkenntnisse gewonnen. Bei so vielen Einzelheiten kann leicht der Überblick verloren gehen.
Wenn man einen Überblick über eine Stadt gewinnen will, ist es ähnlich. Da nützt es wenig, einzelne Straßen der Stadt zu kennen. Ein Blick aus großer Höhe vermittelt jedoch einen Gesamteindruck und einen besseren Überblick.
So ein Wechsel des Blickwinkels hilft dir auch bei der Einordnung des erworbenen Detailwissens. Hilfe bei diesem „Blick von oben" bieten dir Basiskonzepte. Sie bilden sozusagen die „Brille", durch die du das Gelernte neu betrachten kannst.

Erscheinungen und Vorgänge in Natur, Alltag und Technik

System

Wie wirken Einzelteile in einem Ganzen zusammen? Welche Folgen hat das Verändern oder das Ausfallen eines Teils auf das Ganze?

Energie

Wo spielt Energie eine Rolle? Kannst du erkennen und beschreiben, wie Energie übertragen und umgewandelt wird?

Wechselwirkung

Welche Körper wirken aufeinander? Welches ist die Ursache, welches die Wirkung?

Struktur der Materie

Welche allgemeinen Aussagen über den Aufbau der Stoffe und deren Eigenschaften kannst du ableiten?

■ **Du siehst: Basiskonzepte zeigen dir verschiedene Seiten desselben Themas.**

Die folgende Seite hilft dir, diese Fragen zu beantworten. Du findest in übersichtlicher Form wichtige Erkenntnisse aus dem bisherigen Physikunterricht. Versuche, zu jedem der Punkte ein Beispiel zu nennen und zu erläutern. Damit kannst du testen, ob du wichtige Zusammenhänge verstanden hast.
Am Ende jedes Kapitels findest du weitere Basiskonzeptseiten. Sie helfen dir, Schritt für Schritt dein Wissen zu erweitern und zu ordnen.

Basiskonzepte erleichtern das Lernen, weil du mit ihrer Hilfe naturwissenschaftliche Inhalte systematisieren und strukturieren kannst.

System

- In einem abgeschlossenen System bleibt die mechanische Energie erhalten.
- Die Energie eines Systems kann durch Arbeit am System oder durch Arbeit des Systems verändert werden.
- Bei einem System (Gerät, Anlage) ist die nutzbringende Energie immer kleiner als die zugeführte Energie.

Struktur der Materie

- Körper bestehen aus Stoffen und Stoffe aus Teilchen.
- Jedem Körper kann ein Volumen und eine Masse zugeordnet werden.
- Mit dem Teilchenmodell können der Aufbau der Stoffe, Reibung und Druck beschrieben werden.

Kraft, Druck und mechanische Energie

Wechselwirkung

- Die Kraft gibt an, wie stark ein Körper auf einen anderen einwirkt.
- Kräfte bewirken die Veränderung der Form oder der Bewegung von Körpern.
- Ursache der Gewichtskraft und der Reibungskraft sind Wechselwirkungen zwischen Körpern.
- Hebel, Rollen, Flaschenzüge oder hydraulische Anlagen sind Kraftwandler.
- Der Druck kennzeichnet den Zustand im Innern einer Flüssigkeit oder eines Gases.
- Der Schweredruck hängt von der Eintauchtiefe und der Dichte der Flüssigkeit bzw. des Gases ab.

- Die auf einen Körper wirkende Auftriebskraft ist gleich der Gewichtskraft der verdrängten Flüssigkeit bzw. des verdrängten Gases.

Energie

- Energie ist die Fähigkeit eines Körpers, mechanische Arbeit zu verrichten, Wärme abzugeben oder Licht auszusenden.
- Formen mechanischer Energie sind die potenzielle Energie und die kinetische Energie.
- Energie kann von einer Energieform in andere umgewandelt werden.
- Die an einem Körper oder von einem Körper verrichtete mechanische Arbeit ist gleich der Änderung seiner Energie: $W = \Delta E$

Erfasst und vernetzt

Mit Fachwissen umgehen

1. Welche der folgenden Aussagen, die den gasförmigen Aggregatzustand eines Stoffs mithilfe des Teilchenmodells beschreiben, sind richtig, welche falsch? Begründe deine Meinung.
   a) Alle Teilchen bewegen sich gleich schnell.
   b) Alle Teilchen sind gleich groß.
   c) Zwischen den Teilchen des Gases wirken Kräfte.
   d) Alle Teilchen haben den gleichen Abstand voneinander.

2. Miss die Gewichtskräfte verschiedener Gegenstände aus deiner Schultasche mit einem Federkraftmesser. Ordne sie und trage sie in eine Tabelle ein. Ergänze die Tabelle um eine Spalte und berechne die Massen der Gegenstände.
   „Auf dem Mars würden wir ganz andere Ergebnisse ermitteln", behauptet Felix. Was meinst du dazu?

3. Ein Elefant kann 5 t wiegen. Trotzdem hinterlässt er im Sandboden kaum Spuren.

   a) Wie groß ist der Auflagedruck, wenn jede Fußsohle eine Querschnittsfläche von 0,2 m² hat?
   b) Vergleiche den Auflagedruck, den der Elefant erzeugt, mit dem Druck, den eine Frau (50 kg) mit einem „Pfennigabsatz" (1 cm²) verursacht.

4. Beim Heben eines 10 kg schweren Pakets um 2 m beträgt die verrichtete Arbeit
   a) 2 Nm,   b) 20 Nm,   c) 200 Nm.
   Welche der Angaben ist zutreffend? Begründe.

5. Eine Solarzelle mit einem Wirkungsgrad von 15 % liefert eine Energie von 25 J.
   Berechne die Energie, die durch die Sonneneinstrahlung zugeführt wird.

Methoden der Physik nutzen

6. Erkläre mit dem Teilchenmodell, warum du eine vollständig mit Wasser gefüllte Plastikflasche kaum zusammendrücken kannst, eine mit Luft gefüllte Flasche dagegen sehr leicht.

7. Nägel können aus verschiedenen Metallen bestehen. Überlege dir eine Möglichkeit, wie man das Metall eindeutig bestimmen kann. Präsentiere deine Methode.

8. Bestimme die Reibungskräfte für die Haft- und Gleitreibung eines Holzklotzes auf einer Unterlage aus normalem Papier und aus Sandpapier.
   a) Stelle eine Vermutung auf, welche der beiden Kräfte größer ist.
   b) Plane das Experiment. Orientiere dich dabei an der folgenden Abbildung:

   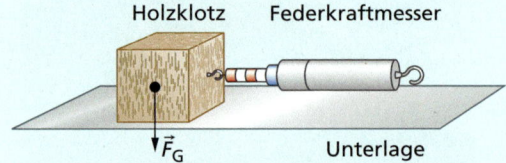

   Holzklotz   Federkraftmesser
   $\vec{F}_G$ Unterlage

9. Jule will eine 50 kg schwere Kiste auf eine 1,0 m hohe Rampe bringen. Sie weiß aber, dass sie nur eine Kraft von 250 N aufbringen kann. Entwickle ausgehend von deinen physikalischen Kenntnissen eine Möglichkeit, die Jule nutzen könnte. Präsentiere sie deinen Mitschülern.

10. Um Schiffe in der Werft zu reparieren, werden sie mitunter in Schwimmdocks aus dem Wasser gehoben. Erkläre die Wirkungsweise eines solchen Schwimmdocks.

    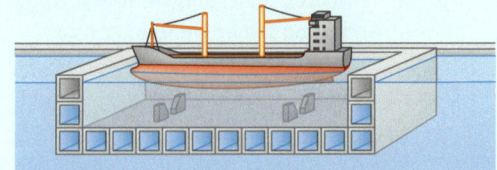

Informationen erschließen und austauschen

11. Erkunde, welche Stoffe bei Zimmertemperatur die größte Dichte haben. Nutze dazu das Internet. Unterscheide zwischen festen Stoffen, Flüssigkeiten und Gasen. Vergleicht eure Ergebnisse miteinander.

12. Moderne Pkw und Motorräder sind mit einem Antiblockiersystem (ABS) ausgestattet. Informiere dich über die Wirkungsweise von ABS. Stelle dar, welche Vorteile ein Fahrzeug mit ABS gegenüber einem Fahrzeug ohne ABS hat.

13. Kraftumformende Einrichtungen werden von Menschen schon seit vielen Jahrhunderten genutzt. Sie spielen auch im Zeitalter der Elektronik und der Computertechnik eine wichtige Rolle.
Stelle unter Nutzung aktueller Materialien eine Übersicht darüber zusammen, wo heute kraftumformende Einrichtungen verwendet werden. Bereite einen Kurzvortrag (maximal 10 Minuten) vor. Tauscht eure Erkenntnisse aus.

14. Auch in der Natur wird mit Hebeln „getrickst". Erdhummel und Salbeiblüte nutzen das perfekt. So kommt die Hummel an den Nektar der Heilpflanze und gleichzeitig wird der Blütenstaub von einer Pflanze zur anderen transportiert.

Recherchiert weitere Beispiele aus der Natur, bei denen die Hebelwirkung zur Anwendung kommt. Welche Hebel sind das? Wo liegen die Drehachsen?
Bildet Gruppen und stellt eure Ergebnisse an einer Wandzeitung zur Diskussion.

Sachverhalte erkennen und bewerten

15. Tim und Tom heben jeder eine schwere Kiste mit Flaschen. Bewertet, wer von den beiden besser beachtet, dass er seine Wirbelsäule möglichst entlasten sollte.

16. Die Türen in Bussen und Eisenbahnwaggons werden mit Druckluft geöffnet und geschlossen. Man nutzt also keine hydraulische Anlage, sondern eine sogenannte pneumatische Anlage. Welche Vorteile hat das?

17. Wieso soll man eigentlich Energie sparen? Energie kann doch nicht verloren gehen.
Bewerte beide Aussagen im Zusammenhang und nutze Beispiele als Belege für deine Bewertung.

18. Bewerte folgende Aussagen aus physikalischer Sicht:

Energie sparen – Fahrrad fahren

Energie tanken für Körper und Geist

Energie vom Feld wächst nach

19. Ein wichtiges Kriterium bei der Einschätzung eines Geräts ist sein Wirkungsgrad. Bewerte dieses Kriterium unter Nutzung deiner physikalischen Kenntnisse.

2

Geladene Körper, Stromkreise, Größen und Leitungsvorgänge

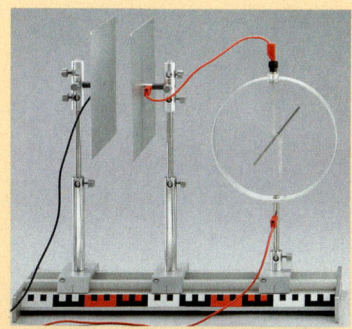

Elektrizität im Alltag

Einschalten und los geht's – das schätzen wir an elektrischen Geräten. Aber was, wenn der Akku des Handys leer ist oder eine Leitung defekt? Ohne Elektrizität läuft (fast) nichts.

Elektrizität – geht's auch ohne?

Natürlich nicht. Umso spannender ist es, etwas über Vorgänge zu erfahren, die wir nicht wahrnehmen können, weil wir für sie kein Sinnesorgan haben. Aber Strom hinterlässt Wirkungen und die können wir nachweisen. Wir entdecken über „Umwege" wichtige Zusammenhänge in Stromkreisen. Sie gelten in unserem Handy ebenso wie in unserer Wohnung oder in einem Auto. Sie sind hilfreich bei Voraussagen oder Pannen.

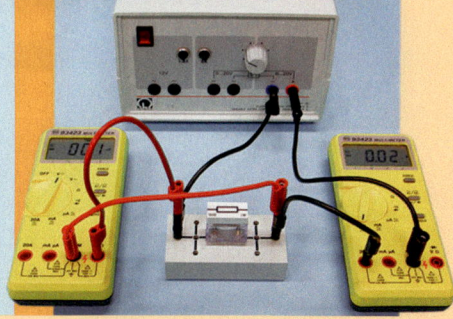

2.1 Elektrische Ladung und elektrischer Strom

1 Eine leuchtende Kugel

Plasmakugeln sind ungewöhnliche Lichtquellen. In der Mitte befindet sich eine stark geladene Kugel. Zwischen ihr und der äußeren Wandung entstehen Leuchterscheinungen, die ihr Aussehen ständig ändern.
Erkunde: Gibt es weitere Leuchterscheinungen in Natur und Technik, die durch elektrisch geladene Körper bewirkt werden?

2

Ohne Energie läuft nichts

Sieh dich im Haus um. Wofür wird überall elektrische Energie benötigt? Welche Energieumwandlungen erfolgen bei einem solchen Gerät? Stelle sie zeichnerisch dar.

3

Elektrische Energie aus Obst

Baue eine Apfelbatterie. Gelingt der Versuch auch mit Elektroden aus dem gleichen Metall? Wähle verschiedene Früchte und Metalle.

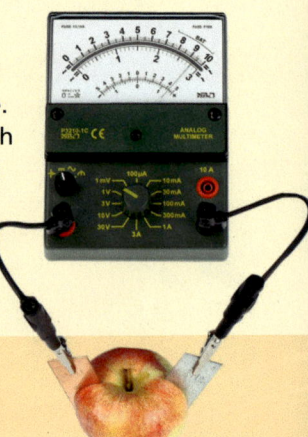

4 Zweimal Akku laden

Wenn dein MP3-Player schwächelt, ist klar: Akku laden. Fertige eine Übersicht über Batterien und Akkumulatoren an. Auch der Radfahrer lädt „seinen Akku" auf. Diskutiert über die Bedeutung weiterer Redewendungen wie „geladen sein" und „unter Spannung stehen". Unterscheidet zwischen Alltagssprache und Fachsprache.

Wer ist denn hier „geladen"?

Du weißt bereits: In einem geschlossenen elektrischen Stromkreis fließt ein elektrischer Strom. Was aber fließt da?

Um diese Frage zu beantworten, helfen Vorstellungen vom Aufbau der Stoffe – wie so oft in der Physik. Mit den folgenden Experimenten kommst du einer wichtigen Eigenschaft von Stoffen auf die Spur.

Experiment 1
Reibe einen Gegenstand aus Kunststoff (z. B. einen Löffel aus einem Salatbesteck) mit einem Wolltuch und halte ihn über trockenes Salz.
a) Beschreibe deine Beobachtungen.
b) Hast du eine Vermutung?
c) Tausche deine Vermutung mit deinen Mitschülern aus. Überlegt, wie die zu beobachtende Erscheinung erklärt werden könnte.

Experiment 2
Wenn man ein Kunststofflineal, das man zuvor mit einem Tuch kräftig gerieben hat, langsam in die Nähe eines dünnen Wasserstrahls bringt, kann man eine merkwürdige Beobachtung machen:

Das kannst du dir nicht vorstellen? Probiere es selbst aus.

Experiment 3
Schneide von einer Gefriertüte aus Plastik zwei gleiche Streifen ab. Lege die beiden Streifen aufeinander und ziehe sie durch Zeigefinger und Daumen. Beschreibe und deute deine Beobachtung.

Experiment 4
Führe Untersuchungen mit einem Luftballon durch.
a) Befestige einen aufgeblasenen Luftballon an einem dünnen Faden.
b) Reibe den Ballon mit den Händen oder mit einem Wolltuch.
c) Bringe in die Nähe des Ballons ein Lineal aus Kunststoff, das du zuvor mit einem Wolltuch gerieben hast.
d) Nähere dem Ballon Zeitungspapier.
Beschreibe deine Beobachtungen und deute sie.

Experiment 5

Eine Glimmlampe hat zwei Elektroden.

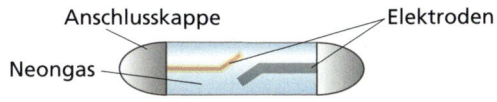

a) Reibe ein Kunststofflineal mit einem Wolltuch. Berühre das Lineal wie in der Abbildung unten mit der Glimmlampe.
b) Wiederhole den Versuch und berühre nun das Lineal mit der anderen Anschlusskappe der Glimmlampe.
c) Wiederhole a) und b) mit einem Glasstab, der zuvor mit einem Ledertuch gerieben wurde. Beschreibe deine Beobachtungen und deute sie.

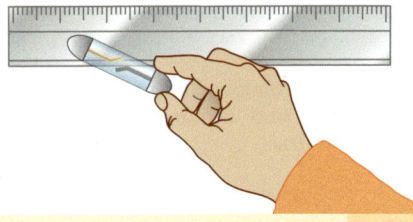

Elektrisch geladene Körper

Manchmal kribbelt es beim Ausziehen von Kleidungsstücken, manchmal hört man sogar ein kurzes Knistern und sieht in der Dunkelheit kleine Funken.

Auch bei Untersuchungen mit einer Glimmlampe (↗ S. 89, Experiment 5) konntest du elektrische Erscheinungen beobachten. Sie sprechen dafür, dass die Atome und Moleküle, aus denen alle Körper aufgebaut sind, aus noch kleineren Teilchen bestehen. Atome sind also nicht die kleinsten Bausteine der Materie.

Alle Atome bestehen aus einer **Atomhülle,** in der sich elektrisch negativ geladene **Elektronen** befinden (Abb. 2). Der **Atomkern** enthält u. a. elektrisch positiv geladene **Protonen** und ist damit positiv geladen. Ein Atom, das die gleiche Anzahl positiver Ladungen im Kern und negativer Ladungen in der Atomhülle hat, ist elektrisch neutral. Auch ein Körper, der insgesamt genauso viele Elektronen wie Protonen hat, ist nach außen ungeladen.

Durch Reiben zweier Körper aneinander oder durch elektrochemische Vorgänge, wie sie in Batterien vor sich gehen, können Ladungen voneinander getrennt werden. Dabei gehen sie von einem Körper auf einen anderen über. Der Vorgang heißt **Ladungstrennung.** Die Atome beider Körper bleiben aber bei diesem Vorgang unverändert an ihrem Ort.

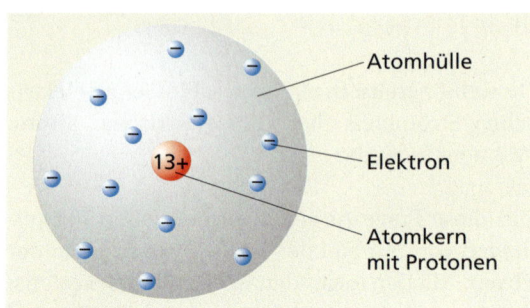

2 Modell eines Aluminiumatoms

Was passiert beim Reiben? Reibt man elektrisch neutrale Körper wie ein Tuch und einen Plastikstab intensiv aneinander (Abb. 1), so werden von einigen Atomen des Tuchs Elektronen abgetrennt. Sie gehen auf den Plastikstab über. Zusätzlich zu seinen neutralen Atomen erhält der Stab weitere Elektronen. Er besitzt eine **negative Ladung.** Den Atomen des Tuchs „fehlen" nach dem Reiben Elektronen. Das Tuch besitzt eine **positive Ladung.**

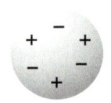
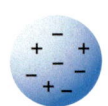
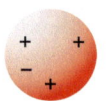

> **Körper mit Elektronenüberschuss sind negativ geladen. Bei positiv geladenen Körpern herrscht Elektronenmangel.**

Da diese Ladungstrennung durch Berührung bzw. Reibung zustande kommt, spricht man auch von **Reibungselektrizität.** Ladungstrennung durch Reibung wird beim **Bandgenerator** genutzt.

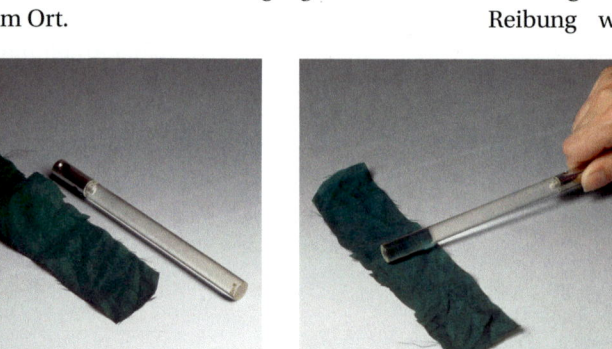

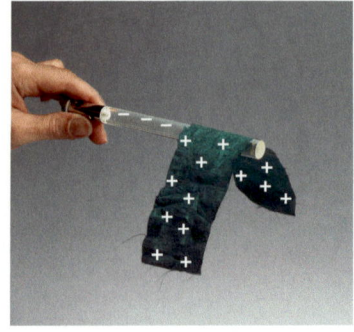

1a Vor dem innigen Berühren bzw. Reiben sind Tuch und Plastikstab neutral.

1b Beim innigen Berühren bzw. Reiben gehen Elektronen vom Tuch auf den Plastikstab über.

1c Danach ist der Stab negativ geladen. Die Enden des positiv geladenen Tuchs stoßen einander ab.

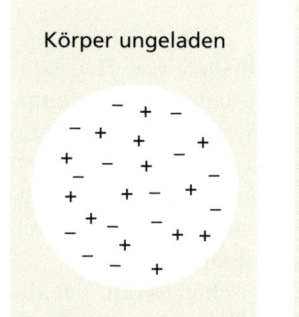

Körper ungeladen

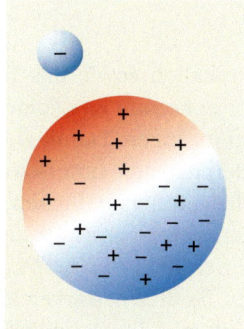

1 Ladungstrennung durch Influenz

Für das Reiben wird **Energie** benötigt. Nach der Ladungstrennung ist diese Energie im Raum um die Ladungen gespeichert (↗ S. 95).
Zwischen elektrisch geladenen Körpern wirken elektrische Kräfte (Abb. 2).

> **Gleichnamig geladene Körper stoßen sich ab, ungleichnamig geladene ziehen sich an.**

Dass sich gleichnamig geladene Körper abstoßen, nutzt man, um elektrische Ladungen nachzuweisen. Das Gerät nennt man **Elektroskop.** Seinen Aufbau zeigt Abbildung 3, die Wirkungsweise ist in den Abbildungen 4 und 5 dargestellt. Metallstab und Metallzeiger sind leitend miteinander verbunden. Weil Metallstab und Metallzeiger gleichnamig geladen sind, erfolgt zwischen ihnen Abstoßung. Diese ist umso stärker, je größer die Ladung ist. Eine Ladungstrennung auf einem Körper kann auch erreicht werden, wenn man diesen Körper überhaupt nicht berührt.

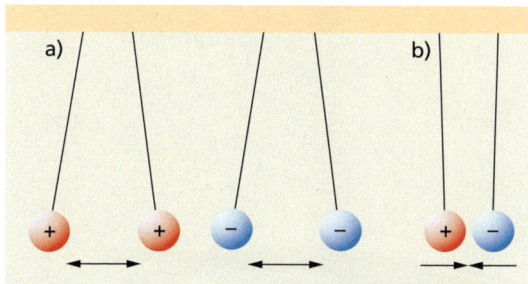

2 Es erfolgt eine Abstoßung, wenn beide Körper gleichnamig geladen sind (a), und eine Anziehung, wenn beide Körper ungleichnamig geladen sind (b).

In Metallen gibt es Elektronen, die frei beweglich sind. Nähert man einem ungeladenen Körper einen negativ geladenen Körper, so wirken zwischen den Ladungen ebenfalls Kräfte (Abb. 1). Es kommt auf dem ungeladenen Körper zu einer Verschiebung von Ladungen und damit zu einer Ladungstrennung in bzw. auf dem Körper.

Die Erscheinung der Ladungstrennung unter dem Einfluss eines geladenen Körpers wird als elektrische Influenz bezeichnet.

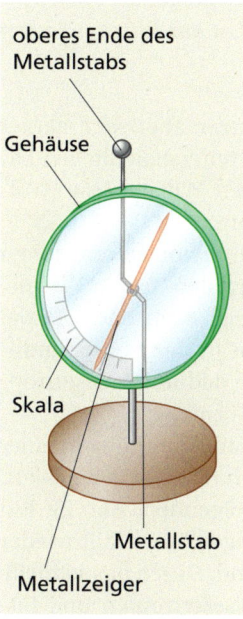

oberes Ende des Metallstabs

Gehäuse

Skala

Metallstab

Metallzeiger

3 Aufbau eines einfachen Elektroskops

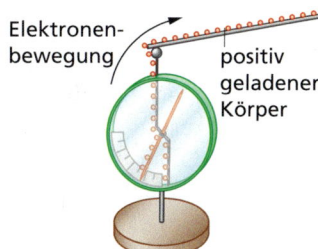

Elektronenbewegung

negativ geladener Körper

4 Negativ geladenes Elektroskop

Elektronenbewegung

positiv geladener Körper

5 Positiv geladenes Elektroskop

Gewusst · Gekonnt

1. Begründe, warum ein Aluminiumatom elektrisch neutral ist (↗ S. 90, Abb. 2).

2. Welche Ladung hat der Luftballon in Experiment 4, Seite 89, nach dem Reiben? Welche Ladung hat das Wolltuch?

3. Warum kann man mit einem Elektroskop nicht feststellen, ob ein Körper positiv oder negativ geladen ist?

Physik im Alltag

Potz Blitz und Donner

Mit **Blitz** und **Donner** kündigt sich ein Gewitter an. Während eines Gewitters können Dutzende von Blitzen auftreten. Weltweit werden 70 bis 100 Blitze in jeder Sekunde registriert.

Die durchschnittliche Stromstärke bei einem Blitz beträgt etwa 40 000 A, der Durchmesser eines Blitzkanals 10 bis 20 cm. Blitze sind meistens 2 bis 3 km lang und dauern weniger als 1 s.

Wie entsteht ein Blitz? Gibt es nur Blitze zwischen einer Wolke und der Erde?

Ein Blitz ist ein zeitlich kurzer, aber sehr starker elektrischer Strom, der die unterschiedlichen Ladungen zwischen geladenen Wolken bzw. Wolken und der Erde ausgleicht.

Elektrisch geladene Gewitterwolken entstehen vor allem an warmen, schwülen Tagen. Warme, aber auch feuchte Luft steigt nach oben. Dabei kühlt sie sich ab. Aus dem in der Luft befindlichen Wasserdampf werden dadurch Wassertropfen, Eiskristalle und Hagelkörner.

Der Mechanismus der Ladungstrennung in einer Wolke ist noch nicht in allen Einzelheiten geklärt. Ein Erklärungsansatz ist folgender (Abb. 2): Ein Teil der aufgestiegenen Hagelkörner fällt wieder herab, weil sie zu schwer sind. Durch das schnelle Aufsteigen von Luft mit Wassertropfen und Eis-

kristallen sowie das Herabfallen von Hagelkörnern kommt es infolge von Reibung zu Ladungstrennungen. Damit entstehen in Gewitterwolken Bereiche, die unterschiedlich geladen sind. Wenn die unterschiedlichen Ladungen in zwei Gewitterwolken groß genug sind, kommt es durch einen Blitz zu einem Ladungsausgleich.

Es fließt ein starker elektrischer Strom, der die Luft zum Leuchten bringt. Sie wird im Blitzkanal auf etwa 20 000 °C erwärmt. Dadurch dehnt sie sich explosionsartig aus. Wir hören je nach unserer Entfernung vom Gewitter ein Donnern.

Wie viel Zeit muss zwischen Blitz und Donner verstreichen, damit uns Gewitter gefährlich werden?

Man kann davon ausgehen, dass Gewitter erst dann gefährlich werden, wenn sie weniger als 3 km entfernt sind. Mithilfe der Schallgeschwindigkeit in Luft kann man abschätzen, dass der Schall für etwa 333 m eine Sekunde benötigt. Eine Distanz von ca. 1 000 m = 1 km legt er in drei Sekunden zurück. Für 3 km benötigt er also 9 s. Wenn weniger als diese Zeit zwischen Blitz und Donner verstrichen ist, sollte man Schutz vor einem Gewitter suchen (↗ S. 93).

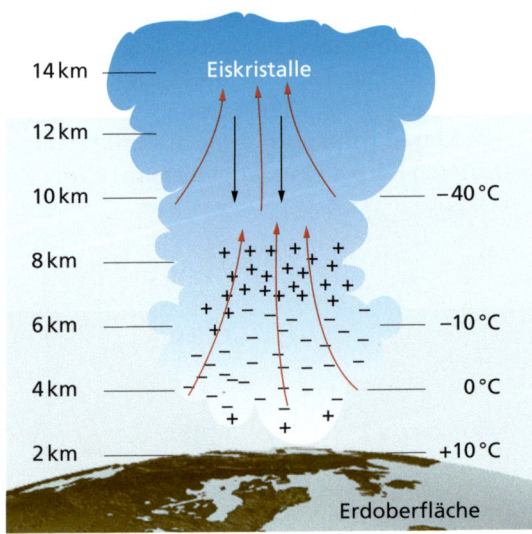

1 Blitze sind kurzzeitige elektrische Entladungen zwischen Wolken bzw. zwischen Wolke und Erde.

2 In einer Gewitterwolke kommt es aufgrund von Reibung zu Ladungstrennungen.

Wie kann man sich vor Blitzeinschlägen schützen?

Wenn ein Blitz einschlägt, können erhebliche Schäden entstehen. Um Gebäude zu sichern, werden deshalb **Blitzschutzanlagen** installiert (Abb. 1). Aber auch wir können vom Blitz getroffen werden, wenn wir uns bei Gewitter im Freien aufhalten. Das ist lebensgefährlich.

Blitze schlagen vor allem in hohe, spitze Gebäude und Gegenstände ein, z. B. in Bäume, Kirchturmspitzen oder Spitzen von Dächern. Mithilfe einer Blitzschutzanlage wird der Blitz „aufgefangen" und ungefährlich in die Erde abgeleitet.

Eine Blitzschutzanlage (Abb. 1) besitzt Fangstäbe und Fangleitungen, die die höchsten Stellen des Gebäudes bilden, sodass der Blitz dort einschlägt. Über dicke Eisendrähte wird der elektrische Strom des Blitzes in die Erde abgeleitet. Damit ist man in solchen Gebäuden relativ sicher. Das gilt auch für Pkws und andere geschlossene Fahrzeuge.

Schon MICHAEL FARADAY (1791–1867) hatte festgestellt, dass elektrische Entladungen, z. B. Blitze, nicht in einen Raum eindringen, der von einem elektrischen Leiter umgeben ist (Abb. 2). Eine solche Anordnung wird **faradayscher Käfig** genannt. Autos, Flugzeuge oder die Kabinen von Bergbahnen bilden solche faradayschen Käfige.

Beachte bei Gewitter

Als Faustregel gilt: Gewitter werden erst gefährlich, wenn der Zeitraum zwischen Blitz und Donner weniger als zehn Sekunden beträgt. Wenn ein Gewitter naht, sollte man folgende Regeln einhalten:

■ Wenn möglich, sollte man sich in Gebäude mit Blitzschutzanlage, Autos, Eisenbahnwaggons oder Metallkabinen von Seilbahnen zurückziehen.

■ Blitze schlagen vor allem in erhöhte Punkte (Baumspitzen, Masten, Schornsteine, Dachgiebel, Bergspitzen) ein. Deshalb sollte man sich nicht unter Bäumen, neben Masten, auf Bergspitzen oder an Außenwänden von Gebäuden aufhalten.

■ In Scheunen, Holz- oder Steinhütten ohne Blitzschutzanlage sollte man sich in die Mitte des Gebäudes hocken.

■ Befindet man sich im Freien, dann gilt: Hocke dich in eine Mulde und umfasse die Knie mit beiden Armen. Stelle dich auf keinen Fall breitbeinig hin und lege dich auch nicht hin.

■ Radfahrer sollten ihre Fahrt unterbrechen und sich vom Rad entfernen. Schwimmer müssen das Wasser umgehend verlassen.

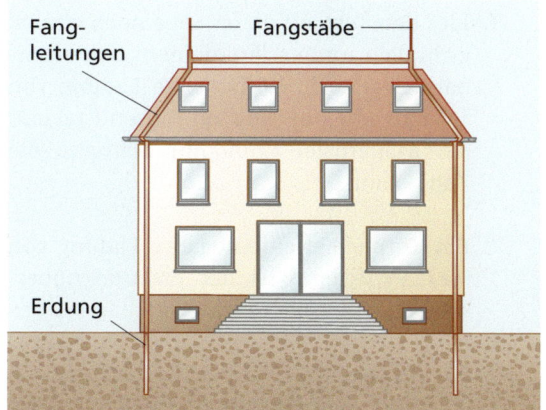

1 Blitzschutzanlage eines Hauses: Über Fangstäbe und Fangleitungen wird der Blitz zur Erde abgeleitet.

Labels: Fangleitungen, Fangstäbe, Erdung

2 Im Auto ist man vor Blitzschlag geschützt. Man sitzt in einem faradayschen Käfig.

Die elektrische Ladung

Körper können unterschiedlich stark geladen sein. Wie stark ein Körper positiv oder negativ geladen ist, wird in der Physik durch die Größe elektrische Ladung beschrieben.

> **Die elektrische Ladung eines Körpers gibt an, wie groß sein Elektronenüberschuss oder sein Elektronenmangel ist.**
>
> **Formelzeichen:** Q
> **Einheit:** ein Coulomb (1 C)

Die Einheit ein Coulomb ist nach dem französischen Naturforscher CHARLES AUGUSTIN DE COULOMB (1736–1806) benannt. Er bestimmte auch erstmals die Kraft zwischen zwei geladenen Körpern (↗ rechte Spalte).
Ein Körper hat eine Ladung von 1 C, wenn er einen Elektronenüberschuss oder einen Elektronenmangel von 6 200 000 000 000 000 000 Elektronen besitzt. Das ist eine unvorstellbar große Zahl.
Aus dem Mathematikunterricht weißt du, dass man eine solche riesige Zahl als Potenz schreiben kann. Ein Körper hat also eine Ladung von 1 C, wenn sein Elektronenüberschuss oder sein Elektronenmangel $6{,}2 \cdot 10^{18}$ Elektronen beträgt.
Die riesige Zahl von $6{,}2 \cdot 10^{18}$ kommt zustande, weil die Ladung eines einzelnen Elektrons bzw. Protons sehr klein ist. Diese Ladung wird als **Elementarladung** bezeichnet. Die Elementarladung beträgt $1{,}6 \cdot 10^{-19}$ C.
Die erste genaue Bestimmung dieser Elementarladung erfolgte 1910 durch den US-amerikanischen Physiker ROBERT ANDREWS MILLIKAN (1868–1953). Er erhielt dafür 1923 den Nobelpreis für Physik.

> **Die elektrische Ladung eines Körpers ist immer ein Vielfaches der Elementarladung.**

Die elektrische Ladung von Körpern in unserer Umgebung (geladene Kugeln, elektrische Aufladung des Menschen) beträgt meist wesentlich weniger als ein Tausendstel Coulomb.

Interessantes aus der Geschichte

Die Drehwaage von Coulomb

Der französische Physiker CHARLES AUGUSTIN DE COULOMB (1736–1806) erwarb sich große Verdienste um die Entwicklung der Elektrizitätslehre. Er entdeckte u. a. ein Gesetz, das eine Aussage über die Kraft auf geladene Körper im Raum um andere geladene Körper gestattet.
Mithilfe einer Drehwaage (Abb. 1) konnte COULOMB die kleinen Kräfte messen, mit der zwei elektrische Ladungen aufeinander einwirken. Diese Messungen führten zur Entdeckung des nach ihm benannten **coulombschen Gesetzes**. Es beschreibt die Kraft, die zwischen zwei geladenen Körpern wirkt.

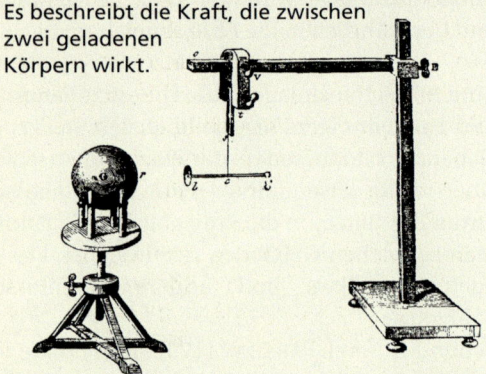

1 Anordnung von Coulomb zur Bestimmung der Kraft zwischen elektrisch geladenen Körpern

Gewusst · Gekonnt

1. Lies den Text auf dieser Seite noch einmal gründlich und erkläre deinem Banknachbarn, wann ein Körper eine Ladung von 1 C hat. Wie groß sind ein Tausendstel und ein Milliardstel Coulomb? Schreibe die Zahlen auf.

2. Ein Körper hat eine negative Ladung von 0,1 C. Wie groß ist der Elektronenüberschuss auf diesem Körper?

3. Ein Körper hat eine positive Ladung von 0,1 C. Wie viele Elektronen müssen auf ihn übergehen, damit er elektrisch neutral wird?

Das elektrische Feld

Elektrisch geladene Körper können Kräfte aufeinander ausüben, ohne sich zu berühren (↗ S. 91). Das kannst du auch bei Magneten beobachten. Wie kann man das erklären?

Im Raum um einen elektrisch geladenen Körper werden auf andere elektrisch geladene Körper Kräfte ausgeübt. Diesen Raum nennt man **elektrisches Feld.** Es ist Träger von Energie.
Bringt man z. B. kleine, negativ geladene Kugeln in die Nähe einer positiv geladenen Kugel und zeichnet die jeweils wirkenden Kräfte ein, dann erhält man das in der Abbildung 1 dargestellte Bild. Werden anstelle der einzelnen Kraftpfeile (Abb. 1) durchgehende Linien gezeichnet, so erhält man ein **Feldlinienbild** des betreffenden Felds (Abb. 2, 3, 4). Ein solches Feldlinienbild ist ein Modell des elektrischen Felds.

> Ein elektrisches Feld existiert im Raum um einen elektrisch geladenen Körper. In ihm werden auf andere elektrisch geladene Körper Kräfte ausgeübt. Ein elektrisches Feld ist Träger von Energie.

Aus einem Feldlinienbild ist erkennbar, in welcher Richtung die Kraft auf einen geladenen Körper wirkt (Abb. 4). Es gibt auch Auskunft über die Stärke des Felds. Je stärker das elektrische Feld ist, desto dichter werden die Feldlinien gezeichnet. **Beachte:** Ein elektrisches Feld gibt es auch dort, wo keine Feldlinien gezeichnet sind.
Als Richtung der Feldlinien ist die Richtung von + nach – vereinbart. Damit wirkt auf einen positiv geladenen Körper im Feld die Kraft in Richtung der Feldlinien, auf einen negativ geladenen Körper entgegengesetzt.

Interessantes aus der Physik

Experimentelle Untersuchung elektrischer Felder

Feldlinien lassen sich experimentell veranschaulichen, wenn sich Grießkörnchen in Öl in einem elektrischen Feld befinden (Abb. unten). Unter der Wirkung des elektrischen Felds richten sich die Grießkörnchen in Richtung der Feldlinien in Form von „Ketten" aus.

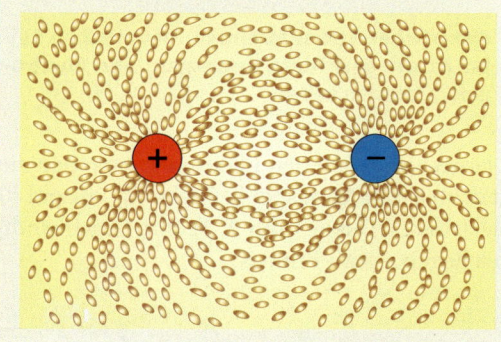

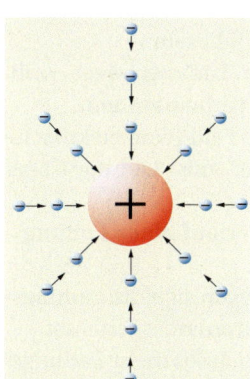

1 Kräfte auf geladene Körper im elektrischen Feld

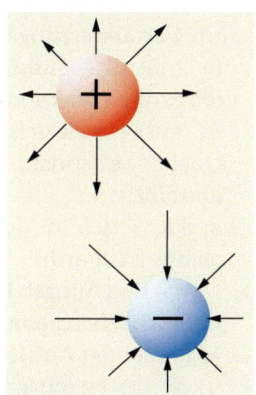

2 Elektrisches Feld um unterschiedlich geladene Kugeln

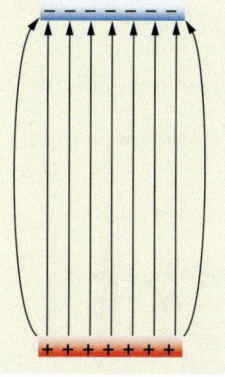

3 Elektrisches Feld zwischen zwei unterschiedlich geladenen Platten

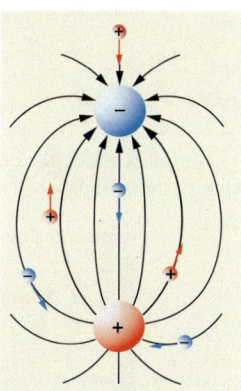

4 Feldlinienbild und Kräfte auf geladene Körper

Elektrischer Strom – bewegte Ladungen

Jeder kennt die Formulierung: „Es fließt ein **elektrischer Strom.**" Was aber fließt in den Leitungen eines Stromkreises?

Betrachten wir dazu zunächst den Aufbau eines metallischen Leiters (Abb. 1), z. B. eines Kupferkabels. Ein Teil der Metallatome gibt je ein Elektron ab. In einem solchen Leiter sind dann neben Metallatomen positiv geladene Metallionen und Elektronen vorhanden. Die Elektronen können sich frei im Leiter bewegen.

Wird an den Leiter eine **elektrische Quelle** angeschlossen, dann besteht im Leiter ein elektrisches Feld (Abb. 2). In diesem elektrischen Feld wird auf die frei beweglichen Elektronen eine Kraft ausgeübt. Dadurch bewegen sie sich vorzugsweise in eine Richtung (Abb. 2).

> **Elektrischer Strom in einem metallischen Leiter ist die gerichtete Bewegung von Elektronen in diesem Leiter.**

Die negativ geladenen Elektronen bewegen sich gerichtet vom Minuspol in Richtung Pluspol der elektrischen Quelle (Abb. 2, 3). Ihre Geschwindigkeit liegt bei etwa 1 mm/s.

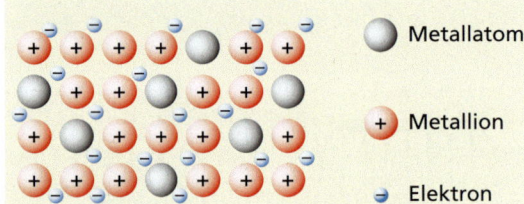

1 Metallischer Leiter ohne Vorhandensein eines elektrischen Felds

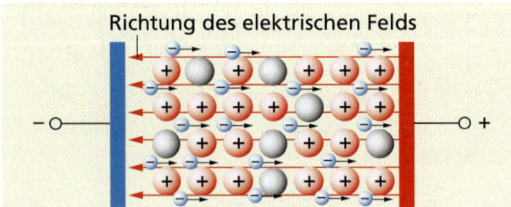

2 Bei Vorhandensein eines elektrischen Felds bewegen sich die Elektronen gerichtet.

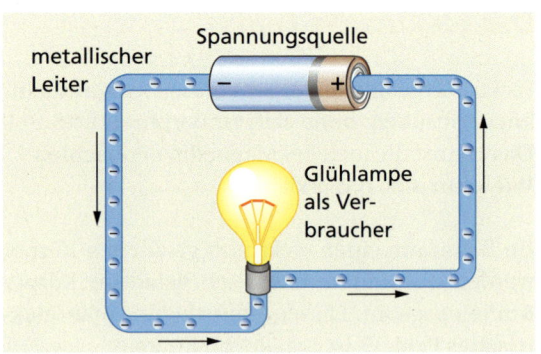

3 Modell eines Stromkreises: Elektronen bewegen sich im metallischen Leiter gerichtet.

Abb. 3 zeigt das Modell eines Stromkreises. Die elektrische Quelle bewirkt den **Antrieb der Elektronen** im Stromkreis. Ein Strom fließt nur dann, wenn der Stromkreis geschlossen ist. Vergleichbar ist der Stromfluss in einem geschlossenen Stromkreis mit einem Wasserstromkreis (↗ S. 97). Der Wasserstromkreis ist somit ein Modell für einen elektrischen Stromkreis. Aber beachte: Wie jedes Modell ist er eine Vereinfachung der Wirklichkeit und stimmt nur in einigen Merkmalen mit der Realität überein.

Wie man mithilfe dieses Modells Sachverhalte erklären kann, wird auf der folgenden Seite an einem Beispiel dargestellt.

Elektrischer Strom kann auch in anderen Stoffen fließen, zum Beispiel in Wasser, Luft, Halbleitern und sogar im Vakuum.

Wenn das der Fall sein soll, müssen immer folgende **Voraussetzungen** erfüllt sein:

1. Es müssen bewegliche Ladungsträger (z. B. Elektronen oder Ionen) vorhanden sein.
2. Es muss ein elektrisches Feld (eine elektrische Quelle) existieren, das die Ladungsträger antreibt.

Charakteristisch für den **Verlauf eines Leitungsvorgangs** ist dann:

1. Durch den Antrieb bewegen sich die Ladungsträger im elektrischen Stromkreis gerichtet.
2. Je stärker der Antrieb ist, desto mehr Ladungsträger bewegen sich in einer bestimmten Zeit durch den Leiterquerschnitt.
3. Die gerichtete Bewegung der Ladungsträger wird durch die Atome der Stoffe behindert.

Arbeiten mit Modellen

Mit Modellen können Sachverhalte veranschaulicht, erklärt oder vorausgesagt werden.

Schritt 1

Genaues Lesen der Aufgabenstellung
Erkläre mithilfe des Modells Wasserstromkreis, dass mit dem elektrischen Strom Energie transportiert wird.

Schritt 2

Darstellen des Sachverhalts
Was willst du mithilfe des Modells veranschaulichen, erklären bzw. voraussagen?

In einem geschlossenen elektrischen Stromkreis wird Energie von der Quelle zum Verbraucher transportiert.

Schritt 3

Auswählen des Modells und Anwenden auf den Sachverhalt
Konkretisiere allgemeine Aussagen des Modells und beziehe sie auf den Sachverhalt.

In einem geschlossenen Wasserstromkreis wird das Wasser durch eine Pumpe angetrieben (↗ Übersicht). Das Wasser fließt durch Rohrleitungen zu einem Wasserrad und setzt es in Bewegung.

Die Pumpe wandelt die elektrische Energie, die sie aus dem Stromnetz erhält, in Bewegungsenergie des Wassers und des Wasserrads um.
Das Wasser transportiert Energie zum Wasserrad.

Schritt 4

Anwenden des Modells
In einem geschlossenen Stromkreis werden Ladungen durch eine elektrische Quelle angetrieben (Übersicht). Die Ladungen fließen durch die Leitungen zu einer Lampe und bringen sie zum Leuchten. Die elektrische Quelle wandelt die chemische Energie der Batterie in elektrische Energie um und versetzt die Ladungen in den Leitungen in eine gerichtete Bewegung. In der Lampe wird elektrische Energie in Lichtenergie und thermische Energie umgewandelt.
Der elektrische Strom transportiert Energie zum Verbraucher.

Mit dem Modell Wasserstromkreis kannst du auch erklären, warum in einem geöffneten Stromkreis keine Energie zum Verbraucher transportiert wird. Wende die Schrittfolge an.
Finde durch den Vergleich der beiden Abbildungen in der Übersicht die Entsprechungen für Pumpe, Wasserrad, Ventil und Rohrleitungen. Das Modell ist auch geeignet, Voraussagen über den Stromfluss in unverzweigten und verzweigten Stromkreisen zu treffen (↗ S. 120).

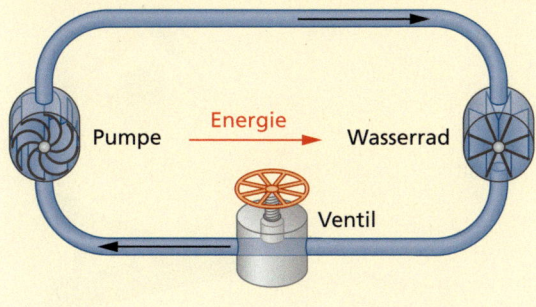

Modell Wasserstromkreis

Pumpe — Energie → Wasserrad — Ventil

Wasser transportiert Energie zum Wasserrad.

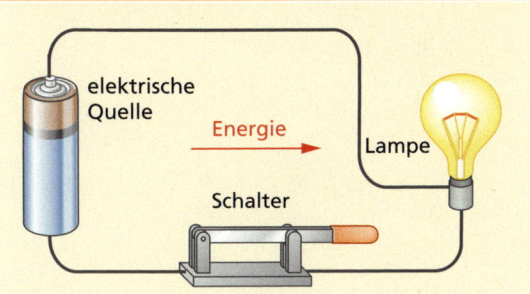

Elektrischer Stromkreis

elektrische Quelle — Energie → Lampe — Schalter

Elektrischer Strom transportiert Energie zur Lampe.

Bestandteile eines Stromkreises

In einem Stromkreis können sich verschiedene Geräte und Bauteile befinden, darunter **elektrische Verbraucher.** Das sind elektrische Geräte, in denen die verschiedenen Wirkungen des elektrischen Stroms genutzt werden. Durch sie wird die elektrische Energie vom Strom auf andere Energieträger übertragen.

Weitere Bauteile, die sich häufig in Stromkreisen befinden, sind **Glühlampen und Widerstände.**

Elektrische Stromkreise können in **Schaltplänen** vereinfacht und übersichtlich dargestellt werden. Dabei verwendet man für die einzelnen Bauteile **Schaltzeichen,** die international einheitlich festgelegt wurden.

Die Schaltzeichen einiger wichtiger Bauteile sind in der Übersicht rechts zusammengestellt.

Leiter und Isolatoren

Fast alle Metalle sind gute **elektrische Leiter.**

Körper aus Kupfer und Aluminium leiten den elektrischen Strom besonders gut. Sie werden deshalb vor allem für elektrische Leitungen eingesetzt.

Daneben gibt es auch viele **Nichtleiter** oder **Isolatoren.** Keramik, viele Kunststoffe (z.B. Plastik oder Lack), Glas, Gummi und nicht leuchtende Gase (z.B. Luft) sind Isolatoren. Sie werden deshalb z.B. zur Isolation von elektrischen Leitungen genutzt.

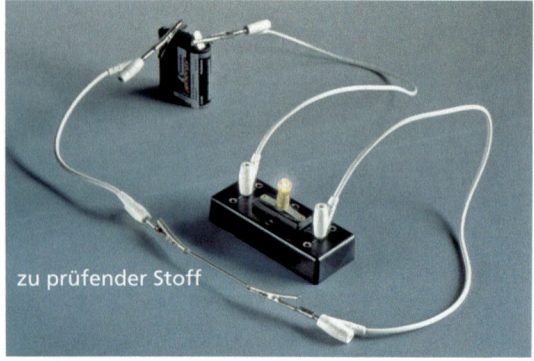

zu prüfender Stoff

1 Mit einer solchen Schaltung können Stoffe auf ihre elektrische Leitfähigkeit untersucht werden.

elektrische Quelle (allgemein) 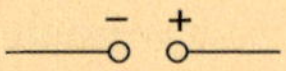 	
elektrische Quelle (Batterie)	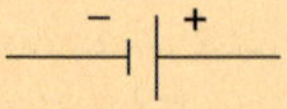
Glühlampe 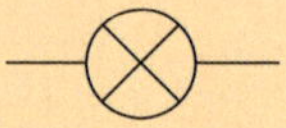 	
Elektromotor 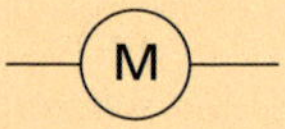 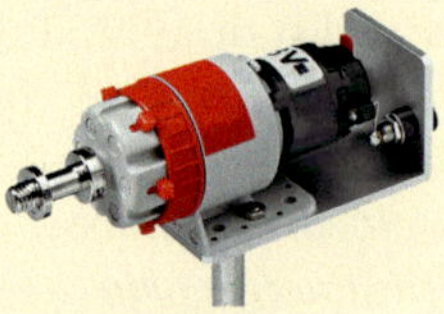	
Widerstand  	
Sicherung  	
Leitungen, Kabel — gekreuzt, ohne Verbindung 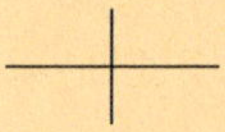 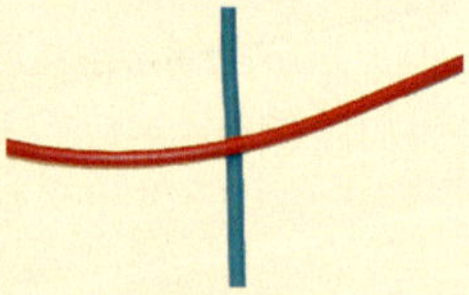	
Abzweig  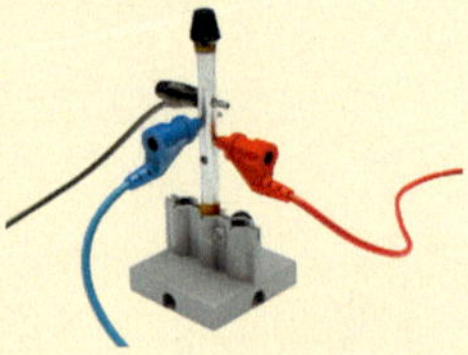	
Schalter: geöffnet  	
geschlossen	

Quellen elektrischer Energie

Elektrische Quellen, die du z. B. zum Experimentieren nutzt, werden auch als **Spannungsquellen** oder Stromquellen bezeichnet. Sie alle liefern elektrische Energie, die in andere Energieformen umgewandelt werden kann.

Wichtige elektrische Quellen sind **Batterien** und **Akkumulatoren** (Kurzform: Akkus) unterschiedlicher Bauart (Abb. 1). Gemeinsam ist ihnen, dass chemische Energie in elektrische Energie umgewandelt wird. Die Unterschiede bestehen darin, dass Akkumulatoren wieder aufladbar sind, Batterien dagegen nicht. In Handys, Fotoapparaten oder MP3-Playern werden Akkus genutzt, die mit Ladegeräten aufgeladen werden können.

Elektrische Energie kann man auch unmittelbar aus Lichtenergie gewinnen. Dazu werden Solarzellen genutzt, in denen Lichtenergie in elektrische Energie umgewandelt wird (Abb. 2b). Der größte Teil der elektrischen Energie wird in Kraftwerken aus verschiedenen Energieträgern gewonnen. In Deutschland sind gegenwärtig Steinkohle und Braunkohle, Kernbrennstoff und Erdgas die wichtigsten Energieträger für die Gewinnung von Elektroenergie.

Erneuerbare Energieträger spielen eine immer größere Rolle. Dazu gehören Energieträger, die nachwachsen, wie Holz und Biomasse, und Energieträger, die immer von Neuem nutzbar sind, wie Wasser, Wind und Sonnenstrahlung.

> **Elektrische Energie wird durch Umwandlung aus anderen Energieformen gewonnen.**

Gewusst · Gekonnt

1. Energie ist in Energieträgern gespeichert. Nenne einige Energieträger.

2. Mit dem jeweiligen Energieträger kann Energie auch transportiert werden. Zeichne jeweils die Energieumwandlungen für die Vorgänge in der Abbildung 2.

3. Elektrische Geräte, Maschinen und Anlagen sind Energiewandler. Welches sind die Energiewandler in der Abbildung 2?

4. Beschreibe die Energieumwandlung in einer Obstbatterie (↗ S. 88, Aufgabe 3). Skizziere diese Energieumwandlung.

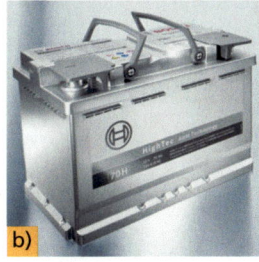
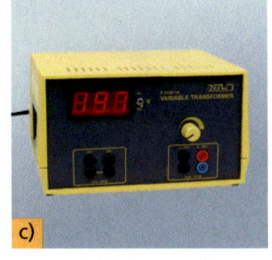

1 Batterien (a), Akkumulatoren (b) oder Stromversorgungsgeräte (c) sind Quellen elektrischer Energie.

2 In Geräten, Bauteilen und Anlagen wird Energie umgewandelt.

Wirkungen des elektrischen Stroms

Fließt elektrischer Strom durch elektrische Leiter oder elektrische Geräte, so kann er verschiedene Wirkungen hervorrufen. Die charakteristischen Wirkungen des elektrischen Stroms sind in der Übersicht unten an Beispielen dargestellt.

> **Elektrischer Strom kann eine Lichtwirkung, eine Wärmewirkung, eine chemische Wirkung oder eine magnetische Wirkung haben.**

Ob ein elektrischer Strom fließt oder nicht, kann man nur an seinen Wirkungen erkennen. Auch alle Nachweismöglichkeiten für Strom beruhen auf seinen Wirkungen.

> **Elektrischen Strom kann man nur an seinen Wirkungen erkennen.**

Die Wirkungen des Stroms werden auch bei den vielfältigen Anwendungen in der Technik und im Alltag genutzt. Glühlampen oder Leuchtstofflampen sind Beispiele für die Nutzung der Lichtwirkung. Die Wärmewirkung wird z. B. bei Elektroherden oder beim Föhn angewendet. Elektromagnete findet man in allen Elektromotoren oder als Lasthebemagnete. Zum Verchromen von Gegenständen nutzt man die chemische Wirkung des elektrischen Stroms.

Regeln für einen sicheren Umgang mit elektrischem Strom

■ Experimentiere niemals mit elektrischen Quellen, die eine Spannung von 25 V und mehr besitzen.
Beachte: Die Netzspannung beträgt 230 V und ist daher lebensgefährlich.

■ Berühre niemals die Pole einer Steckdose, blanke Leitungen oder Leitungen mit schadhafter Isolierung mit bloßen Händen, metallischen Gegenständen oder anderen Leitern, z. B. Bleistift- oder Kugelschreiberminen.

■ Schließe Geräte stets an die richtige elektrische Quelle an. Die Spannungen von elektrischer Quelle und Gerät müssen annähernd übereinstimmen.

■ Fasse Geräte, die an eine Steckdose angeschlossen sind, niemals mit feuchten oder gar nassen Händen an.

■ Ziehe Stecker niemals an den Leitungen aus der Steckdose, sondern stets am Stecker.

■ Baue Experimente nur bei ausgeschalteter elektrischer Quelle auf.

■ Schalte die elektrische Quelle erst dann ein, wenn deine Lehrerin bzw. dein Lehrer die Schaltung überprüft hat.

Elektrischer Strom kann unterschiedliche Wirkungen haben

Der elektrische Strom in einer Glühlampe kann Licht erzeugen.	Der elektrische Strom in einem Bügeleisen erwärmt die Heizplatte.	Der elektrische Strom macht aus der Spule einen Elektromagneten.	Mithilfe des elektrischen Stroms kann man einen metallischen Gegenstand verkupfern.
	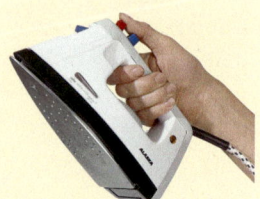	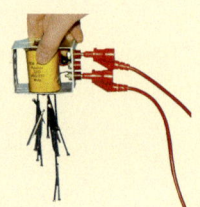	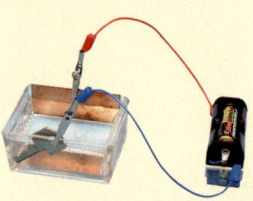
Der Strom hat eine Lichtwirkung.	Der Strom hat eine Wärmewirkung.	Der Strom hat eine magnetische Wirkung.	Der Strom hat eine chemische Wirkung.

Einfache Stromkreise

Damit ein elektrischer Strom fließen kann, muss ein geschlossener Stromkreis vorliegen. Im einfachsten Fall wird ein elektrisches Gerät, z. B. eine Glühlampe, mit einer elektrischen Quelle verbunden (Abb. 1).

Für viele Anwendungen müssen aber mehrere Geräte im Stromkreis zusammengeschaltet werden. Dafür gibt es verschiedene Möglichkeiten. Als Beispiel betrachten wir die Schaltung von zwei Glühlampen.

Diese Glühlampen können hintereinandergeschaltet sein (Abb. 2). Der Stromkreis ist **unverzweigt.** Eine solche Schaltung wird als **Reihenschaltung** bezeichnet.

Glühlampen können auch parallel zueinander geschaltet werden (Abb. 3). Der Stromkreis ist dann **verzweigt.** Eine solche Schaltung wird als **Parallelschaltung** bezeichnet.

Auch elektrische Quellen und andere Bauteile können in Reihe oder parallel geschaltet sein. Parallel- und Reihenschaltung können miteinander kombiniert sein, also in einer Schaltung vorhanden sein. Welche Schaltung der Bauteile man wählt, hängt von der jeweiligen Anwendung ab. Wenn in einem Haushalt mehrere Verbraucher (z. B. Lampen, Fernsehapparat, Computer) eingeschaltet sind, so sind diese Verbraucher parallel geschaltet. Bei Geräten wie CD-Player oder Taschenlampen sind die zum Betrieb erforderlichen Batterien in Reihe geschaltet. Eine solche Reihenschaltung liegt auch bei Lichterketten und bei der Weihnachtsbaumbeleuchtung vor.

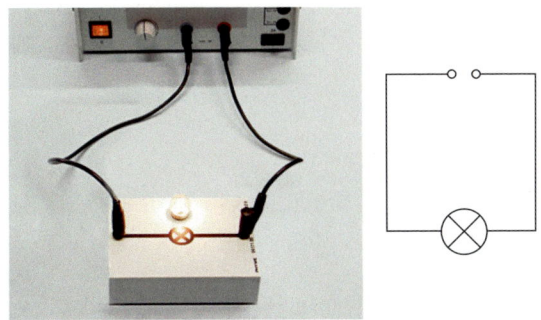

1 Einfacher Stromkreis mit einer Glühlampe

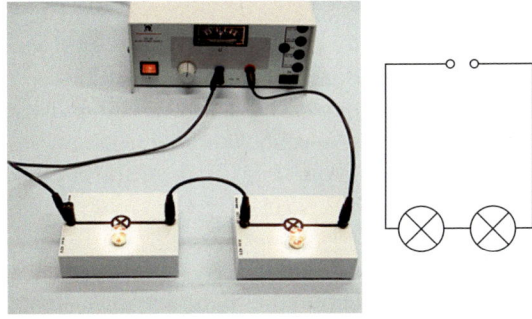

2 Reihenschaltung von Glühlampen (unverzweigt)

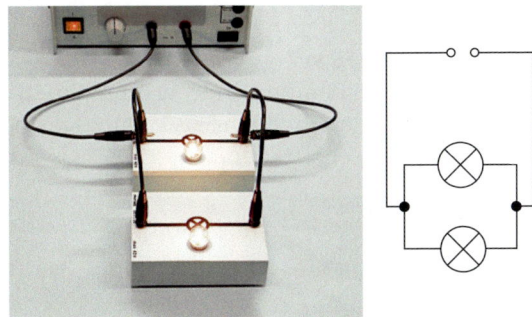

3 Parallelschaltung von Glühlampen (verzweigt)

Der Kurzschluss

Wenn der elektrische Strom z. B. durch eine schadhafte Isolierung die Möglichkeit hat, von einem Pol der elektrischen Quelle zum anderen Pol zu fließen, ohne durch den Verbraucher zu müssen, so wird er diesen Weg wählen. Man spricht dann von einem **Kurzschluss.**

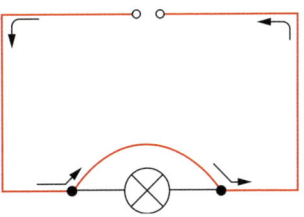

Da bei einem Kurzschluss kein Strom mehr durch den Verbraucher fließt, arbeitet dieser auch nicht mehr. Der elektrische Strom in den Leitungen und in der Quelle kann so groß werden, dass aufgrund der Wärmewirkung des elektrischen Stroms die Leitungen und die Quelle heiß werden. Dabei kann es zu einem Brand kommen. Manchmal können die Quelle oder die Leitungen auch zerstört werden.

Gewusst · Gekonnt

1. Geladener Glasstab – und das Tuch?
Wenn man einen Glasstab mit einem Tuch reibt, dann ist anschließend der Glasstab positiv geladen. Wie ist das Tuch geladen? Begründe.

2. Getrennte Ladungen
Nenne und erläutere Beispiele aus Natur, Technik und Alltag für die Ladungstrennung durch Reibung.

3. Ladungsanzeiger?
Führe es vor und begründe, warum die Anordnung in der Abbildung als Ladungsanzeiger genutzt werden kann.

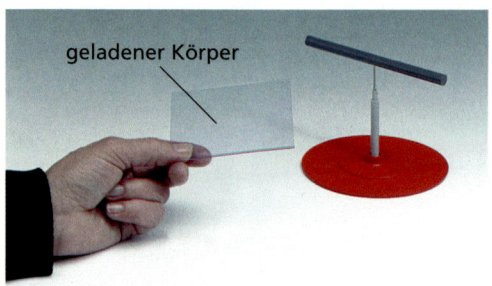

geladener Körper

4. Messgerät in Eigenbau
Baue ein Ladungsmessgerät und nutze es bei Experimenten. Den fertigen Aufbau zeigt die Abbildung.

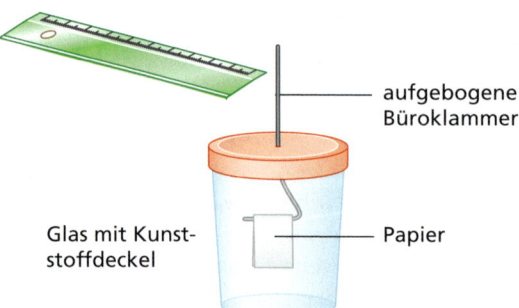

aufgebogene Büroklammer

Glas mit Kunststoffdeckel

Papier

Führe mit deinem Ladungsmessgerät Experimente durch. Beschreibe und erkläre die beobachteten Effekte. Diskutiert, wie man große und kleine Ladungen unterscheiden kann.

5. Störenfried Feuchtigkeit
Warum gelingen einige Ladungsversuche bei hoher Luftfeuchtigkeit nur sehr schlecht oder gar nicht?

6. Fernwirkung
Eine positiv geladene Kugel wird einem Elektroskop genähert (↗ Abb. rechts).

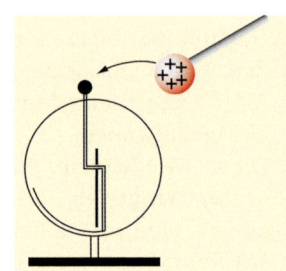

a) Was kann man beobachten, wenn man die Kugel nähert bzw. entfernt?
b) Erkläre die Beobachtung.
c) Sage voraus, was passieren wird, wenn man eine negativ geladene Kugel nähert.
d) Überprüfe deine Voraussage.

7. Schlagkräftig
Geht man eine Treppe hinunter, rutscht mit den Händen auf der Plastikoberfläche des Geländers entlang und berührt anschließend das Metallgeländer, so bekommt man manchmal einen elektrischen Schlag. Erkläre diese Erscheinung.

8. Das kannst du auch!
Lade einen Kamm durch Reiben auf. Probiere das Experiment (↗ Abb.) aus. Beschreibe und erkläre deine Beobachtungen.

9. Klebende Schnellhefter

Schnellhefter aus Kunststoff „kleben" manchmal regelrecht zusammen.
Wie ist diese Erscheinung zu erklären?

10. Eine geladene Kugel

Eine Kugel ist nach außen zunächst elektrisch neutral. Mithilfe eines Bandgenerators wird die Kugel aufgeladen. Dabei gehen $3,1 \cdot 10^{10}$ Elektronen auf die Kugel über.
a) Wie ist die Kugel dann geladen?
b) Wie groß ist die Ladung der Kugel?

11. Eine segensreiche Erfindung

Als Erfinder des Blitzableiters gilt der amerikanische Staatsmann und Naturforscher BENJAMIN FRANKLIN (1706–1790).
a) Informiere dich über Leben und Wirken von B. Franklin. Nutze dazu z. B. das Internet.
b) Begründe Regeln für das Verhalten bei Gewittern im Freien (↗ S. 93).

12. Was bedeutet Amperestunde (Ah)?

Batterien und Akkumulatoren sind Energie- und Ladungsspeicher. So gibt es beispielsweise Autobatterien mit den Angaben 12 V/70 Ah. Auch auf Kleinakkus findet man entsprechende Angaben.
a) Was bedeuten die Angaben?
b) Erkunde, bei welchen weiteren Geräten Akkumulatoren verwendet werden und welche Ladung in diesen Akkumulatoren gespeichert werden kann.

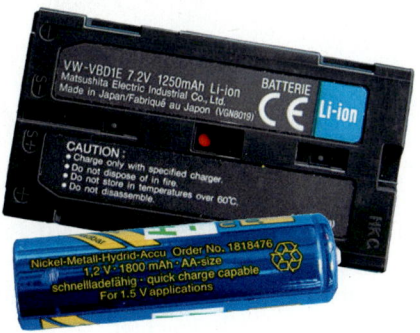

13. Ein Feldlinienbild

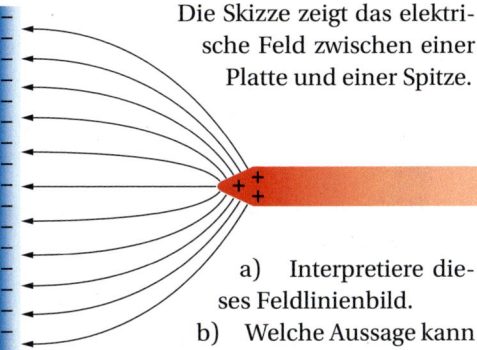

Die Skizze zeigt das elektrische Feld zwischen einer Platte und einer Spitze.

a) Interpretiere dieses Feldlinienbild.
b) Welche Aussage kann man aus dem Feldlinienbild über die Stärke des Felds in der Nähe der Spitze bzw. der Platte treffen? Begründe.

14. Feld und Feldlinienbild

Worin besteht der Unterschied zwischen einem elektrischen Feld und dem Feldlinienbild dieses Felds?

15. Vieles strömt

Benenne in den folgenden Aussagen, was strömt. Wie kann man feststellen, wie groß der jeweilige Strom ist?
a) Der Verkehrsstrom auf der Autobahn A 4 reißt nicht ab.
b) Riesige Wassermassen strömten in der Werra in Richtung Meiningen.
c) Zu einer Sportveranstaltung im Erfurter Stadion strömen zahlreiche Zuschauer aus nah und fern.
d) Beim Klingelzeichen strömen alle auf den Schulhof.

16. Eine intakte Fahrradbeleuchtung

Bei einer Fahrradbeleuchtung führt nur ein Draht zum Scheinwerfer und zum Rücklicht.
a) Warum leuchten die Lampen trotzdem, wenn der Dynamo in Betrieb ist?
b) Zeichne einen Schaltplan für die Beleuchtungsanlage eines Fahrrads.
c) Was passiert, wenn die Isolierung eines Kabels an einer Stelle durchgescheuert ist und am Rahmen anliegt? Begründe.

Gewusst · Gekonnt

17. Stromwirkungen

In den Abbildungen sind verschiedene Geräte bzw. Bauteile dargestellt. Gib für jedes Gerät an, welche Wirkungen des elektrischen Stroms genutzt werden.

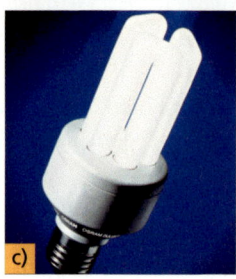

18. Schmelzsicherungen

In vielen elektrischen Stromkreisen befinden sich Sicherungen, um Schäden zu vermeiden. Die Abbildungen zeigen eine Schmelzsicherung (a) und deren Aufbau (b).

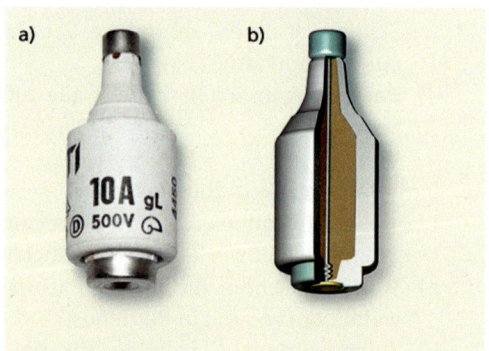

Erkunde, wie eine solche Schmelzsicherung funktioniert und welche Wirkung des elektrischen Stroms dabei genutzt wird. Erkunde, was die Angaben (Abb. links) bedeuten?

19. Sicherheit durch Regeln

Bewertet die Sicherheitsregel: Sicherungen dürfen auf keinen Fall geflickt oder überbrückt werden.

20. Unterschiedliche Helligkeit

Wie kannst du erreichen, dass eine Lampe in einem Stromkreis mal schwach, dann sehr hell leuchtet?

21. Verschiedene Schaltungen

Zwei Glühlampen sind an eine elektrische Quelle angeschlossen (Abb. a, b). Was passiert, wenn jeweils eine der beiden Lampen aus der Fassung geschraubt wird? Begründe.

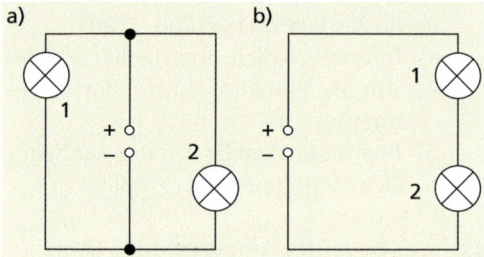

22. Eine Wechselschaltung

In einem langen Flur möchte man die Beleuchtung an verschiedenen Stellen ein- und ausschalten können. Dazu wird eine Wechselschaltung genutzt.

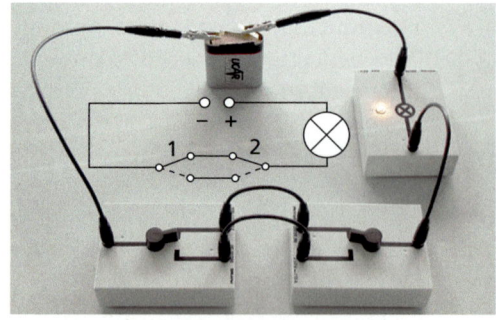

a) Baue eine solche Schaltung auf. Probiere sie aus.

b) Zeichne die Schaltung für den Fall, dass die Lampe nicht leuchtet.

Elektrische Ladung und elektrischer Strom

■ Körper können elektrisch neutral, positiv oder negativ geladen sein.

elektrisch neutral

■ Bei negativ geladenen Körpern herrscht **Elektronenüberschuss.**

■ Bei positiv geladenen Körpern herrscht **Elektronenmangel.**

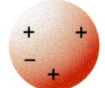

negativ geladen

■ Die **elektrische Ladung** eines Körpers gibt an, wie groß sein Elektronenüberschuss oder sein Elektronenmangel ist.

positiv geladen

■ Zwischen geladenen Körpern wirken anziehende oder abstoßende Kräfte. Der Betrag der Kraft hängt von der Größe der Ladungen und ihrem Abstand voneinander ab.

Gleichnamig geladene Körper stoßen einander ab.	Ungleichnamig geladene Körper ziehen einander an.
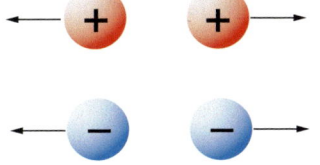	

■ Zwischen unterschiedlich geladenen Körpern kann durch elektrische Überschläge (Blitze, elektrische Schläge) oder durch eine leitende Verbindung (Kabel) eine Übertragung von Ladungen und damit ein Ladungsausgleich erfolgen.

■ Ein **elektrisches Feld** existiert im Raum um elektrisch geladene Körper, in dem auf andere elektrisch geladene Körper Kräfte ausgeübt werden.

■ Ein **Feldlinienbild** ist ein **Modell** für ein real existierendes elektrisches Feld.

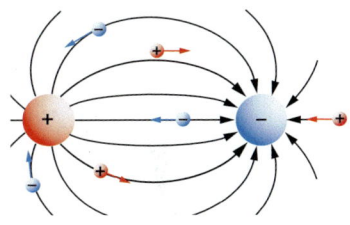

■ Unter einem **elektrischen Strom** versteht man die gerichtete Bewegung von Ladungsträgern (Elektronen, Ionen).
Mit dem Strom wird Energie transportiert.
Elektrischer Strom ist nur an seinen Wirkungen erkennbar.

Leiterquerschnitt

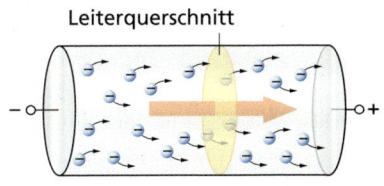

2.2 Größen der Elektrizität

1 Unterschiedliche Stromstärken

Bei modernen Elektroherden lassen sich mehrere Heizplatten in unterschiedlichen Heizstufen betreiben.
Finde heraus: Welche Größen ändern sich, wenn du eine Heizstufe herunterschaltest? Wie groß ist die Stärke des Stroms bei einer Heizplatte?

2

Auf die Spannung kommt es an

Die Helligkeit einer Glühlampe lässt sich mit einem Dimmer verändern. Erkunde, was man unter einem Dimmer versteht. Welche Größe der Elektrizität wird bei Betätigung eines Dimmers verändert? Wie groß ist die Netzspannung im Haushalt?

3 Wer leistet Widerstand?

Mit Hochspannungsleitungen wird elektrische Energie vom Kraftwerk zu den Verbrauchern übertragen. Der Widerstand der Leitungen soll gering sein. Was bedeutet „Widerstand" in der Umgangssprache? Was meinen die Physiker mit „Widerstand"?

4 Glühlampe oder Leuchtstofflampe

Für die Wohnungsbeleuchtung gibt es unterschiedliche Möglichkeiten. Statt einer Glühlampe kann man eine Leuchtstofflampe nutzen.
Worin unterscheiden sich diese Lampen? Welche Lampe benötigt bei gleicher Helligkeit weniger Energie?

Die elektrische Stromstärke

Die Wirkungen des elektrischen Stroms sind u. a. abhängig von der Stärke des Stroms, der durch einen Leiter oder ein Bauteil fließt. So leuchtet eine Lampe mehr oder weniger hell, je nachdem, wie groß der elektrische Strom ist, der durch die Glühlampe fließt. Eine Heizwendel gibt umso mehr Wärme ab, je größer die Stromstärke ist.
Auch im Alltag spricht man von Stromstärke, z. B. im Zusammenhang mit Wasserströmungen, Verkehrs- oder Fußgängerströmen. Die Stärke einer Wasserströmung ist umso größer, je mehr Wasser je Sekunde durch den Rohrquerschnitt fließt. Ein Fußgängerstrom ist umso stärker, je mehr Fußgänger eine bestimmte Stelle passieren.

Beim elektrischen Strom bewegen sich Elektronen durch einen metallischen Leiter. Die Stärke dieses Elektronenstroms wird durch die physikalische Größe **elektrische Stromstärke** beschrieben. Allgemein gilt:

> **Die elektrische Stromstärke gibt an, wie viele Ladungsträger (z. B. Elektronen) sich in jeder Sekunde durch den Querschnitt eines elektrischen Leiters bewegen.**
>
> **Formelzeichen:** I
> **Einheit:** ein Ampere (1 A)

Die Einheit 1 A ist nach dem Franzosen ANDRÉ MARIE AMPÈRE (1775–1836) benannt. AMPÈRE war als Physiker und Mathematiker tätig. In der Physik befasste er sich vor allem mit den magnetischen Wirkungen elektrischer Ströme.

Teile der Einheit 1 A sind ein Milliampere (1 mA) und ein Mikroampere (1 µA):

$$1\,A = 1\,000\,mA = 1\,000\,000\,µA$$
$$1\,mA = 1\,000\,µA$$

Bei einer Stromstärke von einem Ampere (1 A) bewegen sich etwa $6 \cdot 10^{18}$ Elektronen in jeder Sekunde durch den Leiterquerschnitt. Die Geschwindigkeit der Elektronen bei ihrer gerichteten Bewegung ist sehr gering und beträgt in

Elektrische Stromstärken in Natur und Technik	
Fotozelle	10 µA
Radio (batteriebetrieben)	10 mA
lebensgefährliche Stromstärke	> 25 mA
11-W-Energiesparlampe	0,05 A
Glühlampe einer Taschenlampe	0,2 A
60-W-Glühlampe (bei 230 V)	0,26 A
Bügeleisen	5 A
Elektrolokomotive	300 A
Elektroschweißgerät	500 A
Blitz	bis 100 000 A

metallischen Leitern nur etwa $1\,\frac{mm}{s}$. Die elektrische Stromstärke wird mit **Stromstärkemessern (Amperemetern)** gemessen (Abb. 1, 2).

> **Ein Stromstärkemesser wird immer in Reihe zu dem Gerät geschaltet, bei dem die Stromstärke gemessen werden soll.**

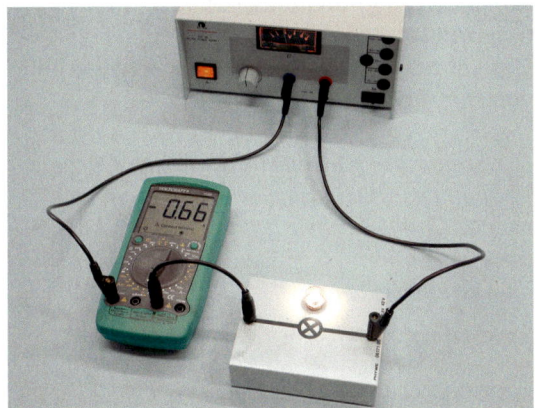

1 Messung der elektrischen Stromstärke in einem Stromkreis mit einer Glühlampe

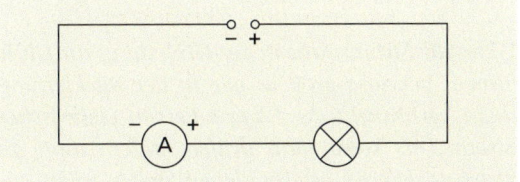

2 Schaltplan für Stromkreis mit Stromstärkemesser

Anwenden der experimentellen Methode

Bei der experimentellen Methode wird das Experiment als „Frage an die Natur" eingesetzt. So kannst du zu neuen Erkenntnissen gelangen. Ausgangspunkt kann eine interessante Beobachtung sein, die du in der Natur, im Alltag oder bei einem Versuch registriert hast. Du wüsstest gern, was dahintersteckt? So kannst du vorgehen (Abb. 1):

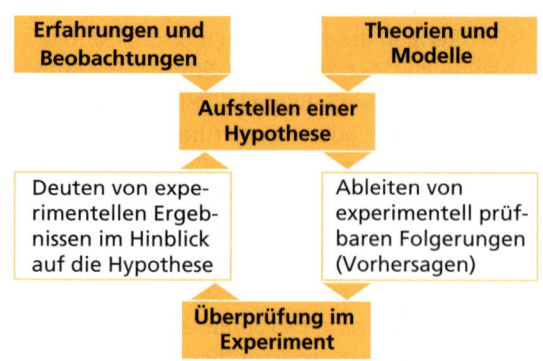

1 Die experimentelle Methode im Überblick

Schritt 1

Formulieren einer Frage oder eines Problems
Welche Frage ergibt sich aus deinen Erfahrungen oder Beobachtungen?

Im Alltag spricht man oft von Stromverbrauch. Ist das auch bei einer Glühlampe der Fall? Wie kann man zeigen, ob der elektrische Strom auf seinem Weg durch einen Stromkreis mit Glühlampe verbraucht wird oder nicht?

Schritt 2

Aufstellen einer begründeten Vermutung (Hypothese)
Was könnte die Ursache des beobachteten Phänomens sein?

Der Strom, der von einer elektrischen Quelle zur Glühlampe fließt, muss gleich dem Strom sein, der von der Glühlampe wieder zur elektrischen Quelle zurückfließt, weil keine Elektronen dazukommen oder verloren gehen.

Schritt 3

Ableiten experimentell prüfbarer Folgerungen
Wie kannst du die Hypothese experimentell überprüfen?

Wenn die Stromstärke in der Hinleitung zur Glühlampe genauso groß ist wie in der Rückleitung, dann verbraucht die Lampe keinen elektrischen Strom. Das kann man prüfen, indem man die Stromstärken an verschiedenen Stellen misst und vergleicht (Schaltungen in Abb. rechts).

Schritt 4

Planen und Durchführen des Experiments
Arbeite nach deinem Plan. Halte die Ergebnisse in einem Protokoll fest.
Schaltplan:

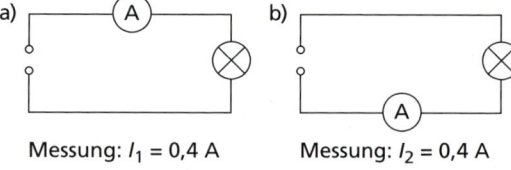

Messung: $I_1 = 0{,}4$ A   Messung: $I_2 = 0{,}4$ A

Schritt 5

Vergleichen der Versuchsergebnisse mit der Hypothese
Stimmen die Vermutung und die Ergebnisse des Experiments überein, dann ist der Wahrheitsgehalt der Hypothese groß. Sonst weiter zu Schritt 6.

Die Stromstärken stimmen überein. Die Hypothese kann bestätigt werden.

Schritt 6

Ableiten einer neuen Hypothese
Hat das Ergebnis des Experiments deine Hypothese widerlegt, überlege erneut, was die Ursache des untersuchten Phänomens sein könnte, und wiederhole die Schritte 3 bis 5 (Abb. 1).

Die elektrische Spannung

Damit sich Ladungen in einem elektrischen Stromkreis gerichtet bewegen, müssen Kräfte auf sie wirken. Diese Kräfte entstehen dadurch, dass ein elektrischer Leiter an eine elektrische Quelle angeschlossen wird. Man sagt auch: Die elektrische Quelle besitzt eine elektrische Spannung und treibt die elektrischen Ladungen und damit den elektrischen Strom an.

Verschiedene elektrische Quellen können den elektrischen Strom unterschiedlich stark antreiben. Dadurch werden auch die Wirkungen des elektrischen Stroms beeinflusst. Die Stärke des Antriebs wird durch die physikalische Größe **elektrische Spannung** beschrieben.

> **Die elektrische Spannung gibt an, wie stark der Antrieb des elektrischen Stroms ist.**
>
> **Formelzeichen:** U
> **Einheit:** ein Volt (1 V)

Die Einheit 1 V ist nach dem italienischen Forscher ALESSANDRO VOLTA (1745 – 1827) benannt, der viele elektrische Erscheinungen erforscht hat. VOLTA konstruierte um 1800 die ersten brauchbaren Spannungsquellen (↗ S. 111). Er erfand auch den Vorläufer unserer heutigen Batterien.

Vielfaches der Einheit 1 V ist ein Kilovolt (1 kV):

  1 kV = 1 000 V

Teil der Einheit 1 V ist ein Millivolt (1 mV):

  1 V = 1 000 mV

Die elektrische Spannung wird mit **Spannungsmessern (Voltmetern)** gemessen (Abb. 1). Die Spannung kann sowohl an der elektrischen Quelle als auch am Gerät gemessen werden. Dabei ist zu beachten: Eine Spannung liegt immer zwischen zwei verschiedenen Punkten eines Stromkreises.

> **Ein Spannungsmesser wird immer parallel zu dem Gerät oder Bauteil geschaltet, an dem die Spannung gemessen werden soll.**

Bei Verwendung von Gleichstrom ist auf die richtige Polung zu achten (Abb. 1).

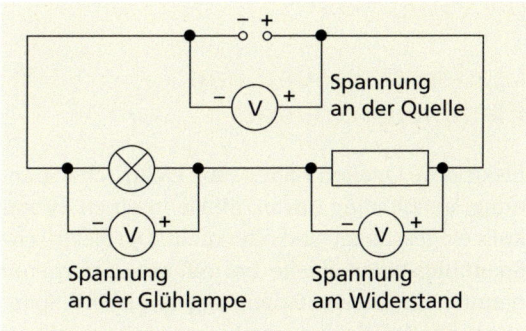

1 Spannungsmesser werden parallel geschaltet.

Elektrische Spannungen in Natur und Technik	
Körperzellen des Menschen	0,07 V
Monozelle, Mignonzelle	1,5 V
Akkumulator (Handy)	≈ 3,5 V
Fahrraddynamo	6 V
Autobatterie	12 V
Haushaltssteckdose	230 V
Straßenbahn	500 V
Zitteraal	bis 800 V
Elektrolokomotive	15 kV
Generator im Kraftwerk	20 kV
Überlandleitung	bis 380 kV
zwischen Wolken und Erde (Gewitter)	bis 10^9 V

Gewusst · Gekonnt

1. Wiederhole aus dem bisherigen Physikunterricht: Was bedeutet Reihenschaltung, was Parallelschaltung? Welche Bedeutung haben die Schaltzeichen in Abbildung 1?

2. Zeichne einen Stromkreis mit Schalter und elektrischer Quelle, in dem zwei Lampen
   a) in Reihe und
   b) parallel geschaltet sind.

3. Erkunde, mit welcher Spannung der Strom in deinem Handy bzw. Smartphone angetrieben wird.

Physik im Alltag

Leerlaufspannung und Klemmenspannung

Elektrische Quellen haben eine elektrische Spannung, unabhängig davon, ob sie in einen Stromkreis eingeschaltet sind oder nicht. Die elektrische Spannung einer Quelle bei offenem Stromkreis nennt man **Leerlaufspannung** (U_L). Die Spannung der Quelle bei geschlossenem Stromkreis heißt **Klemmenspannung** (U_K oder U).

Miss die Leerlaufspannung und die Klemmenspannung von elektrischen Quellen. Vergleiche die beiden Werte für die jeweilige Quelle miteinander. Wende die Schrittfolge für das Experimentieren an (↗ S. 17).

Vorbereitung:
Um die Aufgabe zu lösen, werden Leerlauf- und Klemmenspannung für verschiedene elektrische Quellen gemessen und miteinander verglichen. Als Bauteil wird ein elektrischer Widerstand verwendet.

Schaltplan:

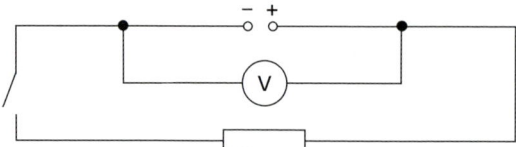

Durchführung und Beobachtung:
Die Experimentieranordnung wird nach dem Schaltplan aufgebaut (Abb. 1). Die Messwerte werden aufgenommen und in die Messwertetabelle eingetragen (↗ Tabelle unten).

Auswertung:
Im Experiment sind die Klemmenspannungen stets kleiner als die Leerlaufspannungen.

Elektrische Quelle	U_L in V	U_K in V
Monozelle	1,5	1,3
Flachbatterie	4,5	4,0
Stromversorgungsgerät	8,0	7,5

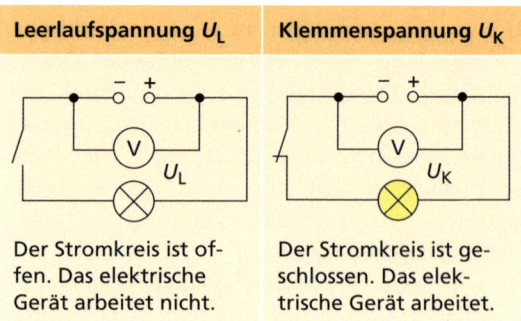

Leerlaufspannung U_L	Klemmenspannung U_K
Der Stromkreis ist offen. Das elektrische Gerät arbeitet nicht.	Der Stromkreis ist geschlossen. Das elektrische Gerät arbeitet.

Weitere Untersuchungen haben ergeben:

Die Klemmenspannung einer elektrischen Quelle ist stets kleiner als die Leerlaufspannung:

$$U_K < U_L$$

Dies ist damit zu erklären, dass die Spannung einer elektrischen Quelle nicht nur den elektrischen Strom durch das elektrische Gerät antreiben muss, sondern auch den Strom durch die elektrische Quelle selbst. Wie du bereits weißt, haben elektrische Geräte eine bestimmte **Nennspannung,** auch **Betriebsspannung** genannt, bei der die gewünschte Wirkung des elektrischen Stroms am besten umgesetzt wird. Diese Betriebsspannung soll mit der Leerlaufspannung der elektrischen Quelle übereinstimmen.

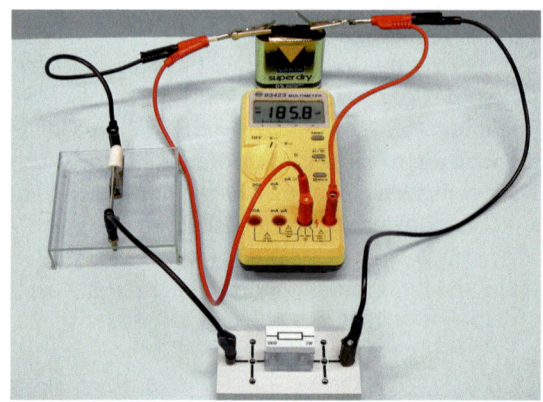

1 Experimentieranordnung zur Messung von Leerlaufspannung und Klemmenspannung

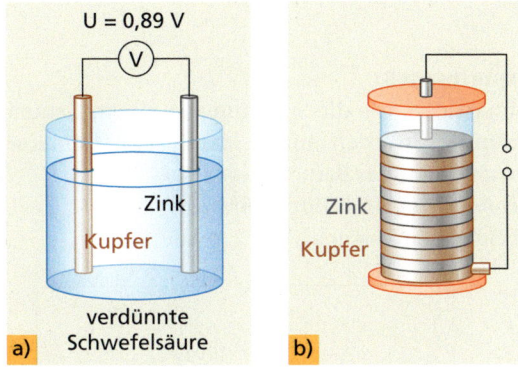

U = 0,89 V

a) Zink | Kupfer | verdünnte Schwefelsäure

b) Zink | Kupfer

1 Volta-Element (a) und voltasche Säule (b)

Auf den Spuren von Volta

ALESSANDRO VOLTA entdeckte 1794, dass für das Zustandekommen von elektrischen Strömen zwei verschiedene Leiter und eine leitende Flüssigkeit erforderlich sind. Das Prinzip der **Monozelle** bzw. der **Batterie** war gefunden worden (Abb. 1a). VOLTA erreichte mit den Metallen Kupfer und Zink sowie verdünnter Schwefelsäure als leitender Flüssigkeit besonders große Spannungen. Mit Anordnungen, die nach ihm voltasche Säule genannt werden, konnten Spannungen von 50 bis 100 V erzeugt werden (Abb. 1b).

Verbindet man Kupfer und Zink leitend, die sich in verdünnter Schwefelsäure befinden, dann reagieren sie mit der Säure. Dabei werden unterschiedlich viele Elektronen in den Metallen zurückgelassen. Die Zinkplatte hat Elektronenüberschuss und wird zum Minuspol, die Kupferplatte zum Pluspol. Zwischen ihnen besteht eine Spannung (Abb. 1a).

Bei einer **Zink-Kohle-Batterie** dient der Metallbecher aus Zink als negative Elektrode und der Kohlestab, der in der Mitte des Elektrolyten steckt, als positive Elektrode. Diese Batterie liefert eine Spannung von 1,5 V. In einer Batterie wird durch Ladungstrennung elektrische Energie gespeichert. Die Spannung zeigt damit die gespeicherte

- Kohlestab
- Heißbitumen
- Pappscheibe
- Braunsteinmasse
- Zinkbecher
- Isolierhülse mit Bodendeckel

Energie an. Beim Anschluss eines Geräts wird diese Energie in andere Formen umgewandelt. Durch den Stromfluss zersetzen sich die Elektroden im Laufe der Zeit. Sie können keine Elektronen mehr antreiben. Die zuvor in der Batterie gespeicherte Energie ist „verbraucht" worden.

Bei der **Reihenschaltung** von Quellen werden die Elektronen jeder Quelle erneut angetrieben. Bei einer Flachbatterie erhalten sie so einen dreifachen Antrieb. Die Gesamtspannung beträgt 4,5 V. Bei **Parallelschaltung** gleicher Quellen werden die Elektronen nur mit der Spannung einer der Quellen angetrieben. Insgesamt ist aber in den parallel geschalteten Quellen mehr Energie gespeichert als in nur einer. Ein Gerät kann länger betrieben werden.

> Bei einer Reihenschaltung von Spannungsquellen addieren sich die Einzelspannungen zur Gesamtspannung.
>
> $U = U_1 + U_2 + U_3 + \dots$
>
> Bei einer Parallelschaltung von Spannungsquellen ist die Gesamtspannung gleich der Einzelspannung einer Batterie.

Im Unterschied zu Akkumulatoren können Batterien nicht wieder aufgeladen werden. **Verbrauchte Batterien sind Sondermüll und müssen entsprechend entsorgt werden.**

Gewusst · Gekonnt

1. Baue ein Volta-Element (Abb. 1a).
   Verwende Kupfer und Zink als Metalle und Salzwasser als leitende Flüssigkeit.
   Wie groß ist die Spannung zwischen den beiden Metallen?
   Lass die Anordnung eine Zeit lang stehen. Lies die Spannung nach 5, 10, 20 und 30 Minuten ab. Deute die Messergebnisse.

2. Begründe, warum bei einer Flachbatterie die Spannung 4,5 V beträgt.

Ladung, Stromstärke und Spannung

Beachte bei den folgenden Experimenten unbedingt, dass die Maximalspannung den Wert von 25 V nicht übersteigen darf. Wiederhole die Regeln beim Umgang mit elektrischem Strom (↗ S. 100).

Experiment 1

Bestimme die Leerlaufspannung an verschiedenen elektrischen Quellen.

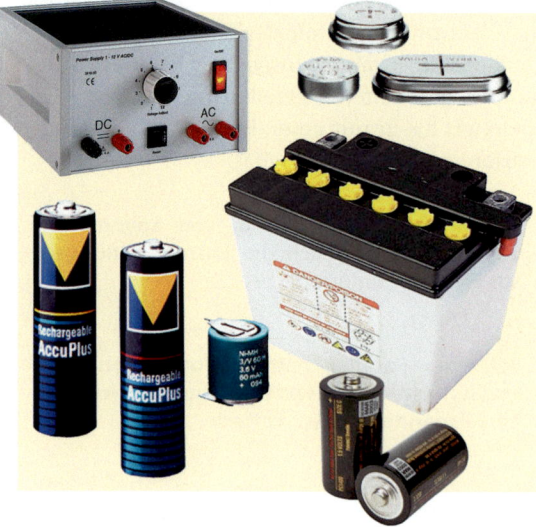

Experiment 2

Bestimme die Spannung und Stromstärke an verschiedenen Bauteilen und ermittle die Ladung, die durch einen Leiterquerschnitt fließt.

Durchführung:

a) Baue die Schaltung nach folgendem Schaltplan auf:

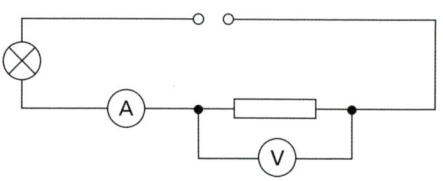

b) Miss die Stromstärke und die Spannung an Widerstand und Glühlampe.

Auswertung:

Wie groß ist die Ladung, die in einer Minute durch den Leiterquerschnitt fließt?

Experiment 3

Untersuche, wie die Spannung an einem Bauteil verändert werden muss, damit ein kleinerer Strom durch das Bauteil fließt.

Beobachtung und Durchführung:

a) Baue den Versuch auf.

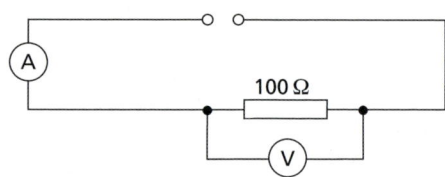

b) Regle an der elektrischen Quelle die Spannung, bis das Voltmeter 1,0 V anzeigt. Miss die Stromstärke.

c) Regle an der elektrischen Quelle die Spannung, bis das Amperemeter einen Wert von 5 mA anzeigt. Miss die Spannung.

Auswertung:

Deute die Messergebnisse und formuliere ein Ergebnis.

Experiment 4

Untersuche den Zusammenhang zwischen Spannung und Stromstärke an zwei verschiedenen Widerständen.

Vorbereitung:

a) Wiederhole die Schritte beim Experimentieren und Protokollieren und wende sie an (↗ S. 17).

b) Plane den Versuch (Messwertetabelle, Schaltung).

c) Überlege, wie du die Spannung schrittweise ändern kannst.

Durchführung und Beobachtung:

a) Baue die Schaltung auf.

b) Nimm jeweils fünf Messwertepaare für Spannung und Stromstärke auf.

Auswertung:

a) Stelle die Messwertepaare für beide Widerstände in einem U-I-Diagramm grafisch dar.

b) Welcher Zusammenhang besteht zwischen Spannung und Stromstärke?

c) Vergleiche den Verlauf der beiden Graphen.

Zusammenhang zwischen Spannung und Stromstärke

In deinen Untersuchungen (↗ S. 112) konntest du feststellen:

Je größer die elektrische Spannung in einem Stromkreis ist, desto größer ist der Antrieb des elektrischen Stroms. Damit bewegen sich insgesamt mehr Elektronen je Zeiteinheit durch den Querschnitt eines Leiters. Die elektrische Stromstärke steigt. So leuchtet z. B. eine Glühlampe heller, wenn sie an eine stärkere elektrische Quelle angeschlossen wird.

Der Zusammenhang zwischen Stromstärke und Spannung wurde von dem deutschen Forscher GEORG SIMON OHM (1789–1854) entdeckt und ist im **ohmschen Gesetz** beschrieben.

> **Für alle metallischen Leiter gilt unter der Bedingung, dass die Temperatur konstant ist:**
>
> $I \sim U$

Die direkte Proportionalität zwischen Stromstärke und anliegender Spannung bedeutet: Mit Vergrößerung der Spannung U wächst auch die Stromstärke I in gleichem Maße. Die Aussage $I \sim U$ ist gleichbedeutend mit der Formulierung

$$\frac{U}{I} = \text{konstant, wenn } \vartheta = \text{konstant.}$$

Stellt man die Messwerte für Stromstärke und Spannung für einen metallischen Leiter bei konstanter Temperatur in einem Diagramm dar, dann erhält man eine Gerade, die durch den Ursprung des Koordinatensystems verläuft (Abb. 1).

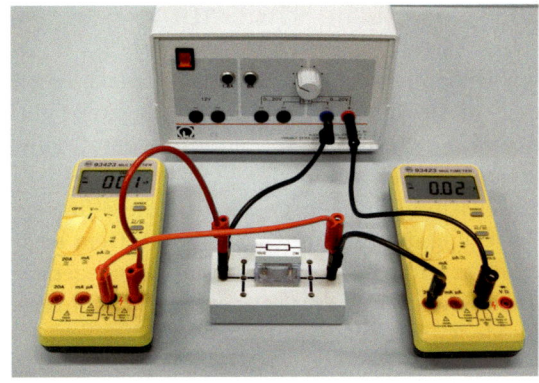

2 Messung von Stromstärke und Spannung an einem elektrischen Widerstand

Der Verlauf des Graphen in dem Diagramm kennzeichnet das elektrische Verhalten des jeweiligen Bauteils. Man spricht auch von einer **Kennlinie.**

Das ohmsche Gesetz gilt nur unter der Bedingung, dass die Temperatur konstant bleibt. Es gilt auch für Konstantandraht. Konstantan ist eine Legierung aus 54 % Kupfer, 45 % Nickel und 1 % Mangan. Es hat die Eigenschaft, dass sein Widerstand weitgehend temperaturunabhängig ist.

Die **Gültigkeitsbedingung** ϑ = konstant für das ohmsche Gesetz ist aber nicht immer erfüllt. Erhöht man beispielsweise die Spannung, die an einer Glühlampe (Metallfadenlampe) anliegt, dann steigt mit der Stromstärke die Temperatur des Glühfadens. Es gilt nicht mehr $I \sim U$.

Die Kennlinie der Metallfadenlampe ist keine Gerade (Abb. 3), weil die Stromstärke nicht in gleichem Maße wie die Spannung wächst, sondern langsamer ansteigt.

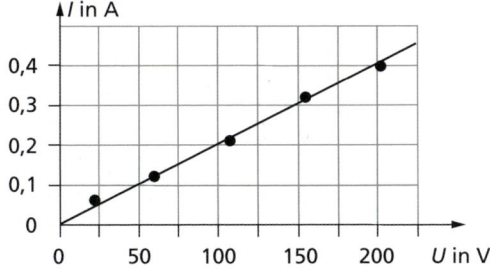

1 Kennlinie eines Konstantandrahts (ϑ = konstant)

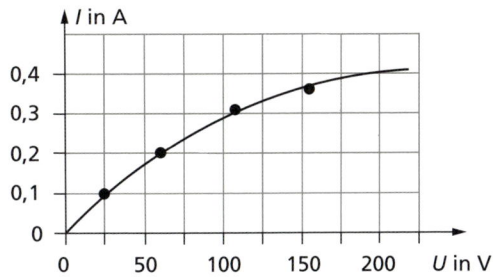

3 Kennlinie einer Metallfadenlampe ($\vartheta \neq$ konstant)

Der elektrische Widerstand

Wir wissen bereits: Verschiedene Bauteile leiten den elektrischen Strom unterschiedlich gut. Bewegen sich die Elektronen durch den Stromkreis, so stoßen sie mit den Metallionen des Leiters zusammen. Infolgedessen wird die gerichtete Bewegung der Elektronen behindert. Dem elektrischen Strom wird ein **Widerstand** entgegengesetzt. Er ist charakteristisch für einen Leiter bzw. für ein Bauteil.

> Der elektrische Widerstand eines Bauteils gibt an, wie stark der elektrische Strom in ihm behindert wird.
>
> Formelzeichen: R
> Einheit: ein Ohm $(1\,\Omega)$

Vielfache der Einheit $1\,\Omega$ sind ein Kiloohm $(1\,\text{k}\Omega)$ und ein Megaohm $(1\,\text{M}\Omega)$:

$$1\,\text{k}\Omega = 1\,000\,\Omega$$
$$1\,\text{M}\Omega = 1\,000\,\text{k}\Omega = 1\,000\,000\,\Omega$$

Legt man an ein Bauteil eine Spannung U an, dann fließt ein Strom der Stärke I. Je größer der elektrische Widerstand des Bauteils ist, desto kleiner ist bei bestimmter Spannung die Stromstärke. Der Quotient $\frac{U}{I}$ ist somit ein Maß für den elektrischen Widerstand R. Deshalb wird der elektrische Widerstand so definiert:

> Der elektrische Widerstand R eines Bauteils ist der Quotient aus der anliegenden Spannung U und der Stromstärke I:
>
> $$R = \frac{U}{I}$$

Daraus ergibt sich: $1\ \text{Ohm} = \dfrac{1\,\text{Volt}}{1\,\text{Ampere}}$ $1\,\Omega = 1\,\dfrac{\text{V}}{\text{A}}$

Elektrische Widerstände in Natur und Technik	
Verlängerungskabel	ca. $0,1\,\Omega$
Heizplatte im Herd	$15\,\Omega$
Heizung einer Waschmaschine (1 000 W)	$50\,\Omega$
60-W-Glühlampe	$880\,\Omega$
Körperwiderstand des Menschen (von Hand zu Hand)	ca. $1,2\,\text{k}\Omega$

Interessantes aus der Geschichte

Ein Physiklehrer wird berühmt

GEORG SIMON OHM wurde am 16. März 1789, also im Jahr der Französischen Revolution, in Erlangen geboren. Seine Eltern entstammten Handwerkerfamilien. Sein Vater war als Schlossermeister tätig. Er war auch der erste Lehrer für OHM und dessen jüngeren Bruder.
Nach einem Studium der Mathematik, Physik und Philosophie in Erlangen war OHM bis 1811 als Lehrer an einer Privatschule in der Schweiz tätig und arbeitete anschließend als Lehrer in Bamberg und in Köln. Die sehr gute physikalische Sammlung der Kölner Schule trug dazu bei, dass sich OHM immer mehr der Physik zuwandte. 1821 schrieb er an seinen Vater: „Die vor Kurzem entdeckten elektrisch-magnetischen Erscheinungen nehmen meine Zeit in Anspruch. Ich habe sie zwar schon alle durchgearbeitet, einzelne jedoch möchte ich noch mehr verfolgen."
Nach zahlreichen experimentellen Untersuchungen veröffentlichte OHM 1826 eine Arbeit, in der der Zusammenhang zwischen Spannung und Stromstärke aus Messreihen hergeleitet ist. Er wird heute als ohmsches Gesetz bezeichnet.
Darüber hinaus untersuchte OHM auch verschiedene akustische und optische Erscheinungen. Ab 1833 war OHM als Physikprofessor an der polytechnischen Schule Nürnberg tätig. 1849 erfolgte seine Berufung als Professor an die Universität München. GEORG SIMON OHM starb am 6. Juli 1854 in München.

Lösen physikalisch-mathematischer Aufgaben

Beim **Lösen von Aufgaben und Problemen** in der Physik werden physikalische Gesetze angewendet. Dabei geht es z.B. um das Erklären und Voraussagen von Erscheinungen, das Konstruieren technischer Geräte oder um das Berechnen physikalischer Größen.

Um z.B. eine physikalische Größe zu berechnen, wendet man Verfahren und Regeln der Gleichungslehre an. Dabei ist es zweckmäßig, eine bestimmte Schrittfolge einzuhalten.
Diese Schrittfolge soll nachfolgend an einem Beispiel erläutert werden.

Durch eine 40-W-Glühlampe, die an 230 V angeschlossen wurde, fließt bei einer Temperatur des Glühfadens von ca. 2500 °C ein Strom mit einer Stärke von 175 mA.
Berechne den elektrischen Widerstand der Glühlampe bei Betriebstemperatur.

Schritt 1

Analysieren der Aufgabe
– Lies die Aufgabe gründlich durch. Versuche, dir den Sachverhalt der Aufgabe vorzustellen.
– Vereinfache den Sachverhalt aus der Sicht der Physik. Lasse Unwesentliches weg.
– Fertige, wenn möglich, eine Skizze zum Sachverhalt an.
– Stelle die gesuchten und die gegebenen Größen zusammen. Mitunter müssen die Einheiten der Größen noch umgerechnet werden.

Analyse:
Aus Spannung und Stromstärke kann der elektrische Widerstand berechnet werden.
Gesucht: R
Gegeben: $U = 230\ V$
$I = 175\ mA = 0,175\ A$
Skizze:

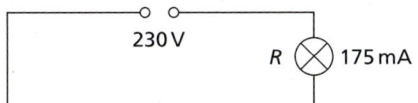

Beachte: Die Angaben zur Leistung der Lampe und zur Temperatur des Glühfadens sind für die Lösung nicht wesentlich.

Schritt 2

Lösen der Aufgabe
– Versuche, im Sachverhalt der Aufgabe Zusammenhänge und Gesetze zu erkennen.
– Gib Gleichungen an, die unter den gegebenen Bedingungen gelten.
– Setze die Werte für die gegebenen Größen in die Gleichung ein und berechne die gesuchte Größe. Beachte die Einheiten.

Lösung:

$$R = \frac{U}{I} = \frac{230\ \text{V}}{0,175\ \text{A}}$$

$$R = 1\,300\ \frac{\text{V}}{\text{A}} = 1\,300\ \Omega$$

$$\underline{R = 1,3\ \text{k}\Omega}$$

Beachte: Manchmal muss die Gleichung erst nach der gesuchten Größe umgestellt werden.

Schritt 3

Darstellen des Ergebnisses der Aufgabe
– Formuliere das Ergebnis der Aufgabe.
– Berücksichtige die Genauigkeit der Größenangaben.
– Beantworte dabei die Fragen im Aufgabentext.

Ergebnis:
Im Betrieb hat die 40-W-Glühlampe einen Widerstand von 1,3 kΩ.

Das Ergebnis sollte immer in einer sinnvollen Genauigkeit angegeben werden. Das bedeutet: Das Ergebnis einer Rechnung mit Größen kann nie genauer als der ungenaueste Ausgangswert sein. Auch bei der Arbeit mit dem Taschenrechner ist sinnvoll zu runden. Beachte dabei immer die Rundungsregeln.

Der Mensch – ein elektrischer Leiter

Der menschliche Körper kann den elektrischen Strom leiten. Deshalb ist es gefährlich, die Pole von Spannungsquellen oder elektrisch leitende Teile anzufassen. Selbst bei geringen Spannungen kann schon ein elektrischer Strom durch den menschlichen Körper fließen (Abb. 1).
Die Wirkung von elektrischem Strom auf den Menschen hängt ab von der anliegenden Spannung, von der durch den Körper fließenden Stromstärke und vom Weg des Stroms durch den Körper. Sie ist auch von der Stromart (Gleichstrom, Wechselstrom) abhängig.

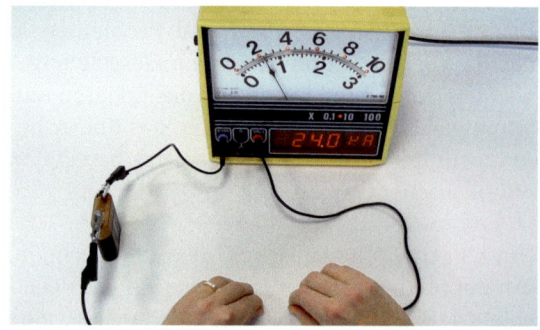

1 Stromfluss von Hand zu Hand ist gefährlich. Experimentiere deshalb nur mit Taschenlampenbatterien.

Aufgabe 1
Diskutiert, welche Stromwege durch den menschlichen Körper möglich sind. Nutzt dazu die Skizze rechts.

Sehr kleine Ströme sind kaum spürbar. Sie sind ungefährlich und werden z. B. im medizinischen Bereich genutzt.

Aufgabe 2
Erkundet, wozu kleine elektrische Ströme in der Medizin genutzt werden.

Aber bereits etwas größere Ströme sind deutlich spürbar. Schon Ströme mit einer Stärke von etwa 10 mA können zu schmerzhaften Verkrampfungen führen.
Stärkere Ströme verursachen Atembeschwerden und Verbrennungen. Es kann auch zu Unregelmäßigkeiten in der Herztätigkeit kommen. Das kann zu Bewusstlosigkeit, zum Herzstillstand und damit zum Tod führen. Deshalb sind unbedingt die auf S. 100 genannten Regeln einzuhalten.

Wahrnehmungen für den Stromweg Hand–Hand	
2 mA	Strom gerade wahrnehmbar
10 mA	Es treten Verkrampfungen auf.
16 mA	starke Verkrampfungen, heftige Schmerzen
über 25 mA	Strom kann tödlich sein.

Aufgabe 3
Die Skizze zeigt ein vereinfachtes Schaltbild für den menschlichen Körper.
a) Wie groß ist der elektrische Widerstand bei den verschiedenen Stromwegen?
b) Begründe: Spannungen von über 25 V dürfen nicht zwischen beiden Händen anliegen.
c) Begründe mit den gegebenen Daten, weshalb Netzspannung lebensgefährlich ist.

Leider sind Unfälle mit Strom nicht selten.

> **Steckdose falsch montiert — Installateur tot**
>
> Weil ein pensionierter Beamter in der Wohnung seiner Nachbarin eine Steckdose fehlerhaft montiert hatte, wurde ein Installateur von einem tödlichen Stromschlag getroffen. Der Beamte hatte vor dem Tapezieren der Wohnung die Steckdose zunächst abgebaut und dann wieder angebaut. Monate später bestellte die Nachbarin den Installateur, weil das Abflussrohr ihrer Spüle verstopft war. Der Handwerker kam mit einer elektrischen Reinigungsmaschine, schloss sie an die Steckdose nahe der Spüle an und wollte das Rohr säubern. Während er in der einen Hand die Maschine und in der anderen die Reinigungsspirale hielt, kam sein Gesicht in Kontakt mit der Edelstahlspüle. Es traf ihn ein Stromschlag und er starb vor den Augen der entsetzten Hausbewohnerin.
>
> Quelle: Forum Elektronikwerkstatt

Aufgabe 4
Welchen Fehler hat der Beamte gemacht?

Das Widerstandsgesetz

Viele Bauteile in elektrischen Geräten sind Drähte. Der elektrische Widerstand eines Drahts ist abhängig von dem Stoff, aus dem er besteht, von seiner Länge und seiner Querschnittsfläche. Die Abhängigkeit vom Stoff wird durch den **spezifischen elektrischen Widerstand** ϱ beschrieben. Der spezifische elektrische Widerstand ist eine Stoffkonstante. Diese gibt an, wie groß der Widerstand eines Drahts aus diesem Stoff ist, der 1 m lang ist und eine Querschnittsfläche von 1 mm^2 besitzt (Abb. 1).

Alle Abhängigkeiten des elektrischen Widerstands eines Drahts sind im Widerstandsgesetz zusammengefasst:

> Der elektrische Widerstand eines Leiters ist unter der Bedingung, dass die Temperatur konstant ist, umso größer,
> – je länger der Leiter ist,
> – je kleiner seine Querschnittsfläche ist und
> – je größer sein spezifischer elektrischer Widerstand ist.

Kupfer gehört zu den Materialien, die den elektrischen Strom gut leiten. Ein Kupferdraht von 1 m Länge und 1 mm^2 Querschnittsfläche hat einen Widerstand von 0,017 Ω. Bei 100 m Länge beträgt er 1,7 Ω. Konstantan hat bei gleichen Bedingungen einen Widerstand von 50 Ω.

Silber	0,016 Ω
Kupfer	0,017 Ω
Aluminium	0,028 Ω
Wolfram	0,053 Ω
Eisen	0,10 Ω
Stahl	0,15 Ω
Konstantan	0,50 Ω

1 Elektrische Widerstände verschiedener Stoffe bei einer Länge von 1 m und einer Querschnittsfläche von 1 mm^2

Interessantes aus der Technik

Technische Widerstände

Die Bezeichnung „Widerstand" wird in der Physik sowohl für die physikalische Größe als auch für elektrische Bauteile benutzt.

In elektrischen Geräten befinden sich Widerstände unterschiedlicher Bauformen. **Festwiderstände** haben einen unveränderlichen, „festen" Widerstand (Abb. 2a und 3). Aus den farbigen Ringen von Schichtwiderständen kann der Widerstand über einen Code abgelesen werden (Abb. 3).

Bei **regelbaren Widerständen** (Abb. 2b und 4) werden mit einem Gleit- oder Drehkontakt unterschiedliche Längen eines Widerstandsdrahts eingestellt, der vom elektrischen Strom durchflossen wird ($R \sim l$).

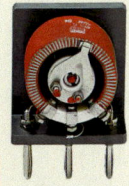

a)   b)

2 Drahtwiderstände: Auf Keramikzylinder werden lange, isolierte Metalldrähte gewickelt.

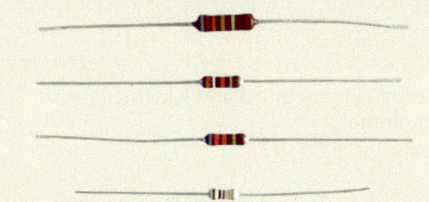

3 Schichtwiderstände: Auf Keramikröhrchen werden dünne Kohle- oder Metallschichten aufgedampft.

4 Gleitwiderstand: Mit einem Schieber wird die Länge des Drahts im Stromkreis verändert.

Physik im Alltag

Widerstände als Sensoren

Mithilfe von **Sinnesorganen** und **Sinneszellen** (Rezeptoren) kann der Mensch unterschiedliche Informationen wahrnehmen, z. B. Hell und Dunkel unterscheiden, die Höhe und die Lautstärke eines Tons feststellen oder verschiedene Temperaturen registrieren.

Auch technische Einrichtungen können Reize aus unserer Umwelt wahrnehmen. Das geschieht mithilfe von **Sensoren.** Die Bezeichnung ist abgeleitet vom lateinischen *sensus* = Sinn.

Im täglichen Leben nutzen wir Sensoren, z. B. zur Messung der Temperatur, des Blutdrucks oder des Füllstands eines Öltanks. Temperatursensoren in Herdplatten regeln die Temperatur. Feuermelder geben Alarm, wenn die Temperatur einen bestimmten Wert übersteigt. Lampen leuchten auf, wenn sich die Helligkeit der Umgebung auf einen bestimmten Wert verringert.

Widerstände können z. B. als **Temperatursensoren** bei elektrischen Thermometern genutzt werden (Abb. 1).

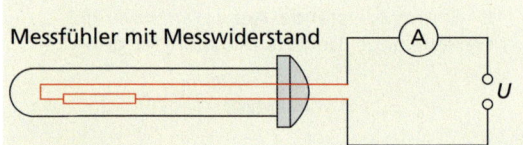

1 Aufbau eines einfachen elektrischen Thermometers

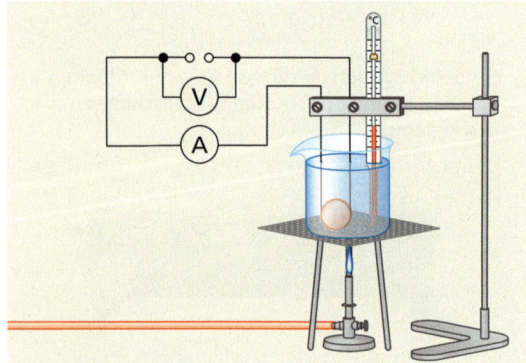

2 Versuchsaufbau zur Aufnahme einer Eichkurve: Diese ist in Abbildung 3 dargestellt.

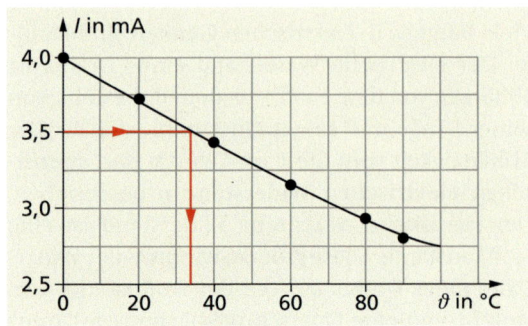

3 Beispiel für eine Eichkurve

Erhöht sich die Temperatur, so verändert sich der Widerstand des Leiters. Bei konstanter Spannung verringert sich dann wegen $I \sim \frac{1}{R}$ die Stromstärke. Damit man mit einer solchen Anordnung tatsächlich Temperaturen messen kann, muss das Thermometer geeicht werden (Abb. 2). Die Abbildung 3 zeigt ein Beispiel für eine Eichkurve. Damit kann einer bestimmten Stromstärke eindeutig eine bestimmte Temperatur zugeordnet werden und umgekehrt.

Ein weitverbreiteter Sensor zur elektrischen Messung von nicht elektrischen Größen ist der **Folien-Dehnungsmessstreifen** (Folien-DMS). Er besteht meist aus einem dünnen Draht, der schleifenförmig auf einem Träger aufgebracht ist (↗ Abb.).

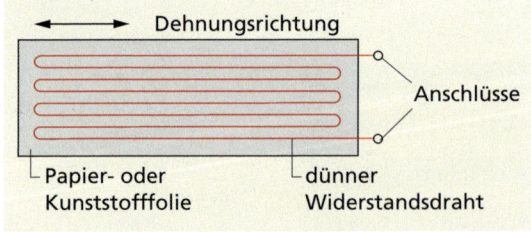

Wird ein solcher Folien-DMS gedehnt, so nimmt die Streifenlänge des Leiters zu und die Querschnittsfläche ab. Beides führt zu einer Erhöhung des Widerstands und bei konstanter Spannung zur Abnahme der Stromstärke.

Dehnungsmessstreifen nutzt man z. B. bei elektronischen Waagen mit digitaler Anzeige oder bei Blutdruckmessern.

Verbraucher hintereinander und parallel

Dass Verbraucher in Reihe und parallel geschaltet sein können, weißt du bereits. Aber welche Auswirkungen hat das auf die Stromstärken, die durch die Verbraucher fließen, und die Spannungen, die an den Verbrauchern anliegen?

Experiment 1
Untersuche die Stromstärken in einem unverzweigten und in einem verzweigten Stromkreis. Wende die Schritte der experimentellen Methode an (↗ S. 108). Nutze zwei Glühlampen.
Bevor du eine Hypothese aufstellst, lies noch einmal auf der Seite 97 nach und vergleiche einen Wasserstromkreis mit einem elektrischen Stromkreis.

Experiment 2
Untersuche die Spannungen in einem unverzweigten Stromkreis.
Vorbereitung:
a) Wie wird ein Voltmeter geschaltet?
b) Was bedeutet Klemmenspannung?
Durchführung und Beobachtung:
a) Baue die Schaltung entsprechend der Abbildung auf.

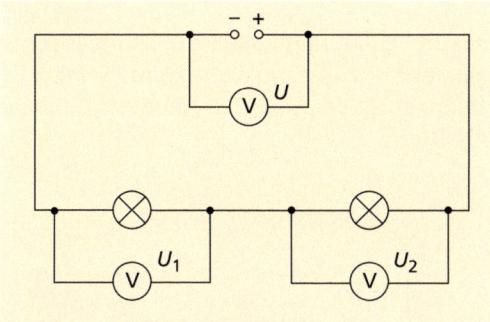

b) Miss die Klemmenspannung und die beiden Spannungen an den Lampen.
c) Notiere die Messwerte.
Auswertung:
a) Deute die Messungen und formuliere ein Ergebnis.
b) Vergleicht eure Ergebnisse untereinander. Wodurch können Abweichungen zustande gekommen sein?

Experiment 3
Untersuche die Spannungen in einem verzweigten Stromkreis. Wende die Schritte der experimentellen Methode an (↗ S. 108).
Bewerte: Stimmt das Ergebnis mit deinen Erfahrungen über die Schaltung von Geräten im Haushalt überein?

Experiment 4
Wie kannst du mit drei Flachbatterien von je 4,5 V eine Glühlampe (12 V/1,5 A) zum Leuchten bringen? Prüfe experimentell nach, ob deine Idee stimmt.

Experiment 5
Bestimme den elektrischen Widerstand von drei technischen Widerständen in unterschiedlichen Schaltungen.
Vorbereitung:
Gib alle Schaltmöglichkeiten von drei gleichen Widerständen an.
Durchführung und Beobachtung:
a) Baue die Schaltung nach folgendem Schaltplan auf:

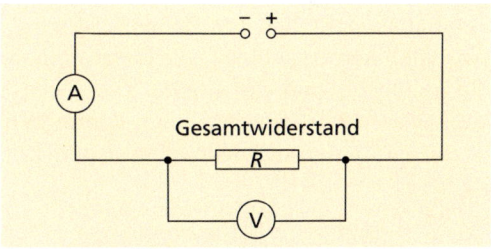

Gesamtwiderstand

b) Bestimme Stromstärke und Spannung für die verschiedenen Schaltungen der Widerstände.
Auswertung:
a) Ermittle aus den gemessenen Werten jeweils den Gesamtwiderstand.
b) Formuliere das Ergebnis deiner Untersuchungen.
Auf der Seite 123 erfährst du, wie man den Gesamtwiderstand aus Widerstandswerten bei Reihen- und Parallelschaltung berechnen kann. Dann ist es sinnvoll, berechnete Werte und gemessene Werte zu vergleichen.

Stromstärken in unverzweigten und verzweigten Stromkreisen

Mit dem **Modell Wasserstromkreis** kann man eine Voraussage über den Stromfluss machen, wenn sich die Rohrleitungen nicht verzweigen bzw. verzweigen (Abb. 1 und 2).

In einem unverzweigten Wasserstromkreis muss die Wasserstromstärke überall gleich sein, da sich das Wasser nirgends staut und auch kein Wasser verloren geht. Das bedeutet: An verschiedenen Stellen fließt jeweils die gleiche Wassermenge je Zeiteinheit durch die Querschnittsfläche der Rohre.

Eine solche Voraussage kann man auch auf das Original, den unverzweigten Stromkreis, übertragen. Es ist aber eine experimentelle Bestätigung erforderlich. Diese Bestätigung liefert das Experiment 1 auf der Seite 119.

> **Für die elektrische Stromstärke in unverzweigten Stromkreisen gilt:**
>
> $I = I_1 = I_2 = \ldots = $ konstant

Demnach bewegen sich in einem unverzweigten Stromkreis, z. B. bei der Reihenschaltung von zwei Glühlampen (Abb. 1), alle Elektronen durch die Leitungen und die Geräte. Die Elektronen können weder entweichen noch kommen neue hinzu. Sie können sich auch nicht stauen.

In einem verzweigten Wasserstromkreis verteilt sich der Wasserstrom auf die Zweige. Die Teilströme müssen nicht gleich groß sein (Abb. 2). Ein Teil des Wassers bewegt sich durch das Wasserrad 1, der andere Teil durch das Wasserrad 2. Beide Ströme fließen dann wieder zusammen. Auch in diesem Stromkreis geht kein Wasser verloren. Es staut sich auch nicht.

Was bedeutet das, wenn diese Voraussage auf das Original, den **verzweigten Stromkreis,** übertragen wird?
In einem verzweigten Stromkreis teilt sich der Elektronenstrom im Verzweigungspunkt auf. Ein Teil der Elektronen fließt durch die Glühlampe 1, der andere durch die Glühlampe 2. Sind die Glühlampen unterschiedlich, dann sind auch die Ströme der Elektronen unterschiedlich groß, die je Zeiteinheit durch die Querschnittsfläche fließen. Im Verzweigungspunkt fließen die Elektronen wieder zusammen. Es gehen weder Elektronen verloren noch kommen welche hinzu.

> **Für die elektrische Stromstärke in verzweigten Stromkreisen gilt:**
>
> $I = I_1 + I_2 + \ldots$

Diesen Zusammenhang zwischen Teilstromstärken und Gesamtstromstärke konntest du in Experiment 1 auf der Seite 119 für zwei Glühlampen bestätigen.

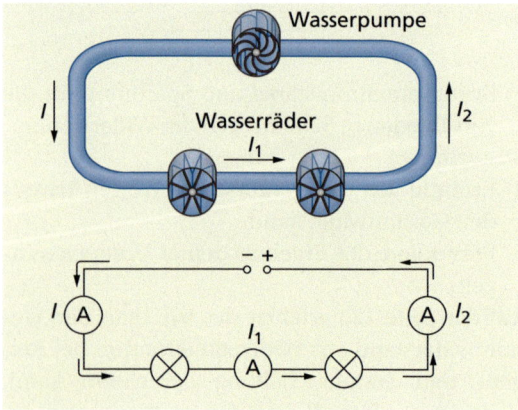

1 Stromstärken im unverzweigten Stromkreis

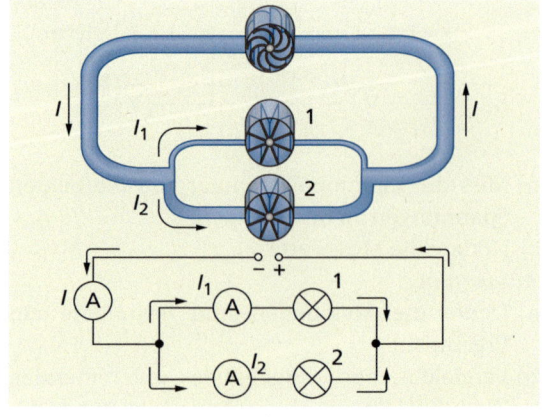

2 Stromstärken im verzweigten Stromkreis

Spannungen in unverzweigten und verzweigten Stromkreisen

In **unverzweigten Stromkreisen** sind die elektrischen Geräte, z. B. zwei Glühlampen, in Reihe geschaltet (Abb. 1). Die Stärke des Antriebs der elektrischen Quelle, die Spannung U, teilt sich auf beide Lampen auf. An den Lampen liegen die Teilspannungen U_1 und U_2 an.

> **Für die elektrische Spannung in unverzweigten Stromkreisen gilt:**
>
> $U = U_1 + U_2 + \ldots$

Schaltet man z. B. zwei Glühlampen gleicher Bauart in Reihe, dann liegt an jeder der Glühlampen die Hälfte der Spannung U der elektrischen Quelle ($\nearrow$ S. 119, Experiment 2). Bei einer Partybeleuchtung teilt sich die Gesamtspannung auf alle Lämpchen von 6 V auf, sodass diese Lichterkette direkt an 230 V angeschlossen werden kann. In **verzweigten Stromkreisen** existiert an den Verzweigungspunkten derselbe Antrieb für beide Teilströme (Abb. 2). Die Teilspannungen in den einzelnen Zweigen sind gleich der Gesamtspannung U der elektrischen Quelle.

> **Für die elektrische Spannung in verzweigten Stromkreisen gilt:**
>
> $U = U_1 = U_2 = \ldots = \text{konstant}$

Gewusst · Gekonnt

1. Wiederhole: Welche Teile des Stromkreises entsprechen einer Wasserpumpe und einem Wasserrad in einem Wasserstromkreis?
   Diskutiert: Welche Grenzen hat das Modell Wasserstromkreis?

2. Ergänze im Heft die fehlenden Stromstärken.

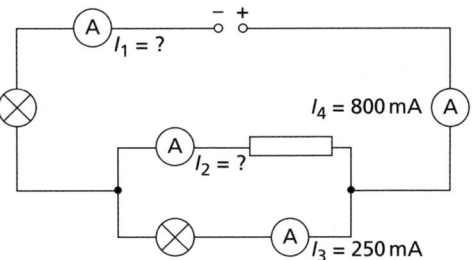

3. Ergänze im Heft die fehlende Spannung.

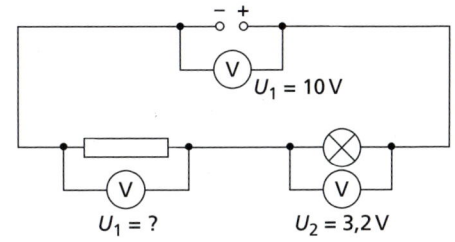

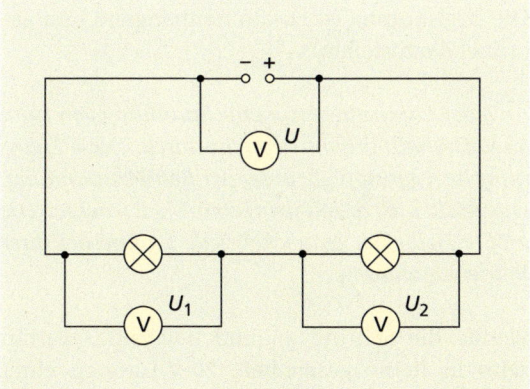

1 Spannungen im unverzweigten Stromkreis

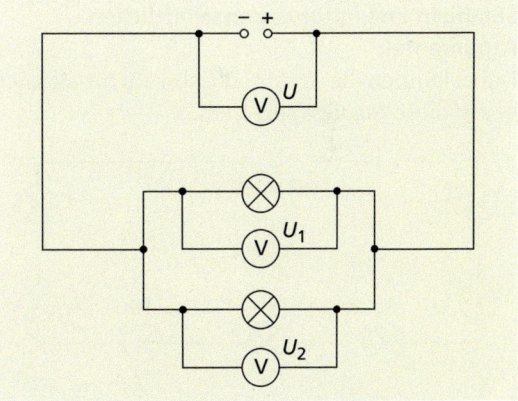

2 Spannungen im verzweigten Stromkreis

Begründen

Beim Begründen werden **Argumente** angeführt, die zeigen, dass eine Aussage richtig bzw. falsch oder zweckmäßig bzw. unzweckmäßig ist. Solche Argumente können sein: Beobachtungen, Fakten, Zusammenhänge, Gesetze, Beispiele bzw. Gegenbeispiele, aber auch Eigenschaften von Körpern, Stoffen oder Lebewesen. Stützt sich eine Begründung auf Meinungen oder Ansichten von Personen, dann wird sie subjektiv.

Bei einem Schwibbogen muss eine Lampe in einer der sieben elektrischen Kerzen erneuert werden. Erst jetzt interessiert, was für Angaben auf dem Sockel stehen. Umso mehr überrascht die Tatsache, dass an jeder Lampe nur 34 V anliegen dürfen, der Schwibbogen jedoch an 230 V angeschlossen wird. Begründe, warum beim Anschluss des Schwibbogens an 230 V die Lampen nicht durchbrennen.

Es ist zweckmäßig, beim Begründen in folgenden Schritten vorzugehen:

Schritt 1

Nennen der Aussage, die begründet werden soll
Sieben 34-V-Lampen brennen beim Anschluss an 230 V nicht durch.

Schritt 2

Sammeln von naturwissenschaftlichen Argumenten
Dabei können die Argumente sowohl für als auch gegen diese Aussage sprechen.

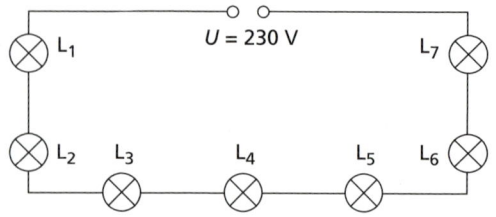

1 Die Lampen des Schwibbogens sind in Reihe geschaltet.

2 Die Betriebsspannung jeder der sieben Lampen des Schwibbogens beträgt 34 V.

Die Lampen des Schwibbogens sind in Reihe geschaltet (Abb. 1). Nach dem Gesetz für die Spannungen in einem unverzweigten Stromkreis addieren sich die einzelnen Teilspannungen zur Gesamtspannung:

$$U_1 + U_2 + U_3 + U_4 + U_5 + U_6 + U_7 = U$$

Deshalb entfällt auf jede Lampe die gleiche Teilspannung von

$$U_1 = \frac{U}{7} \qquad U_1 = \frac{230\,V}{7} \qquad \underline{U_1 = 32,9\,V}$$

Schritt 3

Formulieren der Begründung
Die Begründung ist zusammenhängend und geordnet darzustellen.

An jeder Lampe liegt nur eine Spannung von rund 33 V. Deshalb brennt sie nicht durch. Diese Spannung liegt geringfügig unter der Betriebsspannung. Das reicht aus, damit jede Lampe hell leuchtet. Die größte Helligkeit entwickelt jede Lampe bei ihrer Betriebsspannung.

Wende die Schritte an und begründe, warum zehn in Reihe geschaltete 20-V-Lampen einer Lichterkette nicht durchbrennen, wenn man sie an 230 V anschließt.

Widerstände in unverzweigten und verzweigten Stromkreisen

Da viele Gesetze in der Physik als Gleichungen formuliert werden, kann man mathematische Mittel nutzen, um neue Erkenntnisse zu gewinnen. Dabei werden vor allem Regeln für das äquivalente Umformen von Gleichungen angewendet, um zu neuen Gleichungen zu kommen.

Aus bekannten Gesetzen kann man auf diesem Wege auch neue Gesetze herleiten, z.B. die Gesetze für den Gesamtwiderstand in unverzweigten und verzweigten Stromkreisen.

Theoretisch hergeleitete Gesetze müssen durch die Praxis bestätigt werden. Dazu nutzt man Experimente, um diese Gesetze zu bestätigen oder zu widerlegen.

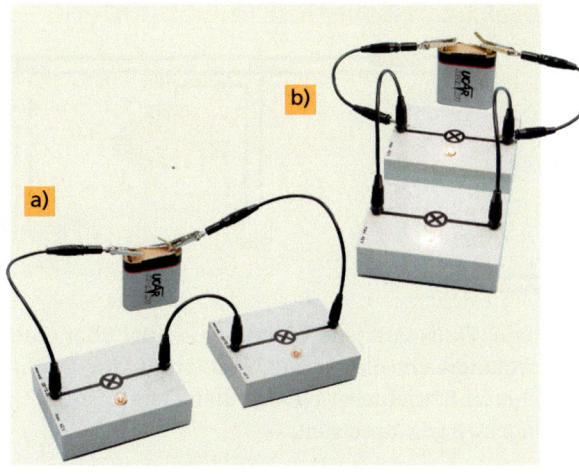

1 Gleiche Glühlampen sind in Reihe (a) oder parallel (b) geschaltet.

In Stromkreisen befinden sich meist mehrere Bauteile, die in Reihe oder parallel zueinander geschaltet sein können. Jedes Bauteil hat einen elektrischen Widerstand. Durch Reihen- oder Parallelschaltung ändert sich der Gesamtwiderstand im Stromkreis. Dadurch leuchten z.B. gleiche Glühlampen unterschiedlich hell (Abb. 1). Schaltet man zwei Bauteile, z.B. zwei Widerstände, in Reihe (Abb. 1a), so gilt:

(1) $\quad U = U_1 + U_2 \qquad$ und $\qquad$ (2) $\quad I = I_1 = I_2$

Dividiert man die Gleichung (1) durch die konstante Stromstärke I, erhält man:

(3) $\quad \dfrac{U}{I} = \dfrac{U_1}{I} + \dfrac{U_2}{I}$

Mit $\quad R = \dfrac{U}{I} \quad$ folgt daraus das Gesetz:

(4) $\quad R = R_1 + R_2$

> **Bei Reihenschaltung zweier Bauteile beträgt der Gesamtwiderstand:**
>
> $R = R_1 + R_2$

Anders ist das bei einer Parallelschaltung von zwei Bauteilen (Abb. 1b). Es gilt:

(5) $\quad I = I_1 + I_2 \qquad$ und $\qquad$ (6) $\quad U = U_1 = U_2$

Dividiert man Gleichung (5) durch die konstante Spannung U, erhält man:

(7) $\quad \dfrac{I}{U} = \dfrac{I_1}{U} + \dfrac{I_2}{U}$

Mit $\quad R = \dfrac{U}{I} \quad$ bzw. $\quad \dfrac{1}{R} = \dfrac{I}{U} \quad$ folgt daraus:

(8) $\quad \dfrac{1}{R} = \dfrac{1}{R_1} + \dfrac{1}{R_2}$

> **Bei Parallelschaltung zweier Bauteile ist der Gesamtwiderstand immer kleiner als der kleinste der beiden Teilwiderstände:**
>
> $\dfrac{1}{R} = \dfrac{1}{R_1} + \dfrac{1}{R_2}$

Eine solche theoretische Herleitung kann auch für mehr als zwei Bauteile durchgeführt werden. Die Gesetze für den Gesamtwiderstand in Stromkreisen können durch Experimente bestätigt werden (↗ S. 119, Experiment 5).

Gewusst · Gekonnt

Zwei Widerstände mit jeweils 50 Ω sind
a) in Reihe,
b) parallel zueinander
geschaltet. Berechne jeweils den Gesamtwiderstand. Vergleiche den Gesamtwiderstand mit der Größe eines Teilwiderstands.

Elektroinstallation in Gebäuden

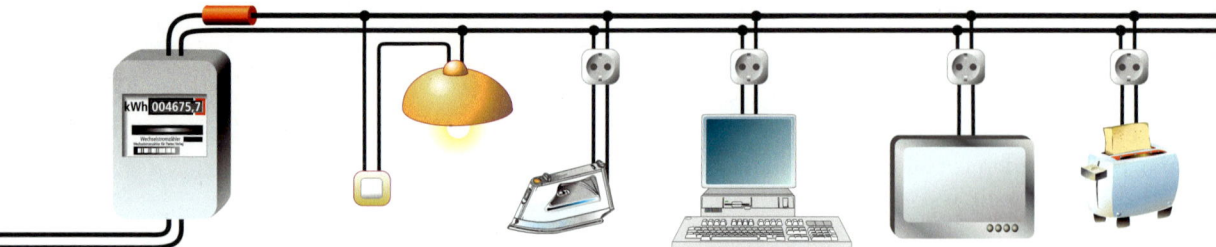

Jedes Haus und jede Wohnung verfügt über eine umfangreiche elektrische Installation, um den sicheren Betrieb aller elektrischen Geräte und Anlagen zu gewährleisten.

Aufgabe 1
Beschreibe den Aufbau der oben dargestellten Hausinstallation! Wie sind die verschiedenen Geräte zueinandergeschaltet? Warum wählt man diese Art der Schaltung?

Werden elektrische Leitungen zu stark belastet, so können sie sich erhitzen und es kann sogar zu Bränden kommen. Um das zu verhindern, werden Sicherungen eingebaut. Im Haushalt sind in der Regel die Zimmer einzeln abgesichert. Geräte großer Leistung, z.B. Elektroherde oder Waschmaschinen, sind speziell abgesichert.

Aufgabe 2
Erkunde, welche Arten von Sicherungen in eurem Haushalt installiert sind und was eine Sicherung bewirkt.

Eine Form von Sicherungsautomaten zeigen die Abb. 1 und 2. Diese Form findet man heute in vielen Haushalten. Bei einem solchen Sicherungsautomaten fließt der Strom über den Kontakt K 1 (Abb. 2), einen Metallstreifen, den Kontakt K 2 und durch einen Elektromagneten. Wird der Strom zu stark, dann zieht der Elektromagnet den Sperrhaken S nach unten. Durch die Feder wird der drehbare Zylinder bewegt. Dadurch wird der Kontakt K 2 geöffnet. Der Stromkreis ist unterbrochen.

Es ist dir sicher schon passiert, dass ein elektrisch betriebenes Gerät nicht mehr funktioniert. Das kann verschiedene Ursachen haben. Um die Ursachen herauszufinden, ist es zweckmäßig, planvoll vorzugehen.

Aufgabe 3
Diskutiert, in welchen Schritten man vorgehen sollte, wenn man die Ursache dafür ermitteln will, warum ein elektrisches Gerät nicht funktioniert! Stellt eine Checkliste auf.

1 Sicherungskasten im Haushalt

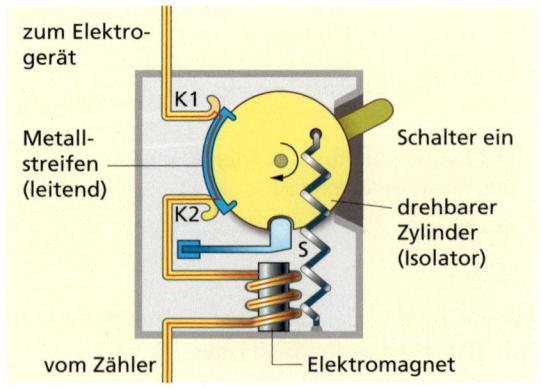

zum Elektro-
gerät

K1

Metall-
streifen
(leitend)

K2

Schalter ein

drehbarer
Zylinder
(Isolator)

S

vom Zähler

Elektromagnet

2 Aufbau eines modernen Sicherungsautomaten

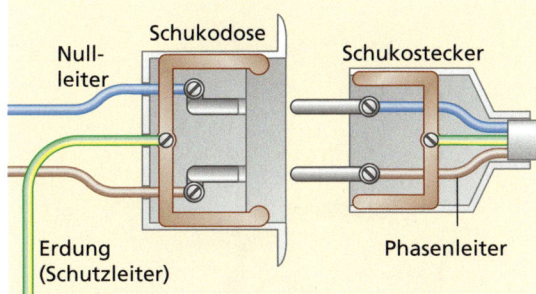

1 Schukostecker und Schukosteckdose: Der Schutzleiter ist an seiner grüngelben Farbe erkennbar.

Im Haushalt sind die Zimmer einzeln abgesichert. Geräte wie Elektroherde oder Waschmaschinen sind speziell abgesichert. Von den Ver-
teilerdosen in einem Zimmer
gehen jeweils drei verschiedenfarbige Leitungen zu den
Steckdosen und Geräten
(Abb. 2): ein blaues Kabel (Null-
leiter), ein braunes oder schwar-
zes Kabel (Phasenleiter) und ein
grüngelbes Kabel (Schutzleiter).

Aufgabe 4
Erkundet, welche Aufgaben diese drei Leiter
haben. Was bedeutet die Aussage: Der Schutzleiter ist geerdet?

Es gibt im Haushalt viele Geräte, die an Schuko-
dosen angeschlossen werden können, aber über
keinen Schutzleiter verfügen. Als Anschluss wird
ein flacher Eurostecker genutzt.

Was tun bei einem Unfall?

Unfälle mit Netzspannung (230 V) sind lebensgefährlich. Deshalb gilt bei solchen Unfällen:

■ Schalte den Stromkreis, in dem sich der Verun-
glückte befindet, mithilfe der Sicherung aus!

■ Rufe Notruf 112!

■ Leite Erste-Hilfe-Maßnahmen ein, z. B. Herz-
druckmassage und Atemspende!

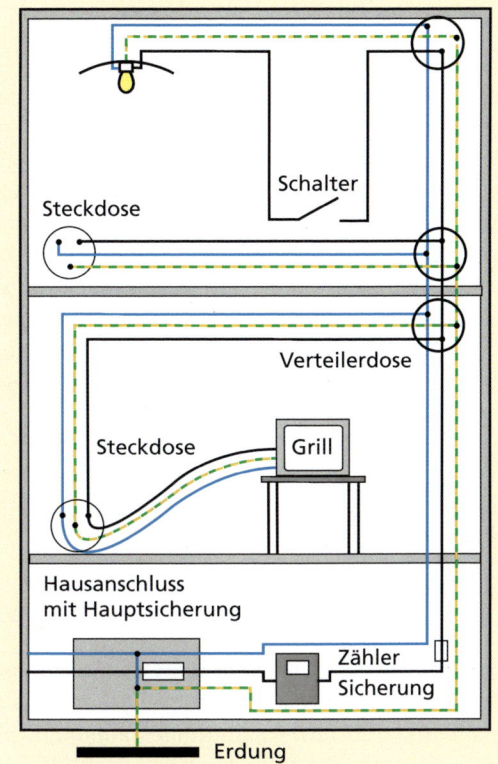

2 Aufbau einer Hausinstallation mit Erdung des
Schutzleiters und des Nullleiters

Aufgabe 5
Nenne Beispiele für solche Geräte. Begründe,
weshalb man bei diesen Geräten auf den Schutzleiter verzichtet.

In Abbildung 2 ist der Aufbau einer Hausinstallation dargestellt.

Aufgabe 6
Beschreibe mit Worten den Aufbau einer
Hausinstallation.

Aufgabe 7
Begründe, warum Sicherungen immer in Reihe
zu Geräten geschaltet sind.

Aufgabe 8
Warum ist es lebensgefährlich, die Anschlüsse einer Steckdose mit bloßen Händen zu berühren?

Die Spannungsteilerschaltung

Bei vielen Geräten und beim Experimentieren werden häufig Teilspannungen oder veränderbare Spannungen benötigt. Das ist z. B. bei der Lautstärkeregelung beim Autoradio oder bei der Helligkeitsregelung von Armaturen der Fall. Dazu verwendet man Spannungsteiler. Schaltet man zwei Widerstände in Reihe und schließt man sie an eine Spannungsquelle an, so zeigt sich: An jedem der beiden Widerstände liegt eine bestimmte Teilspannung an. Die Größe der Teilspannung hängt von der Größe des Widerstands ab (Abb. 1). Es gilt die **Spannungsteilerregel:**

> Bei einer Reihenschaltung von zwei Widerständen liegt am größeren Widerstand die höhere Spannung.
>
> $\dfrac{U_1}{U_2} = \dfrac{R_1}{R_2}$

Mit einer solchen Schaltung kann man die Spannung der Spannungsquelle mithilfe von Festwiderständen in zwei Teilspannungen aufteilen.
Will man nun eine Teilspannung kontinuierlich verändern, kann man folgenden Trick anwenden: Anstelle von zwei Widerständen verwendet man einen Widerstand mit drei Anschlüssen. Einer der Anschlüsse ist mit einem verstellbaren Abgriff verbunden, der den Widerstand in zwei Teilwiderstände R_1 und R_2 aufteilt (Abb. 3).

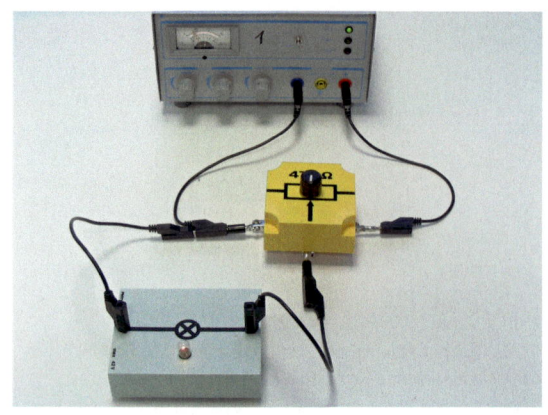

2   Schaltung eines Spannungsteilers

Wie groß die Widerstände R_1 und R_2 sind, hängt von der Stellung des Abgriffs ab. Befindet er sich z. B. am linken Rand, so ist der Widerstand R_1 und damit die Spannung an ihm klein. Bewegt man den Abgriff nach rechts, wird R_1 und damit die Spannung an ihm größer. Schaltet man ein Gerät, z. B. eine Glühlampe, parallel zu diesem Widerstand, dann liegt am Gerät die gleiche Spannung wie am Widerstand R_1 (Abb. 2, 4). Mit Verschiebung des Abgriffs verändert sich die Spannung am Gerät.

> Eine Spannungsteilerschaltung ermöglicht es, die Spannung an einem Gerät kontinuierlich zu verändern.

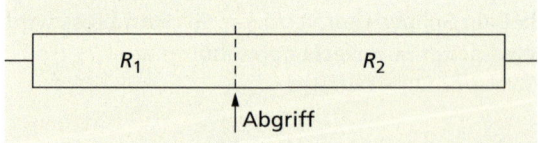

3   Aufbau eines Spannungsteilers

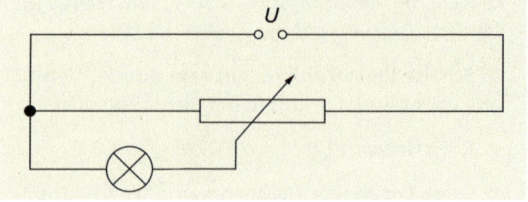

1   Reihenschaltung von zwei Widerständen: Am größeren Widerstand liegt die höhere Spannung.

4   Spannungsteilerschaltung im Schaltbild. Man nennt sie auch Potenziometerschaltung.

Elektrische Leistung

Auf einem Reisetauchsieder findet man die Angabe 230 V/400 W (sprich: Watt). Bei einer Glühlampe steht auf dem Sockel oder dem Glaskolben 230 V/100 W. Auf dem Typenschild eines jeden elektrischen Geräts werden in der Regel die Betriebsspannung und die elektrische Leistung angegeben (Abb. 1).

Je höher die Leistung ist, umso mehr elektrische Energie wandelt das Gerät in einer bestimmten Zeit in andere Energieformen um:

Ein Tauchsieder mit 1 000 W bringt die gleiche Menge Wasser schneller zum Sieden als ein Reisetauchsieder (400 W). Eine Bohrmaschine von 1 000 W leistet mehr als eine von 500 W. Lautsprecherboxen mit großen Leistungen haben mehr „Power" als solche mit niedrigen Wattzahlen. Allgemein gilt analog zur Mechanik (↗ S. 71):

> **Die elektrische Leistung gibt an, wie viel elektrische Energie in jeder Sekunde umgewandelt wird.**
>
> **Formelzeichen:** **P**
> **Einheit:** **ein Watt (1 W)**

Für die Einheit gilt: 1 W = 1 V · 1 A

Vielfache der Einheit 1 W sind ein Kilowatt (1 kW) und ein Megawatt (1 MW):

$$1\,kW = 1\,000\,W$$
$$1\,MW = 1\,000\,kW = 1\,000\,000\,W$$

Die elektrische Leistung eines Geräts ist abhängig von der anliegenden Spannung und von der Stromstärke.

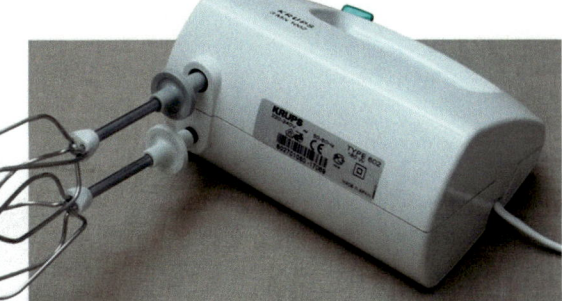

1 Das Typenschild einer Küchenmaschine gibt Auskunft über die Betriebsspannung und die Leistung.

2 Mit Leistungsmessern kann die elektrische Leistung direkt gemessen werden. Mit dem abgebildeten Messgerät kann man die Leistung einzelner Geräte bestimmen.

> **Die elektrische Leistung kann berechnet werden mit der Gleichung:**
>
> **$P = U \cdot I$**
>
> **U** elektrische Spannung am Verbraucher
> **I** elektrische Stromstärke durch den Verbraucher

Um die elektrische Leistung eines Geräts zu ermitteln, kann man Spannung und Stromstärke messen und dann die Leistung berechnen. Sie kann auch mit **Leistungsmessern (Wattmetern)** direkt gemessen werden (Abb. 2).

Elektrische Leistungen in der Technik	
Taschenrechner	0,02 W
Spielzeugmotor	1 W
Fahrraddynamo	3 W
Energiesparlampen	5–20 W
Glühlampen im Haushalt	25–100 W
Scheinwerferlampen im Auto	60 W
Heizkissen	60 W
Küchenmaschine	200 W
Mikrowelle	0,8 kW
Tauchsieder, Kochplatte	bis 1 kW
Bügeleisen	1,1 kW
Waschmaschine	2 kW
Motor einer Elektrolokomotive	5 MW
Kraftwerksblock	bis 1 000 MW

Elektrische Energie

Ein elektrischer Strom transportiert elektrische Energie von einer Quelle zu einem Verbraucher. Diese Energie wird in den Verbrauchern in andere Energieformen umgewandelt, zum Beispiel in Lichtenergie oder thermische Energie.

Die Energie, die ein Verbraucher je Sekunde aufnimmt, ergibt sich aus der an ihm anliegenden Spannung und der Stärke des ihn durchfließenden elektrischen Stroms:

> **Die Energie, die in einem elektrischen Gerät in der Zeit t umgesetzt wird, kann folgendermaßen berechnet werden:**
>
> $E = P \cdot t$ oder $E = U \cdot I \cdot t$
>
> **P** elektrische Leistung
> **t** Zeit
> **U** Spannung am Verbraucher
> **I** Stromstärke durch den Verbraucher

Als Einheit für die elektrische Energie ergibt sich eine Voltamperesekunde (1 VAs). Dabei gilt:

$$1\ VAs = 1\ Ws$$
$$1\ Ws = 1\ J$$

Vielfaches der Einheit eine Wattsekunde (1 Ws) ist eine Kilowattstunde (1 kWh):

$$1\ kWh = 3\,600\,000\ Ws$$

1 kWh ist z. B. die Energie, die eine Kochplatte mit 1 000 W Leistung in einer Stunde oder eine Glühlampe mit 100 W in 10 Stunden aufnimmt.

1 Bei eingeschalteten Geräten dreht sich die Zählerscheibe in einem Elektrizitätszähler. Die Anzahl der Umdrehungen ist proportional zur umgesetzten Energie. Je mehr Umdrehungen in einer bestimmten Zeit erfolgen, desto höher sind die Kosten.

Die genutzte elektrische Energie kann mit einem Elektrizitätszähler (Kilowattstundenzähler) gemessen werden (Abb. 2). Schaltet man z. B. bei einem Heizlüfter verschiedene Heizstufen ein, dann dreht sich die Zählerscheibe bei der größeren Heizstufe schneller als bei der kleineren. Meist gilt: 375 Umdrehungen entsprechen einer genutzten Energie von 1 kWh. Genutzt werden inzwischen auch elektronische Zähler.

Die Kosten für die von einem Elektrizitätswerk zur Verfügung gestellte und von einem Haushalt tatsächlich abgenommene elektrische Energie werden am Jahresende „in Rechnung" gestellt (Abb. 1). Diese Rechnung beinhaltet neben den Bereitstellungskosten (Grundpreis) vor allem die tatsächlich in Anspruch genommene Energie in Kilowattstunden (kWh). Die Kosten für eine Kilowattstunde (1 kWh) werden von den jeweiligen Stromversorgern festgelegt.

Zähler-Nr. 620960	Verbrauchszeitraum: 15.04. 2010 – 14.04. 2011	
Zählerstand (alt): 22434	Zählerstand (neu): 24853	
Verbrauch: 2419 kWh		
Arbeitspreis [1]: 22,0000 Cent/kWh x 2419		= 532,18 EUR
Grundbetrag Strom [2]: 22,50 EUR/365 Tage		= 22,50 EUR
Messen/Abrechnen [2]: 20,20 EUR/365 Tage		= 20,20 EUR
	Netto	= 574,88 EUR
	USt. 19 %	= 109,23 EUR
	Rechnungsbetrag:	= **684,11 EUR**

1) Kosten für in Anspruch genommene Energie
2) Kosten für Energiebereitstellung (Grundpreis)

1 Jahresendabrechnung eines Stromversorgers (Ausschnitt), die der Nutzer erhält

Gewusst · Gekonnt

1. Immer schön der Reihe nach
Begründe, warum ein Amperemeter stets in Reihe zu dem elektrischen Gerät geschaltet werden muss, durch das der elektrische Strom fließt.

2. Einheiten der Stromstärke
Gib die folgenden Stromstärken in den angegebenen Einheiten an.
a) 2,4 A; 0,27 A und 0,08 A in mA
b) 320 mA, 81 mA und 6 mA in A
c) 14 mA, 280 mA und 4 650 mA in A
d) 1,8 A; 0,75 A und 0,023 A in mA

3. Stromstärken messen
An einem Vielfachmessgerät werden nacheinander die Messbereiche eingestellt:
a) 10 mA
b) 100 mA
c) 300 mA

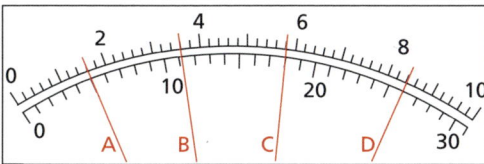

Lies die elektrische Stromstärke jeweils für die Zeigerstellungen A bis D im Bild ab.

4. Was bedeutet Betriebsspannung?
Warum ist auf manchen elektrischen Geräten die Betriebsspannung angegeben? Erkunde, welche Betriebsspannung Handys, CD-Player und Taschenrechner haben. Was passiert, wenn die Betriebsspannung deutlich über- oder unterschritten wird?

5. Und auf Reisen?
An den Steckdosen im Haushalt liegen bei uns 230 V an. In anderen Ländern sind Spannungen von 110 oder 120 V üblich. Was passiert, wenn wir unsere elektrischen Haushaltsgeräte (z. B. Tauchsieder, Föhn) dort einschalten? Begründe deine Antwort mit dem Antrieb des elektrischen Stroms.

6. Einheiten der Spannung
Gib folgende Spannungen in den angegebenen Einheiten an!
a) 12,5 V; 8,3 V und 0,36 V in mV
b) 15 000 V, 6 800 V und 230 V in kV
c) 110 kV, 220 kV und 380 kV in V
d) 25 mV, 120 mV und 3 300 mV in V

7. Spannungen messen
Wie groß sind die elektrischen Spannungen, wenn am Vielfachmessgerät nacheinander die Messbereiche eingestellt werden?
a) 3 V
b) 10 V
c) 60 V
Lies jeweils für die Zeigerstellungen A bis D die Messwerte ab!

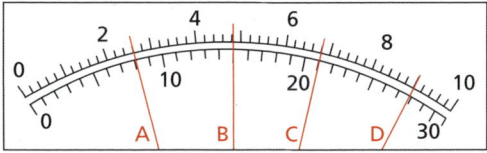

8. Qualitätskontrolle
Prüfe die Spannung nach, die auf Batterien, Knopfzellen und Monozellen angegeben ist.

9. Probieren geht über Studieren?
Daniel wechselt die zwei Monozellen von je 1,5 V in seiner Maus aus. Erst nach mehrmaligem Probieren ist die Maus wieder funktionstüchtig. Was muss er beim Einlegen der Zellen beachten?

Gewusst · Gekonnt

10. Antreiben erwünscht
Bei welcher Schalterstellung ist die Stärke des Stroms durch den Motor größer? Begründe mithilfe der Vorstellung vom Antrieb.

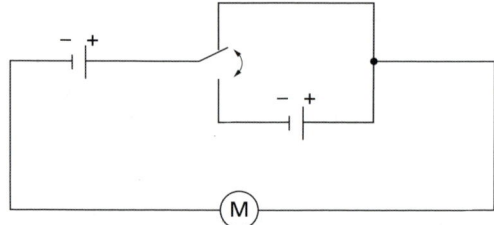

11. Dynamo speist Lampe
Erläutere am Beispiel der Fahrradbeleuchtung mit einem Dynamo den Zusammenhang zwischen der elektrischen Spannung und der Stromstärke im Stromkreis.

12. Ein Draht unter der Lupe
Was bedeutet der Begriff elektrischer Widerstand? Beschreibe die Bewegung der Elektronen in einem Metalldraht.

13. Leitungen leisten kaum Widerstand
Der Widerstand der Verbindungsleitungen, die du beim Experimentieren benutzt, ist sehr klein im Vergleich zu den Widerständen der Bauteile und Geräte im Stromkreis. Begründe, warum das so sein muss.

14. Was Messwerte verraten
In einem Experiment wurden für ein Bauteil folgende Messwertepaare aufgenommen:

U in V	1	2	3	4	5	6
I in A	0,15	0,22	0,29	0,34	0,36	0,37

a) Stelle die Messwertepaare grafisch dar. Interpretiere das Diagramm.
b) Gilt für dieses Bauteil das ohmsche Gesetz? Begründe.
c) Um was für ein elektrisches Bauteil könnte es sich handeln? Begründe.

15. Kurze und lange Leitung
Begründe mit dem Modell der Elektronenleitung in einem elektrischen Leiter, warum ein langes Stück eines Eisendrahts einen größeren Widerstand hat als ein kurzes Stück.

16. Kalter und heißer Widerstand
Bestimme experimentell den Widerstand einer 6-V-Glühlampe im kalten Zustand und im Betriebszustand.

17. Widerstand und Temperatur
Deute die unterschiedlichen Widerstände einer Glühlampe bei verschiedenen Temperaturen mit dem Teilchenaufbau der Stoffe und dem Modell der Elektronenleitung.

18. Lampe leistet Widerstand
Bei Halogenlampen, die in Taschenlampen verwendet werden, findet man die Angabe 2,8 V/0,85 A.
Wie groß ist der elektrische Widerstand einer solchen Halogenlampe?

19. Regeln physikalisch begründen
Der menschliche Körper ist sehr empfindlich für elektrischen Strom. Aufgrund von Untersuchungen wird empfohlen, Ströme bereits ab einer Stärke von 10 mA zu meiden.
Der Körperwiderstand des Menschen von Hand zu Hand beträgt bei trockener Haut bis 30 kΩ, bei feuchter Haut ca. 1 kΩ.
a) Wie groß dürfen die Spannungen höchstens sein, um Gefährdungen des Menschen auszuschließen? Bewertet Regeln.
b) Leitet Konsequenzen für den Umgang mit Netzspannung und anderen hohen Spannungen ab.

20. Gesetze helfen
Geräte können in Reihe oder parallel geschaltet sein.
Wie kann man prüfen, ob bei zwei elektrischen Geräten eine Reihenschaltung oder eine Parallelschaltung vorliegt?

21. Stromstärken gesucht

Ein Motor und eine Glühlampe sind in einem Stromkreis parallel geschaltet.

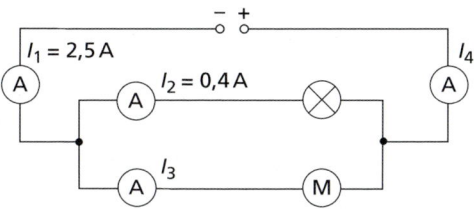

Wie groß sind die Stromstärken I_3 und I_4? Begründe.

22. Drei gleiche Lampen gleich hell?

In einer Schaltung befinden sich drei gleiche Lampen (↗ Abb.).

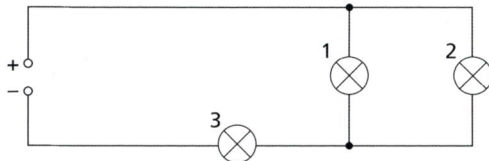

a) Mache mithilfe der Gesetze für den elektrischen Stromkreis eine Vorhersage, wie hell die Lampen im Vergleich zueinander leuchten.

b) Baue die Schaltung auf. Verwende drei gleiche Lampen (1,0 V/0,6 A) und eine 1,5-V-Batterie. Beobachte und vergleiche mit deiner Vorhersage.

c) Wie wird sich die Helligkeit der Lampen ändern, wenn du Lampe 1 durch eine Lampe mit höherem Widerstand ersetzt? Begründe deine Vorhersage. Prüfe.

23. Sparen – nein danke

Wenn man die beiden Rücklichter eines Pkw hintereinanderschalten würde, könnte man eine Menge Leitungsdraht sparen.

a) Zeichne das dazugehörige Schaltbild.

b) Warum schaltet man die beiden Lampen dennoch nicht hintereinander? Es gibt dafür mehr als einen Grund.

24. Ausreichend abgesichert?

Im Haushalt ist ein Stromkreis mit einer Sicherung von 10 A abgesichert. Angeschaltet sind der Kühlschrank ($I_1 = 0,4\,\text{A}$), das Fernsehgerät ($I_2 = 0,3\,\text{A}$) und ein Heizkörper ($I_3 = 3,5\,\text{A}$). Außerdem ist ein Elektroherd ($I_4 = 5,2\,\text{A}$) in Betrieb.

a) Skizziere den Schaltplan mit allen genannten Geräten. Verwende Widerstände als Schaltsymbol.

b) Was geschieht, wenn nun noch ein Mikrowellenherd ($I_5 = 3,5\,\text{A}$) angeschaltet wird? Begründe.

25. Fünfmal zwei Ohm

Wie groß ist der Gesamtwiderstand zwischen den Punkten A und B?

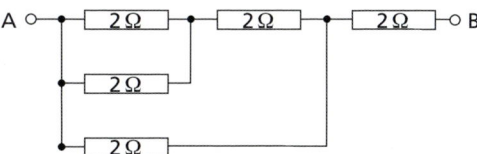

26. Zweimal Gesamtwiderstand

Es stehen Widerstände mit 2,0 Ω; 5,0 Ω; 10 Ω und 50 Ω zur Verfügung.

Wie erhält man einen Gesamtwiderstand von $\frac{10}{7} = 1,4\,\Omega$ bzw. von 16,5 Ω? Begründe deine Aussagen.

27. Elektrische Leistung eines Geräts

Bestimme experimentell die elektrische Leistung eines Geräts.

Vorbereitung:

Nach welcher Gleichung kann die elektrische Leistung berechnet werden?

Welche physikalischen Größen müssen gemessen werden?

Entwirf einen Schaltplan.

Durchführung:

Baue die Schaltung nach dem Schaltplan auf. Führe die notwendigen Messungen durch.

Auswertung:

Berechne die elektrische Leistung des Geräts.

Gewusst · Gekonnt

28. Unterschiedliche Leistungen

Stelle in einer Tabelle Geräte zusammen, die im Haushalt genutzt werden. Die gesuchten Daten befinden sich meistens auf den Geräten, manchmal aber auch in den Betriebsanleitungen.

Gerät	Elektrische Leistung
...	...

29. Fahrradbeleuchtung

Auf der Glühlampe für einen Fahrradscheinwerfer steht: 6 V/2,4 W.
Berechne die Stromstärke bei vollem Betrieb der Glühlampe.

30. Maximale Leistung

Ein Stromkreis im Haushalt ist mit 16 A abgesichert. Welche elektrische Leistung kann man einer Steckdose (230 V) maximal entnehmen?

31. Anschluss gefragt

Von einem Widerstand sind die Angaben 20 Ω/5 W bekannt. Darf dieser Widerstand direkt an eine Quelle von 12 V angeschlossen werden? Begründe.

32. Aktuelle Preise

Erkunde den aktuellen Preis für eine Kilowattstunde an deinem Wohnort. Beachte: Die Preise verschiedener Anbieter können unterschiedlich sein.

33. Typenschilder geben Auskunft

Was bedeuten die Angaben auf den Typenschildern?

34. Ein Elektrizitätszähler

Schau dir den Elektrizitätszähler für eure Wohnung gründlich an und notiere dir wichtige Angaben.
Was misst der Elektrizitätszähler eigentlich? In welcher Einheit wird gemessen?

35. Kosten für elektrische Energie

Berechne für eine Woche die Kosten für die Nutzung elektrischer Energie in deinem Haushalt. Lies dazu im Abstand von einer Woche den Zählerstand am Elektrizitätszähler ab. Multipliziere die Anzahl der Kilowattstunden mit den aktuellen Kosten für eine Kilowattstunde. Beachte, dass Haushalte für die genutzte Energie 19 % Mehrwertsteuer zahlen müssen.

36. Was wird berechnet?

Die Rechnungen für Elektroenergie werden umgangssprachlich „Stromrechnung" oder „Rechnung über Stromverbrauch" genannt. Erläutere, ob die Begriffe „Stromrechnung" und „Stromverbrauch" in diesem Zusammenhang richtig verwendet werden. Wie würde es ein Physiker formulieren?

37. Rechnung für elektrische Energie

Die Rechnung für private Haushalte setzt sich aus einem Grundpreis für die Bereitstellung der Energie, dem Arbeitspreis für die genutzte Energie und der Mehrwertsteuer zusammen. Berechne für folgendes Beispiel die Kosten:

Energieverbrauch:	1 585 kWh
Arbeitspreis	0,23 Euro/kWh
Grundpreis:	42,70 Euro/Jahr
Mehrwertsteuer:	19 %

38. Sparsam ist besser!

Aus ökonomischen und ökologischen Gründen sollte jeder sparsam mit Elektroenergie umgehen. Nenne und begründe einige Maßnahmen der rationellen und sparsamen Nutzung von Elektroenergie im Haushalt.

Größen der Elektrizitätslehre

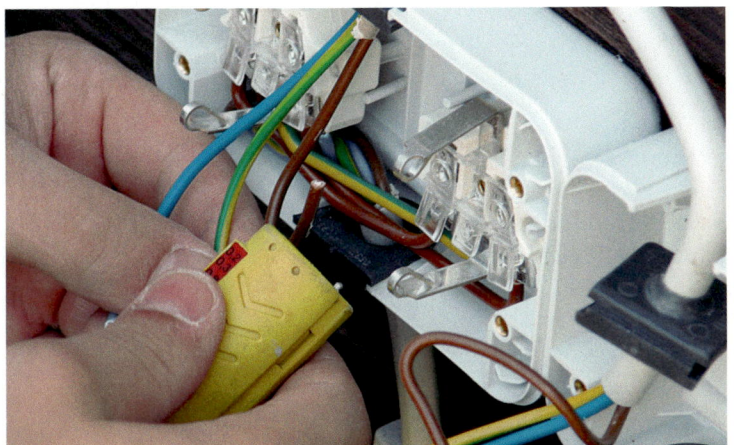

Die **elektrische Stromstärke I** gibt an, wie viele Ladungsträger sich in jeder Sekunde durch einen Leiterquerschnitt bewegen.
Einheit: ein Ampere (1 A)

Die **elektrische Spannung U** gibt an, wie stark der Antrieb des elektrischen Stroms ist.
Einheit: ein Volt (1 V)

Der **elektrische Widerstand R** eines Bauteils gibt an, wie stark der Strom in ihm behindert wird.
Einheit: ein Ohm (1 Ω)

Mit den elektrischen Größen Stromstärke, Spannung und Widerstand können Vorgänge und Gesetze in Stromkreisen beschrieben werden.

■ Bei konstanter Temperatur gilt das **ohmsche Gesetz:**

$I \sim U$ $\frac{U}{I}$ = konstant

■ Der **Widerstand** eines Bauteils ist so definiert:

$R = \frac{U}{I}$

Elektrische Bauteile können in Reihe oder parallel geschaltet sein.

Art der Schaltung	Reihenschaltung	Parallelschaltung
Schaltplan		
Stromstärke I	$I = I_1 = I_2 = \dots$	$I = I_1 + I_2 + \dots$
Spannung U	$U = U_1 + U_2 + \dots$	$U = U_1 = U_2 = \dots$
Widerstand R	$R = R_1 + R_2 + \dots$	$\frac{1}{R} = \frac{1}{R_1} + \frac{1}{R_2} + \dots$

■ **Elektrische Leistung P** (gemessen in W, kW, MW): $P = U \cdot I$

■ **Elektrische Energie E** (gemessen in Ws, kWh): $E = P \cdot t$

2.3 Elektrische Leitungsvorgänge

1 Moderne Lichtquellen

Für Signalanlagen und Beleuchtungszwecke werden immer häufiger spezielle Dioden genutzt. Man nennt sie LED (Lichtemitterdioden, Leuchtdioden). Im Haushalt nutzt man auch andere Lichtquellen. Fertige eine Übersicht über Lichtquellen an, die im Alltag genutzt werden. Nenne auch Vor- und Nachteile.

2

Ein Gerät voller Elektronik

Mit einem modernen Smartphone kannst du telefonieren. Mit einem solchen Gerät kannst du aber auch im Internet surfen, es als Navigationsgerät nutzen, Codes lesen, Fotos oder Videos aufnehmen, es als Organizer oder MP3- Player verwenden. Grundlage für seine Wirkungsweise ist die moderne Halbleiterelektronik. Erkunde, in welchen Haushaltsgeräten Halbleiterbauelemente genutzt werden. Stelle eine Übersicht zusammen.

3 Was sind Halbleiter?

Solche Scheiben aus Silicium sind das Ausgangsmaterial für viele Halbleiterbauteile. Was unterscheidet Silicium von anderen Stoffen?

4 Wetter heute

Mit einer solchen Wetterstation kann man z. B. Zimmer- und Außentemperatur gleichzeitig messen.
Als Sensor für die Temperaturmessung werden Halbleiterwiderstände genutzt. Wie unterscheiden sie sich von metallischen Widerständen?

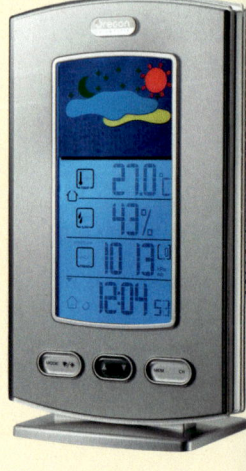

Leitung in Gasen

Damit in einem Gas ein Strom fließen kann, müssen die auf S. 96 beschriebenen Voraussetzungen erfüllt sein: Es müssen frei bewegliche Ladungsträger und eine Spannungsquelle vorhanden sein.

In Gasen unter Normalbedingungen existieren nur sehr wenige frei bewegliche Ladungsträger, sodass kaum Leitungsvorgänge stattfinden können. Das Gasgemisch Luft ist z. B. unter Normalbedingungen ein guter Isolator. Das ist der Grund dafür, dass zwischen den beiden Anschlüssen einer Steckdose oder den offenen Kontakten eines Schalters kein Strom fließt.

Durch äußere Einflüsse können aber in Gasen frei bewegliche Ladungsträger erzeugt werden.
Eine Möglichkeit dafür ist die Ionisation des Gases. Durch Energiezufuhr in Form von Wärme oder Kernstrahlung werden einzelne Elektronen aus den Gasmolekülen herausgelöst. Es entstehen Elektronen und positiv geladene Gasionen als frei bewegliche Ladungsträger (Abb. 1). Nach Anlegen einer Spannung kann in dem Gas ein Strom fließen.
Eine Ionisation von Gasen kann auch erfolgen, wenn schnelle Elektronen auf Gasmoleküle stoßen und dabei weitere Elektronen aus den Molekülen herauslösen. Diesen Vorgang nennt man Stoßionisation. Dabei entstehen Elektronen und positiv geladene Gasionen (Abb. 2).

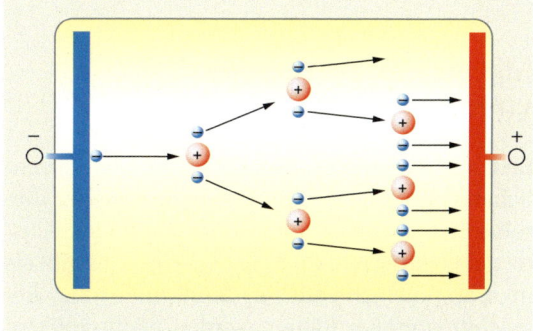

2 Stoßionisation in einem Gas: Als bewegliche Ladungsträger sind dann Elektronen und positiv geladene Gasionen vorhanden.

> **Stromfluss in Gasen bedeutet die gerichtete Bewegung von negativ geladenen Elektronen bzw. positiv geladenen Gasionen.**

Voraussetzung für Stoßionisation ist, dass die Elektronen hohe Geschwindigkeiten und damit große kinetische Energien besitzen. Das kann man z. B. durch ein starkes elektrisches Feld oder durch geringen Luftdruck erreichen. So kann Luft zwischen Gewitterwolken oder in einer Elektronenröhre (Abb. 3) ionisiert werden. Elektronen als freibewegliche Ladungsträger können in Gasen auch durch Glühemission (↗ S. 136) oder durch Bestrahlung spezieller Oberflächen mit Licht (Fotoemission) erzeugt werden. Leitungsvorgänge in Gasen sind häufig mit Leuchterscheinungen verbunden (↗ S. 92, 136).

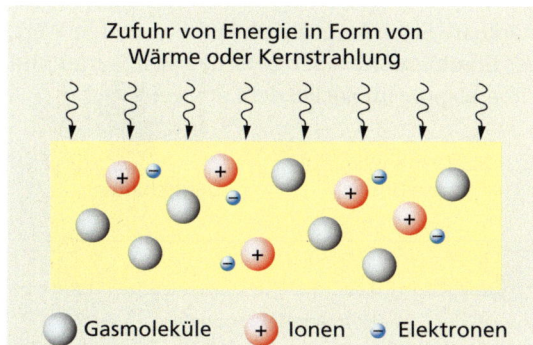

1 Ionisation eines Gases: Durch Energiezufuhr werden Gasmoleküle in Elektronen und positiv geladene Gasionen aufgespalten.

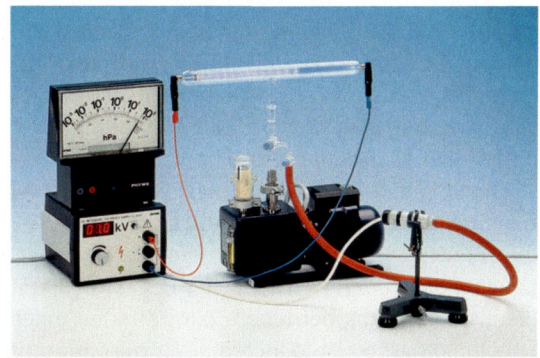

3 Leuchterscheinung eines Gases unter niedrigem Druck bei Anlegen einer Spannung: Es entsteht eine leuchtende Säule.

Physik im Alltag

Mit Leuchtstofflampen Energie sparen

Leuchtstofflampen haben gegenüber herkömmlichen Glühlampen den Vorteil, dass sie für dieselbe Lichtausbeute nur ein Drittel bis ein Sechstel der elektrischen Energie benötigen. Es gibt sie in sehr unterschiedlichen Bauformen. Zur Beleuchtung großer Räume werden häufig röhrenförmige Leuchtstofflampen genutzt. Moderne Entwicklungen sind kompakte Leuchtstofflampen, bei denen die zum Betrieb erforderliche Drosselspule und der Starter fest im Sockel eingebaut sind (Abb. 1). Sie werden auch als **Energiesparlampen** bezeichnet. Diese Lampen passen in Fassungen für herkömmliche Glühlampen.
Beschreibe den Aufbau und erkläre die Wirkungsweise einer Leuchtstofflampe.

Leuchtstofflampen dienen der Umwandlung elektrischer Energie in Lichtenergie und damit der Aussendung von Licht. Dabei werden Vorgänge der elektrischen Leitung in Gasen genutzt. Die Leuchtstofflampe ist eine Niederdruck-Entladungslampe. Sie besteht aus einem Glasrohr, in das zwei Elektroden aus Wolframdraht an den Enden eingebaut sind (Abb. 2). Die Innenseite der Glasröhre ist mit einer Leuchtstoffschicht versehen, deren Zusammensetzung die Farbe des Lichts bestimmt. In der Glasröhre befindet sich ein Gasgemisch aus Argon und Quecksilberdampf. Beim Einschalten der Lampe senden die beiden Wolframelektroden durch Glühemission Elektronen aus. Diese werden im elektrischen Feld zwischen den Elektroden beschleunigt und treffen auf Gasatome. Dabei werden die Gasatome ionisiert (↗ S. 135). Gleichzeitig senden sie eine unsichtbare ultraviolette Strahlung aus, die die Leuchtstoffschicht zum Leuchten anregt. Leuchtstofflampen werden in der Regel mit 230 V Wechselspannung betrieben. Zum Zünden einer Leuchtstofflampe ist jedoch eine Zündspannung von 300 bis 450 V erforderlich. Um diese Zündspannung beim Einschalten zu erreichen, werden der Starter und die Drosselspule benötigt.

1 Energiesparlampen sind Leuchtstofflampen.

Der Starter ist eine Glimmlampe, bei der eine Elektrode ein Bimetallstreifen ist. Nach dem Einschalten kommt es zu einer Glimmentladung, wobei ein kleiner Strom im Stromkreis fließt. Der Bimetallstreifen schließt die beiden Elektroden kurz, wobei ein erhöhter Strom fließt. Dadurch beginnen die Wolframdrähte zu glühen und emittieren Elektronen. Das Gas in der Leuchtstofflampe wird elektrisch leitend. Gleichzeitig kühlt sich die Bimetallelektrode im Starter ab und unterbricht den Stromkreis plötzlich. Dies führt in der Drosselspule zu einem kurzen Spannungsstoß, der zum Zünden der Lampe ausreicht.

Die Elektronen in der Lampe werden stark beschleunigt und es kommt zur Stoßionisation. Gleichzeitig begrenzt die Drosselspule die Stromstärke im Stromkreis auf einen bestimmten Wert. Bei Energiesparlampen befinden sich Starter und Drosselspule im Sockel der Lampe.

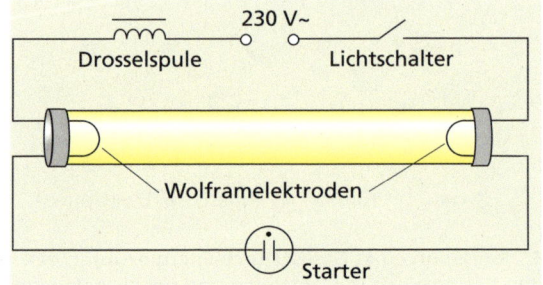

2 Schaltung einer Leuchtstofflampe

Leitung in Halbleitern

Halbleiter sind Stoffe, deren elektrische Leitfähigkeit zwischen der von Leitern und Isolatoren liegt. Diese Leitfähigkeit ist bei reinen Halbleitern wie Silicium, Germanium und Selen nur gering und technisch kaum nutzbar. Von reinen Halbleitern spricht man, wenn auf mehr als eine Milliarde Siliciumatome ein Fremdatom oder ein Gitterfehler kommt.

Bei Zimmertemperatur sind bei einem reinen Halbleiter fast alle Elektronen im Gitter fest gebunden. Einzelne Elektronen können aber diese Bindung verlassen. Dabei entsteht jeweils eine Fehlstelle, ein Loch. Man spricht auch von Defektelektronen.

Diese Löcher oder Defektelektronen werden teilweise wieder durch Elektronen besetzt. Man sagt: Die Elektronen und Löcher rekombinieren. Im Mittel sind aber immer ein paar freie Elektronen und Löcher vorhanden.

Wird an einen solchen reinen Halbleiter eine Spannung angelegt, dann gehen parallel zueinander folgende Vorgänge vor sich:
- Die wenigen freien Elektronen bewegen sich in Richtung Pluspol der Spannungsquelle.
- In Löcher springen benachbarte, ursprünglich gebundene Elektronen.

Dadurch erfolgt insgesamt eine Bewegung von Elektronen in der einen Richtung und gleichzeitig von Löchern in der entgegengesetzten Richtung (Abb. 1).

Dieser Leitungsmechanismus wird als Eigenleitung bezeichnet. Er hat allerdings nur geringe praktische Bedeutung.

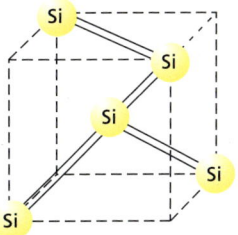

2 Räumliche Darstellung von Silicium. Bei reinem Silicium sind fast alle Elektronen im Gitter fest gebunden. Das Foto zeigt Silicium.

Die Leitfähigkeit eines Halbleiters kann gezielt erhöht werden, wenn man Atome anderer Elemente (Fremdatome) einbringt, die mehr oder weniger Außenelektronen haben als die Halbleiteratome. Man nennt diesen Vorgang Dotieren. Beim Dotieren entstehen Störstellen mit freien Elektronen oder Löchern. Die darauf basierende Leitung wird Störstellenleitung genannt.

> Bei Halbleitern erfolgt der elektrische Leitungsvorgang durch Elektronen und Löcher (Defektelektronen).
> Je nach der Dotierung unterscheidet man zwischen n-Halbleitern und p-Halbleitern.

Die beiden grundsätzlichen Möglichkeiten des Dotierens sind auf S. 138 oben dargestellt. Bewegen sich vorrangig negativ geladene Elektronen, so spricht man von n-Leitung. Erfolgt die Leitung vor allem durch Löcher, so wird von p-Leitung gesprochen. Das Dotieren selbst erfolgt in einem technisch aufwendigen Verfahren. Eine Möglichkeit besteht darin, durch Diffusion die Oberfläche des Halbleiters gezielt zu „verunreinigen".

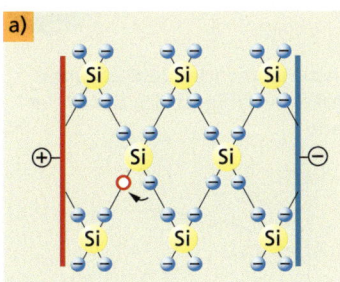
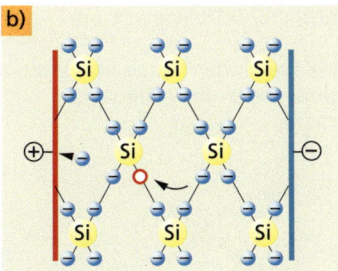
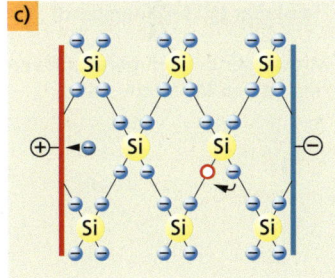

1 Eigenleitung in Silicium: Elektronen bewegen sich nach links, Löcher nach rechts.

n-Halbleiter	p-Halbleiter

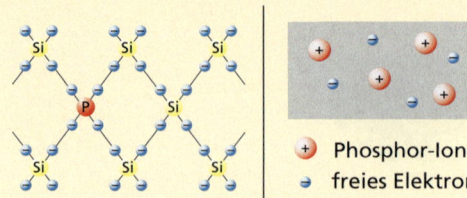

+ Phosphor-Ion
⇒ freies Elektron

Wird ein Phosphoratom (5-wertig) in Silicium dotiert, kann ein Außenelektron des Phosphors nicht gebunden werden und steht als freies Elektron für eine n-Leitung zur Verfügung.

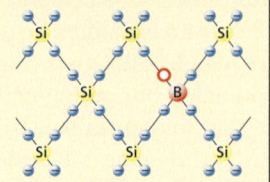

− Bor-Ion
○ Defektelektron (Loch)

Wird in ein Siliciumkristall ein Boratom (3-wertig) dotiert, kann ein Außenelektron eines Siliciumatoms nicht gebunden werden. Es bleibt ein Loch, das für eine p-Leitung zur Verfügung steht.

Halbleiterwiderstände

Der elektrische Widerstand eines Halbleiters ist von dessen Temperatur abhängig. Dabei wirken zwei gegensätzliche Vorgänge. Einerseits führen bei höherer Temperatur die Atome und Ionen des Halbleiterkristalls heftigere Schwingungen um ihre Ruhelage aus und behindern dadurch stärker die Bewegung der frei beweglichen Elektronen. Andererseits können sich bei einer höheren Temperatur mehr Außenelektronen aus ihren Bindungen lösen. Somit stehen mehr frei bewegliche Elektronen und Löcher zur Verfügung.
Je nachdem, welcher dieser Vorgänge überwiegt, steigt oder sinkt der Widerstand eines Halbleiters bei Temperaturerhöhung.
Solche temperaturabhängigen Halbleiterwiderstände bezeichnet man als **Thermistoren,** wobei man zwischen Kaltleitern und Heißleitern unterscheidet.

Bei **Kaltleitern** wird der elektrische Widerstand umso größer, je höher die Temperatur ist.
Bei **Heißleitern** nimmt der elektrische Widerstand mit steigender Temperatur ab (↗ Übersicht unten).
Die Leitfähigkeit und damit der Widerstand von Halbleitern kann auch durch die Stärke des einfallenden Lichts beeinflusst werden. Das wird bei **Fotowiderständen** (↗ unten) genutzt: Je stärker sie mit Licht beleuchtet werden, umso kleiner ist ihr elektrischer Widerstand.
Wegen $I \sim \frac{1}{R}$ bei $U = $ konstant vergrößert sich I mit der Verkleinerung von R.

Thermistoren		Fotowiderstände (LDR)
Heißleiter (NTC-Widerstand)	**Kaltleiter (PTC-Widerstand)**	
Mit steigender Temperatur ϑ verringert sich der Widerstand.	Mit steigender Temperatur ϑ vergrößert sich der Widerstand.	Mit zunehmender Beleuchtungsstärke E verringert sich der Widerstand.

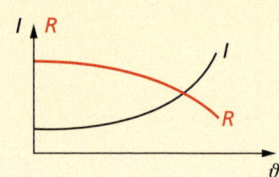

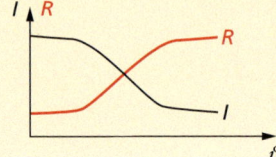

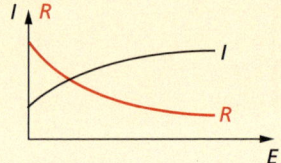

Untersuchungen an Halbleitern

Experiment 1

Ein Heißleiter ist ein spezieller Halbleiterwiderstand. Er kann als Sensor genutzt werden. Wichtig für die Anwendung ist der Verlauf der U-I-Kennlinie. Diese Kennlinie kann experimentell ermittelt werden.

Aufgabe:
Untersuche den Zusammenhang zwischen Spannung und Stromstärke bei einem Heißleiter.
Vorbereitung:
a) Vergleiche den Leitungsvorgang in einem Heißleiter mit dem in Metallen. Fertige eine Übersicht an.
b) Bereite eine Messwertetabelle vor.
Durchführung:
a) Baue die Experimentieranordnung nach dem dargestellten Schaltplan auf.

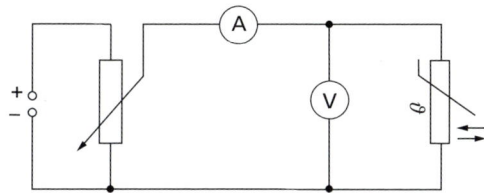

b) Stelle zu Beginn der Messungen die vorgegebene Maximalspannung ein. Wähle dann geeignete Messbereiche an den Vielfachmessgeräten.
Beachte: Die Messbereichseinstellung wird für die gesamte Messreihe beibehalten. Bei einem Heißleiter muss vor einer Messung jeweils eine Weile gewartet werden, bevor man abliest.
c) Trage alle Messwerte in die Messwertetabelle ein.
Auswertung:
a) Zeichne die U-I-Kennlinie des Heißleiters und interpretiere sie. Vergleiche sie mit der Kennlinie eines Metalldrahts (↗ S. 113).
b) Welche Aussage kann man über den Zusammenhang zwischen der Temperatur des Heißleiters und seinem Widerstand treffen?
c) Gilt für einen Heißleiter das ohmsche Gesetz? Begründe deine Meinung.

Experiment 2

Untersuche die Abhängigkeit der elektrischen Leistung einer Solarzelle von der Beleuchtungsstärke und vom Einfallswinkel des Lichts.
Stelle zunächst Vermutungen auf, die dann experimentell geprüft werden.
Fertige ein Protokoll an.

Experiment 3

Untersuche das Verhalten einer Halbleiterdiode. Baue dazu die Schaltung nach dem Schaltplan auf (Variante 1).

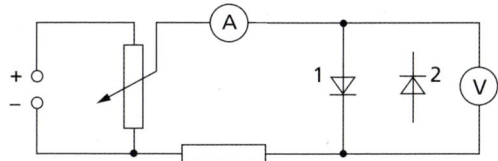

Verändere die Spannung von 0 V in 0,1-V-Schritten bis zur vorgegebenen Maximalspannung. Miss jeweils die Stromstärke. Pole dann die Diode um (2) und wiederhole die Messungen. Zeichne das U-I-Diagramm. Interpretiere es.

Experiment 4

Ein Stromkreis ist nach dem abgebildeten Schaltplan aufgebaut.

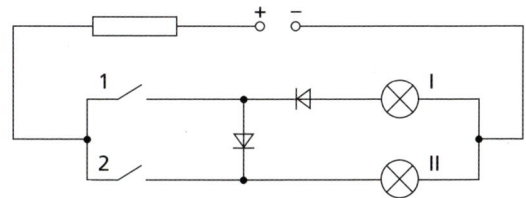

a) Sage voraus, welche Lampe leuchtet, wenn Schalter 1 oder Schalter 2 oder beide geschlossen werden.
Fertige dazu eine Tabelle an.
b) Was geschieht bei Umpolung der Quelle bei den verschiedenen Schalterstellungen?
Erfasse es in einer Tabelle.
c) Baue die Schaltung auf und überprüfe deine Voraussagen.

Die Halbleiterdiode

Eine **Diode** ist ein elektronisches Bauelement, das aus zwei unterschiedlich dotierten Schichten desselben Grundmaterials aufgebaut ist. Häufig wird dazu dotiertes Silicium verwendet. Zwischen den beiden Schichten befindet sich ein pn-Übergang (Abb. 2, 3).

Die freien Elektronen bewegen sich zunächst ungeordnet in der Diode und durchdringen so auch den pn-Übergang. Dabei gelangen einzelne Elektronen in den p-Leiter und besetzen dort die Löcher (Defektelektronen). Dies führt dazu, das zwischen dem p-Leiter und dem n-Leiter eine **Grenzschicht** entsteht, in der keine frei beweglichen Ladungsträger vorhanden sind. Vereinfacht erhält man damit einen Aufbau, wie er in Abb. 3 dargestellt ist.
Wird nun der n-Leiter einer Diode mit dem Minuspol und der p-Leiter mit dem Pluspol der elektrischen Quelle verbunden (Abb. 1a), so werden freie Elektronen in die Grenzschicht gedrückt und können ab einer bestimmten Spannung diese überwinden. Die Spannung beträgt bei Siliciumdioden ca. 0,7 V und bei Germaniumdioden ca. 0,35 V. Bei größeren Spannungen wird der Widerstand der Diode sehr klein. Die Diode lässt in dieser Richtung den Strom hindurch. Sie ist in **Durchlassrichtung** gepolt (Abb. 1b).

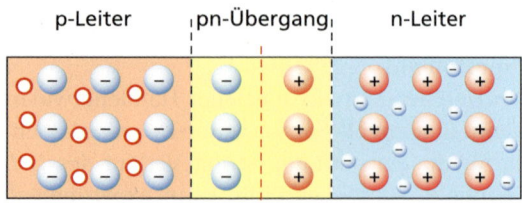

2 Aufbau einer Halbleiterdiode: Die großen Teilchen sind die ortsfesten Ionen der Dotierungsstoffe.

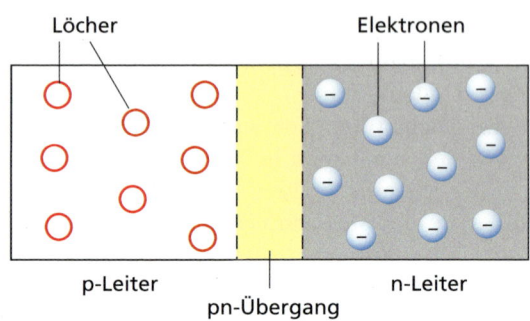

3 Vereinfachte Darstellung des Aufbaus einer Halbleiterdiode

Bei umgekehrter Polung wandern die freien Elektronen in Richtung Pluspol (Abb. 4a).
Die Grenzschicht wird dadurch verbreitert und hat einen sehr großen elektrischen Widerstand. Die Diode lässt demzufolge in dieser Richtung keinen Strom hindurch. Sie ist in **Sperrrichtung** geschaltet. Damit wirkt die Diode in dieser Schaltung wie ein Isolator.

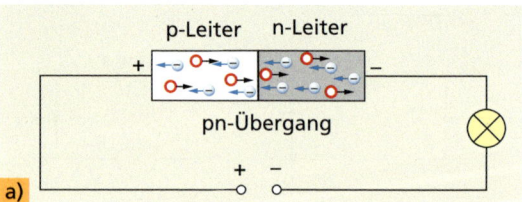

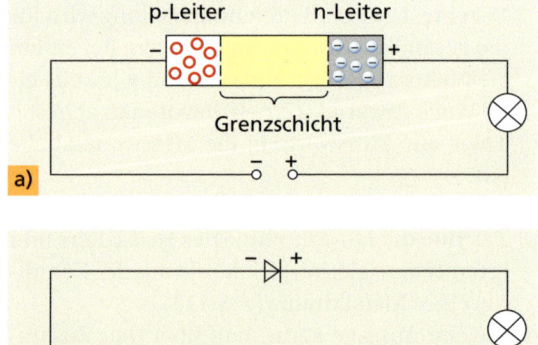

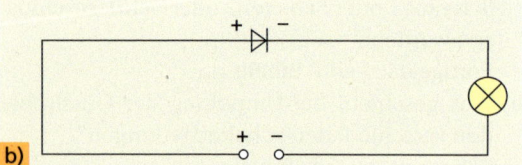

1 Diode in Durchlassrichtung: Der Pluspol der Spannungsquelle liegt am p-Leiter.

4 Diode in Sperrrichtung: Der Pluspol der Spannungsquelle liegt am n-Leiter.

> **Ein pn-Übergang lässt den elektrischen Strom nur in einer Richtung hindurch.**

Diese Eigenschaft eines pn-Übergangs ist grundlegend für die gesamte Halbleiterelektronik und wird auch bei anderen Halbleiterbauelementen genutzt.

Die Eigenschaften der Diode werden mit der *U-I*-Kennlinie (Abb. 2) beschrieben. Aus dieser Kennlinie ist ablesbar: In Sperrrichtung fließt trotz anliegender Spannung kein Strom. Ursache dafür ist der große Widerstand der Grenzschicht. Auch in Durchlassrichtung fließt bis zu einer Spannung von ca. 0,7 V kein Strom. Erst bei dieser Spannung können Elektronen die Grenzschicht überwinden. Bei Spannungen von mehr als 0,7 V steigt die Stromstärke stark an, da der Widerstand der Diode nun sehr klein ist.

Da eine Diode den Strom nur in einer Richtung hindurchlässt, kann sie zur Gleichrichtung von Wechselströmen genutzt werden. Dabei werden Halbleiterdioden als **Gleichrichter** verwendet.

Abb. 1a zeigt eine einfache Gleichrichterschaltung. Bei einer solchen Gleichrichterschaltung wird eine Halbkurve des Wechselstromes „abgeschnitten" (Abb. 1b).

Will man beide Halbkurven nutzen, so muss man eine Schaltung anwenden, so wie sie in Abb. 4 dargestellt ist. Sie wird Zweiweggleichrichterschaltung genannt.

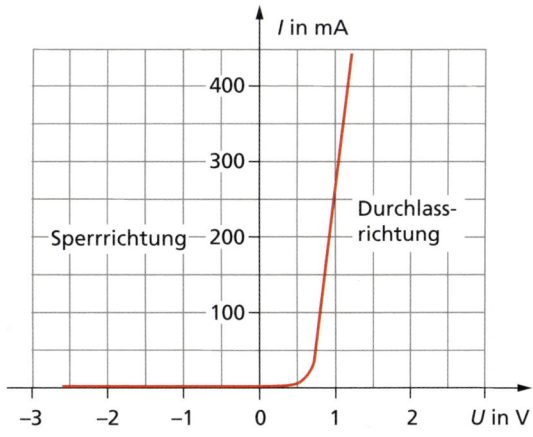

2 *U-I*-Kennlinie einer Siliciumdiode

Beim elektrischen Stromfluss durch Dioden in Durchlassrichtung bewegen sich Elektronen in Löcher und werden wieder zu Außenelektronen in einer Atombindung. Dabei geben sie Energie ab. Diese Energie kann als Wärme abgestrahlt oder als Licht ausgesendet werden. Die Aussendung von Licht wird bei **Leuchtdioden** (Lichtemitterdioden, LED) genutzt.

3 Leuchtdioden, die unsichtbares infrarotes Licht aussenden, nutzt man bei Fernbedienungen.

a)

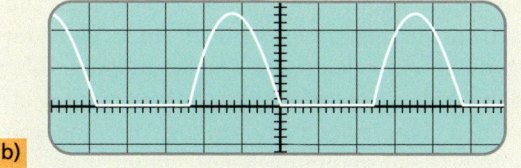

b)

1 Schaltung eines Gleichrichters (a) mit Bild des pulsierenden Gleichstroms (b)

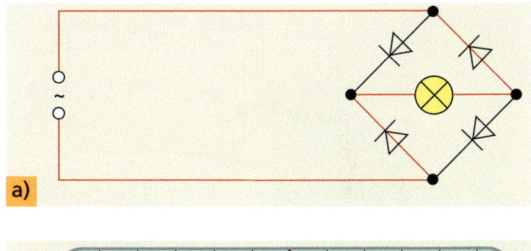

a)

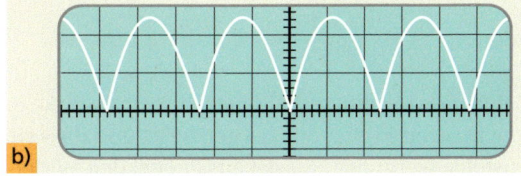

b)

4 Schaltung von Gleichrichtern (a) mit Bild des pulsierenden Gleichstroms (b)

Anwendungen von Halbleiterbauelementen

Thermistoren

Thermistoren sind Widerstände aus Halbleitermaterial. Dabei ist zwischen Heißleitern und Kaltleitern zu unterscheiden.

Aufgabe 1

Wie unterscheiden sich Heißleiter und Kaltleiter voneinander? Informiert euch im Lehrbuch auf S. 138. Fertigt eine Übersicht an.

Aufgabe 2

Mithilfe eines Thermistors und einer Spannungsquelle lässt sich ein einfaches elektrisches Thermometer bauen. Es muss allerdings vorher geeicht werden. Der Versuchsaufbau dazu ist auf S. 118, Abb. 2, dargestellt.
Baut die Versuchsanordnung auf und nehmt eine Eichkurve auf.
Messt dann mit eurem Thermometer die Raumtemperatur, die Lufttemperatur draußen und die Temperatur von frischem Leitungswasser. Vergleicht eure Ergebnisse mit den Temperaturen, die ihr mit einem industriell hergestellten Thermometer messt.

Aufgabe 3

Kaltleiter (PTC-Widerstände) nutzt man z. B. zur Füllstandsmessung. Baut das Modell einer Füllstandsmessung.

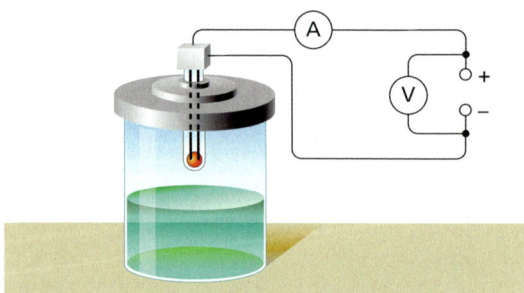

Zeigt, dass bei einem Kaltleiter die Stromstärke in einem Stromkreis zunächst gering ist und dass sie ansteigt, wenn der Flüssigkeitsspiegel den Widerstand erreicht. Erklärt die Wirkungsweise der Anordnung.

Aufgabe 4

Fotowiderstände sind beleuchtungsabhängige Widerstände (↗ S. 138).
Untersucht, wie sich die Stromstärke durch einen Fotowiderstand in Abhängigkeit von der Beleuchtung ändert.
Vorbereitung:
Entwerft einen Schaltplan und eine Messwertetabelle.
Durchführung:
a) Baut den Versuch entsprechend dem Schaltplan auf.
b) Messt die Stromstärke, wenn der Widerstand vollständig abgedunkelt ist.
c) Beleuchtet den Widerstand mit einer Taschenlampe aus verschiedenen Entfernungen.
Auswertung:
a) Formuliert ein Ergebnis.
b) Erkundet, bei welchen technischen Anwendungen man Fotowiderstände nutzt.
c) Präsentiert das Ergebnis des Experiments und eine Anwendung euren Mitschülern.

Halbleiterdioden

Halbleiterdioden werden zur Gleichrichtung von Wechselspannung genutzt. Das ist wichtig, weil man zum Beispiel zum Aufladen der Akkus von Smartphones oder MP3-Playern Gleichspannung benötigt.

Hinzu kommt: Für den Betrieb vieler elektronischer Schaltungen ist eine konstante Spannung erforderlich. Man braucht also eine elektrische Quelle, die auch bei Netzschwankungen oder bei der Entladung von Batterien und Akkus ihre Spannung kaum ändert. Dazu schaltet man Dioden in Durchlassrichtung über einen Vorwiderstand an eine elektrische Quelle und kann über den Dioden eine relativ konstante Spannung abgreifen. Eine solche Anordnung, die eine konstante Gleichspannung liefert, nennt man eine **Konstantspannungsquelle.** Sie lässt sich mit schulischen Mitteln aufbauen (↗ Aufgabe 5).

Aufgabe 5

Nachfolgend ist der Schaltplan für eine einfache Konstantspannungsquelle angegeben.

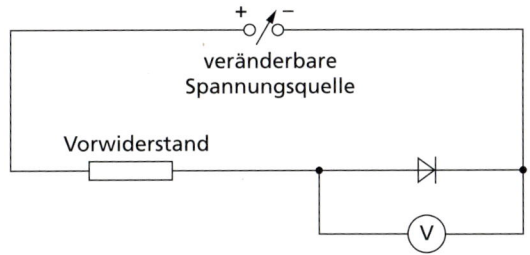

Baut die Anordnung nach dem Schaltplan auf und messt die Spannung. Verändert die Spannung an der Spannungsquelle und wiederholt die Messung.

Führt die Untersuchung auch an zwei in Reihe geschalteten Dioden durch.

Formuliert das Ergebnis eurer Untersuchungen. Erklärt die Wirkungsweise der dargestellten Anordnung.

Leuchtdioden

Leuchtdioden, auch **Lumineszenzdioden, Lichtemitterdioden** oder **LED** (abgeleitet vom englischen **l**ight **e**mitting **d**iode) genannt, sind spezielle Halbleiterdioden, die beim Betrieb in Durchlassrichtung Licht einer bestimmten Farbe aussenden. Die Farbe hängt von dem verwendeten Halbleitermaterial ab. Genutzt wird u. a. Gallium-Arsenid, Gallium-Arsenid-Phosphid oder Gallium-Phosphid.

Aufgabe 6

Erkundet, wie Leuchtdioden aufgebaut sind und wie sie funktionieren. Interpretiert die Kennlinien (Abb. 1).

Aufgabe 7

Untersucht analog zur Kennlinie einer Gleichrichterdiode (↗ S. 139, Experiment 3) die Kennlinie einer gegebenen Leuchtdiode.

Vorbereitung:

a) Entwerft einen Schaltplan. Beachtet dabei, dass die in Durchlassrichtung betriebene Leuchtdiode mit einem Widerstand in Reihe zu schalten ist.

b) Wie kann man den erforderlichen Widerstand R berechnen, wenn Spannung und Stromstärke bekannt sind?

Durchführung:

Baut die Schaltung auf und führt die erforderlichen Messungen durch.

Auswertung:

Stellt die Kennlinie dar. Vergleicht sie mit den Kennlinien in Abb. 1.

Aufgabe 8

Mithilfe von Leuchtdioden kann man eine Füllstandsmessung bei einer leitenden Flüssigkeit durchführen (Abb. 3).

a) Erklärt die Funktionsweise einer solchen Anordnung, wie sie in Abb. 2 dargestellt ist.

b) Baut eine solche Anordnung auf. Probiert sie aus. Nutzt dabei als leitende Flüssigkeit Salzwasser.

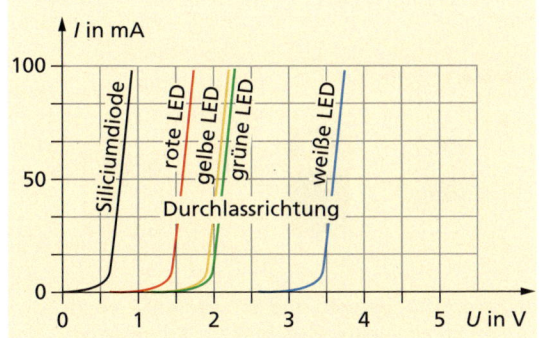

1 Kennlinien von verschiedenfarbigen LEDs im Vergleich mit einer Siliciumdiode

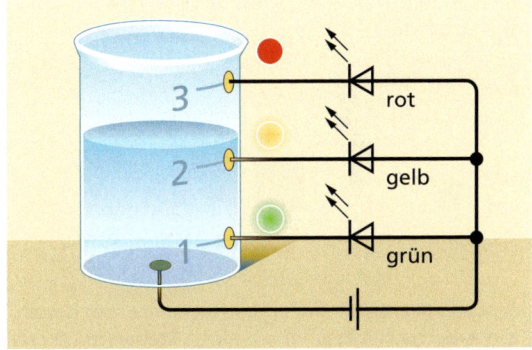

2 Aufbau einer einfachen Füllstandsanzeige: Die grüne und die gelbe LED leuchten.

Ausgewählte elektronische Bauelemente im Überblick

Thermistor

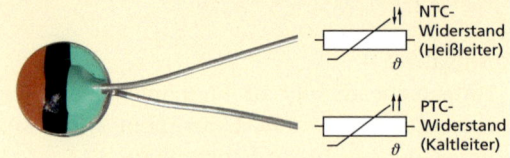

Thermistoren sind stark temperaturabhängige Widerstände aus halbleitenden Metalloxiden. Ihr Widerstand vergrößert oder verkleinert sich mit steigender Temperatur.

Fotowiderstand

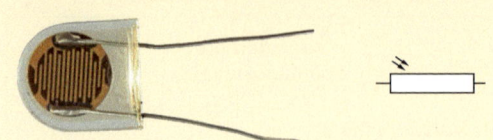

Fotowiderstände sind beleuchtungsabhängige Widerstände, z. B. aus Cadmiumsulfid, die auf ein Trägerplättchen aufgebracht sind. Ihr Widerstand verkleinert sich mit der Beleuchtungsstärke.

Gleichrichterdiode

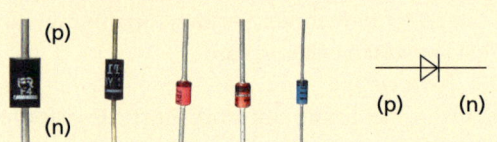

Gleichrichterdioden sind Bauelemente mit einem pn-Übergang, die in Sperrrichtung einen großen und in Durchlassrichtung einen kleinen Widerstand haben.

Leuchtdiode (LED)

Leuchtdioden, z. B. aus GaAs, werden in Durchlassrichtung betrieben. Bei der Rekombination im pn-Übergang wird Energie frei, die in Form von Strahlung (Licht) abgegeben wird.

Fotodiode

Fotodioden werden in Sperrrichtung betrieben. Bei Beleuchtung des pn-Übergangs mit Licht erfolgt eine Bildung von Elektronen und Löchern. Die Stromstärke steigt an.

Fotoelement, Solarzelle

Solarzellen sind flächenhafte Anordnungen von Fotoelementen. Bei einem Fotoelement entsteht bei Lichteinstrahlung zwischen p- und n-Anschluss eine Spannung.

Bipolarer Transistor

Bipolare Transistoren sind Bauelemente, bei denen ein Arbeitsstromkreis durch einen Steuerstromkreis beeinflusst wird. Sie werden als Schalter und Verstärker genutzt.

Unipolarer Transistor

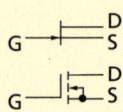

Unipolare Transistoren sind Bauelemente, bei denen durch ein elektrisches Feld ein Arbeitsstromkreis beeinflusst wird. Sie werden als Schalter und Verstärker genutzt.

Gewusst · Gekonnt

1. Metalle und Halbleiter

Vergleiche den elektrischen Leitungsvorgang in einem Drahtwiderstand mit dem in einem Halbleiter. Stelle Gemeinsamkeiten und Unterschiede zusammen.

2. Luft kann leiten

Luft ist normalerweise ein elektrischer Isolator. Bei einem Gewitter gibt es jedoch elektrische Leitungsvorgänge in Luft.
Erkläre das Zustandekommen eines elektrischen Leitungsvorganges bei einem Gewitter.

3. Ein Fotowiderstand

Das folgende Diagramm zeigt die Abhängigkeit der Stromstärke von der Beleuchtungsstärke bei einem Fotowiderstand.
a) Interpretiere dieses Diagramm!
b) Erkläre, wodurch die im Diagramm dargestellte Abhängigkeit zustande kommt.

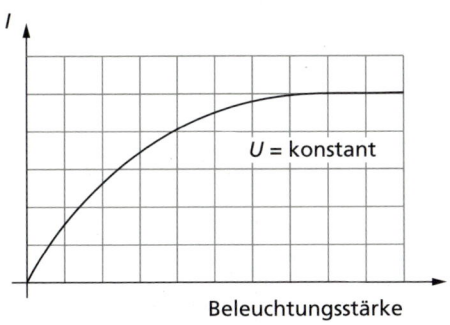

U = konstant

Beleuchtungsstärke

4. Ein Heißleiter

a) Wie verändert sich der Widerstand eines Heißleiters bei Temperaturerhöhung? Wie ist diese Veränderung zu erklären?
b) Begründe, warum Heißleiter stets mit einem Vorwiderstand in Reihe geschaltet werden sollen.

5. Anwendung von Thermistoren

Erkunde, wozu stark temperaturabhängige Widerstände (Heißleiter, Kaltleiter) genutzt werden können. Präsentiere eine Anwendung solcher Widerstände.

6. Kombination von Metall und Halbleiter

Ein Drahtwiderstand und ein Heißleiter werden in Reihe geschaltet. Bei konstanter Spannung werden beide Widerstände gleichmäßig erwärmt.

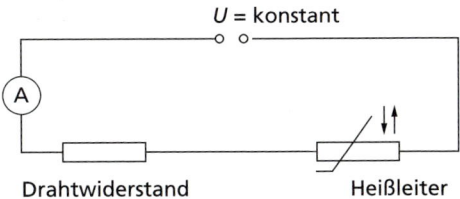

Drahtwiderstand   Heißleiter

a) Wie verändern sich die Werte für jeden der beiden Widerstände?
b) Welche Varianten können im Zusammenspiel beider Widerstände beim Erwärmen auftreten? Stelle sie zusammen!

7. Halbleiterdioden

Beschreibe den Aufbau einer Halbleiterdiode und erläutere ihre Wirkungsweise als Gleichrichter.

8. Unterschiedliche Schaltungen

Gib für die folgenden Schaltungen an, welche Lampen leuchten. Begründe jeweils.
a)

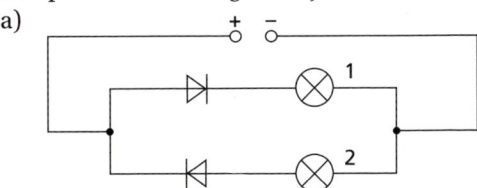

b)

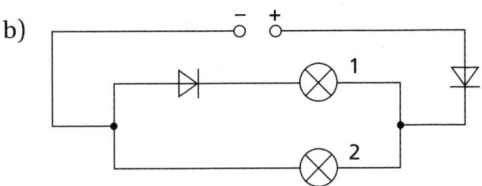

c)

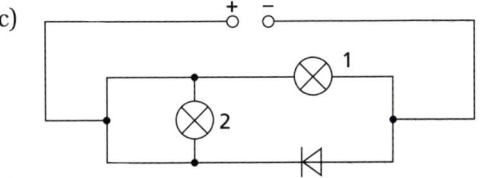

Elektrische Leitungsvorgänge

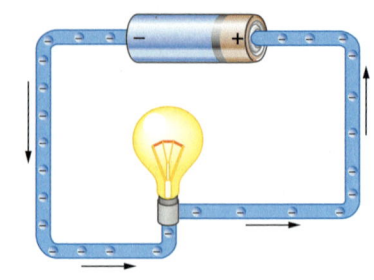

■ Ein elektrischer Leitungsvorgang kann in Metallen, Flüssigkeiten, Gasen, Halbleitern und im Vakuum auftreten. Bei geschlossenem Stromkreis fließt ein Strom, wenn
- frei bewegliche Ladungsträger (Elektronen, Ionen) vorhanden sind und
- eine Spannungsquelle angeschlossen ist, durch die die Ladungsträger angetrieben werden.

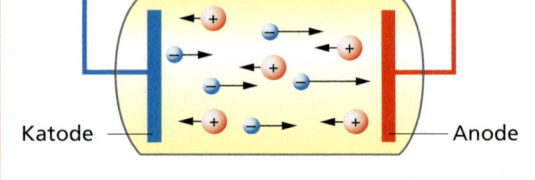

Metalle	Gase
- Durch Metallbindung sind bewegliche Elektronen vorhanden.	- Durch Ionisation sind Elektronen und Ionen, durch Emission Elektronen vorhanden.
- Gerichtete Bewegung von Elektronen	- Gerichtete Bewegung von Ionen und Elektronen
- Umwandlung elektrischer Energie in thermische Energie (Heizgeräte) und Lichtenergie (Lampen)	- Umwandlung elektrischer Energie in Lichtenergie (Leuchtstofflampen) und thermische Energie (Elektroschweißen)

■ **Halbleiter** (Silicium, Germanium) sind Stoffe, deren elektrische Leitfähigkeit zwischen der von Leitern und der von Isolatoren liegt. Durch **Dotieren** kann ihre Leitfähigkeit in weiten Grenzen verändert werden. Dabei wird zwischen n-Leitern und p-Leitern unterschieden.

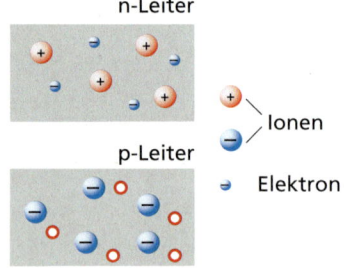

n-Leiter

Ionen

p-Leiter

Elektron

n-Leiter
Die beweglichen Ladungsträger sind Elektronen.

p-Leiter
Die beweglichen Ladungsträger sind Löcher.

■ Eine **Diode** besteht aus einem p-Leiter und einem n-Leiter. Zwischen ihnen bildet sich ein pn-Übergang, der je nach Polung den Strom hindurchlässt oder sperrt.

■ Bei **Thermistoren** hängt der Widerstand von der Temperatur ab, bei **Fotowiderständen** von der Beleuchtungsstärke.

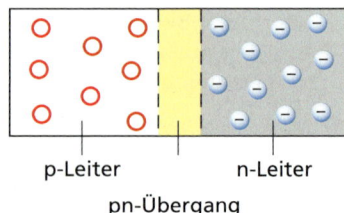

p-Leiter   n-Leiter

pn-Übergang

Basiskonzepte erleichtern das Lernen, weil du mit ihrer Hilfe naturwissenschaftliche Inhalte systematisieren und strukturieren kannst.

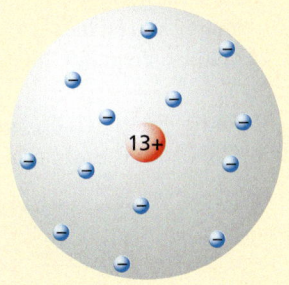

Struktur der Materie

- Stoffe erkennt man an ihren Eigenschaften, z.B. an ihrer unterschiedlichen elektrischen Leitfähigkeit.
- Die elektrischen Eigenschaften von Stoffen kann man mithilfe von Modellen (Teilchenmodell, Atommodell) beschreiben und erklären.
- Elektrische Felder sind eine Form der Materie.

Geladene Körper, Stromkreise, Größen und Leitungsvorgänge

Energie

- Elektrische Felder sind Träger von Energie.
- Elektrische Energie wird durch Umwandlung aus anderen Energieformen gewonnen.
- In elektrischen Bauteilen und Geräten wird elektrische Energie in andere Energieformen umgewandelt.
- Die Spannung ist die Voraussetzung für Stromfluss und damit für die Übertragung von Energie.

System

- Elektrische Schaltungen, Geräte und Anlagen bilden Systeme.
- Die Vorgänge in solchen Systemen lassen sich mit den Größen Ladung, Spannung, Stromstärke, Widerstand und Leistung beschreiben.

Wechselwirkung

- Die Funktionsweise vieler elektrischer Geräte kann auf die Wirkungen des elektrischen Stroms zurückgeführt werden.
- Zwischen geladenen Körpern treten Wechselwirkungen auf.
- Im elektrischen Feld werden aufgeladene Teilchen und Körper Kräfte ausgeübt.

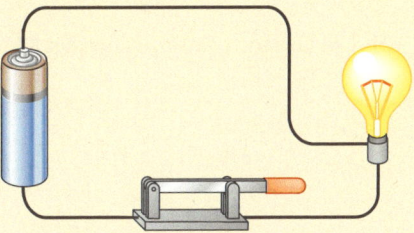

Erfasst und vernetzt

Mit Fachwissen umgehen

1. Was ist physikalisch gemeint, wenn man im Alltag Aussagen wie diese hört:
   – Mein Akku ist leer.
   – Abends steigt der Stromverbrauch.

2. Zeichne einen Schaltplan für den abgebildeten Stromkreis und beschreibe ihn.

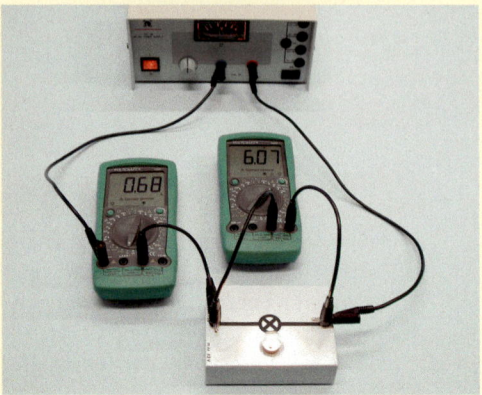

3. Bei den folgenden Aussagen und Schaltungen haben sich Fehler eingeschlichen. Finde sie heraus und korrigiere sie.
   a) Die elektrische Ladung gibt an, wie stark Elektronen in einem Leiter angetrieben werden.

   b) Der Stromkreis ist geschlossen.

   c) Ungleichnamige Ladungen stoßen sich ab.

   d) Die Gesamtspannung beträgt 3 V.

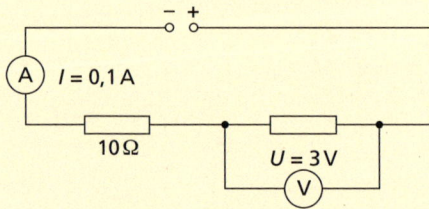

   e) Für zwei Kabel aus Kupfer gilt: $l_1 = l_2$ und $d_1 > d_2$. Daraus folgt $R_1 > R_2$.

Methoden der Physik nutzen

4. Vorsicht bei der Nutzung von elektrischen Geräten im Bad!
   a) Begründe, warum die Berührung mit spannungsführenden Teilen beim Baden gefährlich ist.
   b) Welche Schlussfolgerungen leitest du daraus für die Benutzung eines Föhns oder anderer elektrischer Geräte im Bad ab?

5. Erkläre, warum man an den schlechteren von zwei metallischen Leitern eine höhere Spannung anlegen muss, damit durch beide ein gleich großer Strom fließt.

6. Auf einer Halogenlampe aus einer Taschenlampe steht 2,8 V/0,85 A. Wie groß ist der elektrische Widerstand dieser Lampe?

7. Die Lichthupe eines Autos muss als Warnsignal in jeder Gefahrensituation zu bedienen sein. Finde heraus, unter welchen Bedingungen eine Lichthupe funktioniert. Entwickle ein Modell für eine Schaltung, nach der die Lichthupe bei Standlicht betätigt werden kann. Probiere die Schaltung aus.

8. Bei vielen Geräten wissen wir zwar, wie sie funktionieren. Wie die Geräte aber im Innern aufgebaut sind, wissen wir meistens nicht. Physiker und Techniker sprechen von einer Blackbox. Für eine Blackbox mit drei Anschlüssen wurden bei Messungen folgende Ergebnisse ermittelt:

Anschlüsse	U in V	I in mA
A–C	2,2	66
B–C	2,2	33
A–B	2,2	66

Außerdem ist bekannt, dass sich in der Blackbox nur zwei Widerstände befinden. Ermittle mithilfe der Messwerte, wie sie geschaltet sein könnten. Skizziere den Schaltplan.

9. Arbeitet in Gruppen und stellt unter Nutzung des Lehrbuchs und des Internets eine Übersicht zu folgenden Inhalten zusammen:
   – Größen zur Beschreibung des elektrischen Stromkreises,
   – Messgeräte zur Bestimmung der Größen und deren Schaltung,
   – Einheiten der Größen,
   – Gesetze, die für die Größen in unverzweigten bzw. verzweigten Stromkreisen gelten,
   – Forscher, nach denen diese Einheiten und Gesetze benannt worden sind.

10. Die technische Nutzung von Elektrizität wurde erst durch Erfindungen des Italieners LUIGI GALVANI mit Froschschenkeln und von ALESSANDRO VOLTA mit der sogenannten Tassenkrone möglich. Erkunde, worin die großartigen Leistungen der beiden Italiener bestanden.
Worin ging es in ihrem berühmt gewordenen Streit?
Präsentiere das Ergebnis deiner Recherche in einem Vortrag.
Beziehe auch Experimente mit ein.

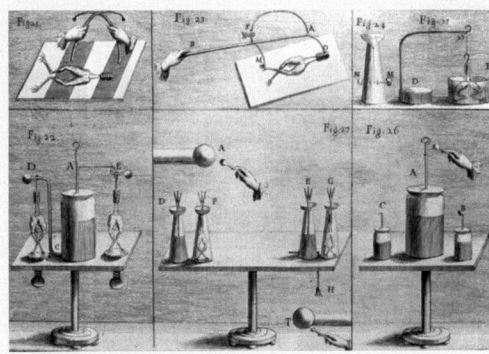

11. Elektromonteure nutzen Polprüfer, um festzustellen, ob an einem Leiter eine Spannung anliegt.
Informiere dich im Internet, wie ein Polprüfer aufgebaut ist und wie er funktioniert.
Schreibe einen kurzen Text und prüfe, ob deine Mitschüler ihn verstehen.

12. Leider sind Unfälle mit Strom nicht selten, wie die nachfolgende Meldung zeigt:

> **Stromschlag beim Lampenwechsel**
>
> Ein Jugendlicher wollte bei einer Standleuchte die defekte Lampe auswechseln. Beim Anfassen des metallischen Lampenschirms erhielt er einen elektrischen Schlag und musste mit Verletzungen ins Krankenhaus gebracht werden.
> Ursache des Stromschlags war ein unsachgemäß montierter Schukostecker. Insgesamt gibt es in Deutschland jährlich mehrere Tausend Elektrounfälle. Etwa 200 Personen sterben in jedem Jahr an den Folgen solcher Unfälle.

Bewerte den Sachverhalt. Leite Folgerungen für dein Verhalten ab.

13. Bei vielen Haushaltsgeräten, z. B. bei Mikrowellen oder Waschmaschinen, werden Sicherheitsschaltungen verwendet. Die Geräte arbeiten erst dann, wenn nicht nur das Gerät verschlossen ist, sondern auch noch eingeschaltet wird. Erreicht wird das durch eine UND-Schaltung.
   a) Informiere dich darüber, wie eine UND-Schaltung aufgebaut ist.
   b) Bewerte die Schaltung, die ein Schüler vorgeschlagen hat.

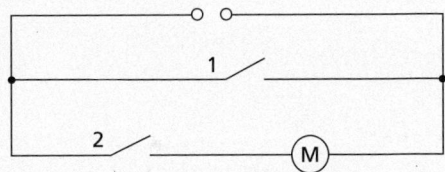

14. Der Stand-by-Betrieb von Geräten gehört zu den „versteckten Energiefressern". Nimm an, dass sich in jedem zweiten der etwa 45 Mio. Haushalte in Deutschland täglich 8 Stunden lang ein Fernsehgerät im Stand-by befindet ($U = 230$ V, $I = 20$ mA).
Wie viel Elektroenergie wird dadurch in einem Jahr unnötig genutzt? Bewerte dein Ergebnis unter dem Aspekt der rationellen Energienutzung.

3

Temperatur, Wärme und Zustandsänderungen

Ohne Wärme kein Leben

Die Sonne ist unsere wichtigste Energiequelle. Sie spendet seit Milliarden von Jahren Licht und Wärme. Nur so konnte und kann sich Leben auf der Erde entwickeln. Wir Menschen haben uns an die Lebensbedingungen auf der Erde angepasst, ebenso Tiere und Pflanzen.

Was ist eigentlich Wärme? Gibt es einen Zusammenhang zwischen Wärme und Energie?

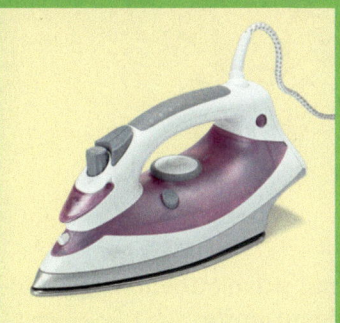

Verschiedene Aggregatzustände

Körper können fest, flüssig oder gasförmig sein. Bei Wasser weißt du: Es kommt als Eis, Wasser oder Wasserdampf vor.

In welchem Aggregatzustand sich ein Körper befindet, hängt vorrangig von der Temperatur ab.

Stelle eine Übersicht über Körper zusammen, die bei Zimmertemperatur fest, flüssig bzw. gasförmig sind.

Erkunde: Gibt es auch gasförmiges Eisen oder flüssige Luft?

3.1 Temperatur und Wärme

1

Aus dem Alltag

Sicher kennst du die Messgeräte. Was misst man damit und wo werden sie benutzt? Interessantes über diese Messgeräte erfahrt ihr, wenn ihr im Projekt auf den Seiten 156/157 selber Messungen vornehmt.

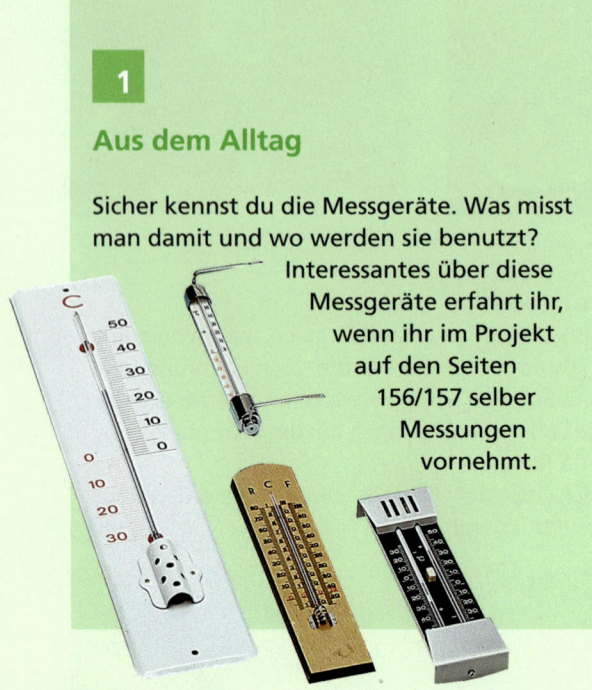

2 **Gefühlte Temperatur**

Führe das abgebildete Experiment durch. Was stellst du fest?

kalt   heiß

warm

3

Was unterschiedliche Temperaturen bewirken

Die Funktionsweise eines Flüssigkeitsthermometers beruht darauf, dass sich die Thermometerflüssigkeit bei Temperaturerhöhung ausdehnt. Das gilt auch für viele andere Stoffe.
Diese Erscheinung muss beim Bau von Rohrleitungen oder Brücken beachtet werden. Man kann die Ausdehnung von Stoffen aber auch nutzen. Suche Beispiele, bei denen die Längenänderung bei Temperaturänderung eine Rolle spielt.

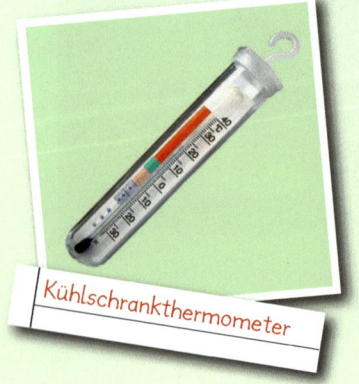

Kühlschrankthermometer

Wärmeleitung

Sprinkler

Temperatur und ihre Messung

Unsere Haut hat Punkte, die empfindlich für Wärme und Kälte sind. Mit diesen Punkten können wir fühlen, ob z.B. Luft oder Wasser heiß, warm oder kalt sind. Unser Temperatursinn lässt sich aber leicht täuschen. Das kannst du beim Experimentieren mit unterschiedlich warmem Wasser feststellen (↗ S. 152): Mit der Hand, die zuvor in kaltes Wasser getaucht ist, empfindest du warmes Wasser wärmer als mit der Hand, die zuvor in heißes Wasser tauchte.

Auch andere Körper erscheinen uns wärmer, wenn wir zuvor etwas Kaltes angefasst haben.
In der Nähe von sehr heißen (Abb. 1) und sehr kalten Körpern (Abb. 3) reagiert unser Körper mit klaren Signalen, um uns vor schweren Verbrennungen oder Unterkühlungen zu warnen.
Unser Warm-kalt-Empfinden ist gut auf unsere Bedürfnisse abgestimmt. Um aber genau zu sagen, wie warm oder kalt ein Körper ist, reicht das nicht aus. Deshalb nutzen wir die physikalische Größe **Temperatur.**
Für die Größe Temperatur gilt:

Die Temperatur gibt an, wie heiß oder wie kalt ein Körper ist.

Formelzeichen: ϑ (griechischer Buchstabe, sprich: theta)
Einheit: ein Grad Celsius (1 °C)

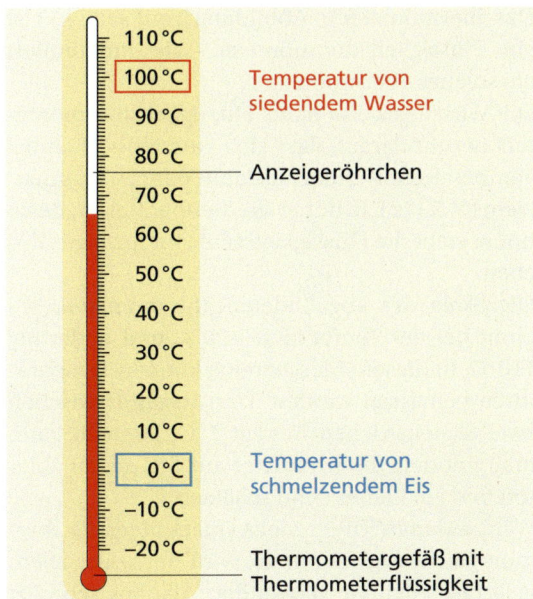

2 Aufbau eines Flüssigkeitsthermometers mit Celsiusskala und Fixpunkten

Temperaturen hast du bereits mit einem Thermometer gemessen. Das Messgerät hat eine Skala, auf der Temperaturen in Grad Celsius (°C) abgelesen werden können (Abb. 2). Benannt ist die Skala nach dem schwedischen Naturforscher ANDERS CELSIUS, der von 1701 bis 1744 lebte und diese Skale entwickelte.
Wie man eine Skala mit den **Fixpunkten** 0 °C und 100 °C erhalten kann, erfährst du, wenn du selber ein Thermometer baust (↗ S. 157).

1 Ein glühender Stahlblock leuchtet kirschrot. Das bedeutet: Er hat eine Temperatur von ca. 800 °C.

3 Ein Eisberg in der Antarktis hat eine Temperatur von ca. −30 °C.

Das Thermometer in Abbildung 2 auf Seite 153 ist ein Flüssigkeitsthermometer. Wie funktioniert ein solches Thermometer?

Die Wirkungsweise eines Flüssigkeitsthermometers beruht darauf, dass sich eine Flüssigkeit bei Temperaturänderung ausdehnt oder zusammenzieht (↗ S.172). Je höher die Temperatur ist, desto höher steht die Flüssigkeitssäule im Anzeigeröhrchen.

Die Skala des abgebildeten Thermometers beginnt bei der Temperatur – 20 °C und endet bei 110 °C. In diesem Messbereich können Temperaturen gemessen werden. Der Abstand zwischen zwei Skalenstrichen beträgt 1 °C. Deshalb kann man mit dem Thermometer auf 1 °C genau ablesen und ein halbes Grad schätzen.

Während man früher meist Quecksilber als Thermometerflüssigkeit nutzte, wird heute vor allem gefärbter Alkohol verwendet. Alkohol schmilzt bei –114 °C und siedet bei 78 °C.

Neben Flüssigkeitsthermometern gibt es noch viele andere Arten von Thermometern, die sich in ihrem Aufbau und in ihrer Wirkungsweise unterscheiden (↗ S.155).

Gewusst · Gekonnt

1. Warum ist Wasser als Thermometerflüssigkeit für Außenthermometer nicht geeignet? Begründe.

2. Bereite einen Vortrag über die Geschichte der Temperaturmessung vor. Nutze auch das Internet.

3. Erkunde Temperaturen:
   – Oberflächentemperatur der Sonne
   – Kerzenflamme
   – normale Körpertemperatur des Menschen
   – höchste und tiefste auf der Erde gemessene Lufttemperatur

4. Die Temperatur von glühendem Stahl (↗ S. 153, Abb. 1) kann man nicht mit einem Thermometer messen. Recherchiere, wie man in diesem Fall die Temperatur bestimmen kann.

Interessantes aus der Natur

„Warm" oder doch eher „kalt"?

Unser Temperatursinn ist sehr gut auf unsere Bedürfnisse abgestimmt. So ist es für unseren Körper nicht wichtig, bei sehr heißen oder sehr kalten Körpern Temperaturunterschiede wahrzunehmen. Entscheidend ist hier nur ein klares Signal, damit wir keine Verbrennungen oder Erfrierungen erleiden.

Aber im mittleren Temperaturbereich ist unsere Warm-kalt-Wahrnehmung sehr leistungsfähig. Schon bei sehr geringen Temperaturunterschieden können wir fühlen, welcher Körper wärmer bzw. kälter ist.

Führe dazu folgendes Experiment durch: In zwei Bechern befindet sich Wasser von 20 °C bzw. von 25 °C. Vertausche die Becher mehrmals und lasse nun einen Mitschüler probieren, ob er feststellen kann, welches Wasser wärmer ist. Anschließend mischst du das Wasser aus den Bechern so, dass der Temperaturunterschied geringer wird.

Welchen Temperaturunterschied kann man gerade noch spüren?

Während du nicht fühlen kannst, ob das Wasser in einem Becherglas 20 °C, 22 °C oder 25 °C hat, lassen sich geringe Temperaturunterschiede zwischen dem Wasser in beiden Bechergläsern wahrnehmen.

Ganz ähnlich ist das beim Hören: Wir können unterschiedlich hohe Töne voneinander unterscheiden. Aber nur wenige Menschen haben ein „absolutes Gehör" und können sagen: „Das ist der Kammerton a."

Interessantes aus dem Alltag

Thermometer für unterschiedliche Anwendungen

Je nach Verwendungszweck und Bauform gibt es unterschiedliche Arten von Thermometern. Die Thermometer unterscheiden sich nicht nur in ihrem Aufbau und ihrer Wirkungsweise, sondern vor allem auch in ihren Messbereichen. Im Haushalt werden vielfach verschiedene Arten von Flüssigkeitsthermometern verwendet (Abb. 1).

Als **Zimmerthermometer** nutzt man meist Thermometer mit einem Messbereich, der zwischen −10 °C und 40 °C liegt (Abb. 1a).

Als **Außenthermometer** haben sie meist einen Messbereich zwischen −30 °C und 50 °C.

Mit **Kühlschrankthermometern** (Abb. 1b) will man die Temperatur im Innern eines Kühlschranks messen. Der Messbereich solcher Thermometer geht deshalb meist bis −20 °C oder −30 °C.

Mit einem **Fieberthermometer** soll möglichst genau die Körpertemperatur gemessen werden. Der Messbereich dieser Thermometer liegt deshalb zwischen 35 °C und 42 °C, also im Bereich der normalen Körpertemperatur von 37 °C (Abb. 1c). Da es hier auf sehr genaue Messungen ankommt, besitzen Fieberthermometer eine hohe Messgenauigkeit, mit der man auf 0,1 °C genau ablesen kann. Quecksilberthermometer werden immer häufiger durch elektrische Thermometer ersetzt.

Mit **Laborthermometern** (Abb. 1d) kann man z. B. auch Temperaturen von über 100 °C messen.

Neben Flüssigkeitsthermometern gibt es auch Thermometer bzw. Temperaturanzeigen, die völlig anders funktionieren.

Weit verbreitet sind **Bimetallthermometer** (Abb. 2).

Genutzt wird bei solchen Thermometern die Veränderung der Krümmung eines Bimetallstreifens bei Temperaturänderung.

2 Bimetallthermometer

Zunehmend verwendet werden **elektrische Thermometer** (Abb. 3).

Besonders interessant ist das **galileische Thermometer** (Abb. 4), das GALILEO GALILEI (1564–1642) erfunden hat und dessen Wirkungsweise mit dem Auftrieb in Flüssigkeiten erklärt werden kann. Es gibt auch Thermometer, bei denen genutzt wird, dass bestimmte Stoffe mit der Temperatur ihre Farbe wechseln (Abb. 5).

3 Elektrisches Thermometer

4 Thermometer nach GALILEI

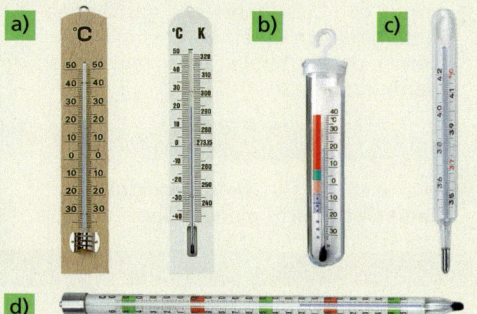

1 Verschiedene Flüssigkeitsthermometer

5 Thermometer mit Thermofarben

32-35°C	90-95°F
29-32	85-90
27-29	80-85
24-27	75-80
21-24	70-75
18-21	65-70
16-18	60-65
13-16	55-60

Und nun zum Wetter von morgen …

Kaum etwas findet bei allen Menschen ein so großes Interesse wie das Wetter. Natürlich interessiert dabei auch die Lufttemperatur. Um Wettervorhersagen zu erstellen, beobachten die „Wetterfrösche" das Wetter mit vielen Geräten in Wetterstationen auf der Erde, nutzen Wettersonden und Wettersatelliten. Für die Auswertung aller Daten werden Computer genutzt.

Aufgabe 3
Erkundet, wie man in einer Wetterstation in der Nähe eures Wohnorts die Temperatur misst.

Wir messen Temperaturen

Aufgabe 1
Messt mit verschiedenen Thermometern die Raumtemperatur. Orientiert euch dabei an den Schritten, wie man zweckmäßigerweise beim Messen von Temperaturen vorgeht (↗ Abb. unten).
Zeigen alle Thermometer dieselbe Temperatur an? Findet Gründe, wodurch Abweichungen entstanden sein können.

Aufgabe 2
Überlegt euch eine Folge von Experimenten, in denen ihr die Lufttemperatur bei unterschiedlichen Bedingungen messt, z. B. bei Sonne, Schatten, Wind, Regen. Notiert die Messwerte und wertet sie aus. Fertigt ein Protokoll an. Orientiert euch dabei an „So kannst du vorgehen" auf Seite 17.

Die Temperatur der Luft schwankt innerhalb eines Tages, ganz gleich, ob ihr sie im Winter oder im Sommer messt.

Aufgabe 4
Untersucht den Tagesgang der Lufttemperatur.
Durchführung:
a) Messt an einem Tag in der Zeit zwischen 08.00 und 18.00 Uhr mit einem Außenthermometer in Abständen von einer Stunde die Temperatur. Achtet darauf, dass sich das Thermometer im Schatten befindet.
b) Tragt die Messwerte in eine Tabelle ein.
Auswertung:
Stellt die Messwerte in einem Temperatur-Zeit-Diagramm dar und wertet es aus.
Orientiert euch dabei an „So kannst du vorgehen" auf Seite 57.

Vorgehen beim Messen der Temperatur

1. Schätze die Temperatur des Körpers und wähle ein geeignetes Thermometer aus. Beachte den Messbereich des Thermometers und die Messgenauigkeit.

2. Bringe den Messfühler (z. B. das Thermometergefäß) in guten Kontakt mit dem Körper, dessen Temperatur gemessen werden soll.

3. Warte ab, bis sich die angezeigte Temperatur nicht mehr ändert.

4. Lies die Temperatur an der Skala ab.

Aufgabe 5

Untersucht den Temperaturverlauf der Luft während einer Woche.

Vorbereitung:

Erklärt, wie ein Minimum-Maximum-Thermometer funktioniert. Nutzt das Internet.

Durchführung:

a) Lest an jedem Wochentag an einem Minimum-Maximum-Thermometer die tiefste und die höchste Tagestemperatur ab.

b) Messt außerdem während dieser Woche an jedem Tag immer um die gleiche Uhrzeit die Außentemperatur.

c) Notiert alle Messwerte in einer Tabelle.

Auswertung:

a) Tragt die Messwerte unterschiedlich farbig in ein Zeit-Temperatur-Diagramm ein.

b) Was erkennt ihr aus diesem Diagramm? Wertet es aus. Orientiert euch an „So kannst du vorgehen" auf der Seite 57.

Flüssigkeitsthermometer selbst gebaut

Die Fixpunkte der Celsiusskala kann man in einem Versuch ermitteln (Abb. 2). Um eine solche Anordnung als Thermometer zu nutzen, muss man einige Zeit warten, bis sich die Flüssigkeitssäule im Anzeigeröhrchen nicht mehr ändert.

Aufgabe 6

Baut ein Flüssigkeitsthermometer und nutzt es für Messungen.

Vorbereitung:

Nutzt Anordnungen, wie sie in der Abbildung 2 dargestellt sind.

Durchführung:

a) Taucht das jeweilige Thermometergefäß in ein Gemisch aus Wasser und Eis. Markiert als ersten Fixpunkt 0 °C, den Gefrierpunkt von Wasser.

b) Stellt nun das Thermometergefäß in siedendes Wasser.

   Vorsicht! Durch die heiße Heizplatte und das siedende Wasser besteht Verbrennungs- bzw. Verbrühungsgefahr!

   Markiert als zweiten Fixpunkt 100 °C, den Siedepunkt von Wasser.

c) Teilt den Abstand zwischen beiden Fixpunkten in 10 gleiche Teile. Die so erhaltene Temperaturskala hat eine Skaleneinteilung von jeweils 10 °C.

d) Messt mit eurem Thermometer die Temperatur von lauwarmem Wasser. Bestimmt die Temperatur auch mit einem „richtigen" Thermometer.

Auswertung:

Vergleicht die gemessenen Temperaturen. Bewertet die Genauigkeit eures Thermometers.

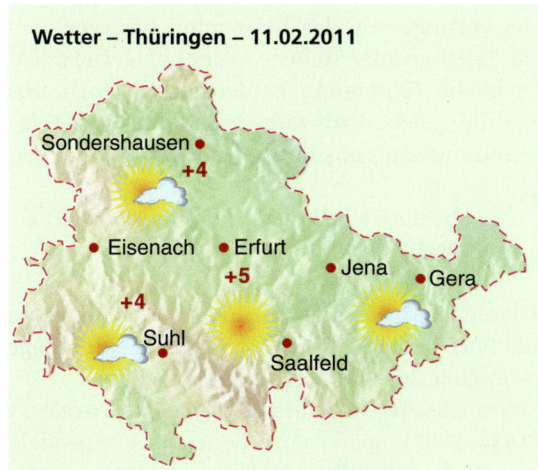

1 Wetterkarten stellen eine „Momentaufnahme" des Wetters in einem Gebiet dar.

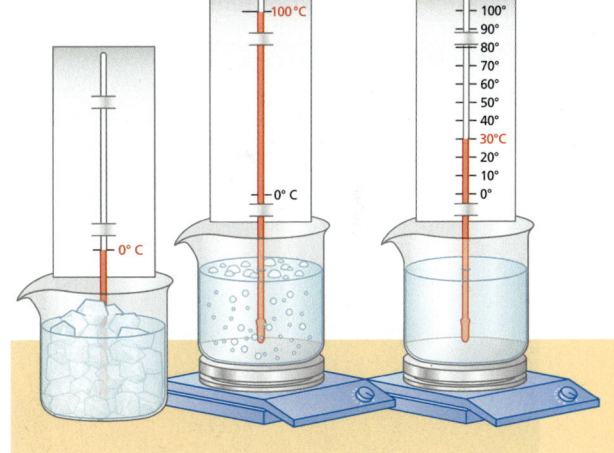

2 Beim Bau dieses Thermometers gilt: Vorsicht mit der Heizplatte und dem siedenden Wasser!

Temperatur und Teilchenbewegung

Bei Talfahrten im Gebirge kann es vorkommen, dass die Bremsscheiben eines Pkw heiß werden. Bei einer technischen Prüfung werden sie deshalb ähnlich belastet, um ihre Funktionsfähigkeit zu prüfen (Abb. 1). Umfasst man den unteren Teil des Kolbens einer Luftpumpe mit der Hand und pumpt kräftig Luft in einen Schlauch, dann spürt man, dass sich die Luftpumpe erwärmt. Schüttelt man eine kleine Menge Wasser in einem verschlossenen Gefäß mindestens eine Minute lang sehr kräftig hin und her, dann kann man ebenfalls eine Erhöhung der Temperatur feststellen, auch wenn sie viel geringer als in den beiden anderen Fällen ist.

Nach dem Teilchenmodell bestehen alle Stoffe aus Teilchen. Die Teilchen befinden sich in ständiger Bewegung. Zwischen ihnen wirken Kräfte.

> Je höher die Temperatur eines Körpers ist, desto schneller bewegen sich die Teilchen des Stoffes, aus dem der Körper besteht.

Werden die Bremsbeläge gegen die Bremsscheiben gepresst, dann „verhaken" sich die Teilchen beider Stoffe, werden wieder auseinandergerissen usw., obwohl die Oberflächen scheinbar eben aussehen. Die Teilchen werden ständig von ihren Plätzen gezerrt, federn zurück und bewegen sich heftiger als zuvor. Die Temperatur steigt.

1 Die Bremsscheiben eines Pkw erwärmen sich bei starker Belastung.

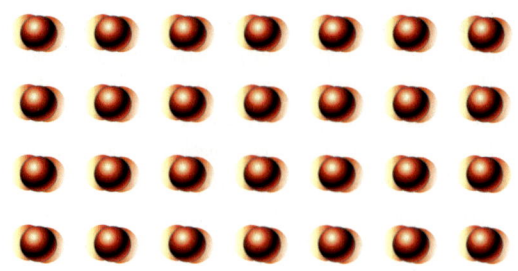

2 Bei niedriger Temperatur schwingen die Teilchen eines festen Körpers um ihre Plätze hin und her.

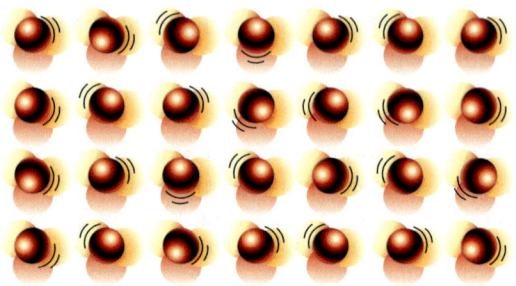

3 Bei hoher Temperatur schwingen die Teilchen eines festen Körpers heftiger, bleiben aber immer an den gleichen Stellen im Stoff.

In Flüssigkeiten schwingen die Teilchen bei höherer Temperatur heftiger und wechseln häufiger ihre Plätze als bei niedriger Temperatur.

Auch zwei Gase vermischen sich bei höherer Temperatur schneller miteinander, weil sich die Teilchen der heißen Gase schneller bewegen.

Bei Verringerung der Temperatur bewegen sich die Teilchen aller Stoffe weniger heftig. Die tiefstmögliche Temperatur ist deshalb diejenige, bei der die Teilchen zur Ruhe kommen. Diese Temperatur wird als **absoluter Nullpunkt** bezeichnet.

> Der absolute Nullpunkt ist die tiefstmögliche Temperatur. Sie beträgt −273,15 °C.

Diesen Wert hat man theoretisch berechnet. In der Praxis ist er nicht erreichbar, da es eine völlige Bewegungslosigkeit der Teilchen nicht gibt.

Der englische Naturforscher WILLIAM THOMSON (1834–1907), später zum LORD KELVIN geadelt, wählte den absoluten Nullpunkt zum Ausgangspunkt einer Temperaturskala.

Diese Temperaturskala, die mit dem tiefstmöglichen Wert von −273,15 °C beginnt, wird zu Ehren von **Lord Kelvin** Kelvinskala genannt.

Die Temperaturen dieser Skala heißen **absolute Temperaturen.** Da für die Kelvinskala die gleiche Einteilung wie für die Celsiusskala gewählt wurde (Abb. 1), entsprechen 0 °C dann 273,15 K. Häufig rechnet man mit 273 K. Für eine Temperatur von 20 °C kann dann z. B. geschrieben werden: $\vartheta = 20\,°C$ oder $T = 293\ K$

Die Temperatur kann in der Kelvinskala angegeben werden (absolute Temperatur).

Formelzeichen: T
Einheit: ein Kelvin (1 K)

Temperaturdifferenzen werden meist in Kelvin angegeben. Für den Zusammenhang von Temperaturen in K und in °C gilt:

$$T\ (\text{in K}) = \vartheta\ (\text{in °C}) + 273$$

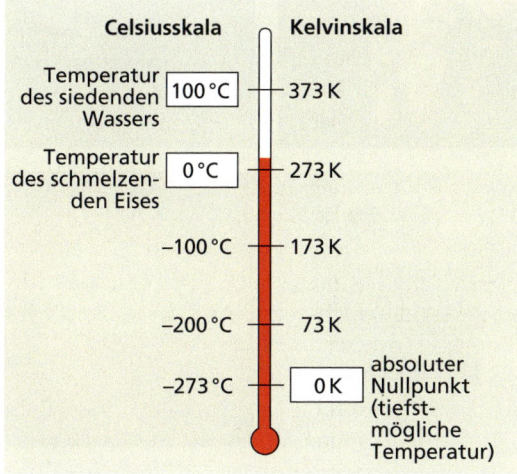

Celsiusskala	Kelvinskala
Temperatur des siedenden Wassers — 100 °C	373 K
Temperatur des schmelzenden Eises — 0 °C	273 K
−100 °C	173 K
−200 °C	73 K
−273 °C	0 K — absoluter Nullpunkt (tiefstmögliche Temperatur)

1 Celsiusskala und Kelvinskala im Vergleich

Interessantes aus der Geschichte

Weitere Temperaturskalen

Temperaturangaben müssen für jedermann und überall dasselbe aussagen. Das gelingt mit Bezugspunkten, die überall auf der Welt gleich sind. In der Geschichte der Physik hat es verschiedene Vorschläge gegeben, von denen einige noch heute in Gebrauch sind (Abb. 2).

Der schwedische Forscher ANDERS CELSIUS (1701 bis 1744) wählte die Temperaturen von schmelzendem Eis (0 °C) und siedendem Wasser (100 °C) und teilte den Abstand zwischen ihnen in 100 gleiche Teile. Eis schmilzt im Norden bei derselben Temperatur wie im Süden und auch Wasser siedet überall bei derselben Temperatur, wenn der Druck gleich ist. Die Celsiusskala ist heute in den meisten Ländern verbreitet.

Noch vor CELSIUS, im Jahre 1714, entwickelte der Physiker GABRIEL DANIEL FAHRENHEIT (1686–1736) seine Temperaturskala. FAHRENHEIT wurde in Danzig geboren und wirkte in den Niederlanden und England. Als Nullpunkt der Skala wählte er die Temperatur eines Gemischs aus Eis, Salmiak und Wasser: 0 °F (sprich: null Grad Fahrenheit). Mit dieser niedrigen Temperatur (−32 °C) hoffte FAHRENHEIT, negative Temperaturen vermeiden zu können. Der andere Fixpunkt ist unsere Körpertemperatur (100 °F). Den Abstand zwischen beiden Punkten teilte er in 100 gleiche Teile.

Die Fahrenheitskala ist noch heute in den USA und Großbritannien verbreitet. Auch auf internationalen Flügen werden die Außentemperaturen häufig sowohl in Grad Celsius als auch in Grad Fahrenheit angegeben.

Der französische Physiker und Zoologe RENÉ ANTOINE RÉAUMUR (1683–1757) schuf um 1730 die nach ihm benannte Réaumurskala. Als Fixpunkte wählte auch er die Temperatur von schmelzendem Eis und siedendem Wasser, nannte sie aber 0 °R und 80 °R.

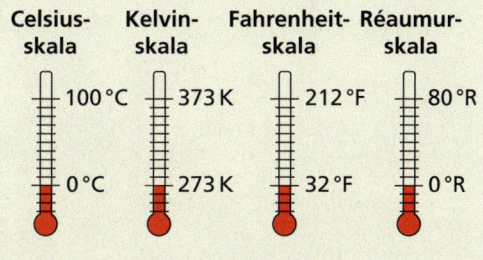

Celsius-skala	Kelvin-skala	Fahrenheit-skala	Réaumur-skala
100 °C	373 K	212 °F	80 °R
0 °C	273 K	32 °F	0 °R

2 Temperaturskalen im Vergleich

Thermische Energie und Wärme

Nach dem Teilchenmodell befinden sich die Teilchen eines Stoffs in Bewegung. Sie besitzen damit Energie. Je höher die Temperatur ist, desto schneller bewegen sich die Teilchen. Ihre Energie vergrößert sich.

> Die Energie E, die aufgrund der Temperatur in einem Körper gespeichert ist, nennt man thermische Energie.

So besitzt z. B. das heiße Wasser, das aus einem Geysir austritt, thermische Energie (Abb. 1).
Die in einem Körper gespeicherte thermische Energie ist abhängig
– von der Temperatur des Körpers,
– von der Masse des Körpers,
– von dem Stoff, aus dem der Körper besteht.
So besitzt ein Liter heißes Wasser eine größere thermische Energie als ein Liter kaltes Wasser. Die thermische Energie eines heißen Heizkörpers ist größer als die eines kalten Heizkörpers. Solche Körper, die Energie in Form von Wärme an ihre kältere Umgebung abgeben, werden als **Wärmequellen** bezeichnet (Abb. 3).

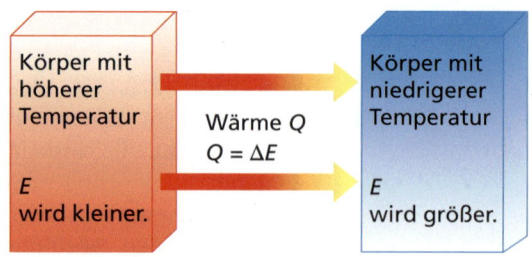

2 Energie wird durch Wärme von einem Körper auf einen anderen übertragen.

Wird von einem Körper Wärme abgegeben, dann verringert sich seine Energie (Abb. 2). Die Energie des Körpers, auf den Wärme übertragen wird, vergrößert sich entsprechend.

> Die Wärme gibt an, wie viel Energie von einem Körper auf einen anderen Körper übertragen wird.
>
> Formelzeichen: Q
> Einheit: ein Joule   (1 J)

Vielfache der Einheit 1 J sind 1 Kilojoule (1 kJ) und ein Megajoule (1 MJ). Es gilt:
$$1\ \text{MJ} = 1\,000\ \text{kJ} = 1\,000\,000\ \text{J}$$

1 Heißes Wasser eines Geysirs besitzt Energie. Es gibt Wärme an die Umgebung ab.

3 Verschiedene Wärmequellen: Sie geben Wärme an ihre Umgebung ab.

Arten der Wärmeübertragung

Du weißt bereits, dass Wärme auf unterschiedliche Weise von einem warmen Körper zu einem kälteren Körper gelangen kann. Neben der **Wärmeleitung** kann Wärme durch **Wärmeströmung** oder **Wärmestrahlung** übertragen werden. Diese drei Arten der Wärmeübertragung sind in der Übersicht unten zusammenfassend dargestellt.

Die verschiedenen Arten der Wärmeübertragung sind bei einigen Anwendungen erwünscht und werden genutzt. Das gilt z. B. für einen Föhn, für die Wärmestrahlung der Sonne oder für die Warmwasserheizung.

Teilweise ist die Wärmeübertragung aber auch unerwünscht und man versucht, sie so gering wie möglich zu halten. So ist z. B. eine Thermoskanne so konstruiert, dass Tee in ihr möglichst lange heiß bleibt.

1 Wasser ist ein schlechter Wärmeleiter. Während das Wasser im oberen Bereich siedet, merkt man an der Hand kaum eine Erwärmung.

Besonders unerwünscht ist die Wärmeübertragung von geheizten Räumen nach außen. Diese Wärmeübertragung kann durch Maßnahmen der Wärmedämmung möglichst gering gehalten werden (↗ S. 162).

Die Übertragung von Wärme kann erfolgen durch		
Wärmeleitung	**Wärmeströmung**	**Wärmestrahlung**
Wärme gelangt durch Wärmeleitung vom Löffel im Tee bis zur Hand.	Wärme wird durch die strömende Luft vom Föhn zu den Haaren transportiert.	Wärme gelangt durch Strahlung ohne Stoff von der Sonne zur Erde.
Wärme wird durch einen Stoff hindurch von Stellen höherer zu stellen niedrigerer Temperatur übertragen.	Wärme wird mit einem strömenden Stoff (z. B. Luft, Wasser) von einer Stelle zu einer anderen transportiert.	Wärme wird durch elektromagnetische Strahlung von einem Körper auf einen anderen übertragen.
Es gibt gute und schlechte Wärmeleiter.	Genutzt wird vielfach Wasser (Warmwasserheizung, Golfstrom, Kühlung beim Auto).	Die wichtigste Quelle für Wärmestrahlung ist die Sonne.

Gut gedämmt hilft sparen

Wie bleibt es im Haus „schön warm"? Die Wärme aus gut geheizten Räumen soll natürlich nicht nach außen gelangen. Das gelingt nur zum Teil. Vor allem durch Wände, Fenster und das Dach gelangt Wärme aus dem Inneren des Hauses in die Umgebung (Abb.1).
Genauer zeigt eine spezielle Fotoaufnahme, ein Wärmebild, an welchen Stellen Wärme aus dem Inneren nach außen gelangt (Abb.2).

Aufgabe 1
Betrachtet das Wärmebild in Abb.2. Diskutiert, ob das Haus an allen Stellen gut isoliert ist. An welchen Stellen gelangt besonders viel Wärme nach außen? Entwickelt Ideen, wie man Abhilfe schaffen könnte.

Aufgabe 2
Welche Temperaturen werden für die unterschiedlichen Räume in einem Haus empfohlen und warum? Vergleicht die Temperaturen, bei denen ihr euch wohlfühlt.

Aufgabe 3
Erkundet, welchen Anteil die Heizkosten an den Betriebskosten eines Hauses haben.

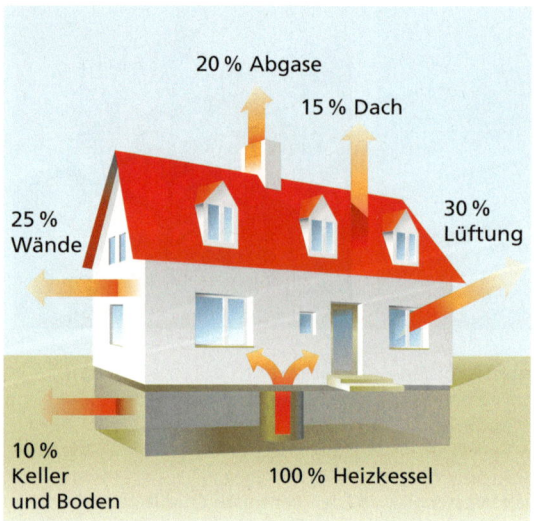

1 Wärmebilanz bei einem Haus: Angegeben sind Durchschnittswerte.

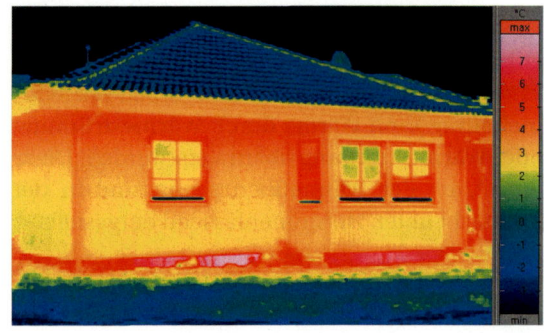

2 Die Wärmeabgabe ist an den roten Stellen besonders groß, an den blauen Stellen gering.

Aufgabe 4
Untersucht an einem Modellhaus, welche Materialien die Wärme besonders gut dämmen.
Baut dieses Modellhaus aus Pappe. Das Dach soll abzunehmen sein. Wählt die Größe des Modellhauses so, dass ein Becherglas oder eine große Tasse mit Wasser gut hineinpasst.

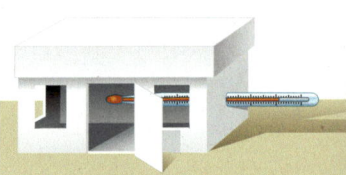

Tipp: Stellt ein Becherglas mit heißem Wasser in das Modellhaus und messt in Abständen von 5 Minuten die Temperatur.
Kleidet das Modellhaus mit unterschiedlichen Dämmstoffen aus.
Welche Folgerungen ergeben sich aus diesen Untersuchungen für die Verwendung von Materialien beim Hausbau?

Aufgabe 5
Tragt Argumente zusammen, wie man durch Wärmedämmung Kosten bei der Heizung sparen kann.
Es gibt aber noch andere Maßnahmen, durch die ihr jeden Tag verhindern könnt, dass zu viel Wärme nach außen abgegeben wird. Formuliert Energiespartipps für den Umgang mit der Heizung. Bewertet, wie bei euch zu Hause diese Tipps umgesetzt werden. Diskutiert darüber mit euren Eltern.

Eine Warmwasserheizung für das ganze Haus

Moderne Ein- und Mehrfamilienhäuser werden durch zentrale Warmwasserheizungen mit Wärme versorgt. Dabei gibt es nur an einer einzigen Stelle, meistens im Keller, einen Heizkessel, der mit Gas, Öl, Holz oder Kohle arbeitet. Trotzdem werden alle Zimmer im Haus erwärmt. Die Wärme muss also vom Heizkessel in alle Zimmer übertragen und innerhalb der Zimmer gut verteilt werden.

Beschreibe anhand der Abbildung 1 den Aufbau und erkläre die Wirkungsweise einer Warmwasserheizung.

Eine zentrale Warmwasserheizung dient der Versorgung aller Zimmer eines Hauses mit Wärme von einer Stelle aus.

Die wesentlichen Teile der Heizung sind der Heizkessel, die Heizkörper, die Rohrleitungen und die Pumpe. In der Heizungsanlage befindet sich Wasser. Außerdem hat die Heizungsanlage ein Ausgleichsgefäß, damit die Volumenänderung des Wassers bei Temperaturänderung nicht zu Schäden am Rohrleitungssystem und an den Heizkörpern führt.

Im Heizkessel wird durch Verbrennung von Gas, Öl oder Kohle das Wasser von Zimmertemperatur auf eine Temperatur von ca. 80 °C erwärmt.

Mithilfe einer Pumpe wird das Wasser in der Heizungsanlage in Bewegung gesetzt. Dabei wird die Wärme aus dem Heizkessel durch **Wärmeströmung** des Wassers in die Heizkörper übertragen. Warmes Wasser gelangt so in die Heizkörper. Die Wärme des Wassers wird durch Wärmeleitung der Metallwände der Heizkörper auf deren Oberfläche übertragen. Von dort wird die Wärme durch **Wärmestrahlung** an die Umgebung abgegeben. Vor allem die Luft in der Nähe des Heizkörpers wird erwärmt. Warme Luft steigt über den Heizkörpern nach oben. Es entsteht eine Wärmeströmung der Luft im Zimmer. Diese sorgt neben der Wärmestrahlung für eine Verteilung der Wärme im Zimmer.

Durch die Abgabe von Wärme durch die Heizkörper kühlt sich das Wasser in den Heizkörpern ab. Das kühlere Wasser strömt durch die Rohrleitungen zurück zum Heizkessel, in dem es erneut erwärmt wird. Der Kreislauf beginnt von Neuem.

1. Zeichne das Modellhaus in dein Heft und markiere das warme Wasser mit roter und das kalte Wasser mit blauer Farbe. Beschreibe, was Wärmeströmung, Wärmeleitung und Wärmestrahlung bedeuten. Lies auf S. 161 nach. Beschrifte an deinem Modellhaus, an welchen Stellen sie auftreten.

2. Beschreibe die Energieumwandlungen und -übertragungen, die in einem Heizkessel einer Warmwasserheizung vor sich gehen.

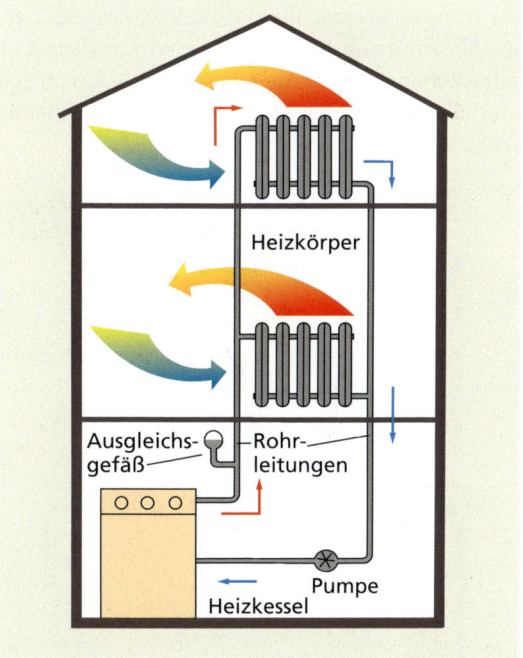

1 Die Wärmeübertragung erfolgt durch Wärmeleitung, Wärmeströmung und Wärmestrahlung.

Physik im Alltag

Sonnenkollektoren

Auf immer mehr Hausdächern sieht man dunkle, glänzende Anordnungen. Es handelt sich um Solarzellen und Sonnenkollektoren (Abb. 2). Bei beiden wird Sonnenenergie in für uns nutzbare Energieformen umgewandelt.
Beschreibe den Aufbau und erkläre die Wirkungsweise eines Sonnenkollektors.

In Sonnenkollektoren wird Wasser mithilfe der Sonnenstrahlung erwärmt. Die meisten Anlagen bestehen aus zwei Wasserkreisläufen, die durch einen Wärmetauscher verbunden sind, und dem eigentlichen Kollektor (Sammler). Eine Pumpe hält den Kreislauf in Gang (Abb. 1). Kaltes Wasser wird im Kollektor durch die Sonnenstrahlung erwärmt. Von dort aus gelangt es in den Wärmetauscher und gibt Wärme an das dort befindliche kältere Wasser ab. Dieses nun erwärmte Wasser wird in einem Warmwasserspeicher gesammelt und kann als Warmwasser genutzt werden, z.B. als warmes Wasser für die Badewanne oder für die Heizung von Räumen. Der Wirkungsgrad einer solchen Anlage hängt vor allem davon ab, wie viel Sonnenenergie auf den Sonnenkollektor trifft.

2 Hausdach mit Solarzellen (links) und Sonnenkollektoren (rechts).

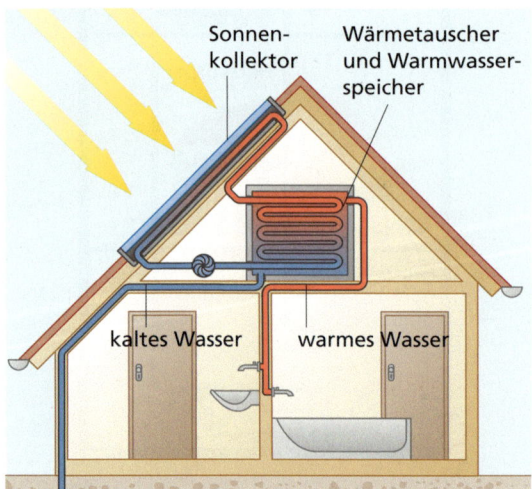

1 Anlage mit Sonnenkollektoren zum Heizen und zur Warmwasseraufbereitung

Gewusst · Gekonnt

1. Erkunde, wie ein moderner Sonnenkollektor aufgebaut ist. Bereite dazu eine kurze Präsentation vor.

2. Beschreibe die Energieumwandlung und -übertragungen, die in einer Anlage mit Sonnenkollektor vor sich gehen (Abb. 1).

3. Sonnenkollektoren arbeiten dann besonders effektiv, wenn die Sonnenstrahlung senkrecht auf sie trifft. Unter welchen Bedingungen ist das der Fall? Gib die günstigste Himmelsrichtung und einen zweckmäßigen Neigungswinkel des Hausdachs für das Anbringen von Sonnenkollektoren an.

4. Neben Sonnenkollektoren werden auch vielfach Solarzellen genutzt. Beschreibe die Energieumwandlungen bei Solarzellen.

Darstellen und Auswerten von Messungen in einem Diagramm

Bei vielen **Experimenten** wird der Zusammenhang zwischen zwei Größen untersucht. Dabei müssen alle anderen Größen und Bedingungen konstant gehalten werden. Wir betrachten als Beispiel die zeitliche Änderung der Temperatur von Wasser bei gleichmäßiger Wärmezufuhr.

Im Experiment wird die Temperatur von Wasser unter ständigem Rühren nach jeweils einer Minute gemessen.
Dabei ergeben sich folgende Messwerte:

Zeit in min	0	1	2	3	4	5
Temperatur in °C	14	16	23	27	33	36

Welcher Zusammenhang besteht zwischen der Zeit, in der Wasser gleichmäßig Wärme zugeführt wird, und der Temperatur?

Schritt 1

Zeichnen eines Koordinatensystems
Schreibe an die jeweiligen Achsen des Koordinatensystems die physikalischen Größen mit ihrer Einheit (Abb. 1).

Für die Zeitachse gilt: 1 cm ≙ 1 min
Für die Temperaturachse gilt: 1 cm ≙ 10 °C

Schritt 2

Eintragen der Messwerte
Trage Messwerte, die zusammengehören (Messwertepaare), mit Bleistift als Punkte in das Diagramm ein (Abb. 1).

Schritt 3

Zeichnen der grafischen Darstellung
Durch die Punkte kann eine Gerade (Graph) gezeichnet werden (Abb. 2). Manche Punkte liegen nicht genau auf dieser Geraden. Wenn du selbst keinen Fehler beim Zeichnen gemacht hast, ist die Ursache dafür wahrscheinlich ein Messfehler. Solche Messfehler können bei jeder Messung auftreten. Sie werden beim Zeichnen des Graphen ausgeglichen.

Schritt 4

Auswerten des Diagramms
Beschreibe den Zusammenhang zwischen den beiden physikalischen Größen.
Mit zunehmender Zeit steigt die Temperatur gleichmäßig an.

Du kannst auch Werte ablesen, die du gar nicht aufgenommen hast. So hat das Wasser z. B. nach 2,5 min eine Temperatur von 25 °C.

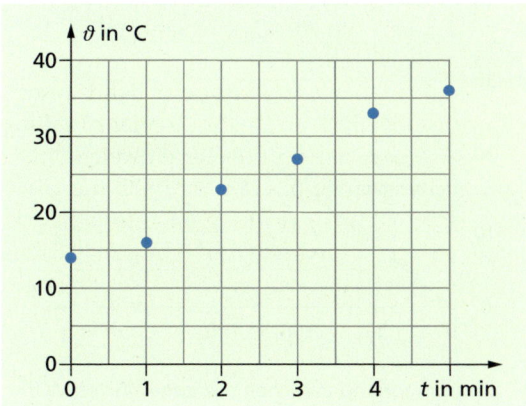

1   Eintragen der Messwerte in ein Diagramm

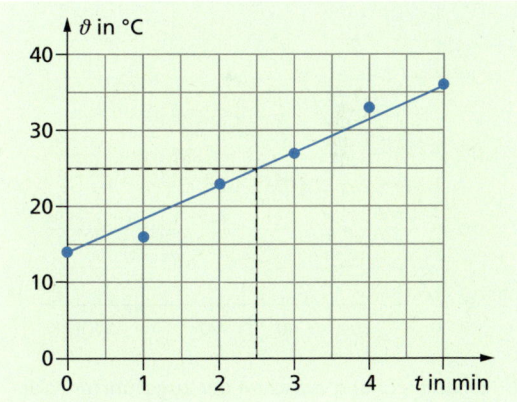

2   Einzeichnen des Graphen

Erwärmen oder Abkühlen von Körpern

Bei vielen Vorgängen in Natur und Technik ist es von Interesse zu wissen, welche Wärme einem Körper zugeführt oder von ihm abgegeben werden muss, um ihn auf eine bestimmte Temperatur zu bringen. Die Zusammenhänge zwischen der Wärme Q, der Masse m des Körpers und der Temperaturänderung ΔT lassen sich mit einer einfachen Experimentieranordnung untersuchen (Abb. 2). Die von einer Heizplatte abgegebene Wärme ergibt sich aus der Leistung dieser Heizplatte und der Zeit.

Zusammenhang zwischen zugeführter Wärme und Temperaturänderung:
Untersuchungen (Abb. 2) zeigen: Je mehr Wärme einem Körper bestimmter Masse zugeführt wird, desto größer ist die Erhöhung der Temperatur.
Für $m =$ konstant gilt: $Q \sim \Delta T$

Zusammenhang zwischen zugeführter Wärme und Masse:
Um eine bestimmte Temperaturdifferenz ΔT zu erreichen, muss einem Körper größerer Masse mehr Wärme zugeführt werden als einem Körper kleinerer Masse (Abb. 3).
Für $\Delta T =$ konstant gilt: $Q \sim m$

Die Zusammenfassung der beiden Proportionalitäten ergibt $Q \sim m \cdot \Delta T$. Der Quotient $\frac{Q}{m \cdot \Delta T}$ hat

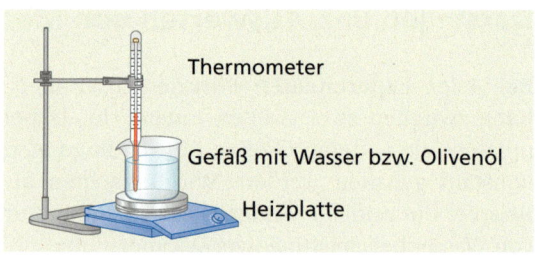

2 Versuchsanordnung zur Untersuchung des Zusammenhangs zwischen Q, m und ΔT

für einen bestimmten Stoff immer einen bestimmten Wert. Dieser stoffspezifische Wert wird **spezifische Wärmekapazität** c genannt. Damit erhält man eine Gleichung, die als **Grundgleichung der Wärmelehre** bezeichnet wird.

> **Unter der Bedingung, dass sich der Aggregatzustand eines Körpers nicht ändert, kann die von einem Körper abgegebene oder aufgenommene Wärme Q so berechnet werden:**
>
> $Q = c \cdot m \cdot \Delta T$
>
> c spezifische Wärmekapazität
> m Masse des Körpers
> ΔT Differenz zwischen Endtemperatur und Anfangstemperatur

Temperaturdifferenzen werden in der Regel in der Einheit Kelvin angegeben.

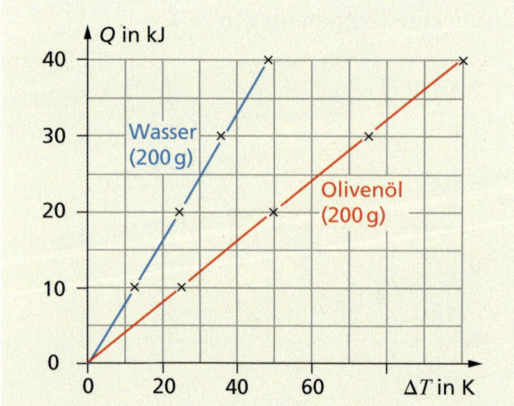

1 Zusammenhang zwischen der zugeführten Wärme und der Temperaturänderung bei konstanter Masse ($m = 200$ g)

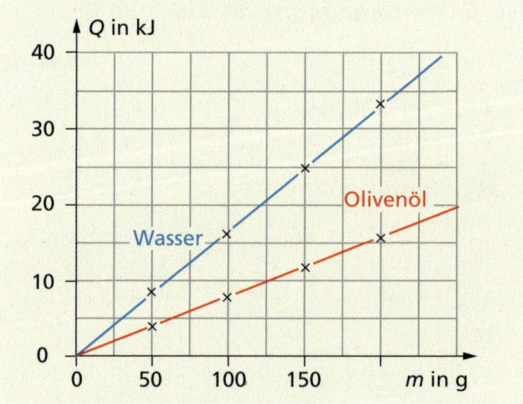

3 Zusammenhang zwischen der zugeführten Wärme und der Masse bei bestimmter Temperaturdifferenz ($\Delta T = 40$ K)

Spezifische Wärmekapazität von Stoffen

Stoff	c in $\frac{kJ}{kg \cdot K}$
Aluminium	0,90
Beton	0,90
Blei	0,13
Eis (bei 0 °C)	2,09
Eisen	0,46
Heizöl	2,07
Holz (Eiche)	2,39
Kupfer	0,39
Luft	1,01
Methanol	2,40
Quecksilber	0,14
Stahl	0,47
Wasser	4,19
Wasserdampf	1,86
Zinn	0,23

Die spezifische Wärmekapazität c eines Stoffs gibt an, wie viel Wärme von 1 kg eines Stoffs abgegeben oder aufgenommen wird, wenn sich seine Temperatur um 1 K ändert. Wenn 1 Liter Wasser (1 kg) um 1 K erwärmt werden soll, ist eine Wärme von $Q = 4,19$ kJ erforderlich.

Gewusst · Gekonnt

1. Die spezifische Wärmekapazität von trockenem Sand beträgt $c = 0{,}84\ \frac{kJ}{kg \cdot K}$ und ist damit wesentlich kleiner als die von Wasser. Begründe damit die hohen Temperaturschwankungen in Wüstengebieten im Unterschied zu Gebieten am Meer.

2. Bestimme die spezifische Wärmekapazität einer Flüssigkeit.
   Vorbereitung:
   a) Plane dein Vorgehen. Welche Größen müssen gemessen, welche müssen berechnet werden?
   b) Welche Messgeräte sind erforderlich?
   c) Bereite in deinem Heft eine Messwertetabelle vor.
   Auswertung:
   a) Vergleiche den ermittelten Wert mit einem Tabellenwert. Was stellst du fest?
   b) Erläutere die Fehler, die das Ergebnis beeinflusst haben können.

Interessantes aus der Natur

Die Bedeutung der spezifischen Wärmekapazität des Wassers

Von allen in der Natur vorkommenden Stoffen hat Wasser mit die größte spezifische Wärmekapazität. c = 4,19 kJ/(kg · K) bedeutet, dass 1 Liter Wasser eine Wärme von 4,19 kJ aufnimmt, wenn es um 1 K erwärmt wird. Bei einer Abkühlung von 1 K gibt das Wasser eine Wärme von 4,19 kJ ab. Da Wasser viel Wärme speichern kann, haben große Wassermengen, insbesondere Seen, Meere und Ozeane, erheblichen Einfluss auf das Klima.

Im Sommer wird vom Wasser aufgrund der Sonneneinstrahlung Wärme gespeichert. Im Herbst und Winter wird ein erheblicher Teil dieser Wärme an die Umgebung abgegeben. Es ist milder als im Binnenland. Im Frühjahr und Frühsommer erwärmt sich das Wasser erst allmählich. Der umgebenden Luft, die sich schneller erwärmt, wird Wärme entzogen. Dadurch entsteht insgesamt ein typisches Seeklima mit relativ milden Wintern und relativ kühlen Sommern. Beeinflusst wird das Klima in vielen Regionen auch durch gewaltige Meeresströmungen, z.B. durch den warmen Golfstrom. Er geht von der Karibik aus und hat Auswirkungen auf das Klima in England, Schottland, Irland oder Norwegen.

Auch in der Technik besitzt Wasser eine große Bedeutung. Es ist ein guter Wärmespeicher und steht darüber hinaus in ausreichender Menge zur Verfügung.

In Warmwasserheizungen oder bei Wärmepumpen wird genutzt, dass Wasser aufgrund seiner großen spezifischen Wärmekapazität viel Energie in Form von Wärme transportieren und speichern kann. Für die Kühlung von Motoren oder als Kühlmittel in Kraftwerken wird ebenfalls Wasser verwendet.

Interpretieren von Gleichungen

In der Physik werden viele Zusammenhänge zwischen physikalischen Größen als Gleichungen angegeben.

> Interpretiere die Grundgleichung der Wärmelehre $Q = c \cdot m \cdot \Delta T$.

Es ist zweckmäßig, beim Interpretieren einer Gleichung in folgenden Schritten vorzugehen:

Schritt 1

Nennen der physikalischen Größen
Es sind die Größen zu nennen, zwischen denen Zusammenhänge in der Gleichung dargestellt sind.

> Die Grundgleichung der Wärmelehre beinhaltet den Zusammenhang zwischen der Wärme Q, der Masse m, der spezifischen Wärmekapazität c und der Temperaturänderung ΔT.

Schritt 2

Ableiten von Zusammenhängen aus der mathematischen Struktur der Gleichung
Beim Ableiten der Zusammenhänge ist z. B. auf direkte oder indirekte Proportionalität einzugehen. Dabei sind wichtige Bedingungen zu beachten, unter denen die Zusammenhänge gelten.

> Unter der Bedingung, dass die Temperaturänderung konstant bleibt, sind für ein und denselben Stoff Wärme und Masse zueinander proportional.
> $Q \sim m$, wenn $\Delta T = $ konst. und $c = $ konst.

> Unter der Bedingung, dass die Masse konstant bleibt, sind für ein und denselben Stoff Wärme und Temperaturänderung zueinander proportional.
> $Q \sim \Delta T$, wenn $m = $ konst. und $c = $ konst.

Schritt 3

Ableiten von Folgerungen
Dabei geht es um Folgerungen, die sich aus den Zusammenhängen ergeben.

> Um zwei Liter Wasser in einem Wasserkocher zum Sieden zu bringen, muss doppelt so viel Wärme zugeführt werden, wie nötig wäre, um einen Liter Wasser zum Sieden zu bringen. Also braucht der Wasserkocher doppelt so lange, um zwei Liter Wasser zum Sieden zu bringen.

> Eine gleich große Menge Wasser gibt bei einer Abkühlung um 10 K doppelt so viel Wärme ab wie bei einer Abkühlung um 5 K. Das spielt bei großen Wassermengen, beispielsweise bei Stauseen, eine wichtige Rolle, weil die abgegebene Wärme Einfluss auf das Klima hat.

Selbst wenn eine Gleichung im Unterricht nicht behandelt wird, kannst du aus ihr Zusammenhänge erschließen und diese zur Lösung von Aufgaben und Problemen anwenden.
Betrachten wir als Beispiel folgende Gleichung, die für Gase wie Luft anwendbar ist.

$$\frac{p_1 \cdot V_1}{T_1} = \frac{p_2 \cdot V_2}{T_2}$$

Die Gleichung beschreibt den Zusammenhang zwischen dem Druck p in einem Gas, seinem Volumen V und seiner Temperatur T. Unter der Bedingung $V_1 = V_2 = $ konstant gilt:

$$\frac{p_1}{T_1} = \frac{p_2}{T_2} \quad \text{bzw.} \quad \frac{p_1}{p_2} = \frac{T_1}{T_2}$$

Mit der Gleichung kannst du abschätzen, wie sich bei $V = $ konstant der Druck in einem Fahrradreifen ändert, wenn die Temperatur in seinem Innern von 20 auf 40 °C steigt. Das Verhältnis von Enddruck zu Anfangsdruck verhält sich wie die entsprechenden Temperaturen. Diese müssen in Kelvin umgerechnet werden:

$$p_2 = \frac{T_2}{T_1} \cdot p_1 = \frac{313\,\text{K}}{293\,\text{K}} \cdot p_1 = 1,1 \cdot p_1$$

Der Druck im Reifen wird etwa 10 % größer.

Physik im Alltag

Wasser als Wärmespeicher

Aufgrund seiner großen spezifischen Wärmekapazität ist Wasser ein guter Energiespeicher. Das nutzt man z. B. aus, wenn man die Energie, die man mit Sonnenkollektoren bei sonnigem Wetter einsammelt, für regnerische Tage zwischenspeichern will. Dazu verwendet man z. B. einen Wassertank mit 500 l Wasser im Keller des Hauses.
Wie viel Wärme wird in einem solchen Wassertank gespeichert, wenn das Wasser durch die Solaranlage von 20 auf 70 °C erhitzt wurde?

Analyse:
Zur Berechnung kann die Gleichung $Q = c \cdot m \cdot \Delta T$ genutzt werden. Die Masse des Wassers lässt sich aus dem gegebenen Volumen und der Dichte ermitteln.

Gesucht: Q
Gegeben: $V = 500 \, l$

$$\Delta T = 50 \, K$$

$$\varrho = 1,00 \, \frac{g}{cm^3} = 1,00 \, \frac{kg}{l}$$

$$c = 4,19 \, \frac{kJ}{kg \cdot K}$$

Lösung: $Q = c \cdot m \cdot \Delta T$ $\varrho = \frac{m}{V}$

$$m = \varrho \cdot V$$

$$Q = c \cdot \varrho \cdot V \cdot \Delta T$$

$$Q = 4,19 \, \frac{kJ}{kg \cdot K} \cdot 1 \, \frac{kg}{l} \cdot 500 \, l \cdot 50 \, K$$

$$\underline{Q = 105\,000 \, kJ}$$

Ergebnis:
Der Speicher einer Solaranlage nimmt bei der Erwärmung von 20 auf 70 °C eine Wärme von 105 000 kJ = 105 MJ auf.
Zum Vergleich: Mit dieser Wärme kann man etwa zehn Stunden lang ein Haus mit einer Leistung von 3 kW heizen.

Die Bleilochtalsperre

Die Bleilochtalsperre hat ein Fassungsvermögen von 215 Mio. Kubikmeter.
Wie viel Wärme gibt dieses Wasser an die Umgebung ab, wenn sich seine Temperatur um 1 K verringert?

Analyse:
Da sich der Aggregatzustand des Wassers nicht ändert, kann die Grundgleichung der Wärmelehre zur Berechnung genutzt werden. Die Masse des Wassers lässt sich aus dem gegebenen Volumen und der Dichte ermitteln.

Gesucht: Q
Gegeben: $V = 215 \cdot 10^6 \, m^3$

$$\Delta T = 1 \, K$$

$$\varrho = 1,00 \, \frac{g}{cm^3} = 1\,000 \, \frac{kg}{m^3}$$

$$c = 4,19 \, \frac{kJ}{kg \cdot K}$$

Lösung:
1 m³ Wasser hat eine Masse von 1 000 kg. Dann haben $215 \cdot 10^6 \, m^3$ eine Masse von:

$$m = 215 \cdot 10^6 \cdot 1\,000 \, kg$$

$$m = 215 \cdot 10^9 \, kg$$

1 kg Wasser gibt bei einer Temperaturänderung um 1 K eine Wärme von 4,19 kJ ab. Dann geben $215 \cdot 10^9 \, kg$ folgende Wärme ab:

$$Q = 215 \cdot 10^9 \cdot 4,19 \, kJ$$

$$\underline{Q = 9,0 \cdot 10^{11} \, kJ}$$

Ergebnis:
Bei der Verringerung der Temperatur um 1 K gibt das Wasser der Bleilochtalsperre eine Wärme von $9,0 \cdot 10^{11}$ kJ an die Umgebung ab.
Zum Vergleich: Der Heizkessel eines Einfamilienhauses müsste mit einer Leistung von 15 kW etwa 1 900 Jahre lang betrieben werden, um diese Wärme abzugeben.

Was die Wärme alles bewirkt

Experiment 1

Ein Bimetallthermometer enthält eine Spirale, die aus zwei verschiedenen Metallen besteht. Der Zeiger ist daran befestigt und bewegt sich bei Temperaturänderungen (Abb.).

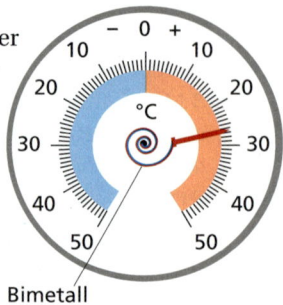

Bimetall

Baue das Modell eines Bimetallthermometers.
Vorbereitung:
Material: Streichhölzer, Kaugummipapier (enthält eine Aluminium- und eine Papierschicht), Teelicht, Schere
Durchführung:
a) Schneide einen 1 cm breiten Streifen von dem Kaugummipapier und klemme ihn wie auf der Abbildung in das Streichholz.

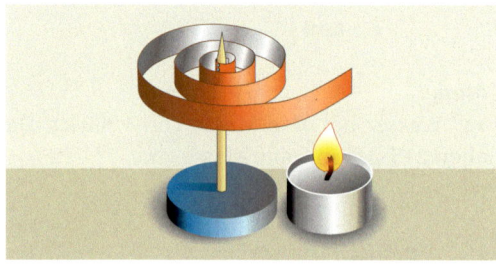

b) Wickle das Kaugummipapier mit der Aluminiumschicht nach außen zu einer Spirale und halte es vorsichtig über das Teelicht.
   Achtung: Brandgefahr!
c) Wiederhole den Versuch, aber wickle die Spirale nun mit der Papierseite nach außen.
d) Schneide einen weiteren Streifen von dem Kaugummipapier und trenne vorsichtig die Papier- und die Aluminiumschicht.
e) Wiederhole nun den Versuch jeweils nur mit der Aluminium- oder nur mit der Papierschicht.
Beobachtung:
Beschreibe, was du bei den Teilversuchen beobachtet hast.

Auswertung:
Begründe, welcher der Teilversuche dem Verhalten eines Bimetallthermometers entspricht.

Experiment 2
Lass eine Münze auf einer Flasche tanzen.
Durchführung:
Befeuchte ein Geldstück und lege es auf die Öffnung einer leeren Flasche, sodass diese verschlossen ist.
f) Umschließe nun die Flasche fest mit beiden Händen und warte einige Zeit.
Beobachtung:
Beschreibe deine Beobachtung.

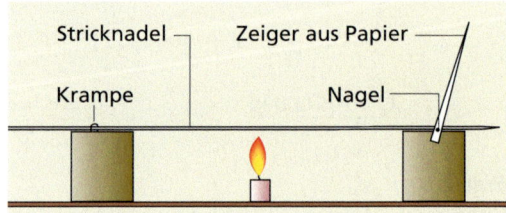

Auswertung:
a) Erkläre deine Beobachtung.
b) Warum muss das Geldstück angefeuchtet sein?
c) Begründe, warum der Effekt noch verblüffender ist, wenn die Flasche vorher im Kühlschrank gelegen hat. Probiere es aus.

Experiment 3
Baue das Modell einer Brücke auf Rollen.
a) Befestige das eine Ende einer Stricknadel fest auf einem Holzklotz. Das andere Ende der Stricknadel soll beweglich auf einem Nagel mit Zeiger liegen (Abb.).

Stricknadel	Zeiger aus Papier
Krampe	Nagel

b) Erwärme die Stricknadel vorsichtig mit einer Kerzenflamme. Achtung: Brandgefahr! Lass sie anschließend wieder abkühlen.
c) Beschreibe deine Beobachtungen.

Volumen- und Längenänderung von festen Körpern

Jeder Körper hat bei einer bestimmten Temperatur ein bestimmtes Volumen. Erwärmung oder Abkühlung führen zu Änderungen der Abmessungen eines Körpers (Abb. 1). Unter der Bedingung, dass sich ein Körper ausdehnen kann, gilt:

> **Wenn sich die Temperatur eines Körpers ändert, so ändert sich auch das Volumen.**

Das lässt sich z. B. an einer Eisenkugel nachweisen (Abb. 2). Auch lange, feste Körper wie Brücken, Eisenbahnschienen oder Hochspannungsleitungen (Abb. 1a) vergrößern bei Erwärmung ihr Volumen. Bei diesen Körpern ist aber nur die Längenänderung von praktischer Bedeutung. Die Längenänderung eines festen Körpers hängt außer von der ursprünglichen Länge und der Temperaturänderung auch vom Stoff ab, aus dem der Körper besteht.

> **Die Längenänderung fester Körper ist umso größer,**
> – **je größer der lineare Ausdehnungskoeffizient α des Stoffs ist, aus dem der Körper besteht,**
> – **je größer die Länge l_0 ist und**
> – **je größer die Temperaturänderung ΔT ist.**
>
> $\Delta l = \alpha \cdot l_0 \cdot \Delta T$

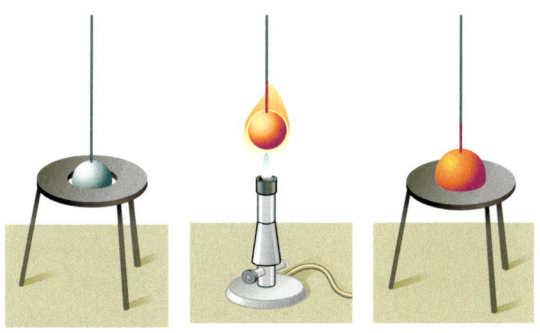

2 Bei Zimmertemperatur passt die Eisenkugel gerade noch durch eine Öffnung. Wird sie erhitzt, dehnt sie sich aus und passt nicht mehr hindurch.

Ein Kupferdraht verlängert sich unter gleichen Bedingungen mehr als ein Draht aus Stahl (Tabelle). Die Abhängigkeit vom Stoff wird durch eine Stoffkonstante erfasst, die als **linearer Ausdehnungskoeffizient** α bezeichnet wird.

Linearer Ausdehnungskoeffizient verschiedener Stoffe	
Stoff	α **in** $\frac{1}{K}$
Aluminium	0,000024
Beton	0,000012
Eisen, Stahl	0,000012
Glas	0,000010
Kupfer	0,000016
Messing	0,000018
Zink	0,000036
Zinn	0,000027

1a Im Sommer hängen Hochspannungsleitungen zwischen den Masten in der Regel mehr durch als im Winter.

1b Zur Wasserkühlung eines Motors gehört ein Ausgleichsgefäß. Es gibt Raum für die sich ausdehnende Kühlflüssigkeit.

1c Das erhitzte Gas dehnt sich aus und bläht einen Heißluftballon auf. Ein Teil des ursprünglich vorhandenen Gases entweicht.

Volumenänderung von Flüssigkeiten

In Kaufhäusern, Hotels oder Bürohäusern sind zum Schutz vor Bränden Sprinkleranlagen in den Decken installiert (Abb. 1). Sie sind direkt mit Wasserleitungen verbunden. Bei großer Temperaturerhöhung wie bei einem Brand dehnt sich eine Flüssigkeit im Sprühkopf stark aus und „sprengt" das Röhrchen. Das Löschwasser hat freien Lauf.

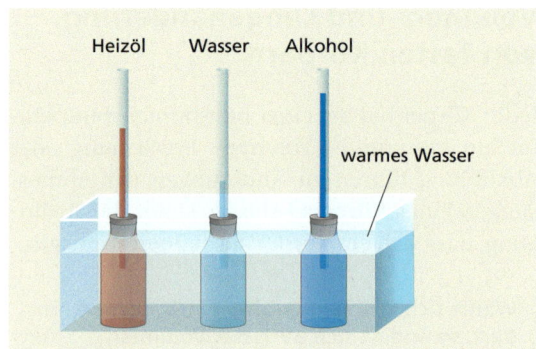

Heizöl   Wasser   Alkohol

warmes Wasser

2 Bei Zimmertemperatur standen die Flüssigkeiten in den drei Steigrohren gleich hoch: Ihr Ausgangsvolumen war gleich. Bei gleicher Temperaturerhöhung dehnt sich Alkohol am meisten aus.

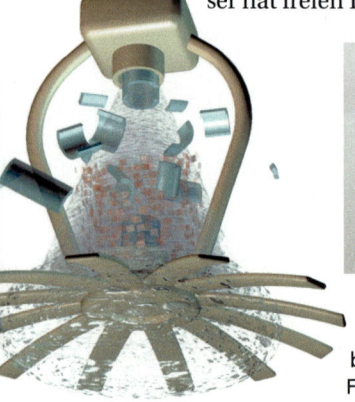

1 Im Sprühkopf einer Sprinkleranlage dehnt sich bei Temperaturanstieg eine Flüssigkeit so stark aus, dass ihr Behältnis zerspringt.

Das in Abb. 2 dargestellte Experiment zeigt, wie unterschiedlich sich das Volumen von verschiedenen Flüssigkeiten vergrößert, wenn man sie der gleichen Temperaturänderung aussetzt.

> **Die meisten Flüssigkeiten dehnen sich bei Erhöhung der Temperatur aus und ziehen sich bei Verringerung der Temperatur zusammen.**

Ähnlich wie bei festen Körpern hängt die Volumenänderung einer Flüssigkeit ab
– vom Stoff, aus dem die Flüssigkeit besteht,
– vom ursprünglichen Volumen der Flüssigkeit,
– von der Temperaturänderung.

So vergrößert sich z. B. das Volumen von 10 l Heizöl um 90 ml, wenn man seine Temperatur um 10 K erhöht, das von Wasser dagegen bei der gleichen Temperaturänderung nur um 21 ml (Tabelle rechts). Wasser macht bei niedriger Temperatur eine Ausnahme (↗ S. 173). Sein nicht normales Verhalten wird als **Anomalie des Wassers** bezeichnet.

Volumenänderung von 10 l Flüssigkeit, wenn sich deren Temperatur um 10 K ändert	
Stoff	**Volumenänderung**
Alkohol	110 ml
Benzin	100 ml
Glycerin	50 ml
Heizöl	90 ml
Quecksilber	18 ml
Wasser	21 ml

Gewusst · Gekonnt

1. Für die Volumenänderung ΔV einer Flüssigkeit gilt die Gleichung $\Delta V = \gamma \cdot V_0 \cdot \Delta T$. γ ist der Volumenausdehnungskoeffizient, eine Stoffkonstante.
   a) Interpretiere die Gleichung. Orientiere dich dabei an den Hinweisen auf S. 168.
   b) Wasser hat bei Zimmertemperatur einen Volumenausdehnungskoeffizienten von $\gamma = 0,000\,21\,\frac{1}{K}$. Berechne die Volumenänderung von 10 l Wasser, wenn sich seine Temperatur von 20 °C auf 40 °C erhöht.

2. Flaschen und Dosen, in denen sich Flüssigkeiten befinden, werden nicht randvoll gefüllt. Es könnte sonst zu Schäden kommen. Begründe.

Interessantes aus der Natur

Anomalie des Wassers

Bei Temperaturen über 4 °C verhält sich Wasser wie andere Flüssigkeiten. Bei Erhöhung der Temperatur dehnt es sich aus, bei Verringerung der Temperatur wird sein Volumen kleiner.

Kühlt sich Wasser aber unter 4 °C ab, so wird sein Volumen nicht kleiner, sondern bis 0 °C wieder größer. Wasser hat bei 4 °C sein kleinstes Volumen und damit seine größte Dichte, da bei konstanter Masse $\varrho \sim 1/V$ gilt.

Dieses „nicht normale" Verhalten von Wasser wird in der Physik als **Anomalie des Wassers** bezeichnet (Abb. 1). Die Anomalie des Wassers ist für das Leben von Tieren und Pflanzen im Wasser sehr wichtig.

Im Sommer wird das Wasser von der Sonne erwärmt. Das leichtere, wärmere Wasser bleibt an der Oberfläche, tiefer liegende Schichten sind kühler. Es bildet sich eine stabile Temperaturschichtung des Wassers aus (Abb. 2). Das kannst du auch beim Baden feststellen.

Im Herbst (Abb. 3) und Winter (Abb. 4) kühlt sich das Wasser an der Oberfläche ab. Das Wasser mit der größeren Dichte sinkt nach unten. Bei Temperaturen um 4 °C bleibt dann das kühlere Wasser an der Oberfläche. Eine weitere Abkühlung führt zur Eisbildung an der Wasseroberfläche. Tiefer liegende Schichten haben eine Temperatur von 4 °C. Das Wasser gefriert in größeren Tiefen also nicht. Dadurch können Tiere und Pflanzen im Wasser überleben.

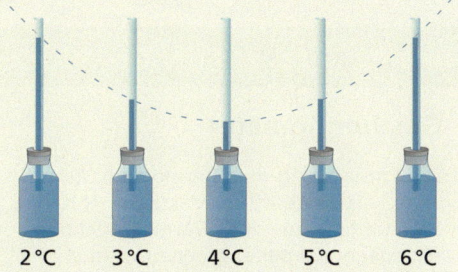

1 Bei 4 °C hat Wasser sein kleinstes Volumen.

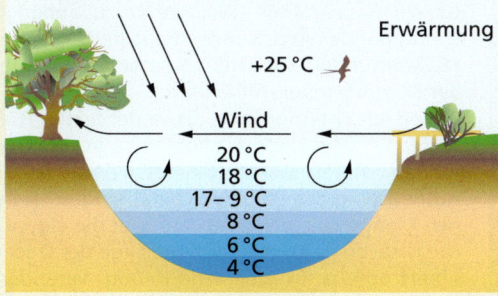

2 Sommerstabilität

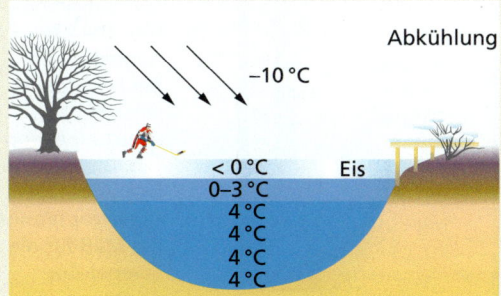

3 Herbstzirkulation

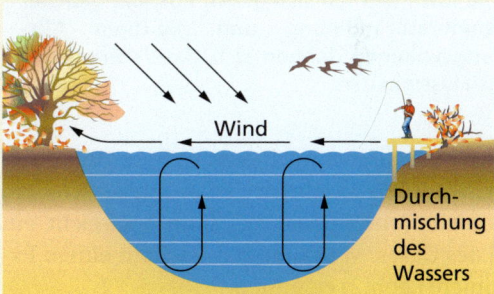

4 Winterstabilität

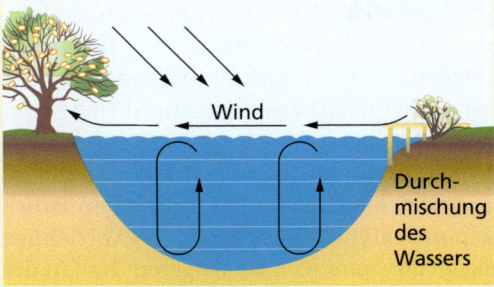

5 Frühjahrszirkulation

Volumenänderung von Gasen

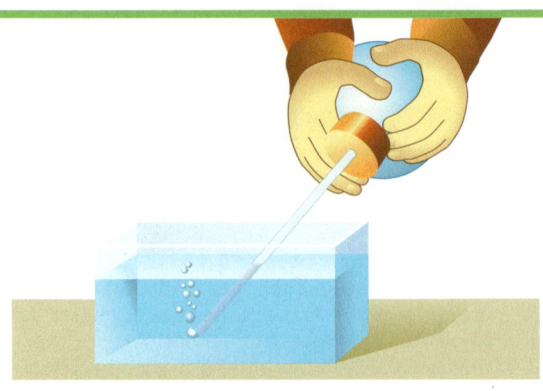

Ebenso wie feste Körper und die meisten Flüssigkeiten dehnen sich auch Gase beim Erwärmen aus und ziehen sich beim Abkühlen zusammen (Abb. 1). Aber bei Gasen hängt die Volumenänderung bei Erwärmung nicht von der Art des Gases ab. Gase wie Luft, Butan oder Helium dehnen sich bei gleicher Ausgangstemperatur fast gleich stark aus.

1 Wird die Luft in dem Gefäß erwärmt, so dehnt sie sich aus. Der Luftballon bläst sich auf.

Das Volumen eines Gases von 10 l vergrößert sich bei einer Erwärmung um 10 K um 366 ml. Zum Vergleich: Das Volumen von 10 l Wasser vergrößert sich bei der gleichen Temperaturänderung nur um 21 ml.

> **Alle Gase dehnen sich gleich aus. Bei gleicher Temperaturänderung und gleichem Ausgangsvolumen dehnen sich Gase stärker aus als Flüssigkeiten.**

Gase kennzeichnet noch eine weitere Besonderheit: Wenn sie in einem Gefäß erhitzt werden, das nicht verschlossen ist, dann entweicht ein Teil des Gases. Man kann das leicht in einem Experiment (Abb. 2) erkennen.

Befindet sich das Gas jedoch in einem fest verschlossenen Gefäß, beispielsweise in einem Fahrradschlauch oder einem Autoreifen, und die Temperatur wird erhöht, dann steigt der Druck der eingeschlossenen Luft. An besonders heißen Sommertagen kann das sogar zum Platzen von Fahrradschläuchen führen.
Autoreifen werden im Sommer aus demselben Grund manchmal mit einem niedrigeren Druck aufgepumpt als im Winter. Besonders Vorsichtige schützen die Autoreifen bei längerem Halt in der Hitze mit Pappkartons oder hellen Tüchern.

2 Schon eine Erhöhung von Raum- auf Körpertemperatur der Luft im Kolben führt zu einer Vergrößerung ihres Volumens: Sie entweicht, sichtbar an den aufsteigenden Luftblasen im Wasser.

Interessantes aus der Geschichte

Gasthermometer

Die Entwicklung der Thermometer kann als die erste wissenschaftlich-praktische Nutzung der Erkenntnis von der Wärmeausdehnung verschiedener Körper angesehen werden.

Als Erfinder des Thermometers oder seines Vorläufers, des Thermoskops (ohne Skala), gelten GALILEO GALILEI (1564–1642) und – unabhängig von ihm – der Arzt SANTORIUS aus Italien, der im 16. Jahrhundert ein Thermometer zur Messung der Körpertemperatur erfand.
Die ersten Thermometer, die in der ersten Hälfte des 17. Jahrhunderts allgemeine Verbreitung fanden, waren Gasthermometer (Abb. 3). Die Ausdehnung des Volumens einer eingeschlossenen Menge Luft bei Erwärmung ist die eigentliche Ursache dafür, dass sich die Lage des Quecksilbertropfens in der Anordnung verändert.

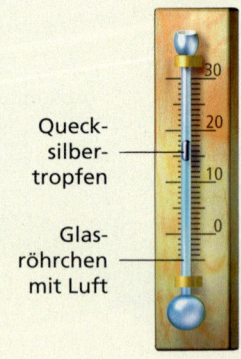

Quecksilbertropfen

Glasröhrchen mit Luft

3 Aufbau eines Gasthermometers: Die Ausdehnung der Luft bei Erwärmung verschiebt den Quecksilbertropfen. Die Verschiebung des Quecksilbertropfens ist ein Maß für die Temperaturänderung.

Physik im Alltag

Feuermelder in Aktion

Kinos, Kaufhäuser oder Lagerhäuser sind mit Alarmanlagen gegen Feuer ausgerüstet.

Bei den **Feueralarmanlagen** gibt es **Temperaturwarnanlagen,** die das Überschreiten einer bestimmten Temperatur signalisieren. Wesentlicher Teil ist ein **Bimetallstreifen.** Er besteht aus zwei verschiedenen Metallen, die fest miteinander verbunden sind. Bei Temperaturerhöhung dehnen sich die Metalle unterschiedlich aus, verbiegen sich und öffnen einen Stromkreis.

Beschreibe den Aufbau einer Temperaturwarnanlage. Erkläre ihre Wirkungsweise.

Eine Temperaturwarnanlage signalisiert eine erhöhte Temperatur in einem Raum, z. B. bei Feuer. Sie besteht aus einem Bimetallschalter (Bimetallstreifen, Kontakt), einem Relais (elektromagnetischer Schalter) und einer Signallampe (Abb. 2). Bei normaler Raumtemperatur ist der Bimetallschalter geschlossen. Die Signallampe leuchtet nicht. Erhöht sich die Temperatur, so biegt sich der Bimetallstreifen. Der Kontakt öffnet sich, der Stromfluss wird unterbrochen.

Dadurch wird durch das Relais der Stromkreis, in dem sich die Signallampe befindet, geschlossen. Sie leuchtet auf. Mithilfe einer Stellschraube kann die Temperatur – je nach Raum – zwischen 40 °C und 90 °C eingestellt werden, bei der der Stromfluss unterbrochen und der Alarm ausgelöst wird.

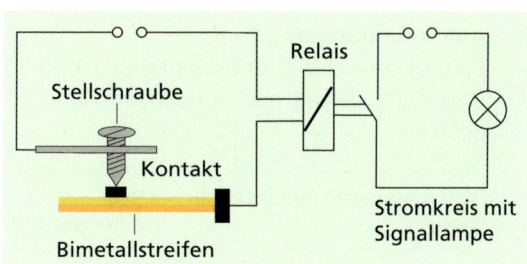

2 Aufbau einer Temperaturwarnanlage

Vorsicht beim Tanken im Sommer

In der Regel tankt man sein Auto voll.

Warum sollte man an heißen Sommertagen den Tank eines Autos nie randvoll füllen?

Wie alle Flüssigkeiten dehnt sich das Benzin aus. Es wird an der Tankstelle aus unterirdischen Vorratsbehältern gepumpt und hat dann eine Temperatur von ca. 10 °C. An Sommertagen mit ca. 30 °C bedeutet das eine Temperaturerhöhung um 20 K. Wenn ein Tank z. B. 50 l Benzin fasst, dann vergrößert sich das Volumen folgendermaßen:

Entsprechend den Tabellenwerten (↗ S. 172) vergrößert sich das Volumen von 10 l Benzin bei einer Temperaturänderung von 10 K um 100 ml. 50 l dehnen sich bei 10 K um $5 \cdot 100$ ml = 500 ml aus. Bei 20 K hat sich das Tankvolumen dann um $2 \cdot 500$ ml = 1 000 ml vergrößert.

Das ist immerhin 1 l. Wird dieser Tank bei Temperaturen von 30 °C bis zum Rand gefüllt, entweicht das überschüssige Benzin über ein Entlüftungsrohr (↗ Abb.). Das verschmutzt nicht nur die Umwelt, sondern kann auch Brände verursachen. Aus dem Entlüftungsrohr entweicht sonst nur die Luft beim Tanken.

Einfüllstutzen

Entlüftungsrohr

Schnellentlüftungsrohr

Tank

Benzinleitung

1 Automatische Rauch- oder Feuermelder sind meist an der Decke angebracht.

Gewusst · Gekonnt

1. Auf Erkundungstour

Erkunde, was für Thermometer es bei dir zu Hause gibt. Fertige nach dem Muster eine Tabelle an.

Verwendungs-zweck	Messbereich	Mess-genauigkeit
…	…	…

2. Ablesen – aber richtig!

Welche Temperaturen zeigen die in der Abb. dargestellten Thermometer an? Was muss man beim Ablesen beachten?

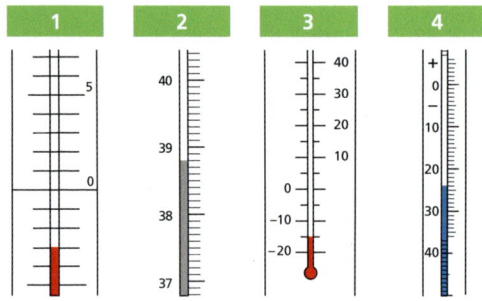

3. Siedendes Wasser für Tee

Wasser aus der Wasserleitung (15 °C) soll für Tee bis zum Sieden erhitzt werden.
Berechne, um wie viele Grad die Temperatur erhöht werden muss.

4. Aufgaben nach Muster selbst erstellen

An einem Herbsttag beträgt die Temperatur 8 °C. In der Nacht fällt die Temperatur um 10 °C. Welche Außentemperatur herrscht in der Nacht?
Denke dir selbst drei Aufgaben zur Berechnung von Temperaturdifferenzen aus und stelle sie deinen Mitschülern.

5. Mir ist kalt – dir ist warm

Wir empfinden die Temperatur nicht immer gleich. Erläutere an verschiedenen Beispielen, wie diese unterschiedlichen Empfindungen zustande kommen.

6. Trafen sich der Schwede und der Lord?

a) Liste in einer Tabelle auf, worin sich die Temperaturskalen der beiden Wissenschaftler ANDERS CELSIUS und LORD KELVIN unterscheiden.

b) Recherchiere im Internet oder in einer Bibliothek, um für beide Wissenschaftler einen Lebenslauf zu erstellen. Bereite eine Präsentation vor.

7. Abkühlen untersuchen

Fülle ca. 50 °C warmes Wasser in ein Becherglas und lass es abkühlen.

a) Miss alle 5 Minuten die Temperatur, bis sie sich nicht mehr ändert, und trage die Werte in eine Tabelle ein.

b) Zeichne ein Zeit-Temperatur-Diagramm und trage die Messwerte ein. Orientiere dich an den Hinweisen auf Seite 165.

c) Werte das Diagramm aus (↗ S. 165).

d) Vergleiche den Temperaturverlauf mit dem deines Nachbarn. Wodurch können Unterschiede zustande gekommen sein?

8. Heißer Kopf

Kilian hat 38,7 °C Fieber.

a) Wie hoch liegt seine Temperatur über der Normaltemperatur?

b) Ab welcher Temperatur wird Fieber lebensbedrohlich?

c) Beschreibe, was man bei hohem Fieber tun kann. Lies oder frage nach.

9. Grad Celsius oder Kelvin

Temperaturen können in Grad Celsius oder in Kelvin angegeben werden. Mitunter ist eine Umrechnung zwischen diesen beiden Temperaturskalen erforderlich.

a) In einer Zeitung liest Bruno folgende Temperaturangaben: 20 K, 173 K, 278 K, 362 K, 450 K. Gib diese Temperaturen in Grad Celsius an.

b) Wie viele Kelvin sind 250 °C, 100 °C, 25 °C, –10 °C, –210 °C?

10. Schwierige Temperaturmessung

Warum ist es schwierig, die Temperatur eines kompakten Körpers, z. B. eines Stahlblocks, zu messen? Wie könnte man dessen Temperatur bestimmen?

11. Temperaturdifferenzen

Bestimme die jeweiligen Temperaturdifferenzen $\vartheta_1 - \vartheta_2$ und $\vartheta_2 - \vartheta_1$.

ϑ_1 in °C	20	40	−8	10	−25
ϑ_2 in °C	5	−6	15	65	−10

12. Abkühlung der Luft

In den unteren Luftschichten nimmt die Temperatur mit der Höhe ab. In der Tabelle sind Messwerte angegeben.

h in km	0	0,5	1	2	3	4
ϑ in °C	20	16,5	12	5	−1	−9

a) Zeichne das h-ϑ-Diagramm.
b) In welcher Höhe befindet sich die Null-Grad-Grenze?
c) Welche Temperatur würde auf dem Gipfel des Großen Inselbergs (916 m) und in deinem Schulort herrschen?

13. Energie und Wärme

Vergleiche die Größen Energie und Wärme.
a) Stelle Gemeinsamkeiten und Unterschiede zusammen.
b) Erläutere den Unterschied zwischen Energie und Wärme an einem selbst gewählten Beispiel.

14. Thermische Energie vergrößern

Die thermische Energie eines Topfs mit Wasser soll erhöht werden.
a) Nenne verschiedene Möglichkeiten.
b) Was geschieht dabei mit der Temperatur des Wassers? Begründe.

15. Drei physikalische Größen – ein Beispiel

a) Eine Kanne Tee steht längere Zeit auf einem Tisch.

b) Beschreibe die Veränderungen, die vor sich gehen, mit den Begriffen Wärme, Temperatur und thermische Energie.

16. Zweckmäßige Kleidung

Erläutere, wie man durch eine der Temperatur angemessene Kleidung
a) im Winter die Wärmeabstrahlung durch den menschlichen Körper gering halten kann,
b) im Sommer die Wärmeeinstrahlung der Sonne durch Kleidung klein halten kann.

17. Nur mit Netz

Warum verhindert ein Drahtnetz unter dem Gefäß (↗ Abb.), dass das Glas zerspringt?

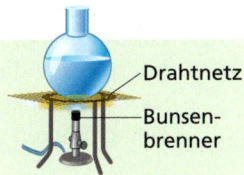

Drahtnetz

Bunsenbrenner

18. Wasser kühlt Motor

Wie funktioniert die Wasserkühlung bei einem Motor? Erläutere mithilfe der Abbildung.

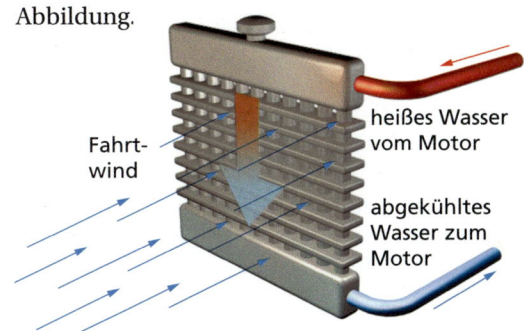

Fahrtwind

heißes Wasser vom Motor

abgekühltes Wasser zum Motor

Gewusst · Gekonnt

19. Theorie und Praxis

Ein Liter Wasser soll von 18 auf 60 °C erwärmt werden.
Wie viel Wärme muss dem Wasser zugeführt werden? Ist der tatsächliche Wert größer oder kleiner? Begründe.

20. Je größer die Masse, desto …

Weise den Zusammenhang zwischen der Masse von Wasser und der zugeführten Wärme nach. Die Temperaturerhöhung soll jeweils 10 K betragen.
Protokolliere.

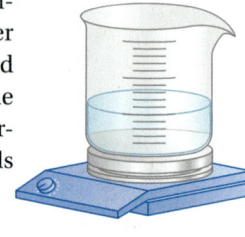

Als Wärmequelle dient eine Heizplatte.
Informiere dich, wie viel Wärme diese Heizplatte in zehn Sekunden abgibt.
Bestimme die Zeit, in der sich vier verschiedene Wassermengen um 10 K erwärmen.
Werte die Messungen mithilfe eines Computers aus.
Interpretiere das *m-Q*-Diagramm.
Welche Fehler haben das Ergebnis beeinflusst?

21. Ein Diagramm gibt Auskunft

Interpretiere das Diagramm, das bei der Erwärmung einer Flüssigkeit der Masse 200 g aufgenommen wurde.

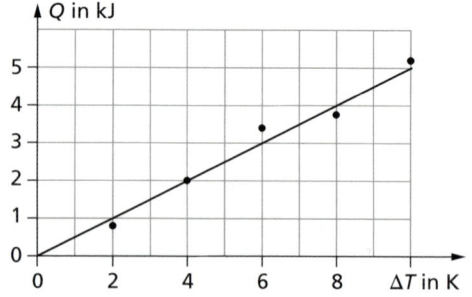

Berechne für die Flüssigkeit die spezifische Wärmekapazität. Entnimm die notwendigen Daten dem Diagramm.

22. Lüften – aber richtig

Warum ist es günstiger, kurz und intensiv zu lüften, als den ganzen Tag das Fenster einen Spalt offen zu lassen?

23. Flüssigkeit gesucht

Marie berichtet von einer Flüssigkeit, mit der ihr Vater im Labor experimentiert. Diese soll im Vergleich zu Wasser folgende Eigenschaften haben:
– Die gleiche Zufuhr von Wärme hat eine 30-fach größere Temperaturerhöhung als bei Wasser zur Folge.
– Sie nimmt bei einer bestimmten Masse nur ein Vierzehntel des Volumens von Wasser ein.
Gibt es eine solche Flüssigkeit? Wenn ja, worum könnte es sich handeln?

24. Die spezifische Wärmekapazität

Die spezifische Wärmekapazität einer Flüssigkeit soll experimentell bestimmt werden.
a) Beschreibe, wie man vorgehen könnte.
b) Bestimme experimentell die spezifische Wärmekapazität einer Flüssigkeit. Fertige ein Protokoll an. Orientiere dich bei deinem Herangehen an den Hinweisen auf S. 17.

25. Ein Wärmespeicher

Ein glühender Stahlblock mit einer Masse von 1 t hat eine Temperatur von 900 °C und kühlt allmählich auf 20 °C ab. Wie viel Wärme wird dabei an die Umgebung abgegeben?

26. Eine Warmwasserheizung

Bei einer Warmwasserheizung besitzt das vom Heizkessel zu den Heizkörpern strömende Wasser eine Temperatur von 55 °C.
Das zurückströmende Wasser hat nur noch eine Temperatur von 35 °C.
Wie viel Wärme geben die Heizkörper in jeder Stunde an die Umgebung ab, wenn in einer Minute insgesamt 10 l Wasser durch die Heizkörper fließen?

27. Niemals voll

Getränkeflaschen werden nie randvoll gefüllt. Erkläre, warum das so ist.

28. Vor Sonneneinstrahlung schützen

Auf Spraydosen findet man folgenden Aufdruck: „Vor Sonneneinstrahlung und Temperaturen über 50 °C schützen". Begründe diesen Hinweis physikalisch.

29. Rollen und Fugen

Große Brücken sind mindestens an einer Seite auf Rollen gelagert (↗ Abb. links). In Fahrbahnen befinden sich Dehnungsfugen (↗ Abb. rechts).

Erkläre, welche Funktion die Rollen bzw. Fugen haben. Beziehe auch das Ergebnis von Experiment 3, Seite 170, mit ein.

30. Selber ausprobieren

Blase einen Luftballon auf und lege ihn anschließend in den Kühlschrank.
a) Stelle vorher eine Vermutung auf, was passieren wird.
b) Hat sich deine Vermutung bestätigt?
c) Erkläre deine Beobachtung.

31. Reparieren mit Physik

Wenn man einen Tischtennisball eingedrückt hat, kann man ihn leicht „reparieren". Natürlich darf er keinen Riss haben.
Überlege dir eine Methode.

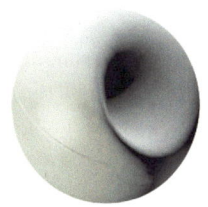

32. Seltsame Schleifen

Warmwasserleitungen von einem Heizkraftwerk zu einem Wohngebiet verfügen über Dehnungsschleifen (↗ Abb.).

Erkläre, welche Funktion sie haben.

33. Erst schätzen, dann rechnen

Eine 1 000 m lange Brücke aus Stahlbeton wird in einer Winternacht um 10 K abgekühlt. Schätze, um welchen Betrag sich ihre Länge ändern wird. Berechne nun die Längenänderung.
Nutze die Angaben in der Tabelle auf S. 171.
Bewerte deine Schätzung.

34. Bimetallthermometer

Beschreibe den Aufbau eines Bimetallthermometers und erkläre seine Wirkungsweise mithilfe einer Skizze.

35. Mit Bimetall schalten

Ein Heizkissen schaltet sich selbstständig ab, wenn eine bestimmte Temperatur erreicht ist. Dazu enthält der Stromkreis neben dem Heizdraht einen Bimetallschalter. Fertige eine Schaltskizze an und beschrifte sie.

Das Wichtigste im Überblick

Temperatur und Wärme

■ Menschen haben ein Temperaturempfinden. Zur genauen Temperaturbestimmung ist ein **Thermometer** erforderlich.

■ Für die Temperatur werden unterschiedliche Skalen genutzt:

Celsiusskala
Formelzeichen: ϑ
Einheit: ein Grad Celsius (1 °C)

Kelvinskala
Formelzeichen: T
Einheit: ein Kelvin (1 K)

$$1\,°C \cong 1\,K$$
$$0\,°C = 273\,K$$
$$100\,°C = 373\,K$$

■ Aufgrund ihrer Temperatur besitzen alle Körper Energie. Energie kann in Form von Wärme von einem Körper auf einen anderen Körper oder auf die Umgebung übertragen werden.

Die **Wärme** Q gibt an, wie viel Energie E von einem Körper auf einen anderen übertragen wird.

Wärme und Energie werden in der Einheit ein Joule (1 J) gemessen.

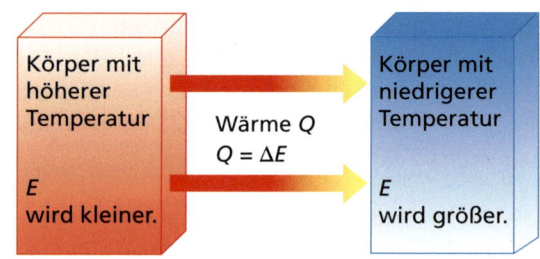

Körper mit höherer Temperatur
E wird kleiner.

Wärme Q
$Q = \Delta E$

Körper mit niedrigerer Temperatur
E wird größer.

■ Für die von einem Körper in einem bestimmten Aggregatzustand aufgenommene oder abgegebene Wärme Q gilt die **Grundgleichung der Wärmelehre.**

$$Q = c \cdot m \cdot \Delta T$$

c spezifische Wärmekapazität
m Masse des Körpers
ΔT Temperaturdifferenz

■ Fast alle festen Körper, Flüssigkeiten und Gase dehnen sich aus, wenn sie erwärmt werden, und ziehen sich zusammen, wenn sie abkühlen. Wasser bildet eine Ausnahme (Anomalie des Wassers).

$$\Delta l = \alpha \cdot l_0 \cdot \Delta T$$
$$\Delta V = \gamma \cdot V_0 \cdot \Delta T$$

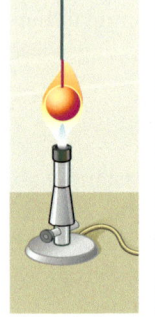

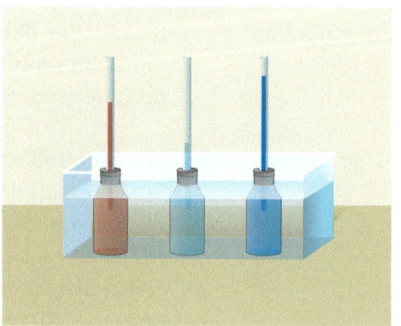

3.2 Wärme und Aggregatzustandsänderungen

1 Wintersport macht Spaß.

Der Thüringer Wald bietet gute Wintersport-
möglichkeiten. Wirklich schneesicher sind aber
nur einige Gebiete. An manchen Stellen hilft
man mit Schneekanonen nach.
Erkundet, wie man mit einer Schneekanone
Kunstschnee erzeugen kann. Hat er andere
Eigenschaften als „richtiger" Schnee?

2 Wetterkapriolen

Reif, Hagel, Glatteis oder Nieselregen
entstehen unter bestimmten Bedingungen. Stelle eine Übersicht über
Wettererscheinungen zusammen. Gib
jeweils die Bedingungen an, unter denen sie auftreten.

3 Flüssiger Stahl

Aus Eisenschrott kann man Stahl gewinnen. Welche Wärme ist erforderlich,
um 1 kg Stahl zu schmelzen? Wird zum
Schmelzen von 1 kg Eis mehr oder weniger Wärme benötigt?

4 Technische Anwendungen der Wärmelehre

Erkenntnisse der Wär-
melehre werden bei
Verbrennungsmotoren, Kühlschränken oder Wärmepumpen
genutzt. Welche Rolle spielt
dabei Wärme? Erfolgen auch
Aggregatzustandsänderungen
von Stoffen?

Wärme verwandelt Wasser

Experiment 1

Untersuche den Temperaturverlauf, wenn Eis schmilzt. Erwärme dann das Wasser, das aus dem Eis entsteht, so lange weiter, bis kaum noch Wasser im Gefäß vorhanden ist. Orientiere dich bei der Durchführung des Experiments an „So kannst du vorgehen" (↗ S. 17) und fertige ein Protokoll an.

Vorbereitung:

a) Achtung! Bei diesem Experiment benötigst du eine Heizplatte als Wärmequelle. Gehe vorsichtig mit der Heizplatte um. Achte darauf, dass außer dem Gefäß keine Gegenstände auf die heiße Heizplatte gelangen. Fasse die Heizplatte nicht an.

b) Material: Heizplatte, Thermometer, Gefäß mit Eis, Uhr

c) Bereite eine Messwertetabelle vor.

Durchführung:

a) Die Zufuhr von Wärme soll während des gesamten Experiments gleichmäßig erfolgen. Stelle das Gefäß deshalb auf eine Heizplatte, die vorher schon einige Minuten eingeschaltet wurde (↗ Abb.).

b) Miss in Abständen von einer Minute die Temperatur. Rühre vorher jeweils gut um.

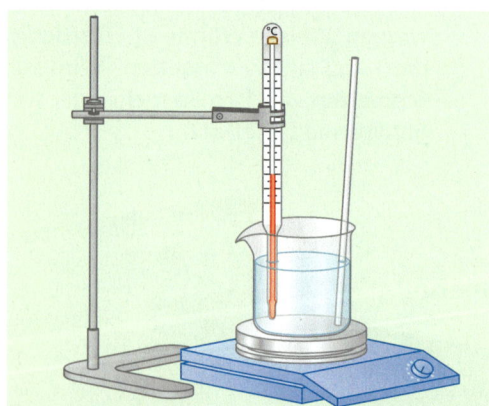

c) Erfasse die Messwerte in der Tabelle.

d) Erwärme das Wasser so lange, bis kaum noch Wasser im Gefäß vorhanden ist.

Vorsicht! Wasserdampf kann zu Verbrühungen führen. Achte darauf, dass deine Hand nicht in den Dampfstrom gerät.

Beobachtung:

Beschreibe deine Beobachtungen, die du während des gesamten Vorgangs gemacht hast.

Auswertung:

a) Trage die Messwerte in ein Diagramm ein. Wähle für die waagerechte Achse die Zeit und für die senkrechte Achse die Temperatur.

b) Werte das Diagramm aus. Orientiere dich dabei an „So kannst du vorgehen" (↗ S. 57).

Experiment 2

Lass eine flache Schale mit Wasser längere Zeit stehen, sodass sie Raumtemperatur angenommen haben. Miss die Temperatur des Wassers und der Raumluft und vergleiche sie. Was stellst du fest?

Experiment 3

Untersuche das Verdunsten von Spiritus.

Durchführung und Beobachtung:

a) Wickle um ein Thermometergefäß eines Flüssigkeitsthermometers Watte oder Löschpapier.

b) Feuchte die Watte mit Spiritus an. Beschreibe deine Beobachtung.

c) Wiederhole den Versuch von a). Blase ständig Luft gegen die angefeuchtete Watte oder nimm einen Föhn (kalte Luft).

Auswertung:

Vergleiche beide Beobachtungen und deute sie.

Experiment 4

Miss die Temperatur von Leitungswasser in einem Glas. Fülle nun einen Esslöffel Salz hinzu, rühre gut um und lies erneut die Temperatur ab. Vergleiche beide Messwerte.

Körper in verschiedenen Aggregatzuständen

Alle Körper unserer Umgebung haben bei Zimmertemperatur einen bestimmten **Aggregatzustand.** Wasser ist flüssig, ein Hammer fest und die Luft gasförmig. Bei einer anderen Temperatur können diese Körper aber auch in einem anderen Aggregatzustand vorliegen (Abb. 1). Wasser kann zu Eis werden, Stahl kann schmelzen, Luft kann verflüssigt werden.

> **Körper können sich im festen, flüssigen oder gasförmigen Aggregatzustand befinden.**

Je nachdem, in welchem Aggregatzustand sich ein Körper befindet, ändert sich mit der Temperatur auch sein Volumen (↗ S. 171 ff.). Der Körper bleibt aber in demselben Aggregatzustand.

Schmelzen und Erstarren

Unter welchen Bedingungen aber ändert ein Körper seinen Aggregatzustand? Auf den Körper muss so viel Wärme übertragen werden, bis seine Temperatur einen bestimmten Wert, die Schmelz- bzw. die Siedetemperatur, erreicht. Das konntest du in Experiment 1 auf der Seite 182 beobachten. In der Abbildung 2 sind die Vorgänge benannt, bei denen sich der Aggregatzustand ändert.
Wird z. B. Eis erwärmt, so steigt seine Temperatur. Der Körper bleibt aber zunächst im festen Aggregatzustand. Bei einer bestimmten Temperatur, der **Schmelztemperatur,** wird das Eis flüssig. Solange das Eis schmilzt, sind sowohl feste als auch flüssige Anteile vorhanden.

Während des Schmelzens ändert sich die Temperatur nicht. Die gesamte zugeführte Wärme wird für das Schmelzen benötigt, also für die Umwandlung des Körpers vom festen in den flüssigen Aggregatzustand. Erst wenn das gesamte Eis geschmolzen ist, steigt die Temperatur wieder an. Die Schmelztemperatur ist abhängig von dem Stoff, aus dem der Körper besteht. Schnee und Eis können auch unterhalb der Schmelztemperatur direkt vom festen in den gasförmigen Aggregatzustand übergehen.

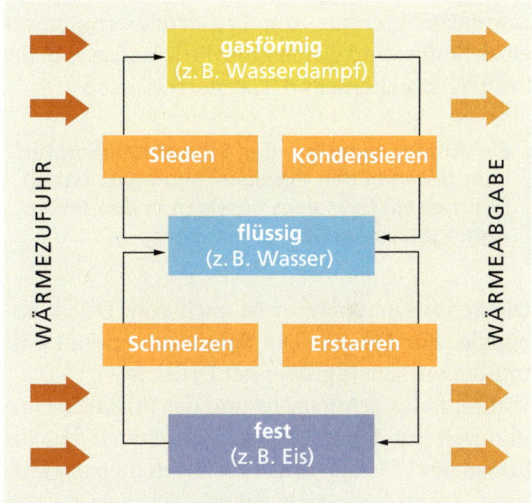

2 Aggregatzustände und ihre Änderungen: Es wird Wärme zugeführt oder abgegeben.

1a Wasser geht bei Temperaturen unter 0 °C in seinen festen Zustand über und liegt als Eis vor.

1b Schokolade wird beim Erwärmen flüssig und kann z. B. für Glasuren genutzt werden.

1c Luft und andere Gase können bei sehr tiefen Temperaturen auch flüssig sein.

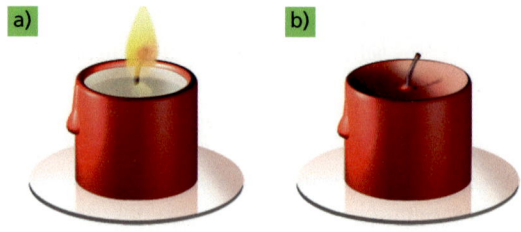

a)   b)

1 Das flüssige Kerzenwachs auf der brennenden Kerze bildet eine glatte Oberfläche (a). Beim Erstarren zieht sich das Wachs zusammen. Das feste Wachs bildet auf der Oberfläche eine Mulde (b).

Wenn einem flüssigen Körper Wärme entzogen wird, so geht er bei seiner **Erstarrungstemperatur** vom flüssigen in den festen Aggregatzustand über.
Schmelztemperatur und Erstarrungstemperatur eines Stoffes sind gleich groß: So schmilzt z. B. Eis bei 0 °C. Bei ebenfalls 0 °C erstarrt Wasser.

> **Ein Körper geht bei der Schmelztemperatur vom festen in den flüssigen Aggregatzustand (Schmelzen) bzw. vom flüssigen in den festen Aggregatzustand (Erstarren) über.**

Die Schmelztemperatur ist auch vom Druck abhängig. Für Eis gilt: Die Schmelztemperatur ist umso niedriger, je größer der Druck ist.
Während des Schmelzens und des Erstarrens ändert sich mit dem Aggregatzustand auch das Volumen des Körpers (Abb. 1). Bei den meisten Körpern vergrößert sich beim Schmelzen das Volumen. Eis bildet hier eine Ausnahme.

Verdampfen und Kondensieren

Wird einem flüssigen Körper, z. B. Wasser, Wärme zugeführt, so steigt zunächst seine Temperatur, bis er bei der **Siedetemperatur** zu verdampfen beginnt und gasförmig wird. Solange das Wasser verdampft, also sowohl flüssige als auch gasförmige Teile vorhanden sind, ändert sich die Temperatur des Wassers nicht. Die gesamte zugeführte Wärme wird für die Umwandlung des Körpers vom flüssigen in den gasförmigen Aggregatzustand benötigt.

Umgekehrt gilt: Wenn einem gasförmigen Körper Wärme entzogen wird, so geht er bei seiner **Kondensationstemperatur** vom gasförmigen in den flüssigen Aggregatzustand über. Siedetemperatur und Kondensationstemperatur eines Stoffs sind immer gleich groß.

> **Ein Körper geht bei der Siedetemperatur vom flüssigen in den gasförmigen Aggregatzustand (Verdampfen) bzw. vom gasförmigen in den flüssigen Aggregatzustand (Kondensieren) über.**

Wie die Schmelztemperatur ist auch die Siedetemperatur druckabhängig. Für Wasser gilt: Die Siedetemperatur ist umso höher, je größer der Druck ist. Bei normalem Luftdruck beträgt die Siedetemperatur von Wasser 100 °C. Auf hohen Bergen ist der Luftdruck geringer. Die Siedetemperatur von Wasser liegt dann unter 100 °C. Auf dem höchsten Berg Deutschlands, der Zugspitze (2 962 m), siedet Wasser bei etwa 90 °C. In Schnellkochtöpfen dagegen ist der Druck höher als der normale Luftdruck. Die Siedetemperatur des Wassers liegt dort bei über 100 °C.

Schmelztemperatur ϑ_S und Siedetemperatur ϑ_V einiger Stoffe bei normalem Druck		
Stoff	ϑ_S **in °C**	ϑ_V **in °C**
Aluminium	660	2 450
Antimon	631	1 635
Blei	327	1 740
Eisen	1 540	3 000
Glycerin	18	291
Gold	1 063	2 660
Kupfer	1 083	2 600
Messing	320	1 160
Platin	1 739	3 827
Quecksilber	−39	357
Wasser	0	100
Wolfram	3 410	5 500
Zink	419	907
Zinn	232	2 680

Schmelzwärme und Verdampfungswärme

Wir wissen bereits: Wird einem festen Körper Wärme zugeführt, so schmilzt er bei der Schmelztemperatur. Bei der gleichen Temperatur erstarrt der flüssige Körper, wenn ihm Wärme entzogen wird. Die zum Schmelzen eines Körpers erforderliche Wärme wird **Schmelzwärme** genannt. Bezogen auf 1 kg eines Stoffs heißt sie **spezifische Schmelzwärme.**

> **Die spezifische Schmelzwärme gibt an, wie viel Wärme erforderlich ist, um bei der Schmelztemperatur 1 kg eines Stoffs zu schmelzen.**
>
> Formelzeichen: q_S
> Einheit: ein Kilojoule je $\left(1\,\frac{kJ}{kg}\right)$
> Kilogramm

Beim Erstarren wird diese Wärme wieder abgegeben. Die Schmelzwärme für einen Körper mit der Masse m kann berechnet werden mit der Gleichung: $Q_S = q_S \cdot m$
Analog sind die Verhältnisse beim Verdampfen, also beim Übergang vom flüssigen in den gasförmigen Aggregatzustand. Die zum Verdampfen erforderliche Wärme wird **Verdampfungswärme** genannt. Sie wird beim Kondensieren wieder frei.

Spezifische Schmelzwärme q_S und spezifische Verdampfungswärme q_V einiger Stoffe		
Stoff	q_S in $\frac{kJ}{kg}$	q_V in $\frac{kJ}{kg}$
Aluminium	396	10 500
Antimon	165	1 256
Blei	24,8	871
Eisen	275	6 320
Glycerin	201	–
Gold	64,5	1 580
Kupfer	205	4 650
Messing	168	–
Platin	111	2 512
Quecksilber	12	285
Wasser	334	2 256
Wolfram	193	4 190
Zink	111	1 755
Zinn	59	2 450

> **Die spezifische Verdampfungswärme gibt an, wie viel Wärme erforderlich ist, um 1 kg eines Stoffs zu verdampfen.**
>
> Formelzeichen: q_V
> Einheit: ein Kilojoule je $\left(1\,\frac{kJ}{kg}\right)$
> Kilogramm

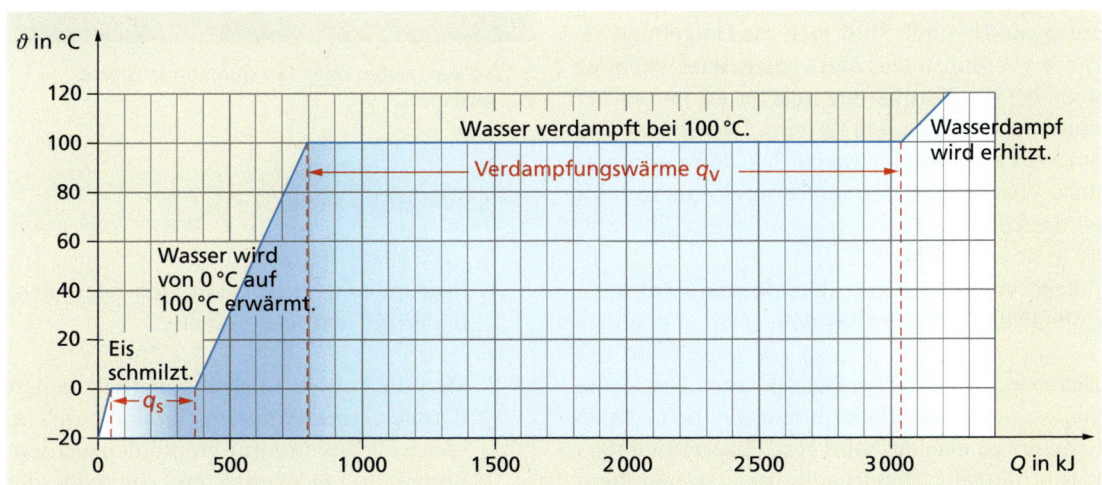

1 Temperaturverlauf bei 1 kg Eis bzw. Wasser und gleichmäßiger Zufuhr von Wärme. Während des Schmelzens und des Verdampfens bleibt die Temperatur gleich.

1 Wasser auf der Haut verdunstet. Dadurch kühlt sich die Haut ab. Das kann sogar bei hohen Temperaturen zu einer Erkältung führen.

Verdunsten von Flüssigkeiten

Flüssigkeiten können auch weit unter ihrer Siedetemperatur in den gasförmigen Zustand übergehen. Diesen Vorgang nennt man **Verdunsten.**
Das Verdunsten von Wasser kann man z. B. beim Trocknen einer nassen Straße oder beim Trocknen von Wäsche feststellen. Wie schnell eine Flüssigkeit verdunstet, ist abhängig
– von der Größe ihrer Oberfläche,
– von der Temperatur und
– davon, wie schnell der verdunstete Anteil abgeführt wird.

Auch beim Verdunsten muss der Flüssigkeit Wärme zugeführt werden. Sie wird der Umgebung entzogen. Dadurch kühlt sich die Umgebung ab. Diese „Verdunstungskälte" spielt eine wichtige Rolle bei der Regulierung unserer Körpertemperatur: Bei sehr warmem Wetter schwitzen wir. Der Schweiß verdunstet teilweise. Die dafür erforderliche Wärme wird unserem Körper entzogen. Er wird gekühlt.

> **Beim Verdunsten von Flüssigkeiten wird der Umgebung Wärme entzogen.**

Das wird z. B. in der Medizin genutzt: Um kleine Stellen auf der Haut unempfindlich gegen Schmerz zu machen, wird eine Flüssigkeit aufgesprüht, die sehr schnell verdunstet. Die betreffende Stelle kühlt stark ab und wird dadurch unempfindlich gegen Schmerz.

Die Luftfeuchtigkeit

Die Luft enthält neben den Hauptbestandteilen Stickstoff und Sauerstoff auch Wasserdampf. Er ist für uns nicht sichtbar. Wasserdampf gelangt durch Verdunsten von Wasser in die Atmosphäre.

> **Der Anteil an Wasserdampf, der sich in der Atmosphäre befindet, wird als Luftfeuchtigkeit bezeichnet.**

Die Luftfeuchtigkeit wird meist in Prozent angegeben. 60 % Luftfeuchtigkeit bedeutet: Die Luft enthält 60 % des Wasserdampfs, der bei einer bestimmten Temperatur aufgenommen werden kann. Kondensiert dieser Wasserdampf, so bilden sich Wolken, in Erdbodennähe Nebel und am Erdboden Tau.

2 Wolken, Nebel oder Tau sind kondensierter Wasserdampf.

Gewusst · Gekonnt

1. Begründe, weshalb man sich nach dem Baden gut abtrocknen sollte.

2. Miss die Luftfeuchtigkeit in verschiedenen Räumen eurer Wohnung. Erkunde, welche Werte für Wohnräume empfohlen werden. Beschreibe Möglichkeiten, wie man die Luftfeuchtigkeit in Wohnräumen beeinflussen kann.

Aggregatzustandsänderungen im Teilchenmodell

Mit Modellen können Sachverhalte veranschaulicht, erklärt oder vorausgesagt werden. Das sei am Beispiel von Aggregatzustandsänderungen des Wassers (Abb. 1) erläutert. Geeignet dafür ist das Teilchenmodell, das auf den Seiten 12–13 ausführlich dargestellt ist. Lies dort nach.

Bei **festen Körpern** liegen nach diesem Modell die Teilchen eng beieinander und sind regelmäßig angeordnet. Sie schwingen um ihren Platz hin und her, verlassen ihn aber nicht. Zwischen den Teilchen wirken starke anziehende bzw. abstoßende Kräfte.

Bei **Flüssigkeiten** liegen die Teilchen ebenfalls eng beieinander, sind aber gegeneinander verschiebbar. Sie bewegen sich um den Platz hin und her, an dem sie sich gerade befinden. Zwischen den Teilchen wirken Kräfte, die aber kleiner als bei festen Körpern sind.

Bei **Gasen** ist der Abstand der Teilchen relativ groß. Sie bewegen sich frei im gesamten Raum, der ihnen zur Verfügung steht. Die Kräfte zwischen den Teilchen sind sehr klein.
Der Aufbau von Wasser aus Teilchen ist in Abb. 2 für alle drei Aggregatzustände im Modell dargestellt.

Das Teilchenmodell kann zum Erklären der verschiedenen Aggregatzustandsänderungen genutzt werden.

Schmelzen: Wird Eis Energie in Form von Wärme zugeführt, dann erhöht sich zunächst seine Temperatur bis auf 0 °C. Bei weiterer Energiezufuhr nehmen die Schwingungen der Teilchen zu. Sie können ihre festen Plätze verlassen. Das Eis schmilzt, es bildet sich Wasser. Die thermische Energie des Wassers ist größer als die des Eises.

Verdampfen: Bei weiterer Energiezufuhr bewegen sich die Teilchen im Durchschnitt immer schneller. Ihre thermische Energie vergrößert sich. Die Temperatur des Wassers steigt. Letztlich bewegen sich die Teilchen so heftig, dass sie die Wasseroberfläche verlassen können. Sie bilden den gasförmigen Wasserdampf.

Sublimieren: Eis oder Schnee können auch direkt in Wasserdampf übergehen. Das wird in der Physik Sublimieren genannt. Ursache dafür ist, dass sich die verschiedenen Teilchen unterschiedlich schnell bewegen. Sehr schnelle Teilchen können das Eis verlassen und Wasserdampf bilden.

In analoger Weise sind die umgekehrten Vorgänge **Kondensieren, Erstarren** und **Resublimieren** zu erklären.

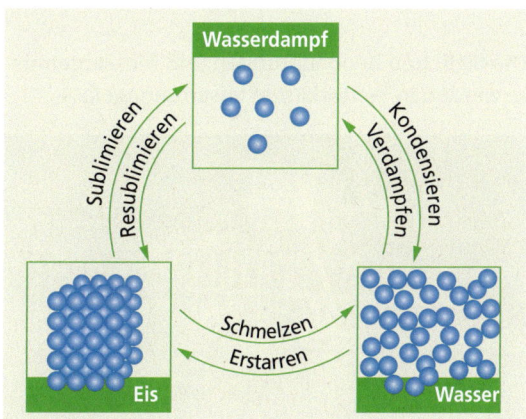

1 Aggregatzustände und ihre Änderung bei Wasser: Eis – Wasser – Wasserdampf

2 Aggregatzustände und ihre Änderung im Teilchenmodell

Wetter und Klima

Wettererscheinungen und Größen zu ihrer Beschreibung

Jeder von uns kennt solche Wettererscheinungen wie Wind oder Sturm, Regen, Nebel, Hagel oder Schneefall. Das Wetter beeinflusst nicht nur unser Wohlbefinden. Es hat auch Auswirkungen auf die Natur, die Landwirtschaft und den Tourismus. Wettererscheinungen werden von Menschen schon seit vielen Jahrhunderten beobachtet, und es wurde immer versucht, Regeln und Zusammenhänge zu erkennen.

Aufgabe 1
Solche Regeln, die auf Beobachtungen des Wettergeschehens beruhen, werden Bauernregeln genannt. Sucht Beispiele für solche Bauernregeln. Wie sicher sind Wettervorhersagen auf der Grundlage von Bauernregeln?

Regelmäßige Wetteraufzeichnungen und Messungen werden in Mitteleuropa seit etwa 1850 gemacht.

Aufgabe 2
Erfasst in einer Übersicht, mit welchen Messgeräten man solche für das Wetter wichtigen Größen wie die Temperatur, den Luftdruck, die Luftfeuchtigkeit, die Niederschlagsmenge oder die Windgeschwindigkeit messen kann.

Die täglichen Beobachtungen und Messergebnisse werden in Wetterkarten zusammengefasst.

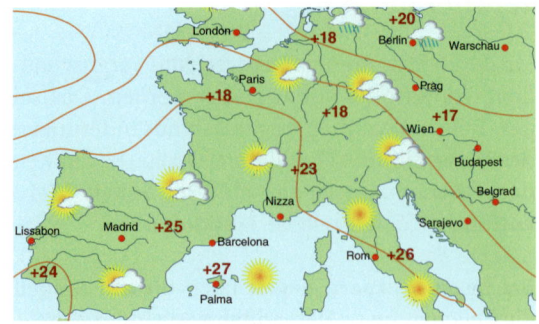

2 Wetterkarte für Europa

Aufgabe 3
Sammelt und vergleicht Wetterkarten, die in Tageszeitungen oder im Internet veröffentlicht werden. Was kann man einer solchen Wetterkarte entnehmen?

Die tägliche, monatliche oder jährliche Niederschlagsmenge wird registriert und meist in Millimetern angegeben.

Aufgabe 4
Die Niederschlagsmenge wird in Litern je Quadratmeter oder in Millimetern gemessen.
Begründet, dass $1 l/m^2$ einem Millimeter entspricht. Erkundet, wie groß die mittlere jährliche Niederschlagsmenge für Erfurt ist.

Der Luftdruck wird in den Einheiten Hektopascal (1 hPa) oder Kilopascal (1 kPa) gemessen. Er schwankt bei uns meist zwischen 970 hPa und 1 030 hPa.

1 Durch Wetterstationen werden für das Wetter wichtige Größen gemessen.

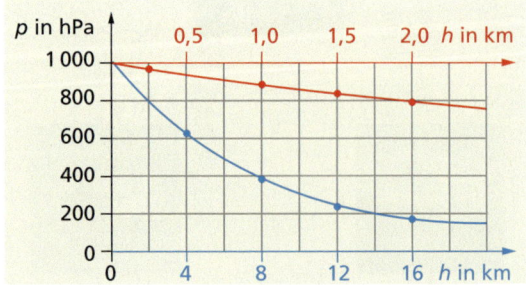

3 Der normale Luftdruck in Meereshöhe beträgt 1 013 hPa. Er nimmt mit zunehmender Höhe ab.

Wetter und Niederschläge

Luft enthält Wasserdampf, der für uns nicht sichtbar ist. Er gelangt durch Verdunsten von Wasser in die Atmosphäre.

Der Anteil an Wasserdampf, der sich in der Atmosphäre befindet, wird als Luftfeuchtigkeit bezeichnet (↗ S. 186). Die **Luftfeuchtigkeit** wird meist in Prozent angegeben und kann mit einem Hygrometer gemessen werden. Sie kann in Abhängigkeit von den Wetterbedingungen in weiten Grenzen schwanken. Bei uns liegt sie meist zwischen 30 % und 70 %.

Aufgabe 5
Bestimmt mit einem Hygrometer die Luftfeuchtigkeit
a) an verschiedenen Tagen zu einer bestimmten Uhrzeit,
b) in verschiedenen Räumen der Schule.
Fertigt eine Übersicht an.

Kondensiert der sich in der Luft befindende Wasserdampf, so bilden sich **Wolken,** in Erdbodennähe **Nebel** und am Erdboden **Tau.**
Wolken bestehen aber nicht nur aus Wasserdampf. Sie entstehen erst, wenn Wasserdampf an winzigen Staubkörnchen kondensiert. Dabei entstehen Wassertröpfchen. So lange sie sehr klein sind, fallen sie nicht zur Erde.

1   International unterscheiden die Meteorologen 10 verschiedene Wolkenarten.

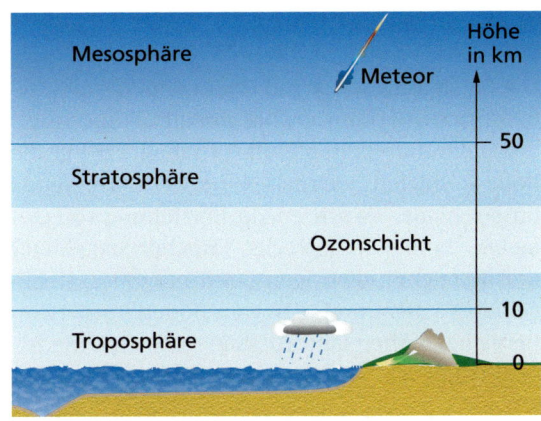

2   Alle Wettererscheinungen gehen in der unteren Atmosphäre (Höhen bis etwa 10 km) vor sich.

Aufwinde halten sie in der Schwebe. Erst wenn sie hinreichend groß und schwer sind, beginnt es zu regnen. In einigen Kilometern Höhe hat die Atmosphäre in der Regel Temperaturen von weniger als 0 °C. In dieser Höhe dienen die Staubkörnchen als „Kristallisationskerne" für **Schneekristalle.** Auch **Hagelkörner** entstehen in sehr großer Höhe. Bei niedrigen Temperaturen gefrieren die Wassertropfen zu Eis. Da große Hagelkörner schnell zur Erde fallen, bleibt ihnen keine Zeit mehr zum Schmelzen.
Von **Reif** spricht man, wenn in wolkenlosen, kalten Nächten die Luft in Bodennähe unter den Gefrierpunkt abkühlt und die Feuchtigkeit (Tau) an der Oberfläche von Gräsern, Ästen oder Gebäuden gefriert. Der Bereich der Atmosphäre, in dem sich alle Wettererscheinungen abspielen, ist die **Troposphäre.** Es ist der Bereich bis etwa 10 km Höhe (Abb. 2).

Aufgabe 6
Erkundet den Aufbau der Atmosphäre. Wie hoch reicht sie insgesamt?

Aufgabe 7
Wir sprechen vom Wetter, von der Witterung und vom Klima. Was ist damit jeweils gemeint?

Aufgabe 8
Auf der Erde werden verschiedene Klimazonen unterschieden. Welche sind das?

Wind und Wetter

Die Entstehung von **Wind** ist ein sehr komplizierter Prozess, bei dem sowohl globale als auch regionale Besonderheiten Einfluss haben. Eine große Rolle spielen Druck- und Temperaturunterschiede. Sie führen zur Entstehung von Gebieten hohen Luftdrucks (Hochdruckgebiete) und Bereichen niedrigen Luftdrucks (Tiefdruckgebiete). Luft strömt dabei am Boden immer von Bereichen hohen Luftdrucks in solche mit niedrigem Luftdruck, vom Hoch zum Tief.

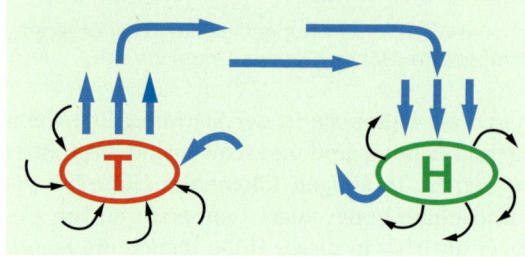

1 Luftströmungen zwischen Tief- und Hochdruckgebieten

Die Windstärke hängt von den Druck- und Temperaturunterschieden ab.

Windstärken nach BEAUFORT

Wind-stärke	Geschwin-digkeit in $\frac{m}{s}$	Bezeichnung und Auswirkungen
0	0,0 … 0,2	still; Rauch steigt gerade empor
2	1,6 … 3,3	leichte Brise; Wind am Gesicht fühlbar
4	5,5 … 7,9	mäßige Brise; bewegt Zweige und dünnere Äste
6	10,8 … 13,8	starker Wind; starke Äste in Bewegung
8	17,2 … 20,7	stürmischer Wind
10	24,5 … 28,4	schwerer Sturm; entwurzelt Bäume, Schäden an Häusern
12	> 32,6	Orkan

2 An Berghängen, die von der Sonne bestrahlt werden, erwärmt sich Luft und steigt als Hangwind nach oben.

Aufgabe 9

Erkundet, welche höchsten Windgeschwindigkeiten in Deutschland bisher registriert wurden. Wo war das?

Neben den Luftströmungen zwischen Hochs und Tiefs gibt es auch Luftströmungen, die infolge regionaler Besonderheiten zustande kommen. Dazu zählen Aufwinde (Abb. 2). Das Aufsteigen von Luft ist mit einer Abkühlung und nicht selten mit Wolkenbildung verbunden. Eine typische Erscheinung in den Alpen ist der Föhn (Abb. 3). Er entsteht folgendermaßen:

Die anströmende Luft steigt nach oben und kühlt dabei um etwa 1 °C je 100 m Höhenunterschied ab. Diese Abkühlung verringert sich auf etwa 0,5 °C je 100 m, wenn Wasserdampf kondensiert, weil dabei Kondensationswärme frei wird. Beim Absinken erwärmt sich die Luft ebenfalls um etwa 1 °C je 100 m Höhenunterschied.

3 Entstehung von Föhn: Es ist ein trockener, warmer Fallwind.

Unterschiedliche Luftströmungen entstehen an Berghängen auch zwischen Tag und Nacht (Skizzen oben).

Aufgabe 10
Begründet, wie diese Luftströmungen zustande kommen.

Ähnliche Erscheinungen kann man im Sommer am Meer beobachten. Am Tag weht der Wind meist aus Richtung Meer, nach Sonnenuntergang in der entgegengesetzten Richtung.

Aufgabe 11
Wie kommen diese unterschiedlichen Windrichtungen zustande?

Wie entwickelt sich das Klima?

Während das Wetter den augenblicklichen Zustand der Wettererscheinungen an einem bestimmten Ort kennzeichnet, versteht man unter **Klima** den langjährigen Witterungsverlauf an einem Ort oder in einem größeren Bereich. Die Registrierung des Wettergeschehens erfolgt heute durch ein umfangreiches Netz von Wetterstationen und durch Wettersatelliten (Abb. oben rechts).
Diese ständigen Beobachtungen und Messungen werden genutzt, um
– kurzfristige und mittelfristige Wettervorhersagen zu machen,
– die langfristige Entwicklung des Klimas zu verfolgen.

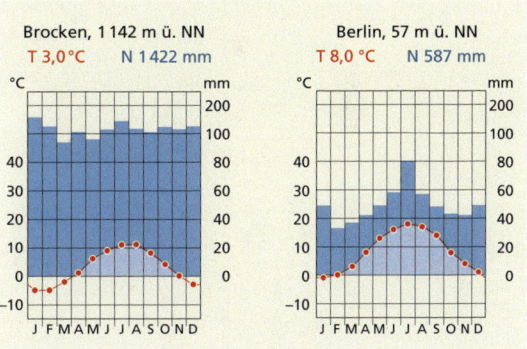

Aufgabe 12
Langjährige Mittelwerte für Temperatur und Niederschläge werden in Klimadiagrammen (Abb. 1) erfasst.
a) Was kann man einem solchen Diagramm entnehmen?
b) Welche Folgerungen kann man daraus für die Urlaubsplanung ableiten?

Intensiv wird in der Wissenschaft und in der Öffentlichkeit diskutiert, wie sich langfristig unser Klima entwickeln könnte. Durch wissenschaftliche Untersuchungen ist belegt:
– In den letzten Jahrzehnten wurde eine Erhöhung der mittleren Temperatur an der Erdoberfläche von 0,5 °C bis 0,7 °C registriert.
– In Klimaberechnungen wird für die nächsten Jahrzehnte von einer weiteren durchschnittlichen Erwärmung um 1,5 °C bis 3,0 °C ausgegangen.

Aufgabe 13
Eine der Ursachen für die registrierte Erwärmung ist der vom Menschen herbeigeführte zusätzliche Treibhauseffekt. Was versteht man darunter? Wie kommt er zustande?
Erkundet, welche langfristigen Folgen eine Erwärmung der Erdoberfläche haben könnte.
Diskutiert, ob jeder Einzelne die langfristige Entwicklung beeinflussen kann.

Brocken, 1 142 m ü. NN
T 3,0 °C   N 1 422 mm

Berlin, 57 m ü. NN
T 8,0 °C   N 587 mm

1 In Klimadiagrammen werden der jährliche Temperaturverlauf und die Niederschläge erfasst.

Thermische Energie, Wärme, Arbeit

Die heißen Gase, die in einem Wärmekraftwerk unter hohem Druck auf Turbinenschaufeln treffen, verrichten Arbeit. Dass Gase Arbeit verrichten können, lässt sich auch in der Küche beobachten.

Bringt man Wasser in einem Topf mit Topfdeckel zum Sieden, so fängt der Deckel an zu klappern. Er wird immer wieder angehoben. Es wird dabei Arbeit verrichtet.

Entsprechendes kann man bei einer Weihnachtspyramide beobachten. Die erwärmte Luft über der Kerze dehnt sich aus, strömt nach oben, trifft auf die Flügel und setzt diese in Bewegung.
In einfachen Versuchen kann man zeigen, dass sich Gase bei Erwärmung ausdehnen und unter erhöhtem Druck in der Lage sind, bewegliche Körper in Gang zu setzen (Abb. 1).
Im **Teilchenmodell** lässt sich das folgendermaßen deuten: Bei Wärmezufuhr bewegen sich die Gasteilchen schneller. Die thermische Energie des Gases erhöht sich. Die Teilchen stoßen auf andere bewegliche Körper (Kolben, Turbinenrad o. Ä.) und rufen dort eine Bewegung hervor.

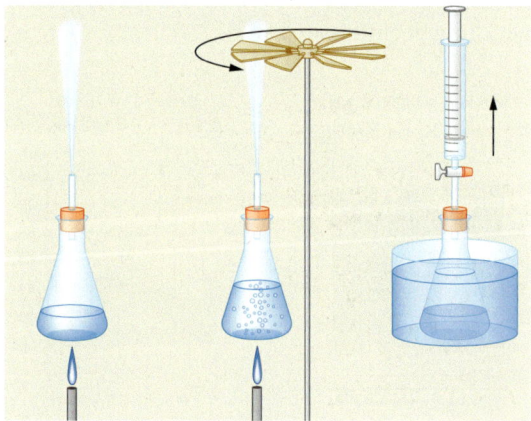

1 Die thermische Energie von Gasen wird in mechanische Energie umgewandelt.

Dabei verlieren die Teilchen einen Teil ihrer Energie. Die thermische Energie des Gases nimmt ab. Es wird kälter.

> **Die thermische Energie von Gasen ermöglicht es, mechanische Arbeit zu verrichten.**

Der Zusammenhang zwischen der Änderung der thermischen Energie, der verrichteten mechanischen Arbeit und der dabei ausgetauschten Wärme lässt sich so zusammenfassen:

> **Für ein System ist die Änderung der thermischen Energie verbunden mit der Zufuhr oder der Abgabe von Wärme und dem Verrichten mechanischer Arbeit.**
>
> $\Delta E = W + Q$
>
> ΔE Änderung der Energie
> W mechanische Arbeit
> Q Wärme

Dieser Zusammenhang bildet die Grundlage für das Verständnis der Wirkungsweise von Wärmekraftmaschinen, wie Dampfmaschinen, Turbinen, Verbrennungsmotoren, Kühlschränken oder Wärmepumpen.

Gewusst · Gekonnt

So wie in der Abbildung wurde von unseren Vorfahren Feuer gemacht.

Beschreibe das Vorgehen unter Verwendung der Begriffe thermische Energie, Wärme und Reibungsarbeit.

Heizen ohne Brennstoff – die Wärmepumpe

Wärmepumpen kommen vorwiegend zur Heizung von Räumen und zur Warmwassererzeugung zum Einsatz (Abb. 1). Ihre Wirkungsweise ist nahezu identisch mit der eines Kühlschranks. Im Unterschied zum Kühlschrank befindet sich bei Wärmepumpen der Verdampfer außerhalb des Hauses, wo er der Erde, dem Grundwasser oder auch der Luft Wärme entzieht (Abb. 2). Der Verflüssiger steht im Heizungskeller. Er gibt die Kondensationswärme an Wasser ab. Dieses erwärmte Wasser kann zur Heizung von Räumen genutzt werden.

Aufgabe 1
Beschreibt anhand von Abb. 2 die Vorgänge, die in einer Wärmepumpe vor sich gehen. Geht dabei vom Verdampfer aus, der sich im Erdboden oder im Grundwasser befindet.

Die zum Betrieb des Kompressors zugeführte elektrische Energie E_{zu} ist deutlich geringer als die nutzbare Wärme Q_{nutz}. Das wird durch die Leistungszahl ε ausgedrückt.

$$\varepsilon = \frac{Q_{nutz}}{E_{zu}}$$

Das heißt, die Leistungszahl einer Wärmepumpe ist größer als eins. Sie liegt für neuere Modelle zwischen 4,5 und 5,5.

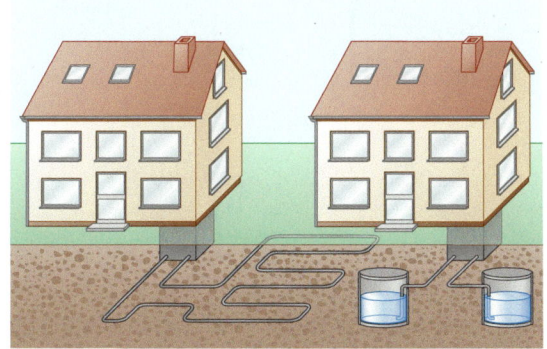

1 Wärme wird mithilfe von Wärmepumpen vom Erdboden oder vom Grundwasser unter Energieaufwand ins Haus transportiert.

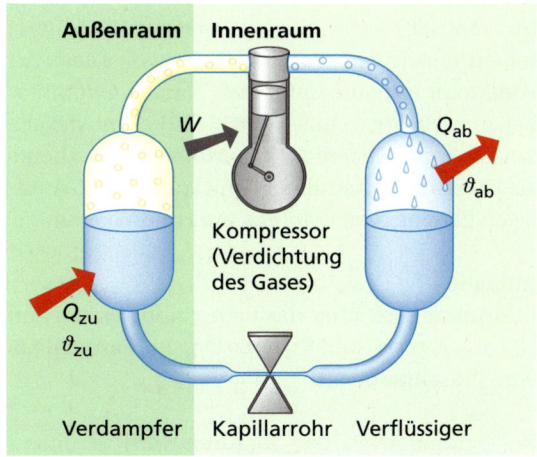

Außenraum   Innenraum

W Q_{ab}

ϑ_{ab}

Kompressor (Verdichtung des Gases)

Q_{zu}
ϑ_{zu}

Verdampfer   Kapillarrohr   Verflüssiger

2 Vorgänge bei einer Wärmepumpe: Damit sie funktioniert, muss zusätzlich Energie zugeführt werden.

Aufgabe 2
Interpretiert die genannten Leistungszahlen für eine moderne Wärmepumpe.

Aufgabe 3
Ergänzt im Heft die Energiebilanz für eine Wärmepumpe.

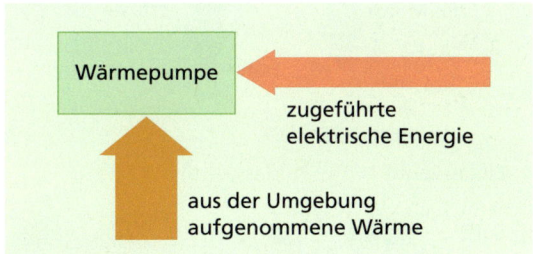

Wärmepumpe

zugeführte elektrische Energie

aus der Umgebung aufgenommene Wärme

Aufgabe 4
Die Nutzung von Wärmepumpen ist ökonomisch und ökologisch sinnvoll. Begründet diese Aussage.

Aufgabe 5
Vergleicht den Aufbau einer Wärmepumpe (Abb. 2) mit dem eines Kühlschranks. Stellt die Energiebilanz für einen Kühlschrank auf. Stellt Gemeinsamkeiten und Unterschiede zusammen.

Verbrennungsmotoren

Im Jahre 1867 stellte Nikolaus Otto (1832–1891) seinen ersten Verbrennungsmotor vor. Diese Art von Motor ist heute unter dem Namen Ottomotor bekannt. Rudolf Diesel (1858–1913) entwickelte um 1895 eine weitere Art von Motor, den wir heute als Dieselmotor kennen. Damit waren die Grundlagen für eine breite Motorisierung geschaffen.

Aufgabe 1
Informiert euch über das Leben und Wirken von Nikolaus Otto und Rudolf Diesel. Fertigt dazu eine Präsentation an.

Bei beiden Arten von Motoren wird in einem Zylinder Kraftstoff (Diesel oder Benzin) verbrannt. Die im Kraftstoff enthaltene chemische Energie wird beim Verbrennen in Energie des Gases und diese wiederum in mechanische Energie des Kolbens umgewandelt. Für Verbrennungsmotoren gilt folgende **Energiebilanz:**

2 Dieselmotor für einen Pkw

Aufgabe 2
Erläutert die dargestellte Energiebilanz. Erkundet, wie groß der Wirkungsgrad von modernen Diesel- und Ottomotoren für Pkw ist.

Aufgabe 3
In Abb. 1 ist die Wirkungsweise eines Viertakt-Dieselmotors dargestellt. Erkundet und erläutert die Arbeitsweise eines solchen Dieselmotors.

Aufgabe 4
Vergleicht den Aufbau und die Wirkungsweise eines Dieselmotors mit der eines Viertakt-Ottomotors. Stellt Gemeinsamkeiten und Unterschiede dar. Erkundet und diskutiert Vor- und Nachteile der beiden Arten von Motoren.

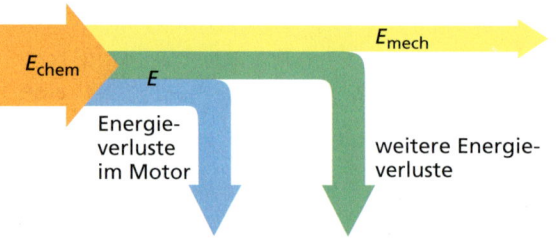

E_{chem} E E_{mech} Energieverluste im Motor · weitere Energieverluste

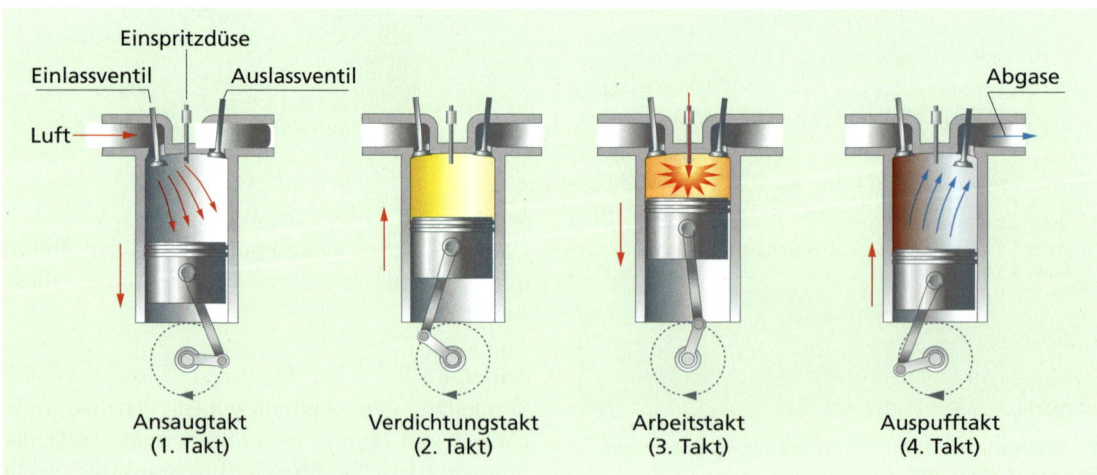

Ansaugtakt (1. Takt) · Verdichtungstakt (2. Takt) · Arbeitstakt (3. Takt) · Auspufftakt (4. Takt)

Einspritzdüse · Einlassventil · Auslassventil · Luft · Abgase

1 Arbeitsweise eines Viertakt-Dieselmotors

Lediglich im 3. Takt wird die zugeführte Energie in mechanische Energie umgewandelt. Er wird deshalb als Arbeitstakt bezeichnet. In den anderen Takten wird dem Motor von außen mithilfe eines **Schwungrads** Energie zugeführt.

Motoren können 4, 6 oder 8, aber auch 12 **Zylinder** haben. Sie werden vom Kühlwasser umströmt, da sich der Motor beim Verbrennen der Gase stark erhitzt und gekühlt werden muss.

In einem Mehrzylindermotor laufen zu gleichen Zeiten unterschiedliche Takte ab, sodass sich immer einer der Zylinder im Arbeitstakt befindet.

Wegen der hohen Verdichtung ist der Druck im Zylinder sehr groß. Deswegen sind die Dieselmotoren kompakt und relativ schwer.

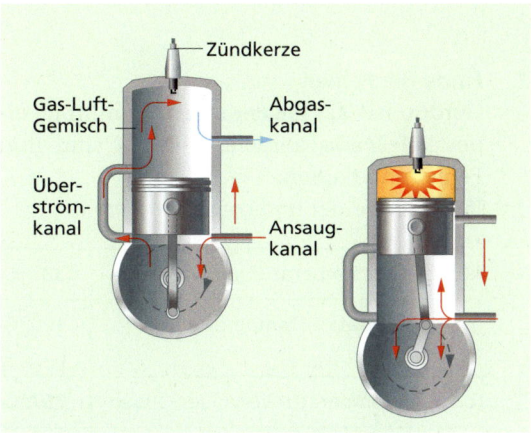

1 Aufbau eines Zweitakt-Ottomotors

Aufgabe 5

Die folgende Abbildung zeigt das Prinzip eines Verbrennungsmotors.

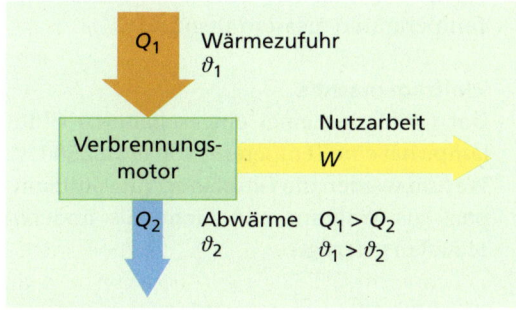

Erläutert das Prinzip anhand der Abbildung.

Sowohl bei Otto- als auch bei Dieselmotoren gelangt ein großer Teil der Verbrennungsprodukte durch den Auspuff in die Umwelt und hat wesentlichen Anteil an der Luftverschmutzung. Darüber hinaus wird ein erheblicher Teil der durch die Verbrennung von Kraftstoff entstehenden thermischen Energie in Form von Wärme an die Umgebung abgegeben.

Aufgabe 6

Findet heraus: Durch welche technischen Maßnahmen ist es in den letzten Jahren gelungen, die Luftverschmutzung durch Pkw-Motoren deutlich zu verringern?

Neben Viertaktmotoren gibt es auch Zweitaktmotoren (Abb. 1). Sie werden z. B. bei Rasenmähern, Mopeds, Kettensägen oder tragbaren Gebläsen genutzt.

Aufgabe 7

Vergleicht Aufbau und Wirkungsweise eines Zweitakt-Ottomotors und eines Viertakt-Ottomotors miteinander.

Aufgabe 8

Für Pkw-Motoren gibt es Abgasnormen, die von den Herstellern eingehalten werden müssen. Diese Normen gelten für die gesamte Europäische Union. Bei Erstzulassungen ab 2011 (Ottomotor) bzw. 2013 (Dieselmotor) muss der Emissionsgrenzwert Euro 5 eingehalten werden.
a) Erkundet was das für den Schadstoffausstoß von Pkw bedeutet.
b) Hersteller geben den Schadstoffausstoß in Gramm je Kilometer an. Erkundet, wie hoch dieser Schadstoffausstoß bei ausgewählten Pkws ist.

Aufgabe 9

Neben Verbrennungsmotoren gibt es heute für Pkws verschiedene alternative Antriebe. Stellt eine Übersicht über solche Antriebe zusammen. Sammelt Informationen zu Vor-und Nachteilen. Fertigt dazu eine Wandzeitung an.

Gewusst · Gekonnt

1. Finde die Fehler

Gordon hat die folgende Tabelle mithilfe eines Tafelwerks ausgefüllt. Dabei sind ihm Fehler unterlaufen.
Finde die Fehler und korrigiere sie.

(a)	Schmelztemperatur von Wolfram	4387 °C
(b)	Kondensationstemperatur von Wasser	100 °C
(c)	Siedetemperatur von Quecksilber	257 °C
(d)	Erstarrungstemperatur von Wachs	50 °C
(e)	Siedetemperatur von Sauerstoff	−193 °C

2. Schlichte den Streit

Bruno behauptet: „Wenn einem Körper Wärme zugeführt wird, so erhöht sich dessen Temperatur immer."
Britta dagegen meint: „Wenn einem Körper Wärme zugeführt wird, so erhöht sich dessen Temperatur nicht immer." Wer hat recht? Begründe.

3. Bei Vulkanen geht es heiß her

Glühende Lava (Abb.) aus einem Vulkan wird nach dem Erstarren hartes Gestein.

Was kann man daraus über die Temperatur der Lava und die Temperatur im Erdinnern ableiten?

4. Spurlos verschwunden

Wo bleibt eigentlich das Wasser, wenn eine nasse Tafel bereits nach kurzer Zeit wieder trocken ist? Erkläre.

5. Wassertropfen

Beim Kochen von Suppe bilden sich an der Innenseite des Topfdeckels Wassertropfen. Bewerte, welche der angegebenen Erklärungen zutreffen.
a) Ein Teil des siedenden Suppenwassers spritzt gegen den Deckel.
b) Ein Teil des verdampften Wassers der Suppe trifft auf den kälteren Deckel und kondensiert.
c) Der Wasserdampf ist viel kühler als der Deckel und setzt sich am Deckel ab.

6. Thermometerflüssigkeiten

Quecksilber und Alkohol werden in Flüssigkeitsthermometern verwendet. Kann man mit einem Quecksilberthermometer oder mit einem Alkoholthermometer besonders tiefe Temperaturen messen? Begründe.

7. Wolfram macht's

Der Glühfaden einer eingeschalteten Glühlampe hat eine Temperatur von etwa 2500 °C. Warum werden die Glühfäden von Glühlampen aus Wolfram und nicht aus anderen Metallen gefertigt?

8. Klare Scheiben auch im Winter

Damit die Scheibenwaschanlage eines Autos auch im Winter funktioniert, muss man dem Wasser ein Frostschutzmittel beigeben. Was soll das Frostschutzmittel bewirken?

9. Ein heißer Föhn

Beim Föhnen der Haare kannst du eine interessante Beobachtung machen: Solange die Haare feucht sind, ist der heiße Luftstrom des Föhns kaum spürbar, mitunter erscheint er sogar kühl. Bei trockenen Haaren merkst du, dass der Luftstrom tatsächlich heiß ist.
Wie sind diese Unterschiede zu erklären?

10. Stahl kühlt ab

In Stahlwerken wird glühender Stahl in Kokillen gegossen und bleibt dort längere Zeit.

Beschreibe die Vorgänge, die sich vollziehen, in der Umgangssprache. Beschreibe sie auch mit den physikalischen Begriffen Temperatur und Wärme.

11. Ein überzeugendes Experiment

Fülle ein kleines Plastikgefäß randvoll mit Wasser, stelle es auf einen Teller und dann vorsichtig in ein Gefrierfach.
Was stellst du fest, wenn du das Gefäß nach einigen Stunden hervorholst? Erkläre.

12. Wasserdampf oder Wasser

Leichtsinniger Umgang mit heißem Wasser oder Wasserdampf kann zu schmerzhaften Verbrühungen führen.
Verletzt man sich mehr, wenn ein Finger kurz in heißen Wasserdampf gelangt oder wenn ein paar Tropfen heißes Wasser auf den Finger kommen? Begründe deine Aussage mit dem Begriff Wärme.

13. Einfach die Windrichtung bestimmen

Wenn du einen angefeuchteten Finger hochhältst, kannst du recht gut die Windrichtung bestimmen. Probiere es aus. Erkläre unter Nutzung des Begriffs Wärme.

14. Beschlagene Spiegel

Wenn man im Badezimmer heißes Wasser in die Wanne lässt, beschlagen meist Spiegel und Fensterscheiben. Erkläre.

15. Kondensstreifen

Flugzeuge, die in großer Höhe fliegen, ziehen oft „Kondensstreifen" hinter sich her. Wie kommen sie zustande?

16. Eine Kältemischung

Fülle Eis oder Schnee in ein Becherglas und miss die Temperatur. Mische nun etwa die halbe Menge Kochsalz dazu und rühre um. Miss wieder die Temperatur.
Begründe die Ergebnisse deiner Messungen mithilfe des Begriffs Wärme.
Hinweis: Salzwasser gefriert bei niedrigerer Temperatur als Leitungswasser.

17. Umwandlungswärmen

Vergleiche die spezifische Schmelzwärme und die spezifische Verdampfungswärme von Stoffen miteinander (↗ S. 185).
Was kannst du feststellen?

18. Schmelzen von Blei

Zum Bleigießen sollen 20 g Blei geschmolzen werden. Berechne die zum Schmelzen erforderliche Wärme.

19. Erhitzen von Wasser, bis …

Paul will 1,5 l Leitungswasser in einem Topf, der auf der Heizplatte eines Elektroherds steht, zum Sieden bringen. Die Heizplatte hat eine Leistung von 1500 W, das Leitungswasser eine Temperatur von 17 °C.
a) Berechne, wie lange es mindestens dauert, bis das Wasser siedet.
b) Paul vergisst den Topf mit Wasser auf dem Elektroherd. Nach welcher Zeit ist das Wasser vollständig verdampft?

Das Wichtigste im Überblick

Wärme und Aggregatzustandsänderungen

eine Änderung der Temperatur eines Körpers

$$\Delta T = \frac{Q}{c \cdot m}$$

eine Änderung von Länge oder Volumen eines Körpers

$$\Delta l = \alpha \cdot l_0 \cdot \Delta T$$

Wärme kann bewirken

eine Änderung des Aggregatzustands eines Körpers

■ Zufuhr oder Abgabe von Wärme können zu einer Veränderung des **Aggregatzustands** führen.

■ Bei den meisten Stoffen erfolgt eine **Aggregatzustandsänderung** bei einer bestimmten Temperatur.

> Schmelztemperatur ϑ_S = Erstarrungstemperatur ϑ_S
>
> Siedetemperatur ϑ_V = Kondensationstemperatur ϑ_V

■ Zum Schmelzen bzw. Verdampfen eines Stoffs ist eine bestimmte, vom Stoff abhängige Wärme erforderlich (**Schmelzwärme** Q_S, **Verdampfungswärme** Q_V). Diese Wärme wird beim Kondensieren bzw. Erstarren freigesetzt und an die Umgebung abgegeben.

$$Q_S = q_s \cdot m$$
$$Q_V = q_V \cdot m$$

■ Für Wasser gelten die nachfolgend dargestellten Zusammenhänge:

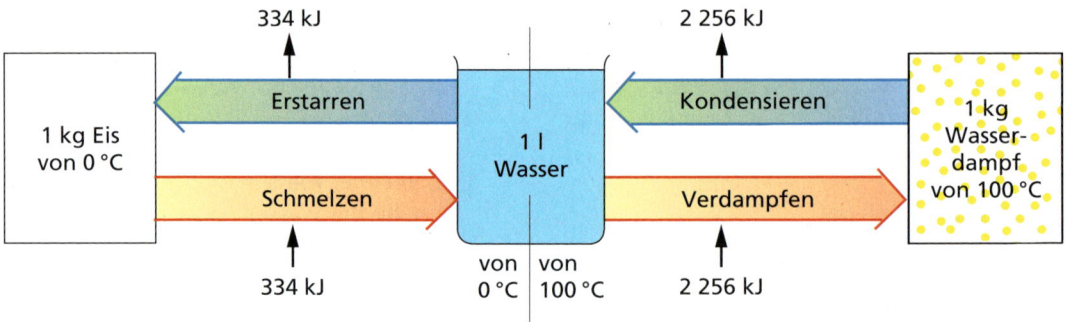

Basiskonzepte erleichtern das Lernen, weil du mit ihrer Hilfe naturwissenschaftliche Inhalte systematisieren und strukturieren kannst.

Struktur der Materie

- Stoffe bestehen aus Teilchen. Diese sind in ständiger Bewegung und wirken aufeinander ein.
- Je höher die Temperatur eines Körpers ist, desto heftiger bewegen sich die Teilchen des Stoffs, aus dem der Körper besteht.
- Stoffe liegen in verschiedenen Aggregatzuständen vor.
- Durch Aufnahme bzw. Abgabe von Wärme können Stoffe ihren Aggregatzustand, ihre Temperatur oder Länge und Volumen ändern.

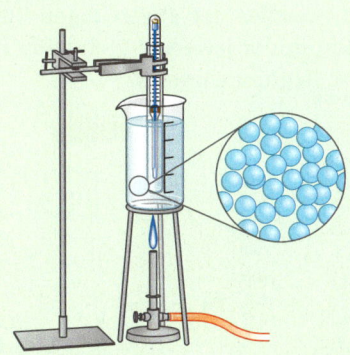

Temperatur, Wärme und Zustandsänderungen

System

- Ein Becherglas mit Thermometer, ein Topf auf einer Heizplatte, eine Solaranlage oder eine Warmwasserheizung bilden ein System.
- Ein System kann abgeschlossen sein (kein Energie- und Stoffaustausch mit der Umgebung) oder offen.
- Für abgeschlossene Systeme gilt der Energieerhaltungssatz.

Wechselwirkung

- Zwischen Körpern unterschiedlicher Temperatur kommt es zu einem Wärmeaustausch.
- Die Wärme ist eine Wechselwirkungsgröße. Sie gibt an, wie viel Energie von einem Körper auf andere übertragen wird.

Energie

- Aufgrund der Bewegung der Teilchen besitzen alle Körper thermische Energie.
- Die thermische Energie eines Körpers ist umso größer, je höher seine Temperatur und je größer seine Masse sind.
- Mit der Aufnahme oder der Abgabe von Wärme verändert sich die thermische Energie eines Körpers: $Q = \Delta E$.

Erfasst und vernetzt

Mit Fachwissen umgehen

1. Gib an, welches der abgebildeten Thermometer du in der jeweiligen Situation nutzen
   würdest. Begründe jeweils.

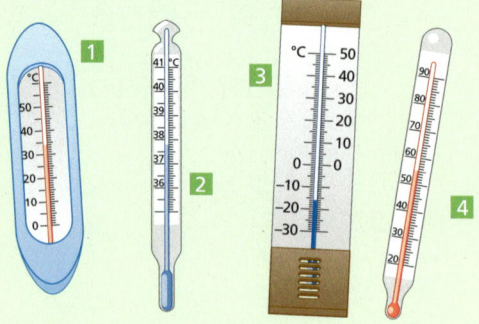

   a) Temperatur in der Sauna
   b) Körpertemperatur des Menschen
   c) Außentemperatur der Luft
   d) Temperatur im Tiefkühlfach
   e) Temperatur von Badewasser

2. Beim Kochen von Kartoffeln wurde ein Diagramm aufgenommen,

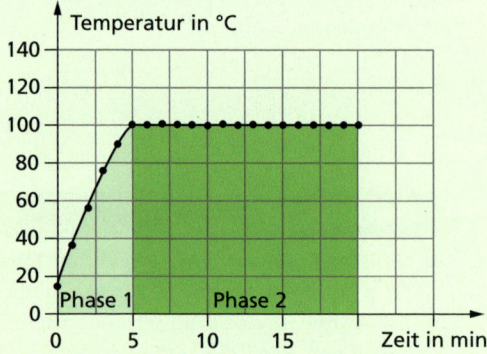

   a) Interpretiere das Diagramm. Begründe,
      wozu die zugeführte Energie in Phase 1
      und Phase 2 benötigt wird.
   b) Warum ist es bei diesem Vorgang emp-
      fehlenswert, die Energiezufuhr nach
      5 min zu drosseln? Begründe.
   c) Wie viel Wärme muss zugeführt werden,
      wenn 0,5 l Wasser von 17 auf 100 °C er-
      wärmt werden sollen?

Methoden der Physik nutzen

3. a) Welche der folgenden Aussagen, die den
      flüssigen Aggregatzustand eines Stoffs
      mithilfe des Teilchenmodells beschrei-
      ben, sind richtig, welche falsch?
      (1) Alle Teilchen bewegen sich gleich
          schnell.
      (2) Alle Teilchen sind gleich groß.
      (3) Zwischen den Teilchen wirken Kräfte.
      (4) Alle Teilchen haben den gleichen Ab-
          stand voneinander.
   b) Erkläre mit dem Teilchenmodell, warum
      du eine vollständig mit Wasser gefüllte
      Plastikflasche kaum zusammendrücken
      kannst, eine mit Luft gefüllte Flasche da-
      gegen sehr leicht.

4. Untersuche die Temperaturerhöhung in zwei
   mit Wasser gefüllten Gläsern (Abb.) im Vergleich zu einem offenen Gefäß.

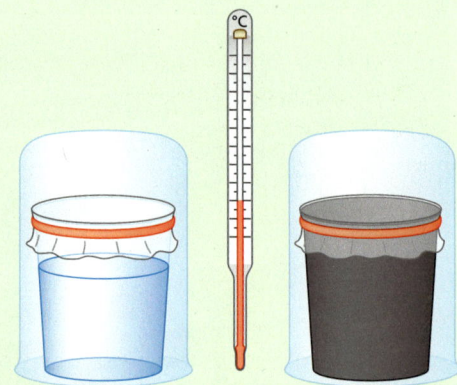

   a) Wende die experimentelle Methode an.
      Alle Gläser werden in die Sonne gestellt.
   b) Erkläre deine Beobachtungen.

5. Stell dir vor, du füllst einen kleinen Luftballon, eine sogenannte „Wasserbombe",
   mit kaltem Wasser. Anschließend
   legst du ihn in ein Gefäß
   mit heißem Wasser.
   Was wird passieren?
   Überprüfe deine
   Vermutung mit einem
   Experiment.

Informationen erschließen und austauschen

6. Die Körpertemperatur des Menschen ist nicht über den ganzen Tag gleich. Bei einer Erkrankung kann sie ansteigen.

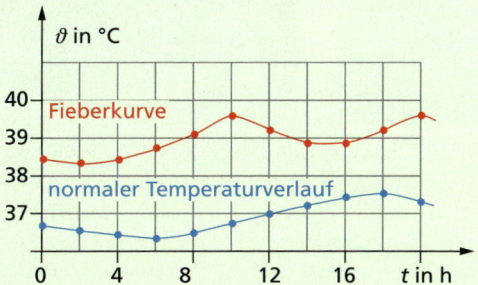

Beschreibe allgemein, wie man ein Diagramm auswertet, und wende deine Kenntnisse dann auf das dargestellte Diagramm an.

7. Denise interessiert, nach welchem Gesetz sich Flüssigkeiten abkühlen. Deshalb hat sie alle zwei Minuten die Temperatur von Tee in einer Tasse gemessen:

t in min	0	2	4	6	8	10
ϑ in °C	85	63	49	39	33	28

a) Stelle den Abkühlvorgang in einem Zeit-Temperatur-Diagramm dar.
b) Berechne die Temperaturänderung nach jeweils zwei Minuten.
c) Werte das Diagramm aus.
d) Am nächsten Tag wiederholt Denise den Versuch bei einer wesentlich geringeren Zimmertemperatur. Werden sich die Messwerte ändern? Begründe.

8. Der Golfstrom ist eine Meeresströmung, die erheblichen Einfluss auf das Klima in einigen europäischen Ländern hat.
Informiere dich über den Golfstrom und seine Wirkungen. Bereite eine Präsentation zum Golfstrom und seinen Wirkungen vor.

Sachverhalte erkennen und bewerten

9. Veranstaltet einen Wettbewerb zum Thema „Wer baut das beste Thermosgefäß?" Folgende Bedingungen sollten unbedingt eingehalten werden:
– Das Gefäß soll mindestens 200 ml Wasser fassen.
– Keine Teile von fabrikgefertigten Thermosflaschen verwenden.
– Die Abmessungen des Gefäßes sollen 15 cm · 15 cm · 15 cm nicht überschreiten.
a) Überlegt, ob ihr noch weitere Bedingungen benötigt. Diskutiert sie vorher in der Klasse.
b) Wie wollt ihr diesen Wettbewerb auswerten? Entwickelt Ideen.
c) Und so könnt ihr das beste Thermosgefäß ermitteln: Gießt siedendes Wasser in das Thermosgefäß. Messt nach 20 Minuten die Temperatur des Wassers.

10. In einer thüringischen Zeitung vom 30.08.2011 war folgende Notiz zu finden.

> Heute erlitten wieder Kinder einen Hitzschlag und mussten gegen Schwindel und Kopfschmerzen behandelt werden.
> Zu einem Hitzschlag kommt es, wenn der Körper die überschüssige Wärme nicht mehr durch Schwitzen ausgleichen kann.

Erklärt und bewertet diese Aussagen aus physikalischer Sicht. Diskutiert Maßnahmen zur Vermeidung eines Hitzschlags.

11. Zum Teekochen braucht man heißes Wasser. Das kann man so erhalten:
– Topf mit Wasser (ohne Deckel) auf der Heizplatte eines Elektroherds,
– Topf mit Wasser (mit Deckel) auf der gleichen Heizplatte,
– Wasserkocher,
– Topf mit Wasser in einer Mikrowelle.
Stellt eine begründete Vermutung darüber auf, welche Variante am effektivsten ist. Prüft die Vermutung experimentell.

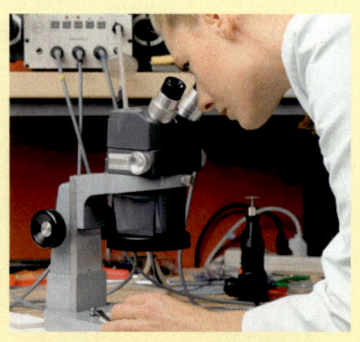

4

Lichtausbreitung und Bildentstehung

Grenzen überschreiten

Unser Auge ist ein ganz besonderer „Fotoapparat". Es ist leistungsfähig und sensibel, stößt aber an Grenzen. Dann helfen Mikroskope. Wichtige Bauelemente sind Linsen.

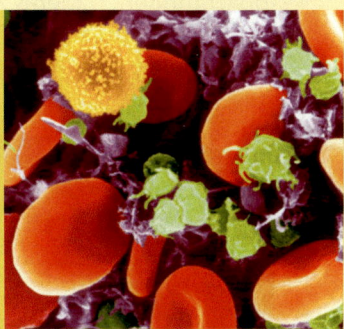

Optische Erscheinungen

In deinem Alltag, in der Natur und in der Technik kannst du zahlreiche optische Erscheinungen beobachten. Überall findest du Licht und Schatten. Du siehst Spiegelbilder. Licht wird reflektiert und gebrochen.

Was aber ist Licht? Wie breitet es sich aus? Welche weiteren Eigenschaften hat es?

Versucht, in einer Diskussion Antworten zu finden.

4.1 Ausbreitung, Reflexion und Brechung von Licht

1 **Zauberhaftes Wasser**

Auf dem Boden von zwei gleichen Tassen liegt eine Münze. Wurde das Foto montiert? Probiere es selbst aus. Beschreibe deine Beobachtungen. Näheres zu diesem Phänomen findest du auf den Seiten 220 und 224.

2

Ph γεικ mac μf Spa ßi

Kannst du die Überschrift lesen? Entwirf selber eine Zeile.

3 **Optik macht gute Laune**

Wenn Licht auf Körper trifft, kann es absorbiert, gestreut, reflektiert oder hindurchgelassen werden. Was trifft für das Foto zu?

4 **Besser lesen mit Wasser?**

Lege eine durchsichtige Folie auf einen Text mit sehr kleiner Schrift und tupfe vorsichtig einen Tropfen Wasser darauf. Hebe die Folie mit dem Tropfen nun langsam an. Beschreibe deine Beobachtungen.

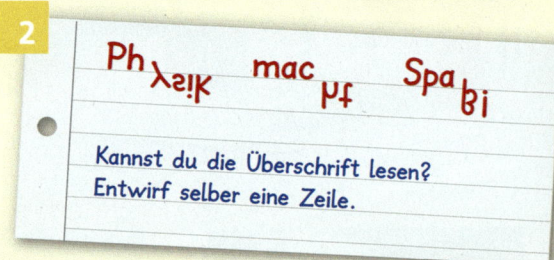

Die Gewässer sind in ihrer Fließ... Karten der mit Be in beginner Für die Orientierung der Karter Karte befinden, zu achten. Für die Kennzeichnung der An durch die Gewässer gezogen

Beobachten einer Erscheinung

Beim Beobachten werden Erscheinungen aus der Natur oder dem Alltag gezielt wahrgenommen. Beobachtungen werden oft bei Experimenten angestellt. Sie regen aber auch zu neuen Experimenten an. Zufällige Beobachtungen waren in der Geschichte häufig der Anlass für neue Entdeckungen oder Erfindungen.

Schritt 1

Erfassen der Beobachtungsaufgabe
Achte z. B. auf ungewöhnliche Erscheinungen, auf Veränderungen während eines Vorgangs oder auf nicht erwartete Wirkungen.

Beim Besuch im Tierpark fällt dir etwas Ungewöhnliches auf: Die auf dem Wasser schwimmende Ente erscheint an der Wasseroberfläche sonderbar „geteilt". Unter welchen Bedingungen ist das zu beobachten?

Schritt 2

Auswählen von Merkmalen und Eigenschaften entsprechend der Aufgabenstellung
Überlege, welche konkreten Merkmale oder Eigenschaften der Erscheinung du beobachten möchtest.

1 Was ist mit der Ente passiert?

Wie kannst du am besten nur auf diese Eigenschaften achten?

Farben, Gehege, Wetter, Ort, Uhrzeit, Art der Ente usw. interessieren bei der Beobachtung nicht, sondern nur die Ente, die sich teilweise über und teilweise unter Wasser befindet.

Schritt 3

Wählen geeigneter Beobachtungsmittel
Das Beobachten geschieht meistens mit den Augen, aber auch mit anderen Sinnesorganen. Manchmal erleichtern Hilfsmittel deine Beobachtung. Das können z. B. Lineal, Lupe, Messzylinder, Thermometer, Uhr oder Waage sein.

Die Beobachtung kann mit bloßem Auge erfolgen. Hilfsmittel sind nicht erforderlich.

Schritt 4

Gezieltes Beobachten und Protokollieren
Zusätzlich zur „Teilung" der Ente ist auch eine Vergrößerung des Teils zu erkennen, der sich unter Wasser befindet.

Schritt 5

Darstellen des Ergebnisses
Gib nur das wieder, was du wirklich beobachtet hast. Vermische die Beobachtung nicht mit Vermutungen oder Erklärungen. Häufig eignen sich Beschreibungen von Beobachtungen, aber auch Skizzen und Tabellen.

Die Ente erscheint unter Wasser verschoben und vergrößert.

Diese Beobachtung kann z. B. der Ausgangspunkt für ein Experiment sein. Du kannst selber prüfen, ob auf dem Foto nur eine zufällige Erscheinung abgebildet wurde. Oder tritt diese Erscheinung immer dann auf, wenn sich Gegenstände teilweise über und teilweise unter Wasser befinden?

Lichtquellen und beleuchtete Körper

Körper unserer Umgebung können wir nur sehen, wenn von ihnen Licht in unsere Augen fällt. Manche Körper, z.B. die Sonne oder eine Glühlampe, erzeugen selbst Licht, andere Körper nicht.

> **Körper, die selbst Licht erzeugen, nennt man Lichtquellen.**

Die meisten Lichtquellen sind glühende Körper, also Körper mit einer hohen Temperatur (Abb. 1a,b, c). Es gibt aber auch Körper, die bei normaler Temperatur Licht aussenden, zum Beispiel Glühwürmchen, der Bildschirm eines Computers (Abb. 1d) oder Leuchtdioden. Bei diesen Körpern wird Licht durch komplizierte physikalische oder chemische Vorgänge erzeugt. Die meisten Körper, die wir sehen, erzeugen selbst kein Licht. Sie werfen nur Licht zurück, das auf sie auftrifft. Der Physiker sagt: Sie reflektieren Licht.

> **Körper, die auftreffendes Licht reflektieren, nennt man beleuchtete Körper.**

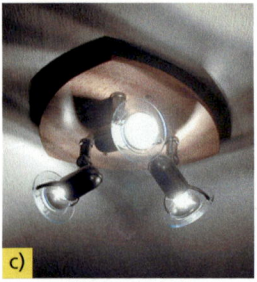

1 Lichtquellen sind Körper, die selbst Licht erzeugen und aussenden.

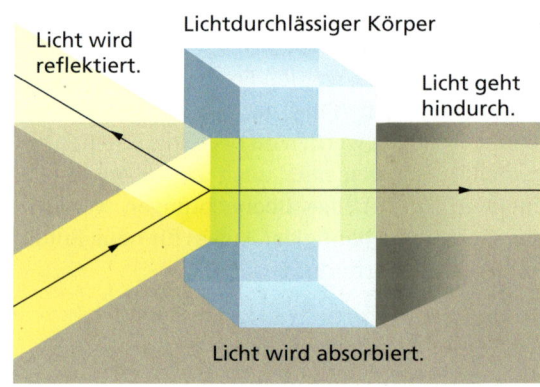

Licht wird reflektiert.

Lichtdurchlässiger Körper

Licht geht hindurch.

Licht wird absorbiert.

2 Bei lichtdurchlässigen Körpern wird ein Teil des auftreffenden Lichtes reflektiert, ein Teil absorbiert (aufgenommen) und ein Teil geht durch den Körper hindurch.

Bei den beleuchteten Körpern unterscheidet man zwischen lichtdurchlässigen und lichtundurchlässigen Körpern.

Lichtdurchlässige Körper können **durchsichtig** (z. B. Fensterglas) oder **durchscheinend** (z. B. Milchglas) sein. Trifft Licht auf **lichtdurchlässige Körper,** so wird es z. T. hindurchgelassen, z. T. absorbiert (aufgenommen) und z. T. reflektiert (Abb. 2).

Bei **lichtundurchlässigen Körpern** wird das einfallende Licht teilweise reflektiert und teilweise absorbiert. Da Licht Träger von Energie ist, bewirkt das von einem Körper aufgenommene Licht eine Erwärmung des betreffenden Körpers.

> **Beleuchtete Körper können lichtdurchlässig (durchsichtig, durchscheinend) oder lichtundurchlässig (undurchsichtig) sein.**

Ob ein Körper durchsichtig, durchscheinend oder undurchsichtig ist, hängt nicht nur von dem Stoff ab, aus dem er besteht. Eine große Rolle spielt auch die Schichtdicke. So ist z. B. eine dünne Schicht aus Wasser durchsichtig. Das gilt sogar für eine sehr dünne Metallschicht. Durch Wasserschichten von einigen Metern Dicke dringt noch Licht hindurch. Sie sind durchscheinend. Es kommt aber umso weniger Licht hindurch, je dicker die Schicht ist. Am Meeresboden in 100 m Tiefe ist es völlig dunkel.

Interessantes aus der Technik

Vom Holzfeuer zur Leuchtdiode

In Natur und Technik gibt es sehr unterschiedliche Lichtquellen. Die wichtigste Lichtquelle ist unsere Sonne. Sie ist nicht nur Lichtquelle, sondern auch eine Wärmequelle. Ohne Sonnenstrahlung hätte kein Leben auf der Erde entstehen können. Die Entwicklung von Pflanzen, Tieren und Menschen ist untrennbar mit dem Vorhandensein von Sonnenstrahlung verbunden.

Auch die Sterne, die wir nachts am Himmel sehen, sind Lichtquellen. Der Mond und alle Planeten dagegen sind beleuchtete Körper. Sie reflektieren das von der Sonne kommende Licht.

Schon von alters her nutzen Menschen verschiedene Lichtquellen. Holzfeuer (Abb. 1a) sind wahrscheinlich die ersten Lichtquellen, die von Menschen verwendet wurden. Bereits in der Steinzeit wurden auch Fackeln und Kienspäne genutzt. Kienspäne sind Holzscheite aus harzdurchtränktem Kiefernholz.
Schon im Altertum waren Öllampen (1b) bekannt. Viele Jahrhunderte lang waren Wachskerzen (1c) eine wichtige Lichtquelle.
Ein entscheidender Fortschritt war im 19. Jahrhundert die Entwicklung von Gaslampen (1e), die vor allem der Straßenbeleuchtung dienten. In vielen Haushalten war bis zu Beginn des 20. Jahrhunderts die Petroleumlampe (1d) die wichtigste Lichtquelle.

Der Siegeszug der elektrischen Beleuchtung begann etwa 1880 mit der Entwicklung der ersten brauchbaren **Glühlampen** durch den amerikanischen Erfinder THOMAS ALVA EDISON (1847–1931).
Bei einer Glühlampe wird aber nur ein kleiner Teil der elektrischen Energie in Licht umgewandelt.

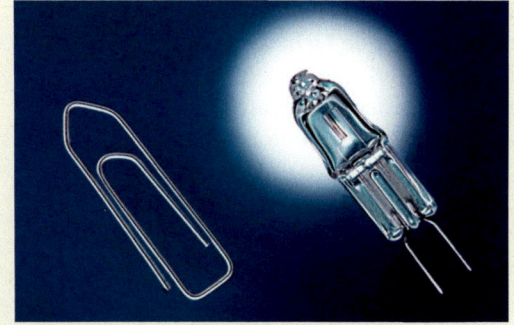

2 Halogenlampe für einen Diaprojektor

Deshalb bemühten sich viele Techniker, Lichtquellen zu entwickeln, die bei gleicher Lichtausbeute weniger Energie verbrauchen. Ergebnis dieser Entwicklung sind **Energiesparlampen** (Abb. 4), **Leuchtdioden** (Abb. 3) und **Halogenlampen** (Abb. 2). Weitere Hinweise zu Lichtquellen sind im Internet unter Suchwörtern wie Lichtquelle, Leuchtmittel oder Energiesparlampe zu finden.

3 Moderne Stableuchte, die mit einer Leuchtdiode arbeitet

4 Energiesparlampen benötigen weniger Energie als gleich helle Glühlampen.

1 Historische Lichtquellen, die die Menschen im Verlauf der Geschichte nutzen

a)   b)   c)   d)   e)

Die Ausbreitung von Licht

Von einer Lichtquelle, z. B. der Sonne oder einer Glühlampe, breitet sich Licht nach allen Seiten **geradlinig** aus, wenn es nicht durch andere Körper daran gehindert wird. Das von einer Lichtquelle ausgehende Licht wird auch als **Lichtbündel** bezeichnet. Den Weg des Lichts können wir durch Geraden veranschaulichen, die als Lichtstrahlen bezeichnet werden (Abb. 1, 2).

> **Licht breitet sich von einer Lichtquelle geradlinig und allseitig aus. Sein Weg kann durch Lichtstrahlen veranschaulicht werden.**

Lichtstrahlen sind ein **Modell,** eine Vereinfachung der Wirklichkeit. Um die Ausbreitung des Lichts beschreiben und Erscheinungen erklären zu können, reicht es meist aus, einige ausgewählte Lichtstrahlen zu zeichnen. Die Abb. 2 und 4 zeigen Beispiele.

3 Schatten hinter einem undurchsichtigen Körper

Hinter beleuchtete, undurchsichtige Körper gelangt von einer Lichtquelle kein Licht. Es bilden sich dunkle Gebiete aus, die **Schatten** genannt werden. Durch die Randstrahlen wird der Schatten begrenzt (Abb. 4). Beim Vorhandensein mehrerer Lichtquellen entstehen **Kernschatten** und **Halbschatten,** so wie das in Abbildung 4 dargestellt ist.

1 Geradlinige Lichtausbreitung von einer Glühlampe aus

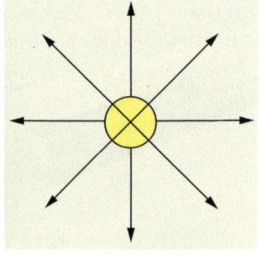

2 Veranschaulichung der Ausbreitung des Lichts durch Lichtstrahlen

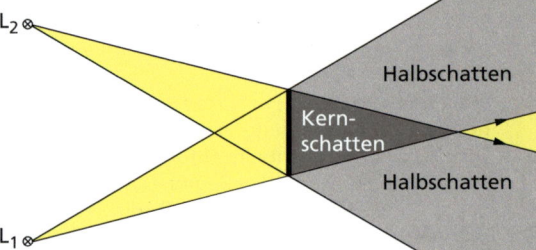

L_2

L_1

Halbschatten

Kernschatten

Halbschatten

4 Sind zwei Lichtquellen oder ausgedehnte Lichtquellen vorhanden, so entstehen verschiedene Schattengebiete.

Darstellung optischer Erscheinungen

Zum Verstehen von Sehvorgängen sind nur die Strahlen wichtig, die in unsere Augen fallen.

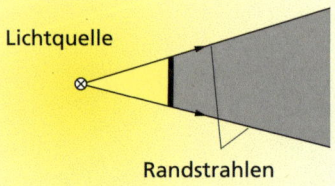

Lichtquelle

Randstrahlen

Zum Verstehen der Schattenbildung sind nur die Strahlen wichtig, die gerade noch am Hindernis vorbeigehen.

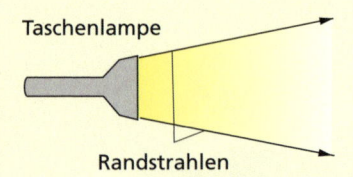

Taschenlampe

Randstrahlen

Zum Verstehen der Ausbreitung von Licht sind nur die Strahlen wichtig, die ein Lichtbündel begrenzen.

Sonne

Mond

1,3 s

Licht braucht 8,3 Minuten = 500 Sekunden

150 000 000 km

Erde

1 Licht breitet sich außerordentlich schnell aus. Von der Sonne bis zur Erde braucht es 8,3 Minuten und legt dabei eine Strecke von 150 Millionen Kilometern zurück.

Licht breitet sich mit sehr großer Geschwindigkeit aus. Diese Geschwindigkeit nennt man **Lichtgeschwindigkeit.**

> **Im Vakuum und in Luft legt das Licht in jeder Sekunde einen Weg von etwa 300 000 km zurück.**

In anderen Stoffen, etwa in Glas oder in Wasser, ist die Lichtgeschwindigkeit etwas geringer, aber immer noch viel größer als die Geschwindigkeiten, die wir aus dem Alltag kennen. Zum Vergleich: Ein Pkw, der mit $130\,\frac{km}{h}$ fährt, legt in einer Sekunde 36 m zurück, das Licht in Luft aber das 8 300 000-Fache.

Interessantes aus der Geschichte

Vom Sehen

Schon lange haben sich Menschen darüber Gedanken gemacht, warum wir ohne Licht nichts sehen, in einem ziemlich dunklen Raum nur Grautöne erkennen können und bei Licht verschiedenfarbige Gegenstände wahrnehmen.
Im Altertum verglich man das Sehen mit dem Fühlen. So nahmen PYTHAGORAS (ca. 570–480 v. Chr.) und andere griechische Philosophen an, dass von unseren Augen Sehstrahlen ausgehen, die die Gegenstände abtasten und sie dadurch sichtbar machen.

Erst viel später setzte sich die Auffassung durch, dass wir einen Gegenstand nur dann sehen, wenn Licht von ihm in unsere Augen gelangt.

Gewusst · Gekonnt

1. Erkläre die Schattenbildung hinter einem undurchsichtigen Körper mithilfe der geradlinigen Ausbreitung des Lichts.

2. Ein Körper wird von zwei Lichtquellen beleuchtet.

Vergleiche mit Abb. 3 auf S. 208. Wodurch kommen die Unterschiede zustande?

3. Erzeugt selbst Schattenbilder. Dazu benötigt ihr eine starke Lichtquelle, z. B. einen Tageslichtprojektor. Als Bildschirm kann eine helle Wand genutzt werden.

Physik im Alltag

Schattenstab und Sonnenuhr

Untersucht man mit einem Schattenstab die Länge und die Richtung des Schattens, dann zeigt sich: Mittags ist der Schatten am kürzesten und bei uns immer nach Norden gerichtet (Abb. 1). Damit kann man einen solchen Schattenstab folgendermaßen nutzen:

– Mit dem Schattenstab kann der Zeitpunkt des wahren Mittags ermittelt werden. Das ist der Zeitpunkt, an dem die Sonne an einem Ort am höchsten steht.

– Es kann die Nord-Süd-Richtung bestimmt werden. Der kürzeste Schatten zeigt genau in Richtung Norden.

Du kannst dir einen solchen Schattenstab selbst bauen und an einem sonnigen Tag stündlich die Punkte markieren, die die Spitze des Schattens erreicht. Eine Weiterentwicklung des Schattenstabs ist die **Sonnenuhr,** die man in vielen verschiedenen Formen an Gebäuden und in Parks findet (Abb. 2). Sonnenuhren sind die ältesten Uhren und werden schon seit vielen Jahrhunderten von Menschen genutzt.
Wie kann man sich eine Sonnenuhr bauen?

Eine einfache Sonnenuhr kannst du dir aus einem dicken Draht und einem Holzbrett bauen.

2 Sonnenuhr an einem Gebäude

Die Sonnenuhr muss dabei so ausgerichtet sein, wie es die Abb. 3 zeigt. Wichtig für ein genaues Anzeigen der Zeit ist der Winkel α zwischen Draht und Holzbrett. Dieser Winkel ist gleich der geografischen Breite des Orts, an dem sich die Sonnenuhr befindet.

Der Winkel beträgt z. B. für Erfurt 51,0°, für Gera 50,8° und für Sonneberg 50,4°. Für andere Orte kannst du die geografische Breite einem Atlas entnehmen.

Eine Zeiteinteilung erhältst du, wenn du an einem sonnigen Tag zu jeder vollen Stunde den Schatten nachzeichnest und die Zeit daranschreibst.

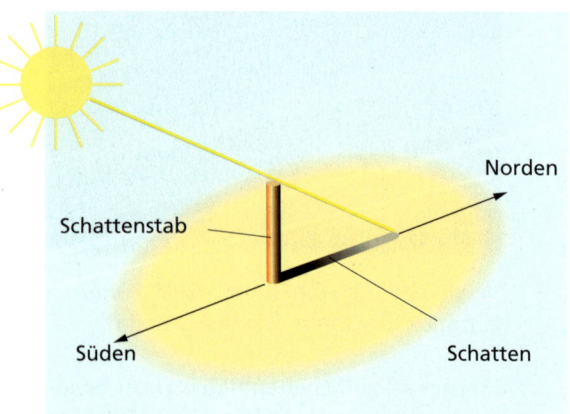

1 Mittags weist der Schatten nach Norden und ist am kürzesten.

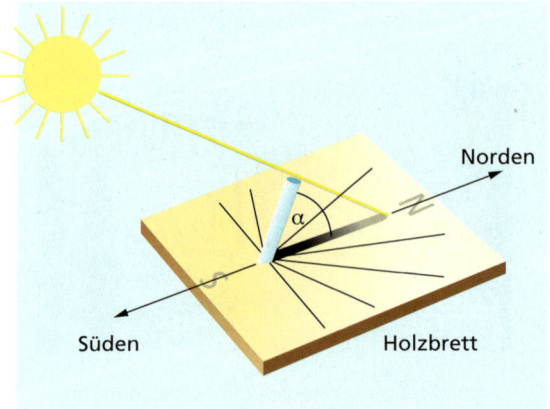

3 Einfache Sonnenuhr: Zum Bau braucht man ein Holzbrett und einen stabilen Stab.

Die Entstehung von Mondphasen

Wenn du den Mond an verschiedenen Tagen beobachtest, siehst du ihn in unterschiedlicher Gestalt: manchmal nur als Sichel, manchmal als Halbmond oder als Vollmond. Diese unterschiedlichen Gestalten des Monds werden als **Mondphasen** bezeichnet.

Darüber hinaus ändert der Mond ständig seine Lage am Himmel. Das siehst du, wenn du ihn im Abstand von einer Stunde betrachtest.

Wie kommen die Mondphasen zustande? In welchem zeitlichen Abstand kann man die gleiche Mondphase beobachten?

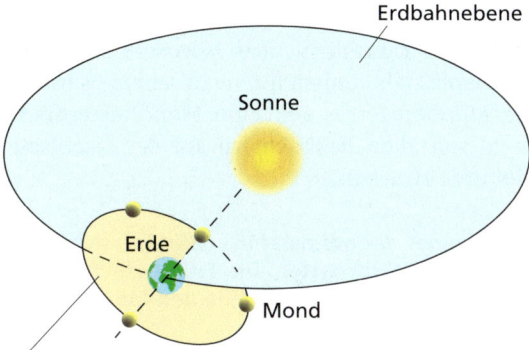

1 Erdbahnebene und Mondbahnebene sind gegeneinander geneigt. Deshalb befinden sich Sonne, Erde und Mond nur selten auf einer Linie.

Der Mond bewegt sich in 29,5 Tagen einmal um die Erde (Abb. 1). Dabei werden Erde und Mond von der Sonne beleuchtet, verändern aber ständig ihre Positionen zueinander (Abb. 2).

Wir sehen von der Erde aus jeweils nur den beleuchteten Teil des Monds.

Bei Stellung 1 haben wir **Neumond**. Mit **zunehmendem Mond** wird ein immer größerer Teil der Mondoberfläche sichtbar, bis wir schließlich in Stellung 3 **Vollmond** haben.

Anschließend ist **abnehmender Mond**, in Stellung 4 wieder Halbmond und in Stellung 1 Neumond. Gleiche Mondphasen sieht man nach jeweils 29,5 Tagen.

Gewusst · Gekonnt

1. Warum vergehen zwischen gleichen Mondphasen, z. B. Vollmond, jeweils 29,5 Tage, bis man sie wieder beobachten kann?

2. Tobias erzählt in der 5. Unterrichtsstunde, dass er auf dem Schulweg einen wunderschönen Vollmond gesehen hätte. Leon behauptet, dass der Mond in der letzten Pause noch wesentlich deutlicher zu erkennen war. Sarah, die zuhört, meint darauf: „Ich weiß, dass ihr beide schwindelt!" Wem kannst du glauben?

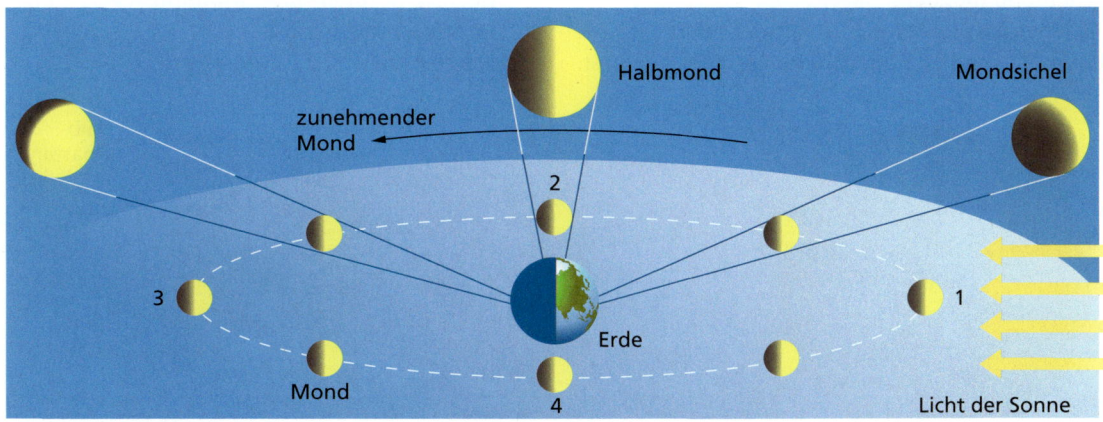

2 Das Aussehen des Monds hängt davon ab, wie Sonne, Erde und Mond zueinanderstehen. In der Stellung 1 ist Neumond, in den Stellungen 2 und 4 Halbmond, in der Stellung 3 Vollmond.

Sonnen- und Mondfinsternisse

Die Sonne sendet ständig Licht nach allen Seiten geradlinig aus und bestrahlt damit Planeten, Monde und andere Himmelskörper in unserem Sonnensystem. Eine **Finsternis** tritt ein, wenn sich ein Himmelskörper oder Teile von ihm im Schatten eines anderen Himmelskörpers befinden.

Weil die Sonne räumlich ausgedehnt ist, entstehen hinter der Erde und dem Mond Kernschatten und Halbschatten. Durch die Bewegung von Erde und Mond können Sonnen- und Mondfinsternisse auftreten.

Mondfinsternis: Unser Mond ist, ebenso wie die Erde, ein von der Sonne beleuchteter Körper. Er reflektiert das auf ihn auftreffende Sonnenlicht. Deshalb können wir ihn von der Erde aus in verschiedenen Gestalten sehen. Manchmal kommt es zu einer **Mondfinsternis.** Ursache dafür ist die Bewegung des Monds um die Erde.

Auf der Seite der Erde, die der Sonne abgewandt ist, entstehen Kern- und Halbschatten, die weit in den Weltraum reichen. Für einen Beobachter auf dieser Seite der Erde ist Nacht.

Meist verläuft die Mondbahn oberhalb oder unterhalb von Kern- und Halbschatten der Erde. Nur wenn der Mond bei seiner Bewegung um die Erde in den Kernschatten der Erde gerät, ist eine Finsternis zu beobachten (Abb. 1). Sie ist nur bei Vollmond möglich.

Solange sich der Mond im Kernschatten der Erde befindet, wird er nicht von der Sonne beleuchtet.

2 Die letzte totale Sonnenfinsternis war in Teilen Deutschlands am 11. August 1999 zu beobachten.

Der Mond kann damit auch kein Sonnenlicht reflektieren. Wir können ihn nicht sehen. Es tritt eine Mondfinsternis auf. Eine Mondfinsternis ist stets von allen Beobachtern auf der Nachtseite der Erde zu sehen.

> **Bei einer Mondfinsternis befindet sich der Mond im Erdschatten. Die Erde befindet sich dann genau zwischen Sonne und Mond.**

Gewusst · Gekonnt

Erkunde, wann an deinem Heimatort die nächste Sonnen- bzw. Mondfinsternis zu beobachten sein wird.
Nutze dazu z. B. das Internet.

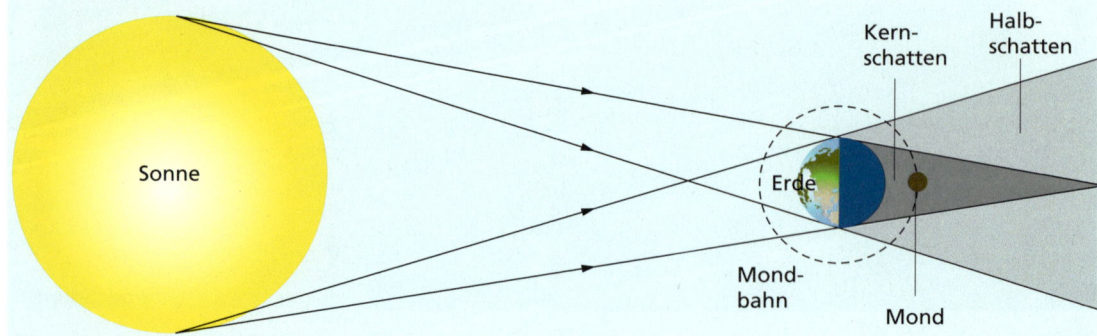

1 Totale Mondfinsternis: Der Mond befindet sich im Kernschatten der Erde.

Sonnenfinsternis: Die Bewegung des Monds um die Erde ist nicht nur die Ursache für eine Mondfinsternis, sondern auch für eine Sonnenfinsternis. Bei seiner Bewegung um die Erde gelangt der Mond manchmal zwischen Sonne und Erde. Für einen Beobachter auf der Erde, der sich im Kernschatten des Monds befindet, wird damit die Sonne völlig verdeckt. Es tritt eine Sonnenfinsternis auf (Abb. 1). Sie ist nur bei Neumond zu beobachten.

Anstelle der Sonne ist nur die unbeleuchtete Seite des Monds als dunkler Kreis zu sehen (↗ S. 212, Abb. 2). Das, was du außerdem noch als Leuchterscheinung um diesen dunklen Kreis siehst, sind glühende Gase, die die Sonne umgeben. Sie liegen nicht im Mondschatten.

> **Eine Sonnenfinsternis tritt auf, wenn der Schatten des Monds auf Teile der Erdoberfläche fällt. Der Mond befindet sich dabei zwischen Erde und Sonne.**

Eine Sonnenfinsternis können nur diejenigen beobachten, die sich auf der Tagseite der Erde gerade in dem relativ kleinen Schattengebiet des Monds befinden. Bei einer Mondfinsternis ist das anders: Sie kann stets von allen Beobachtern auf der Nachtseite der Erde gesehen werden. Die maximale Dauer einer totalen Sonnenfinsternis für einen Ort auf der Erde beträgt nur 7,6 Minuten. Eine Mondfinsternis kann dagegen mehr als eine Stunde dauern.

Für die gesamte Erde sind Sonnenfinsternisse häufiger als Mondfinsternisse.

Gewusst · Gekonnt

1. Lies den Text auf S. 212/213 genau und beantworte folgende Fragen:
   a) Warum ist nicht bei jedem Umlauf des Monds um die Erde eine Mondfinsternis zu sehen?
   b) Zu welchen Tageszeiten kann man eine Sonnen-/Mondfinsternis beobachten?

2. Eine Sonnenfinsternis dauert höchstens 7,6 Minuten. Wie viele Sekunden sind das?

3. Obwohl Sonnenfinsternisse häufiger als Mondfinsternisse auftreten, kannst du in deinem Wohnort viel häufiger eine Mondfinsternis beobachten. Wie lässt sich das erklären?

4. Angenommen, du wärst auf dem Mond. Kannst du dann auch eine Sonnenfinsternis bzw. eine Erdfinsternis beobachten? Begründe.

5. Eine partielle Sonnenfinsternis (Abb.) ist viel häufiger zu beobachten als eine totale Sonnenfinsternis. Worin unterscheiden sich beide?
   Informiere dich im Internet.

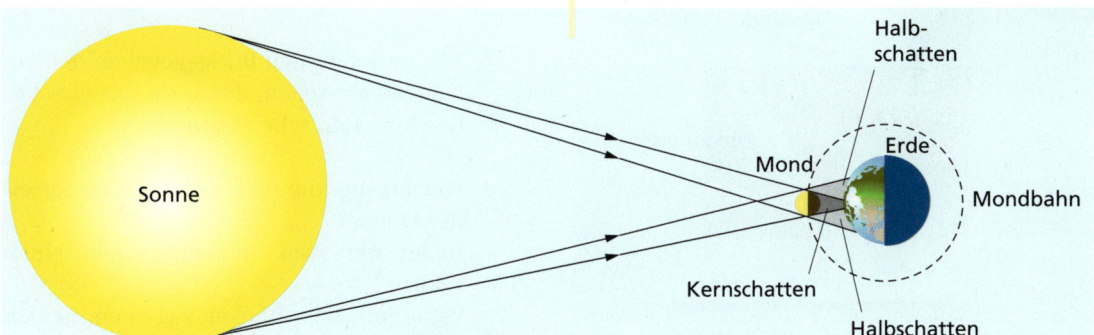

1 Totale Sonnenfinsternis: Der Schatten des Monds fällt auf einen kleinen Teil der Erdoberfläche.

Die Reflexion von Licht

Mit einem dünnen Lichtbündel kannst du experimentell untersuchen, wie Licht an einem Spiegel reflektiert (zurückgeworfen) wird (Abb. 1). Die experimentelle Untersuchung ergibt: Die beiden Winkel α (Einfallswinkel) und α' (Reflexionswinkel), die der einfallende Strahl und der reflektierte Strahl mit dem Einfallslot bilden, sind dabei annähernd gleich groß.
Für die Reflexion von Licht gilt das **Reflexionsgesetz**.

> **Wird Licht an einer Fläche reflektiert, so ist der Einfallswinkel α gleich dem Reflexionswinkel α'.**
>
> $\alpha = \alpha'$
>
> **Dabei liegen einfallender Strahl, Einfallslot und reflektierter Strahl in einer Ebene.**

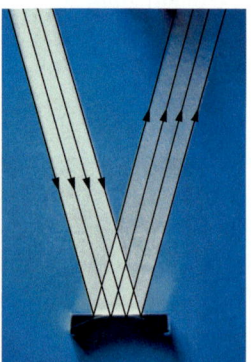 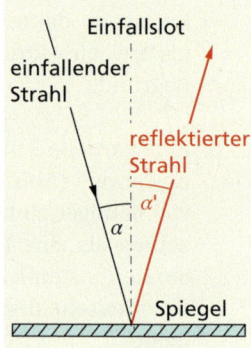

1 Reflexion von Licht an einem ebenen Spiegel

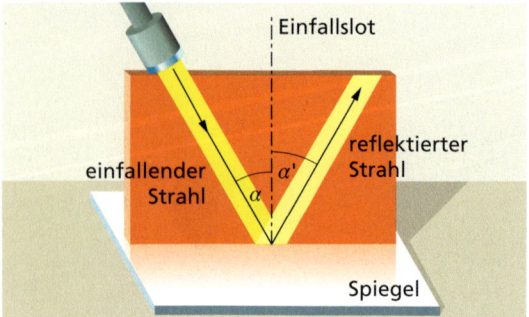

2 Die beiden Lichtstrahlen und das Lot liegen in einer Ebene senkrecht zur Spiegeloberfläche.

Die Abb. 1 zeigt die Reflexion eines Lichtbündels an einem ebenen Spiegel und die Darstellung der Reflexion mithilfe von Lichtstrahlen.
Zu beachten ist auch die räumliche Lage von einfallendem Strahl, Einfallslot und reflektiertem Strahl (Abb. 2). Sie liegen immer in einer Ebene.

Gewusst · Gekonnt

1. Was meinst du, warum werden Rückstrahler am Fahrrad auch Katzenaugen genannt?

2. Wie musst du einen Spiegel halten, damit das auftreffende Sonnenlicht in eine bestimmte Richtung gelenkt wird?
Probiere es aus, aber blende deine Mitschüler nicht.

3. Wie musst du den Rückspiegel an deinem Fahrrad einstellen, damit du das Geschehen hinter dir sehen kannst?

4. Wer erzeugt die meisten Spiegelbilder einer Münze?
Bildet mit zwei Taschenspiegeln einen Winkel.
Verändert den Winkel zwischen beiden Spiegeln und probiert, wann ihr die meisten Spiegelbilder seht.

Sehen und gesehen werden

Sehen und gesehen werden ist das A und O im Straßenverkehr. Das gilt für alle Teilnehmer am Straßenverkehr.

Aufgabe 1
Untersucht, welche Kleidung bei Dunkelheit am besten sichtbar ist.
a) Vergleicht in der Gruppe eure Kleidung. Stellt Vermutungen auf, welche Kleidungsstücke im Dunkeln am besten wahrgenommen werden können.
b) Überprüft eure Vermutungen in einem abgedunkelten Raum mithilfe einer Taschenlampe.

Kleidung, Fahrräder und Schultaschen sorgen für mehr Sicherheit im Straßenverkehr, wenn sie mit **Reflektoren** ausgestattet sind. Die Reflektoren sind im Dunkeln für Autofahrer bereits von Weitem sichtbar (Abb. 1).
Sie werfen den größten Teil des Lichts genau in die Richtung zurück, aus der das Licht gekommen ist. In Abb. 1 sind die angestrahlten Reflektoren deutlich zu sehen.

1 Reflektoren sorgen für gute Erkennbarkeit.

Aufgabe 2
Warum kann man die Reflektoren in Abb. 1 im Scheinwerferlicht von Autos gut sehen, aber die Personen und das Fahrrad kaum?
Welche Schlüsse könnt ihr daraus für die Bekleidung von Verkehrsteilnehmern ziehen?

Reflektoren bestehen aus vielen kleinen Spiegelflächen. Im einfachsten Fall stehen drei ebene Spiegel genau senkrecht aufeinander (Abb. rechts). Bereits mit zwei Spiegeln, die senkrecht aufeinanderstehen, kann man zeigen: Sie reflektieren das Licht überwiegend in die Richtung, aus der es gekommen ist (Abb. links).

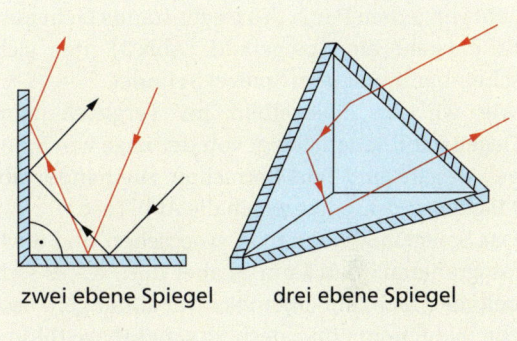

zwei ebene Spiegel   drei ebene Spiegel

Aufgabe 3
Erklärt anhand der Abbildung oben, warum Reflektoren das Licht, das auf sie fällt, genau in die Richtung zurückwerfen, aus der das Licht gekommen ist.

Im Alltag werden oft Reflektorfolien verwendet. So sind z. B. Verkehrszeichen mit solchen Reflektorfolien überzogen. In dem spiegelnden Trägermaterial sind winzige Glaskugeln eingebettet.

Aufgabe 4
Erkundet weitere Einsatzgebiete von Reflektorfolien. Wie funktionieren sie?

Bilder an Spiegeln

Blickst du auf einen **ebenen Spiegel,** so siehst du dein **Spiegelbild.**

Trifft Licht von einem Punkt P eines Gegenstands auf einen ebenen Spiegel, so wird es nach dem Reflexionsgesetz zurückgeworfen. Für uns scheint das Licht aber vom Punkt P' aus zu kommen, der scheinbar hinter dem Spiegel liegt (Abb. 2).

> **Für einen ebenen Spiegel gilt: Gegenstand und Bild sind bezüglich des Spiegels symmetrisch zueinander.**

Wir sehen das Bild von P an der Stelle P', von wo aus die Lichtstrahlen **herzukommen scheinen.** Befindet sich ein Gegenstand vor dem Spiegel, so geht von jedem Punkt des Gegenstands Licht aus. Es entsteht ein Spiegelbild (Abb. 3), das sich scheinbar hinter dem Spiegel befindet.

Wie wir das Spiegelbild im Vergleich zum Gegenstand sehen, hängt von der Lage von Spiegel, Gegenstand und Betrachter zueinander ab. Mögliche Positionen zeigen die Abb. 1a–c.

Das Spiegelbild kann man zwar sehen und auch fotografieren. Man kann es aber dort, wo es sich befindet, nicht auf einem Schirm auffangen. Solche Bilder nennt man deshalb **scheinbare Bilder,** im Unterschied zu **wirklichen** Bildern, die man auf einem Schirm auffangen kann (↗ S. 236).

Die Abbildungen 3 und 4 zeigen die Bildkonstruktion: Gegenstandspunkt und zugehöriger Bildpunkt sind immer gleich weit vom Spiegel entfernt.

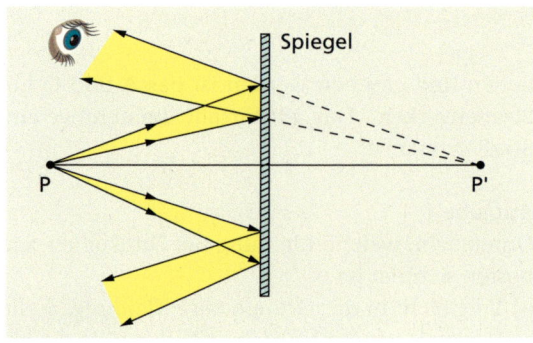

2 Reflexion am ebenen Spiegel

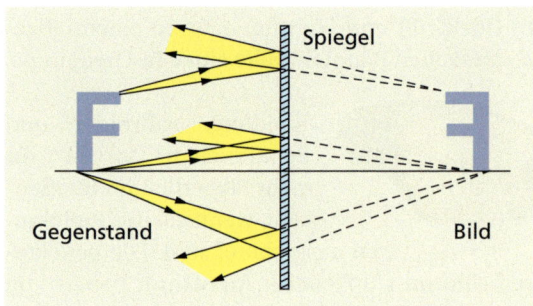

3 Bildentstehung am ebenen Spiegel

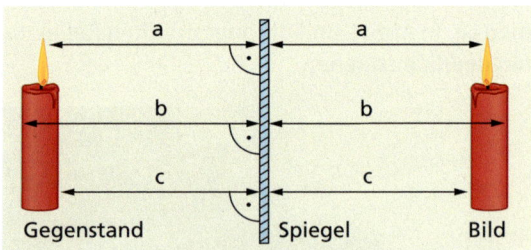

4 Bildkonstruktion am ebenen Spiegel

1a Beim Spiegel können oben und unten vertauscht sein.

1b Beim Spiegel können vorn und hinten vertauscht sein.

1c Beim Spiegel können links und rechts vertauscht sein.

Interessantes aus der Technik

Überall Hohlspiegel

Will man eine bestimmte Stelle besonders intensiv beleuchten, nutzt man einen kugelförmigen **Hohlspiegel.** Fällt paralleles Licht auf den Spiegel, so wird es nach der Reflexion in einem Punkt, dem **Brennpunkt** F, gesammelt (Abb. 2). Das gilt aber nur für Strahlen, die sich in der Nähe der Achse befinden. Im Brennpunkt können so hohe Temperaturen entstehen, dass Stoffe schmelzen. Das nutzt man in Sonnenöfen (↗ S. 218).

Spiegel mit gekrümmter Oberfläche sind **Hohlspiegel** oder **Wölbspiegel.** Wölbspiegel findet man in Kraftfahrzeugen (Abb. 1) oder als Verkehrsspiegel an Straßenkreuzungen. Bei Wölbspiegeln entstehen durch die nach außen gewölbte Spiegelfläche verkleinerte Bilder (Abb. 1). Gleichzeitig wird ein größerer Bereich des Verkehrsgeschehens im Spiegel abgebildet.

Hohlspiegel unterschiedlicher Art werden in vielen Geräten und Anlagen genutzt. So haben z. B. die meisten Taschenlampen Hohlspiegel (Reflektoren), die das von der Lampe ausgehende Licht bündeln.
Auch Kosmetikspiegel sind Hohlspiegel. Ändert man die Entfernung Gegenstand–Spiegel, kann man beobachten, wie sich das Bild ändert. Bei einem Kosmetikspiegel sieht man ein vergrößertes Bild.

1 Die Feuerwehr im Rückspiegel erscheint verkleinert und weiter entfernt.

M Mittelpunkt des Hohlspiegels

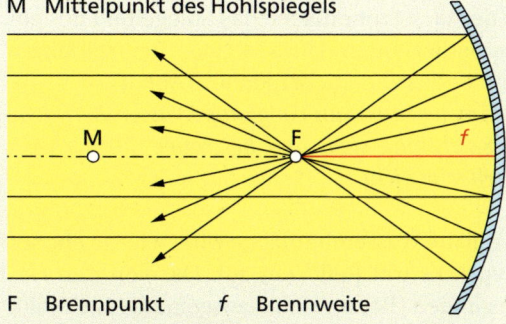

F Brennpunkt $\quad$ f Brennweite

2 Reflexion an einem kugelförmigen Hohlspiegel (achsennahe Strahlen)

Auch in Autoscheinwerfern befinden sich Hohlspiegel. Man kann Fernlicht oder Abblendlicht einschalten (↗ Abb.). Das ist möglich, weil im Autoscheinwerfer eine Glühlampe mit zwei verschiedenen Glühfäden (Biluxlampe) verwendet wird.

Beim **Fernlicht** fällt Licht des unteren Glühfadens auf den gesamten Spiegel und wird parallel reflektiert.

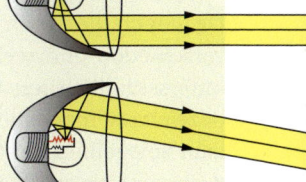

Beim **Abblendlicht** befindet sich die Glühwendel an einer anderen Stelle. Das nach unten abgestrahlte Licht wird durch einen Metallspiegel abgeschirmt.

Wenn du den Text dieser Seite gründlich gelesen hast, kannst du folgende Aufgaben lösen:

1. Warum wird der Punkt, in dem sich die reflektierten Strahlen an einem Hohlspiegel treffen (Abb. 2), Brennpunkt genannt?

2. Warum haben die meisten Taschenlampen Hohlspiegel?

3. Vergleiche das Spiegelbild im Rückspiegel eines Autos mit dem „Gegenstand". Achte besonders auf die Bildgröße und die Größe des Ausschnitts aus dem Verkehrsgeschehen.

Physik im Alltag

Eine Landschaft im Spiegel

An einem See oder Teich kann man bei Windstille auf der Wasseroberfläche das Spiegelbild des gegenüberliegenden Ufers sehen. Bei stärkerem Wind ist das aber nicht möglich (Abb. 1).
Erkläre, warum man bei glatter Wasseroberfläche ein Spiegelbild sieht und bei rauer und welliger Oberfläche nicht.

Eine glatte Wasseroberfläche wirkt wie ein ebener Spiegel. Es tritt Reflexion auf. Das von den Gegenständen (Baum, Haus) ausgehende Licht fällt auf die glatte Oberfläche und wird reflektiert. Das reflektierte Licht, das in unser Auge fällt, scheint aus Richtung der Wasseroberfläche zu kommen. Wir sehen dort das Spiegelbild. Gleichzeitig fällt aber auch Licht direkt vom Gegenstand in unser Auge. Das bedeutet: Wir sehen den Gegenstand und zugleich sein auf dem Kopf stehendes Spiegelbild (Abb. 1a).
Bei einer rauen und welligen Oberfläche tritt ebenfalls Reflexion auf. Jeder einzelne Lichtstrahl wird zwar nach dem Reflexionsgesetz reflektiert. Da jedoch die Lagen der reflektierenden Flächen verschieden sind, werden die Lichtstrahlen in die unterschiedlichsten Richtungen reflektiert. Das bezeichnet man auch als Streuung. Wir sehen kein Spiegelbild der Gegenstände (Abb. 1b), sondern nur eine aufgehellte Fläche.

Der Sonnenofen

Mithilfe von Sonnenlicht können Stoffe so erhitzt werden, dass sie schmelzen oder verdampfen. Eine solche Anordnung wird als Sonnenofen bezeichnet (Abb. 3).
Wie ist ein solcher Sonnenofen aufgebaut?
Wie funktioniert er?

Ein Sonnenofen besteht aus verschieden angeordneten Spiegeln. Das parallele Sonnenlicht fällt zunächst auf ebene Spiegel (Abb. 2). Es wird von diesen Spiegeln nach dem Reflexionsgesetz so reflektiert, dass es als paralleles Licht auf den Hohlspiegel fällt. Von einem Hohlspiegel wird das parallele Licht so reflektiert, dass es in einem kleinen Bereich konzentriert wird.
In diesem Bereich werden im Sonnenofen von Odeillo Temperaturen bis 3300 °C erreicht. Solche Temperaturen reichen aus, um fast alle Metalle zu schmelzen.

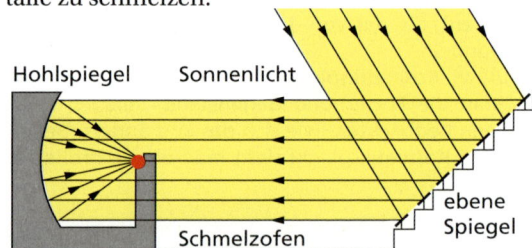

2 Strahlenverlauf beim Sonnenofen

1 Ein See bei Windstille (a) und vom gleichen Standort aus bei stärkerem Wind (b)

3 Der Sonnenofen von Odeillo (Frankreich) ist eine der größten Anlagen dieser Art.

Licht auf Abwegen

Die Beobachtung der Ente (↗ S. 205, Abb. 1) wirft Fragen auf: Gelangt das Tageslicht auf verschiedenen Wegen in die Augen eines Beobachters? Welche Rolle spielt dabei das Wasser? Und welche Rolle spielt die Blickrichtung des Beobachters?

Experiment 1

Untersuche, welchen Weg das Licht nimmt, wenn es von Luft in Wasser oder Glas übergeht.

Vorbereitung:
a) Wiederhole, wie sich Licht in Luft ausbreitet.
b) Was passiert, wenn Licht auf Körper trifft, die Licht durchlassen bzw. nicht durchlassen?
c) Wann können wir einen Körper sehen?

Durchführung und Beobachtung:
Lass ein schmales Lichtbündel wie in den Abbildungen auf Wasser bzw. Glas treffen.
Nutze jeweils eine Lampe mit Spalt oder einen Laserpointer. Orientiere dich bei deinen Beobachtungen an „So kannst du vorgehen", Seite 205. Protokolliere deine Beobachtungen. Ändere deine Blickrichtung.

– Licht geht von Luft in Wasser über.

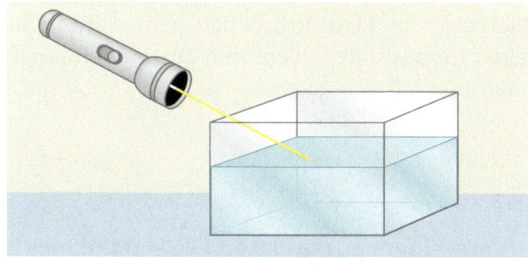

– Licht geht von Luft in Glas über.

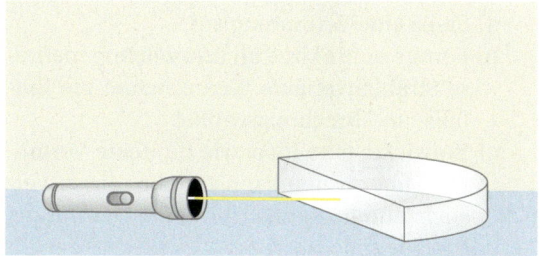

– Licht geht von Glas in Luft über.

Auswertung:
Beschreibe deine Beobachtungen.

Experiment 2

Probiere aus, wie die Erscheinung auf dem Foto zustande kommt.

Durchführung und Beobachtung:
a) Benutze ein durchsichtiges Gefäß, wie es im Haushalt verwendet wird. Anstelle der Kerze sind auch andere Gegenstände geeignet.
b) Ändere deine Blickrichtung.

Auswertung:
Unter welchen Bedingungen kannst du eine Parallelverschiebung eines Gegenstands wie im Foto beobachten?

Experiment 3

Lass ein schmales Lichtbündel so wie in der Abbildung auf ein Prisma fallen. Beschreibe den Weg des Lichts.

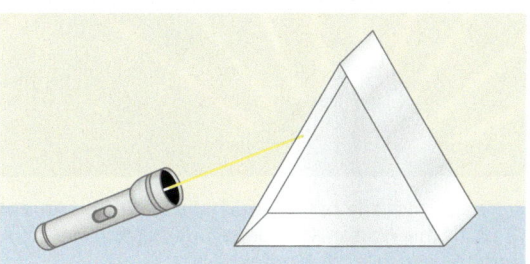

Brechung von Licht

Du weißt bereits, dass sich Licht in **einem** Stoff, z. B. in Luft, Wasser oder Glas, in der Regel geradlinig ausbreitet. Anders ist es bei zwei verschiedenen lichtdurchlässigen Stoffen, z. B. Luft und Wasser (Abb. 2). Trifft das Licht schräg auf die Grenzfläche zwischen beiden Stoffen, so wird es teilweise reflektiert. Teilweise geht das Licht aber in den anderen Stoff über. Lenkt man Licht schräg auf Glas, so ist die gleiche Erscheinung zu beobachten: Das Licht ändert an der Grenzfläche seine Richtung (Abb. 1, 3). Gleiches konntest du in den Experimenten auf der Seite 219 beobachten.

> Als Brechung des Lichts bezeichnet man die Änderung seiner Ausbreitungsrichtung an der Grenzfläche zweier lichtdurchlässiger Stoffe.

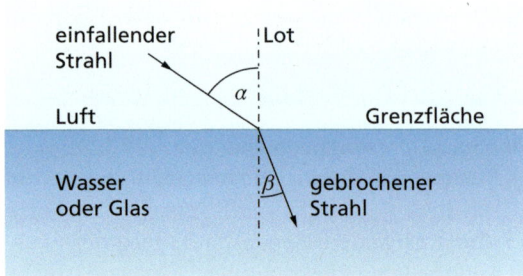

1 Darstellung der Brechung von Licht beim Übergang von Luft in Glas oder Wasser im Modell

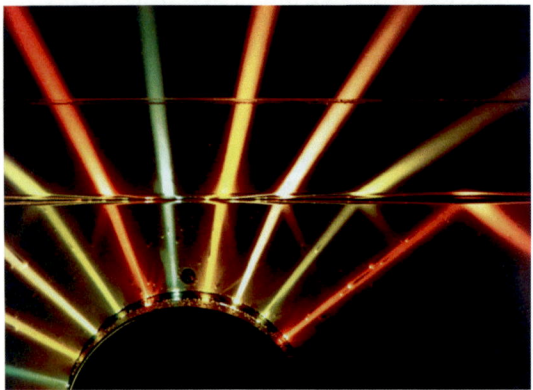

2 Die Lichtquelle befindet sich unter Wasser. An der Grenzfläche Wasser–Luft ändert das Licht seine Richtung. Teilweise wird es reflektiert.

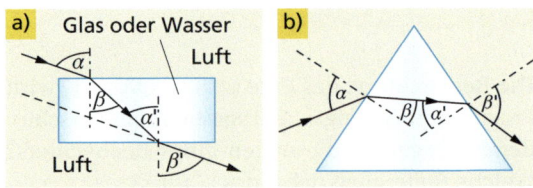

3 Brechung an einer planparallelen Schicht (a) und an einem Prisma (b)

Zur Beschreibung der Brechung von Licht nutzt man das Modell Lichtstrahl (Abb. 1).

Fällt Licht auf eine planparallele, lichtdurchlässige Schicht, wird es zweimal gebrochen. Es ändert aber nicht seine Richtung. Einfallender und austretender Strahl verlaufen parallel (Abb. 3a). Wie groß die Parallelverschiebung ist, hängt von der Breite der Schicht ab. Bei Fensterscheiben bemerken wir diesen Effekt kaum, bei einer Wasserschicht wie in Experiment 2, Seite 219, ist die Verschiebung deutlich zu sehen.

Fällt Licht so auf ein Prisma, wie es in der Abbildung 3 dargestellt ist, dann wird es zweimal gebrochen: Beim Eintritt in das Prisma wird das Licht zum Lot hin gebrochen, beim Austritt vom Lot weg (Abb. 3b). Durch das Prisma erfolgt also eine zweifache Änderung der Richtung des Lichts.

Wie stark das Licht gebrochen wird, kannst du selber herausfinden, wenn die Zusammenhänge experimentell untersuchst (↗ S. 221).

Gewusst · Gekonnt

Angenommen, die Lichtquelle in Abbildung 2 befindet sich über dem Wasser, sodass das Licht von Luft in Wasser übergeht. Wie würden die Lichtbündel dann verlaufen?
a) Stelle eine Vermutung auf.
b) Fertige eine Skizze an und zeichne mehrere Strahlenverläufe. Kennzeichne die Einfalls- und Brechungswinkel.
c) Entwickle eine Idee, wie du deine Vermutung überprüfen kannst. Führe einen Versuch durch. Kannst du deine Vermutung bestätigen?

Das Brechungsgesetz

Der Zusammenhang zwischen Einfallswinkel und Brechungswinkel lässt sich mit der in Abb. 1 dargestellten Anordnung untersuchen.

Wie stark das Licht gebrochen wird, hängt auch von der Art der Stoffe ab. Es gilt:

- Je größer der Einfallswinkel ist, desto stärker wird das Licht gebrochen.
- Fällt das Licht senkrecht auf die Grenzfläche (Einfallswinkel $\alpha = 0°$), erfolgt keine Brechung.

Geht Licht von Luft in Wasser bzw. Glas über, so ist der Brechungswinkel immer kleiner als der Einfallswinkel. Man sagt: Das Licht wird zum Lot hin gebrochen.

Geht das Licht umgekehrt von Wasser bzw. Glas in Luft über, so ist der Brechungswinkel größer als der Einfallswinkel. Man sagt: Das Licht wird vom Lot weg gebrochen. Diese Erkenntnisse werden zum Brechungsgesetz zusammengefasst.

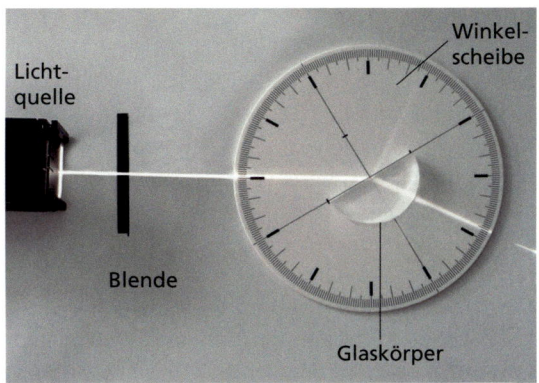

1 Mit einer solchen Anordnung kannst du den Einfallswinkel und den zugehörigen Brechungswinkel messen.

Für den Übergang des Lichts von Luft in Wasser bzw. Glas sind in der nachfolgenden Tabelle einige Werte angegeben.

Einfallswinkel α und Brechungswinkel β für den Übergang Luft–Wasser und Luft–Glas		
Einfalls-winkel α	Brechungs-winkel β für Luft–Wasser	Brechungs-winkel β für Luft–Glas
10°	8°	6°
20°	15°	12°
30°	22°	18°
40°	29°	24°
50°	35°	28°
60°	41°	33°
70°	45°	36°
80°	48°	38°
90°	49°	38°

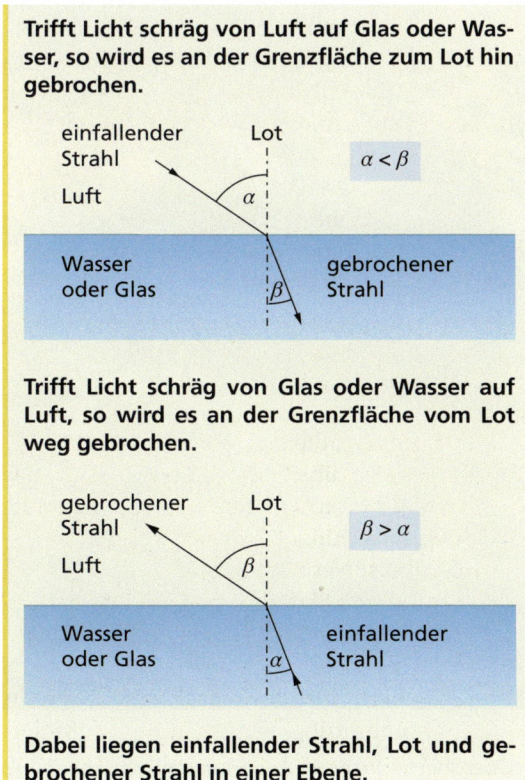

Trifft Licht schräg von Luft auf Glas oder Wasser, so wird es an der Grenzfläche zum Lot hin gebrochen.

einfallender Strahl — Lot — Luft — α — $\alpha < \beta$ — Wasser oder Glas — β — gebrochener Strahl

Trifft Licht schräg von Glas oder Wasser auf Luft, so wird es an der Grenzfläche vom Lot weg gebrochen.

gebrochener Strahl — Lot — Luft — β — $\beta > \alpha$ — Wasser oder Glas — α — einfallender Strahl

Dabei liegen einfallender Strahl, Lot und gebrochener Strahl in einer Ebene.

Die Tabelle zeigt: Je größer der Einfallswinkel ist, desto größer ist der Brechungswinkel.

Vergleicht man die Lichtwege beim Übergang Luft–Wasser/Glas und beim umgekehrten Übergang Wasser/Glas–Luft miteinander, dann zeigt sich der gleiche Strahlenverlauf. Nur die Richtung der Lichtstrahlen ist umgekehrt. In der Physik formuliert man das so:

Der Lichtweg ist bei der Brechung von Licht umkehrbar. Beträgt also z. B. der Einfallswinkel beim Übergang Wasser–Luft 45°, so ist der Brechungswinkel 70° (Tabelle).

Totalreflexion

In der Abbildung 2, Seite 220, ist zu erkennen, dass das Licht beim Übergang von Wasser in Luft nicht nur gebrochen, sondern auch an der Grenzfläche reflektiert wird. Die Erscheinung, dass sämtliches Licht an der Grenzfläche reflektiert wird, heißt **Totalreflexion.**

Die Totalreflexion kann nur bei solchen Stoffübergängen auftreten, bei denen das Licht vom Lot weg gebrochen wird (Abb. 1a). Nur bei diesen Stoffübergängen kann der Brechungswinkel 90° betragen.
Der Einfallswinkel, bei dem der Brechungswinkel gerade 90° beträgt, heißt **Grenzwinkel der Totalreflexion** α_G (Abb. 1b).

Für alle Einfallswinkel $\alpha > \alpha_G$ tritt Totalreflexion auf (Abb. 1c). Für den Übergang des Lichts von Wasser in Luft beträgt der Grenzwinkel der Totalreflexion $\alpha_G = 49°$. Bei allen Winkeln größer als 49° kann man die Totalreflexion beobachten, wenn man z. B. schräg von unten gegen die Wasseroberfläche eines Aquariums sieht (Abb. 2).
Genutzt wird die Totalreflexion in zunehmendem Maße für die Informationsübertragung. Telefongespräche, Rundfunk- und Fernsehprogramme oder Computerdaten werden immer häufiger mit Glasfaserkabeln übertragen, auch **Lichtleiter** genannt. Mit der Nutzung dieser Lichtleiter begann eine stürmische Entwicklung der optischen Informationsübertragung. Aufbau und Wirkungsweise eines Lichtleiters sind auf Seite 223 beschrieben.

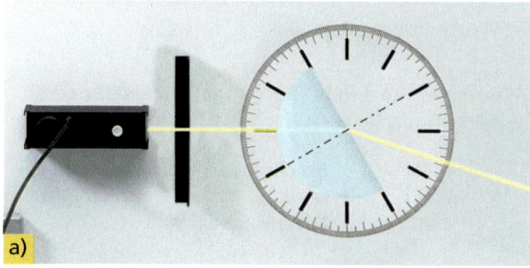
a)

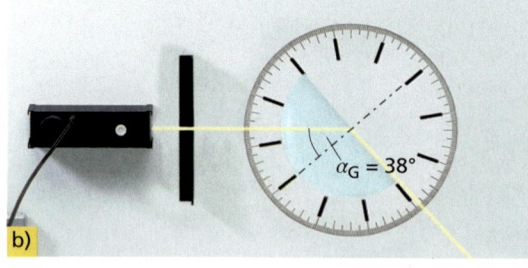
b)

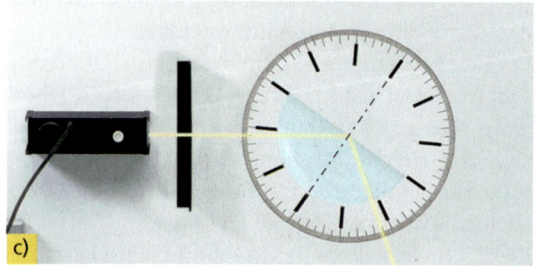
c)

1 Brechung (a und b) und Totalreflexion (c) an der Grenzfläche Glas−Luft. Bei diesem Übergang beträgt der Grenzwinkel der Totalreflexion 38°.

2 Beim Blick von schräg unten erscheinen Teile der Wasseroberfläche eines Aquariums als silbrige, reflektierende Schicht.

Lichtleiter

Licht breitet sich geradlinig aus? Das Experiment in der Abbildung 1 scheint dazu im Widerspruch zu stehen. Das verwendete Glasfaserkabel leitet das Licht auf „verschlungenen Wegen".

Glasfaserkabel bestehen je nach Verwendung aus mehreren Tausend feinen Glasfasern, die gebündelt und mit einer Isolierschicht versehen sind. Jede einzelne Glasfaser besteht aus einem Mantel und einem Kern (Abb. 2). Mantel und Kern der Faser haben unterschiedliche optische Eigenschaften.

Das Material des Mantels ist so gewählt, dass an ihm das Licht bei ausreichend großem Einfallswinkel mehrfach reflektiert wird. Es verbleibt in der Faser und wird in ihr fortgeleitet.

Der Durchmesser einer Glasfaser beträgt nur Bruchteile eines Millimeters. Das Glas, aus dem die Fasern bestehen, ist etwa 50 000-mal durchsichtiger als Fensterglas.

Um elektrische Signale, z. B. von Computern, Fernsehkameras oder Mikrofonen, mit Lichtleitern zu übertragen, werden die Signale in Lichtimpulse umgewandelt. Die hohe Durchsichtigkeit des Glasfaserkerns sorgt dafür, dass die Lichtimpulse bei ihrer Übertragung über weite Strecken kaum geschwächt werden.

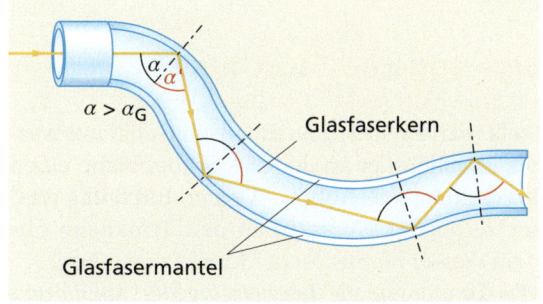

2 Trifft Licht von innen auf den Mantel einer Glasfaser, wird es total reflektiert.

Am anderen Ende des Lichtleiters werden die Lichtimpulse wieder in elektrische Signale umgewandelt. Lichtleiter haben gegenüber Kupferkabeln den Vorteil, dass sie relativ leicht und flexibel sind. Dadurch können mehr Daten in besserer Qualität übertragen werden.

Wo Lichtleiter noch angewendet werden, erfahrt ihr unter „Gemeinsam erkunden" im Projekt „Lichtleiter in Medizin und Technik", Seite 225.

Gewusst · Gekonnt

Wodurch wird in einer Glasfaser erreicht, dass das Licht durch die Faser gelangt (Abb. 2)? Lies nach, was Totalreflexion bedeutet.

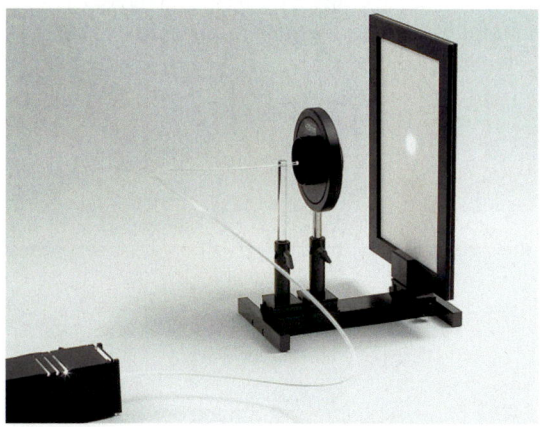

1 Wie gelangt das Licht der Lichtquelle (links) auf den Schirm? Beschreibe den Weg, den das Licht zurücklegt. Skizziere.

3 100-adriges Glasfaserkabel für einen digital gesteuerten Multimedia-Arbeitsplatz. Durch jede Faser werden Informationen übertragen.

Physik im Alltag

Eine optische Täuschung?

Stellt man einen Trinkhalm in ein Gefäß mit Wasser, so scheint er an der Wasseroberfläche einen Knick zu haben (Abb. 1). Wird er durch das Wasser verbogen? Nimmt man den Trinkhalm aus dem Wasser heraus, ist der Knick wieder weg.
Wie kann man die Erscheinung des Abknickens eines Trinkhalms an der Wasseroberfläche erklären?

Der Trinkhalm bekommt tatsächlich keinen Knick. Es liegt eine optische Täuschung vor, die wir mithilfe der Brechung erklären können. Dazu muss man vom Sehvorgang ausgehen. Aufgrund unserer Erfahrungen mit der geradlinigen Lichtausbreitung sehen wir einen Körper an der Stelle, von der aus die Lichtstrahlen herzukommen scheinen. Von dem Teil des Trinkhalms, der sich außerhalb des Wassers befindet, fällt das Licht geradlinig in unser Auge. Anders ist es mit dem Licht von dem Teil des Trinkhalms, der sich unter Wasser befindet. Dieses Licht, das vom Trinkhalm ausgeht, wird an der Grenzfläche Wasser–Luft vom Lot weg gebrochen.

Die rückwärtigen geradlinigen Verlängerungen der Lichtstrahlen, die ins Auge fallen, schneiden sich an den Stellen, an denen wir den Körper sehen. Dort entsteht ein scheinbares Bild des Trinkhalms unter Wasser. Dieses Bild sehen wir. Damit scheint der Trinkhalm an der Wasseroberfläche einen deutlichen Knick zu haben. Ähnliche Effekte kann man auch in einem Schwimmbad beobachten.

Guckloch eines Tauchers

Wenn ein Taucher von unten gegen die Wasseroberfläche blickt, sieht er über sich ein kreisrundes helles Loch.
Wie kommt ein solches helles Guckloch für den Taucher zustande?

Der Taucher sieht nur das Licht, das in seine Augen fällt. Der größtmögliche Einfallswinkel des Lichts von Luft in Wasser beträgt 90°. Nach der Tabelle auf Seite 221 beträgt der Brechungswinkel dann 49°. Dies gilt nach allen Seiten. Der Taucher sieht also eine kreisrunde Fläche, durch die Licht aus dem hellen Bereich über der Wasseroberfläche in seine Augen fällt (Abb. 2). Bei Winkeln, die größer als 49° sind, gelangt wegen der Totalreflexion nur sehr wenig Licht in seine Augen. Also erscheint für ihn der Bereich außerhalb des 49°-Kegels dunkler.

1 Der Trinkhalm in einem Gefäß mit Wasser erscheint wegen der Brechung geknickt.

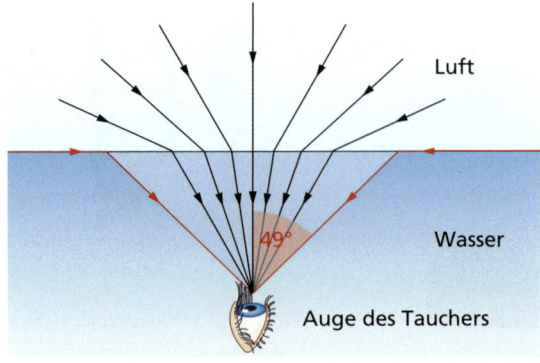

Luft

Wasser

49°

Auge des Tauchers

2 Strahlenverlauf zum Auge des Tauchers: Es treten Brechung und Totalreflexion auf.

Lichtleiter in Medizin und Technik

Lichtleiter werden in vielen Bereichen genutzt. In der Medizin verwendet man sie in Endoskopen (*endo*, griech. = innen, *scopein*, griech. = betrachten). Ursprünglich wurden Endoskope für die medizinische Diagnostik entwickelt. Heute werden sie bereits für operative Eingriffe verwendet.

Aufgabe 1
Mit einem Endoskop kann ein Arzt innere Organe eines Menschen betrachten. Um z. B. den Magen zu untersuchen, wird das schlauchartige Instrument durch die Speiseröhre des Patienten eingeführt (Abb. 1). Erkundet, für welche Untersuchungen Endoskope verwendet werden. Wie sind sie aufgebaut und wie funktionieren sie?

Aufgabe 2
Während der Einsatz von Endoskopen über viele Jahre nur in der Medizin erfolgte, setzte sich in letzter Zeit ihr Einsatz auch in der Technik durch. Recherchiert in unterschiedlichen Quellen, wofür Endoskope in der Technik verwendet werden. Wertet die Informationen kritisch aus.

Lichtleiter werden in zunehmendem Maße auch zur Beleuchtung und zum Erzielen besonderer Lichteffekte genutzt.

Aufgabe 3
Erkundet, in welchen Bereichen klassische Beleuchtungssysteme durch Lichtleiter ersetzt werden. Welche Anwendungen findet ihr im Alltag?

Aufgabe 4
Tiefseekabel stellen eine Alternative zur Datenübertragung durch Satelliten über große Distanzen dar (Abb. 2). Sie bestehen mittlerweile auch aus Glasfasern. Welche Besonderheiten ergeben sich bei ihrer Verlegung in der Tiefsee?

Aufgabe 5
Dokumentiert die Ergebnisse aller Anwendungsbereiche von Lichtleitern. Erstellt eine Schautafel. Macht den Nutzen der Lichtleiter für Mensch und Gesellschaft deutlich.

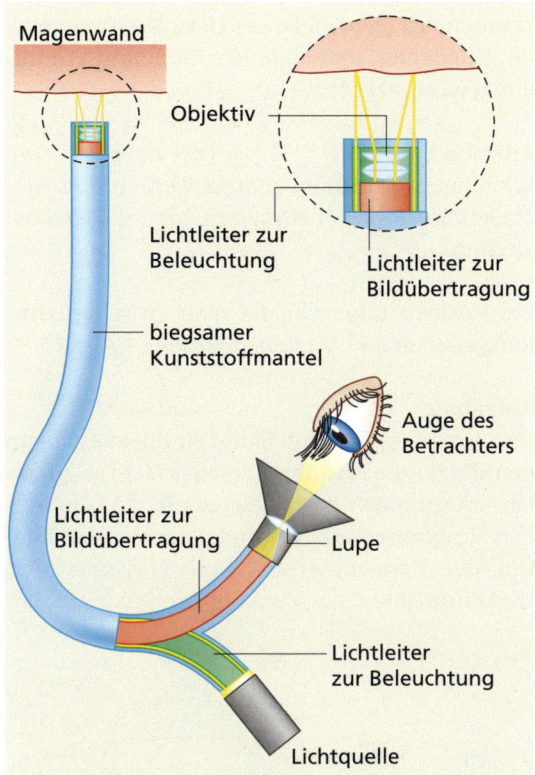

Magenwand

Objektiv

Lichtleiter zur Beleuchtung

Lichtleiter zur Bildübertragung

biegsamer Kunststoffmantel

Auge des Betrachters

Lichtleiter zur Bildübertragung

Lupe

Lichtleiter zur Beleuchtung

Lichtquelle

1 Aufbau eines Endoskops

2 Wegen des großen Datenaufkommens zwischen Nordamerika und Europa werden Tiefseekabel zur Informationsübertragung genutzt.

Strahlenverlauf an unterschiedlichen Prismen

Prismen bestehen meist aus Glas. Sie werden bei verschiedenen optischen Geräten und Anordnungen genutzt (Abb. 3).

Aufgabe 1
Erkundet, wo Prismen genutzt werden und welchen Zweck sie bei verschiedenen Geräten erfüllen.

Bei Prismen unterscheidet man zwischen **Umlenkprismen** und **Umkehrprismen** (Abb. 1,2).

Aufgabe 2
Untersucht experimentell den Strahlenverlauf an den skizzierten Prismen. Lasst das Licht so auffallen, wie es unten dargestellt ist. Skizziert jeweils den Strahlenverlauf. Begründet die Zweckmäßigkeit der Bezeichnungen Umlenkprismen und Umkehrprismen.

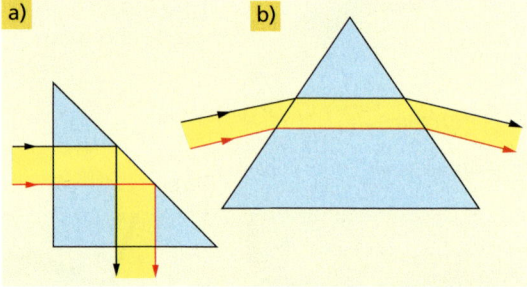

1 Bei Umlenkprismen wird Licht durch Brechung oder Totalreflexion umgelenkt.

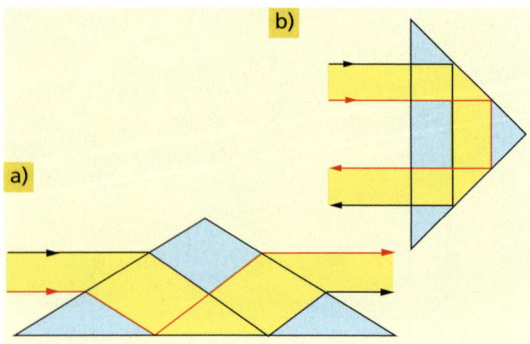

2 Bei Umkehrprismen ist die Lage der eintretenden und austretenden Strahlen zueinander vertauscht.

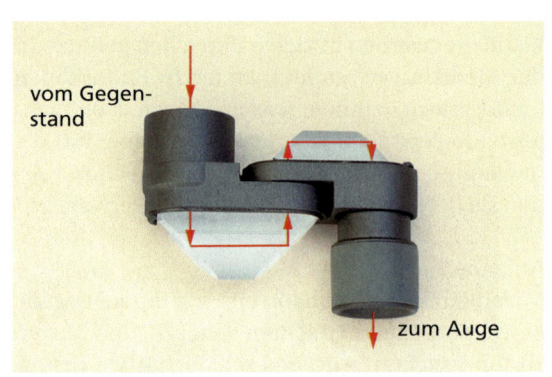

3 Bei dem abgebildeten Minifernglas wird das einfallende Licht durch zwei Prismen umgelenkt.

Aufgabe 3
Lasst weißes Licht auf ein gleichseitiges Prisma (Abb. 1b) fallen. Beobachtet und beschreibt. Versucht zu beschreiben, welche Farben hinter dem Prisma auf einem Bildschirm zu beobachten sind.

Aufgabe 4
Die Farben, die nach dem Durchgang von Licht durch ein Prisma zu beobachten sind, bezeichnet man in der Physik als Spektralfarben. Erkundet, welche Farben zu den Spektralfarben gehören.

Aufgabe 5
Rotes und blaues Licht können wir mit unseren Augen gut unterscheiden. Recherchiert: Wie unterscheidet es sich physikalisch?

Aufgabe 6
Kann man Licht einer Spektralfarbe weiter zerlegen? Prüft das experimentell.

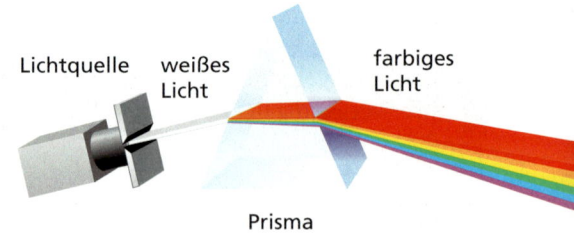

4 Zerlegung von weißem Licht durch ein Prisma: Man erhält Licht verschiedener Farben.

Gewusst · Gekonnt

1. Auftrag korrekt ausgeführt?
Ein Fotograf hatte die Aufgabe, Lichtquellen zu fotografieren. Er hat einige Fotos vorgelegt.

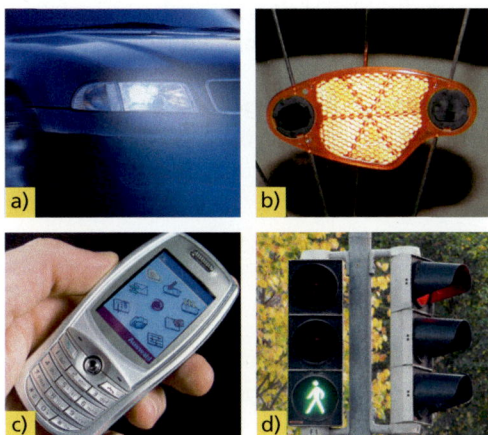

Entscheide, ob er in allen Fällen wirklich Lichtquellen fotografiert hat.
Begründe deine Aussagen.

2. Licht in Sprichwörtern
Was ist mit folgenden Sprichwörtern gemeint?
„Nachts sind alle Katzen grau."
„Mir geht ein Licht auf."
Suche nach weiteren Sprichwörtern, bei denen es um Licht geht.

3. Himmelskörper unterscheiden sich
Stelle in einer Übersicht zusammen, welche Himmelskörper es gibt. Ordne die Himmelskörper nach Lichtquellen und beleuchteten Körpern.

4. Weg des Lichts
Schüttle in einem abgedunkelten Raum einen staubigen Lappen vor einer eingeschalteten Taschenlampe.
a) Beschreibe deine Beobachtung.
b) Überlege weitere Möglichkeiten, den Lichtweg sichtbar zu machen und führe sie vor.

5. Licht trifft auf Körper
Beim Auftreffen auf Körper wird Licht teilweise reflektiert, teilweise vom Körper absorbiert, teilweise hindurchgelassen.
Erläutere Beispiele, bei denen das Licht
a) fast nur reflektiert,
b) fast nur absorbiert,
c) fast nur hindurchgelassen wird.

6. Sichtbarkeit von Körpern
Die meisten Körper sind keine Lichtquellen und trotzdem sind sie zu sehen. Erkläre, wieso das möglich ist.

7. Helligkeit im Zimmer
In einem Zimmer ist es am Tage auch dann hell, wenn keine Lampe angeschaltet ist und die Sonne nicht in das Zimmer scheint. Wie ist das zu erklären?

8. Lichtquellen
Nenne einige Lichtquellen und gib an, wofür sie genutzt werden.

9. Veränderlicher Schatten
Untersuche, wie sich der Schatten eines kleinen Gegenstands ändert, wenn die Versuchsbedingungen systematisch geändert werden.

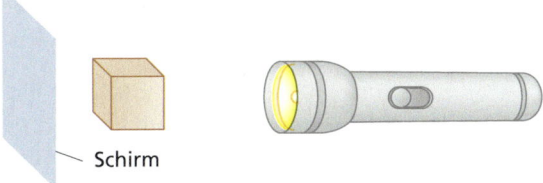

Schirm

Formuliere Je-desto-Aussagen.

Gewusst · Gekonnt

10. Fußballer wirft Schatten

Ein Fußballer erzeugt auf dem Fußballfeld mehrere Schattenbilder (↗ Abb.).

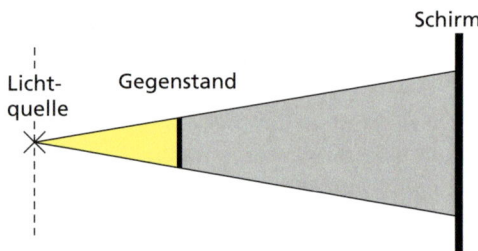

a) Erkläre das Zustandekommen dieser Schattenbilder.

b) Wie viele Lichtquellen sind an der Erzeugung dieser Schattenbilder beteiligt?

11. Größe eines Schattens

Ein 3 cm breiter Gegenstand wird von einer punktförmigen Lichtquelle beleuchtet. Die Lichtquelle befindet sich 4 cm vom Gegenstand entfernt.

a) Ermittle wie breit der Schatten ist, der vom Körper auf einen Schirm geworfen wird. Der Schirm befindet sich 8 cm hinter dem Gegenstand. Löse die Aufgabe mithilfe einer Zeichnung.

b) Wie verändert sich die Breite des Schattens, wenn die Lichtquelle entlang der gestrichelten Linie (↗ Abb.) nach oben oder unten verschoben wird?

12. Schatten von Sonnenlicht

Stelle einen Gegenstand, z. B. eine Flasche, an einer sonnigen Stelle auf ein Blatt Papier. Markiere alle 30 Minuten die Lage und die Länge des Schattens. Beschreibe und erkläre deine Beobachtungen.

13. Scharfe und unscharfe Schatten

Wird ein Gegenstand vom Licht einer Glühlampe beleuchtet, so ist sein Schatten scharf begrenzt. Bei Beleuchtung mit einer Leuchtstoffröhre ist der Schatten des gleichen Gegenstandes unscharf. Erkläre.

14. Schatten bei ausgedehnter Lichtquelle

Eine Leuchtstoffröhre ist eine ausgedehnte Lichtquelle. Begründe, warum die Ränder der Schattenbilder unscharf sind.

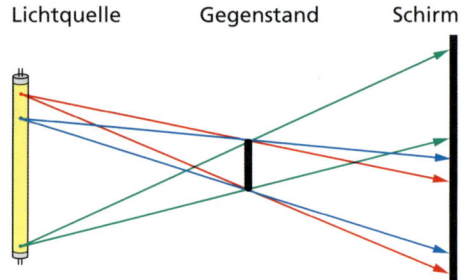

15. Sonnen- und Mondfinsternis

Beschreibe mit eigenen Worten, unter welchen Bedingungen du
a) eine Mondfinsternis,
b) eine Sonnenfinsternis
an deinem Wohnort beobachten kannst.

16. Reflexion erwünscht oder unerwünscht

Manchmal kann man bei Sonnenschein einzelne Fensterscheiben in Gebäuden hell glühend sehen.

Erkläre das Entstehen dieses hellen Glühens einer Fensterscheibe. Skizziere die Lage von Lichtquelle, Fensterscheibe und Beobachter zueinander.

17. Fakten verschaffen Sicherheit

a) Welches ist der Einfallswinkel, welches der Reflexionswinkel?

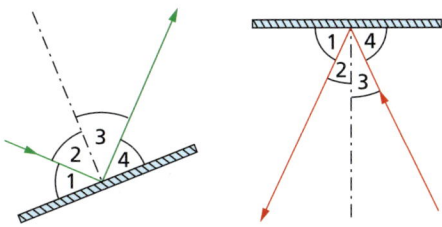

b) Welche Gerade ist das Einfallslot?

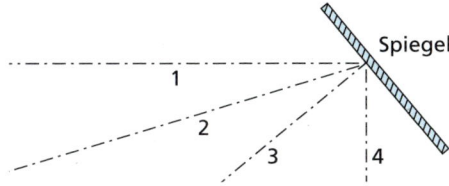

c) Licht fällt unter einem Winkel von 40° auf einen ebenen Spiegel. Zeichne einfallenden Strahl, Einfallslot und reflektierten Strahl.

18. Ein merkwürdiger Unterschied

Ein vor einem Spiegel stehender Gegenstand erscheint dem Beobachter grün, das Spiegelbild dagegen rot. Wie kann man das erklären?

19. Experimente gefragt

Max behauptet, dass in einem Spiegelbild vorn und hinten sowie links und rechts eines Gegenstands vertauscht werden. Welche Ideen hast du, um diese Behauptungen zu prüfen?

20. Ein Gegenstand und sein Bild

Vor einem ebenen Spiegel befindet sich ein Gegenstand.

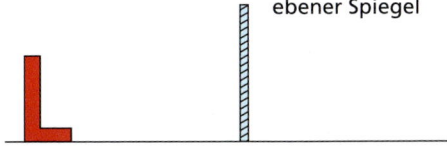

Konstruiere im Heft das Spiegelbild dieses Gegenstands.

21. Kennzeichen eines Spiegelbilds

Betrachte das Spiegelbild der Schrift! Beschreibe dieses Bild.

Spiegel

Konstruiere das Spiegelbild.

22. Ein Löffel als Spiegel

Ein blank geputzter Esslöffel wirkt wie ein Spiegel.

a) Betrachte dein Spiegelbild in einem Esslöffel. Halte dabei den Löffel einmal senkrecht und einmal waagerecht.

b) Beschreibe und vergleiche die Spiegelbilder.

23. Wer sieht wen?

Claudia und Wenzel sind in einem Spiegelkabinett. Von einer Stelle aus sieht Claudia den Kopf von Wenzel. Kann in diesem Moment Wenzel auch Claudia sehen? Begründe.

Gewusst · Gekonnt

24. Fakten gefragt

Welchen Weg nimmt das Licht in der Abbildung? Begründe.

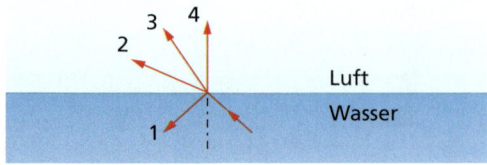

25. Glasplatten „verschieben" Gegenstände

Legt man eine planparallele Platte aus Glas auf einen Bleistift, so scheint es, als ob ein Stück des Bleistifts verschoben wird. Probiere es aus. Erkläre.

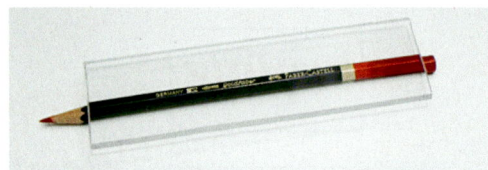

26. Eine gestauchte Flasche

Eine Flasche wird zur Kühlung in eine Schüssel gestellt. Dabei zeigt sich: Ohne Wasser in der Schüssel hat die Flasche ihre normale Größe (↗ Abb.), im Wasser nicht.

a) Probiere es selbst aus.
b) Wie kommt diese scheinbare Stauchung der Flasche zustande?

27. Ein Stein unter Wasser

Ein klarer Teich erscheint uns meist nicht sehr tief. Wenn wir z. B. einen Stein aus dem Wasser holen wollen, täuschen wir uns oft. Der Stein liegt tiefer, als wir ihn sehen. Erkläre diese Erscheinung.

28. Fische fangen

Im klaren Wasser eines Teichs siehst du einen Fisch schwimmen. Schwimmt der Fisch höher, tiefer oder dort, wo du ihn siehst? Begründe deine Aussage.

29. Ein Taucher beobachtet

Ein Taucher befindet sich unter Wasser. Wenn er in Richtung Wasseroberfläche schaut, dann sieht er einen kreisrunden hellen Fleck. Erkläre, wie ein solcher heller Fleck zustande kommt.

30. Übergang Wasser–Luft

Licht trifft auf eine Grenzfläche Wasser–Luft.
a) Wie groß ist hierbei der Grenzwinkel der Totalreflexion?
b) Zeichne von einer punktförmigen Lichtquelle, die sich 5 cm unter einer Wasseroberfläche befindet, den Verlauf der Lichtstrahlen für Einfallswinkel von 0°, 10°, 20°, 30°, 40° und 50° ein.

31. Übergang Luft–Wasser

Eine punktförmige Lichtquelle befindet sich 4 cm über einer glatten Wasseroberfläche.
a) Konstruiere den Verlauf der Lichtstrahlen mit den Einfallswinkeln 0°, 15°, 30°, 60°.
b) Kann Totalreflexion auftreten? Begründe.

Ausbreitung, Reflexion und Brechung von Licht

■ **Lichtquellen** sind alle Körper, die selbst Licht aussenden (Sonne, Glühlampe, Kerzenflamme, Feuer, Bildschirm eines Computers). **Beleuchtete Körper** werfen auf sie fallendes Licht zurück (Mond, Kleidung, Wände eines Zimmers, Bäume).

■ Licht breitet sich geradlinig und nach allen Seiten aus. Der Weg des Lichts kann durch **Lichtstrahlen** verdeutlicht werden. Lichtstrahlen sind ein **Modell** für Licht.

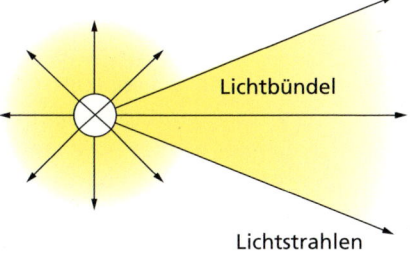

■ Licht legt in Luft und im Vakuum in einer Sekunde eine Strecke von 300 000 km zurück.

■ Hinter lichtundurchlässigen Körpern bilden sich bei der Beleuchtung mit Licht **Schatten.**

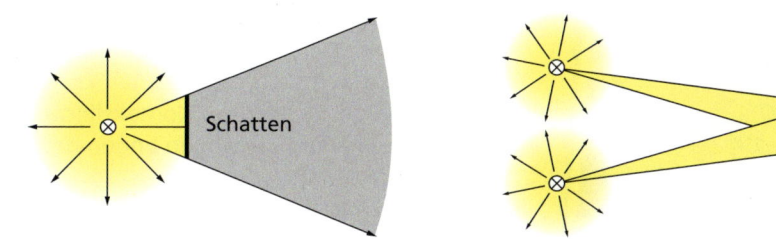

■ Trifft Licht auf Körper, so wird es teilweise reflektiert (zurückgeworfen), teilweise absorbiert (aufgenommen) und teilweise gebrochen.

Reflexion von Licht	Brechung von Licht
Wird Licht an einer Fläche reflektiert, so ist der Einfallswinkel α gleich dem Reflexionswinkel α'. Dabei liegen einfallender Strahl, Lot und reflektierter Strahl in einer Ebene.	Trifft Licht unter einem Winkel $\alpha \neq 0$ auf die Grenzfläche zweier Stoffe, so wird es gebrochen. Dabei liegen einfallender Strahl, Lot und gebrochener Strahl in einer Ebene.

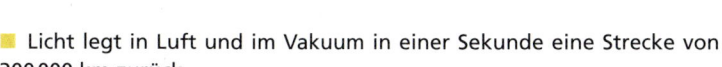

4.2 Bildentstehung an optischen Linsen

1 Überall Linsen

In fast allen optischen Geräten und Hilfsmitteln wie Brillen, Lupen, Ferngläsern oder Fotoapparaten findet man ein Bauelement immer wieder – die Linse.
Welche Arten von Linsen gibt es? Wie entsteht ein Bild an einer Linse?

2 Brillen gegen Sehfehler

Angeborene oder erworbene Sehfehler können mit Brillen, Kontaktlinsen und teilweise auch durch Operationen korrigiert werden. Brillen und Kontaktlinsen müssen genau an die Augen angepasst werden.
Erkundet: Welche typischen Sehfehler gibt es? Wie kann man sie mit Brillen oder Kontaktlinsen korrigieren?

3 Verschiedene Bilder

An Linsen können Bilder entstehen, die kleiner oder größer als die abgebildeten Gegenstände sind. Auch ein Wassertropfen oder eine Glaskugel wirken wie eine Linse. Probiere es selbst aus. Beschreibe die Bilder.

Zerstreuungslinse

Wassertropfen

Glaskugel

Untersuchungen mit Linsen

Experiment 1

Beobachte den Lichtfleck, den das Sonnenlicht auf einem Stück Papier erzeugt, wenn du den Abstand Sammellinse – Papier änderst. Finde heraus, welche Stelle am günstigsten ist, um ein Streichholz zu entzünden.

Vorsicht! Es besteht Brandgefahr! Nutze nur ein kleines Stück Papier.

Experiment 2

Stelle eine Wasserlinse her und probiere aus, mit welcher Linse du kleine Schrift besonders gut lesen kannst.

Vorbereitung:

Wasserlinsen kannst du so herstellen:

a) Das Ende einer Büroklammer wird zu einem kleinen Ring von etwa 6 mm Durchmesser gebogen.

b) Der kreisrunde Ausschnitt der Lasche eines Schnellheftersteges wird genutzt.

c) Manche Lineale haben an einem Ende ein kleines Loch, das sich eignet.

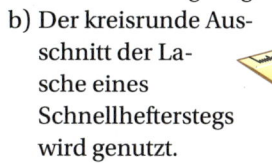

Durchführung und Beobachtung:

Tauche die Gegenstände ins Wasser und ziehe sie vorsichtig heraus, damit ein kleiner Wassertropfen hängen bleibt.

Auswertung:

Beschreibe deine Beobachtungen. Begründe die Verzerrungen, die zustande kommen.

Experiment 3

Fülle eine durchsichtige Plastikflasche mit ebener Oberfläche voll Wasser, sodass keine Luftblasen entstehen. Verschraube die Flasche gut und lege sie auf einen Text, z. B. auf:

> ICH HEISSE ALLE WILLKOMMEN

Verändere die Entfernung. Was kannst du feststellen?

Experiment 4

Betrachte Münzen mit einer selbst gebauten Linse.

Durchführung:

a) Entferne von einer Dose den Deckel und Boden. Du kannst auch von einer Plastikflasche den Boden herausschneiden.

b) Spanne über eine Öffnung locker eine dehnbare, weiche und durchsichtige Frischhaltefolie. Befestige sie mit Gummiringen.

c) Lege einige Gegenstände, z. B. Münzen, in eine gläserne Schüssel. Tauche die Dose mit der bespannten, wasserdichten Öffnung nach unten in das Wasser und betrachte die Münzen.

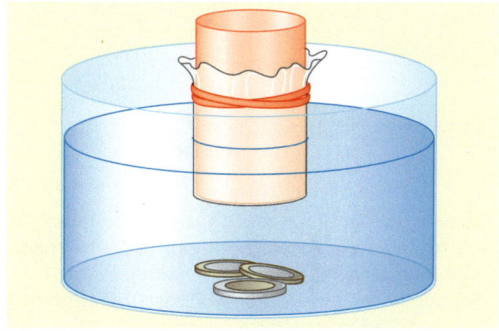

d) Verändere systematisch den Abstand von Linse und Münzen.

Auswertung:

a) Beschreibe deine Beobachtungen. Was für eine Linsenart hast du hergestellt (↗ S. 234)?

b) Funktioniert deine Linse auch bei Beobachtungen außerhalb des Wassers?

Strahlenverlauf durch Linsen

Linsen sind lichtdurchlässige Körper, die meistens aus Glas oder Kunststoff bestehen. Sie können sehr unterschiedliche Formen haben.

Wenn Licht auf sie trifft, wird es gebrochen. Je nach dem Strahlenverlauf unterscheidet man **Sammellinsen** und **Zerstreuungslinsen.**

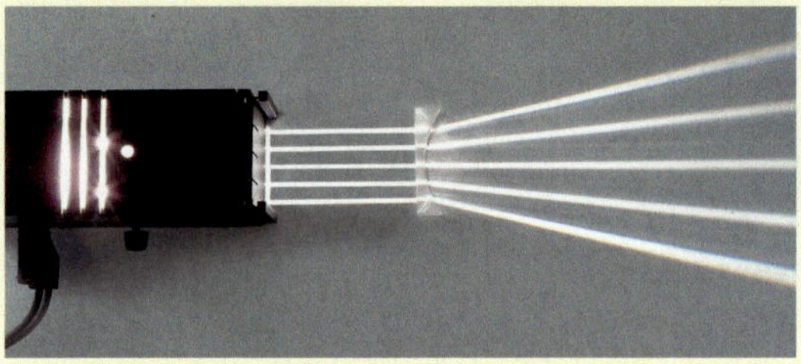

Fällt Licht auf eine Linse, so wird es an der Grenzfläche von Luft zu Glas und an der Grenzfläche von Glas zu Luft gebrochen. Zur Vereinfachung ersetzt man bei **dünnen Linsen** diese zweifache Brechung durch **eine** Brechung an der Linsenebene (↗ Übersicht unten).

Parallele Lichtstrahlen werden an einer **Sammellinse** so gebrochen, dass sie nach der Brechung alle durch einen Punkt gehen. Bei intensivem Licht kann sich an diesem Punkt, in dem das Licht gebündelt wird, ein Gegenstand entzünden. Man nennt ihn deshalb **Brennpunkt** F (lat.: *focus*). Jede Linse hat zwei Brennpunkte. Der Abstand eines Brennpunkts von der Linsenebene wird als **Brennweite** f bezeichnet.

Linsen werden in Lupen, Brillen oder Ferngläsern genutzt. Auch in unserem Auge ist eine Linse vorhanden. Ebenso können Wassertropfen, mit Wasser gefüllte Gläser oder Scherben von Glasflaschen wie Linsen wirken.

Sammellinsen	Zerstreuungslinsen

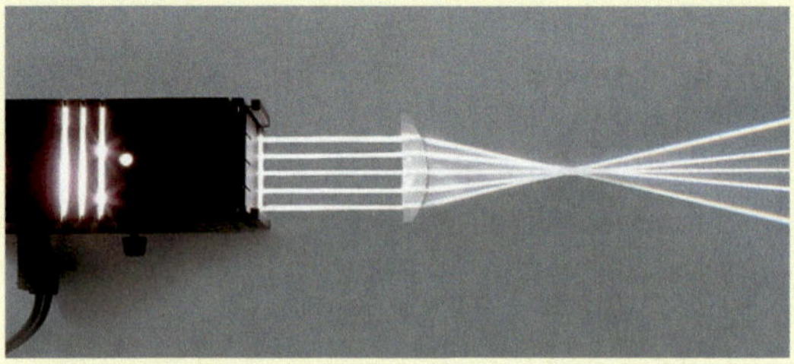

dünne Sammellinse

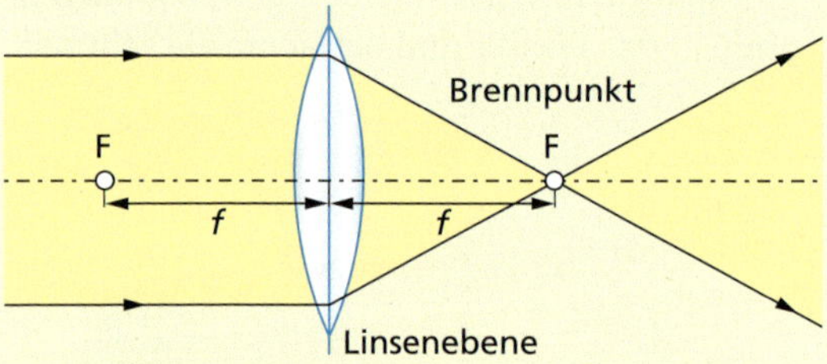

Brennpunkt

F F

f f

Linsenebene

dünne Zerstreuungslinse

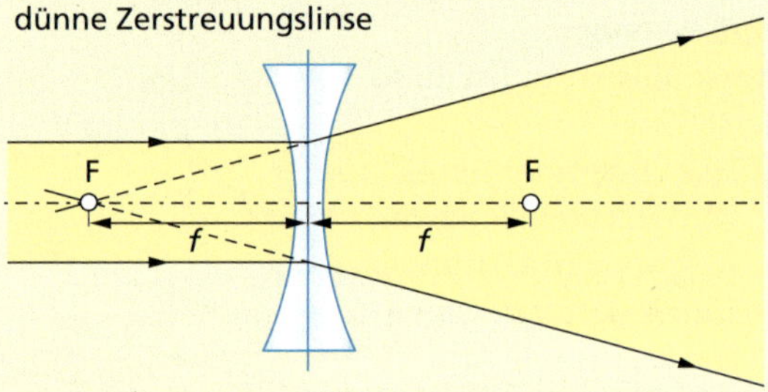

F F

f f

Linsen, die paralleles Licht nach der Brechung zunächst in einem Punkt sammeln, bevor es wieder auseinandergeht, nennt man Sammellinsen. Sammellinsen aus Glas oder Kunststoff sind in der Mitte dicker als am Rand.

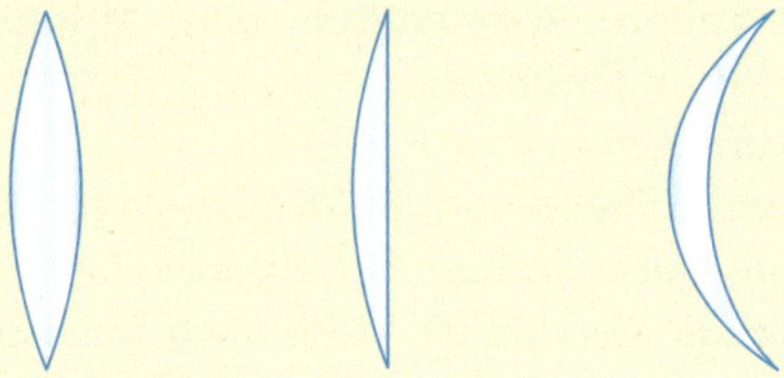

Linsen, die paralleles Licht nach der Brechung in verschiedene auseinanderlaufende Richtungen lenken, nennt man Zerstreuungslinsen. Zerstreuungslinsen aus Glas oder Kunststoff sind in der Mitte dünner als am Rand.

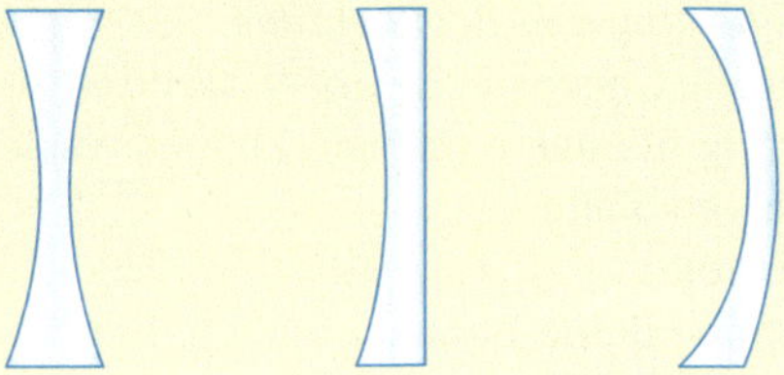

Bilder durch Sammellinsen

Dass man Bilder von Gegenständen mit Lochblenden erzeugen kann, weißt du bereits. Bilder entstehen aber auch mit Sammellinsen. Für beliebige Sammellinsen gilt:

> Licht, das von einem Gegenstandspunkt P ausgeht und durch eine Sammellinse fällt, trifft hinter der Linse in einem Bildpunkt P' zusammen.

Bringt man an diese Stelle einen Schirm, so erhält man ein scharfes Bild des Gegenstandspunkts bzw. des ganzen Gegenstands (Abb. 1). Dieses Bild ist wesentlich heller als bei einer Lochblende, weil von jedem Gegenstandspunkt viel mehr Licht durch die Linse fällt als bei einer Lochblende.

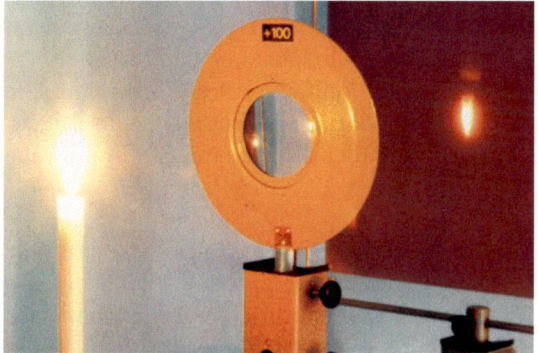

1 Scharfes Bild einer Kerzenflamme: Der Schirm befindet sich dort, wo sich die Strahlen schneiden.

2 Unscharfes Bild einer Flamme: Der Schirm befindet sich nicht dort, wo sich die Strahlen schneiden.

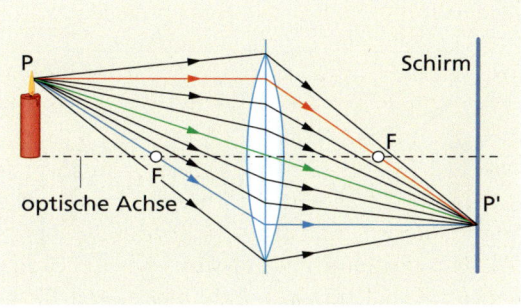

3 Gegenstandspunkt P und Bildpunkt P'

Zur zeichnerischen Konstruktion von Bildpunkten an Linsen reicht es aus, den Verlauf einiger charakteristischer Strahlen zu kennen.
Parallelstrahlen verlaufen parallel zur optischen Achse der Linse.
Brennpunktstrahlen verlaufen durch einen Brennpunkt F der Linse.
Mittelpunktstrahlen verlaufen durch den Mittelpunkt M der Linse.
Eine genauere Untersuchung des Verlaufs dieser drei Strahlen ergibt:

> Wenn das Licht an einer dünnen Sammellinse gebrochen wird, so gilt unter der Bedingung achsennaher Strahlen:
> – Ein Parallelstrahl wird so gebrochen, dass er dann durch den Brennpunkt verläuft.
> – Ein Brennpunktstrahl wird so gebrochen, dass er dann parallel zur optischen Achse verläuft.
> – Ein Mittelpunktstrahl geht ungebrochen durch eine Sammellinse.

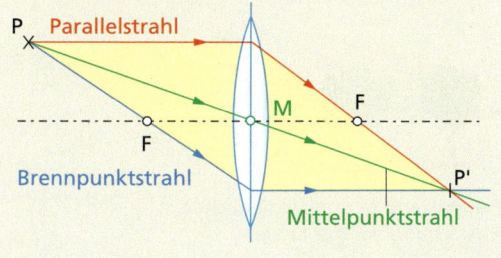

Um von einem Gegenstandspunkt einen Bildpunkt zu konstruieren, zeichnet man mindestens zwei charakteristische Strahlen (↗ S. 236, Abb. 1). Der Mittelpunktstrahl kann der Kontrolle dienen.

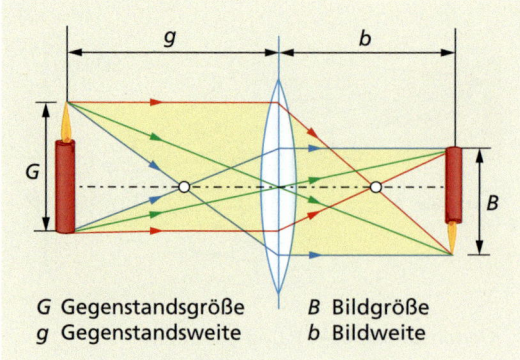

G Gegenstandsgröße   B Bildgröße
g Gegenstandsweite   b Bildweite

1 Bildkonstruktion an einer Sammellinse

Die Abbildung 1 zeigt, dass zur Konstruktion eines Bildpunktes jeweils zwei charakteristische Strahlen ausreichend sind.

Mit Linsen kann man unterschiedlich scharfe und helle Bilder erhalten. In Abhängigkeit von der Gegenstandsweite und der Brennweite der Sammellinse gibt es zu jedem Gegenstandspunkt genau eine Bildweite, bei der ein **scharfes Bild** entsteht. Bei dieser Bildweite schneiden sich die gebrochenen Lichtstrahlen genau in einem Punkt. Vor und hinter der Bildweite für ein scharfes Bild entstehen unscharfe Bilder. Die Größe des Bildes ist abhängig von der Größe des Gegenstandes und von der Gegenstandsweite (↗ Abb. 2 und Übersicht S. 237). Das Verhältnis von Bildgröße B zu Gegenstandsgröße G nennt man Abbildungsmaßstab. Für den **Abbildungsmaßstab** gilt:

$$A = \frac{B}{G} = \frac{b}{g}$$

Für eine Sammellinse mit einer bestimmten Brennweite ist der Abbildungsmaßstab von der Gegenstandsweite abhängig. Es gilt:

– Ist die Gegenstandsweite größer als die doppelte Brennweite, dann ist das Bild kleiner als der Gegenstand und damit $\frac{B}{G} < 1$.

– Ist die Gegenstandsweite gleich der doppelten Brennweite, dann ist das Bild genauso groß wie der Gegenstand und damit $\frac{B}{G} = 1$.

– Liegt die Gegenstandsweite zwischen einfacher und doppelter Brennweite, dann ist das Bild größer als der Gegenstand und damit $\frac{B}{G} > 1$.

Bei den Bildern, die bei Linsen und auch bei Spiegeln entstehen, unterscheidet man zwei verschiedene Arten.

Bilder von Gegenständen, die man auf einem Schirm auffangen kann, werden als **wirkliche** oder **reelle Bilder** bezeichnet. Solche reellen Bilder entstehen z. B. auf der Netzhaut des Auges, auf dem Film eines Fotoapparates oder bei einem Tageslichtprojektor auf einer Projektionswand. Sie entstehen bei Sammellinsen, wenn die Gegenstandsweite größer als die einfache Brennweite ist.

Bei Spiegeln oder Lupen sehen wir Bilder, die man zwar fotografieren, aber nicht auf einem Schirm auffangen kann. Solche Bilder werden in der Optik als **scheinbare** oder **virtuelle Bilder** bezeichnet.

Ein Überblick über Bilder an Sammellinsen ist auf S. 237 gegeben.

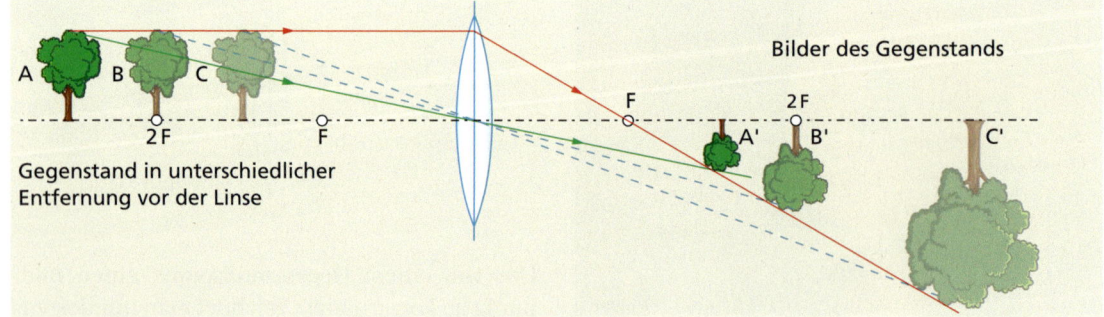

2 Bildkonstruktionen mit Strahlenverläufen für einige Bilder an Sammellinsen: Bei einer bestimmten Gegenstandsgröße hängt die Bildgröße von der Gegenstandsweite ab.

Ort des Gegenstands	Bild und Bildkonstruktion	Eigenschaften des Bilds
außerhalb der doppelten Brennweite einer Sammellinse $g > 2f$		– verkleinert – umgekehrt – seitenvertauscht – reell (wirklich) Das Bild liegt zwischen einfacher und doppelter Brennweite.
in der doppelten Brennweite einer Sammellinse $g = 2f$		– gleich groß – umgekehrt – seitenvertauscht – reell (wirklich) Das Bild liegt in der doppelten Brennweite.
zwischen einfacher und doppelter Brennweite einer Sammellinse $2f > g > f$		– vergrößert – umgekehrt – seitenvertauscht – reell (wirklich) Das Bild liegt außerhalb der doppelten Brennweite.
in der einfachen Brennweite einer Sammellinse $g = f$		– Gebrochene Strahlen verlaufen parallel.
innerhalb der einfachen Brennweite einer Sammellinse $g < f$		– vergrößert – aufrecht – seitenrichtig – virtuell (scheinbar) Das Bild sieht man auf der gleichen Seite der Linse wie den Gegenstand.

Bilder auf der Netzhaut des Auges

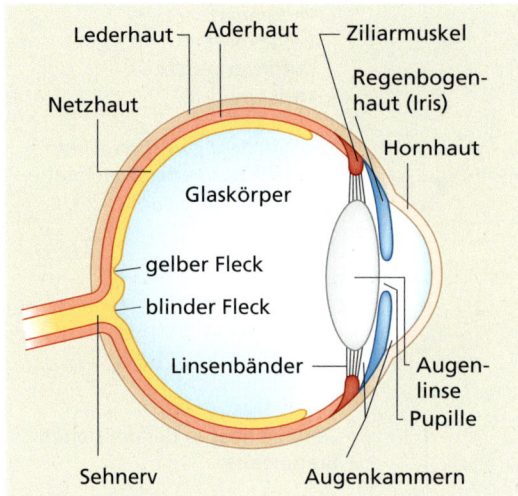

Lederhaut — Aderhaut — Ziliarmuskel
Regenbogen-
haut (Iris)
Netzhaut
Hornhaut
Glaskörper
gelber Fleck
blinder Fleck
Linsenbänder
Augen-
linse
Pupille
Sehnerv — Augenkammern

1 Aufbau des menschlichen Auges (vereinfacht)

Den größten Teil aller Informationen aus unserer Umwelt nehmen wir über unsere Augen wahr.

Das menschliche Auge ist ein kompliziertes Organ, das aus Muskeln, Fasern, Häuten, Nerven und Blutgefäßen besteht (Abb. 1). Hornhaut, Augenflüssigkeit, Augenlinse und Glaskörper bilden ein Linsensystem, das wie eine Sammellinse wirkt. In Skizzen ersetzt man deshalb das komplizierte optische System des Auges durch eine Sammellinse (Abb. 2). Die Brennweite dieses optischen Systems beträgt etwa 20 mm.

Das bedeutet: Gegenstände, die wir betrachten, befinden sich in der Regel weit außerhalb der doppelten Brennweite. Demzufolge gilt: Fällt von einem Gegenstand Licht auf das Auge, so wird es so gebrochen, dass auf der Netzhaut ein verklei-

nertes, reelles, umgekehrtes und seitenvertauschtes Bild entsteht (Abb. 2).

Damit von unterschiedlich weit entfernten Gegenständen jeweils ein scharfes Bild auf der Netzhaut entsteht, wird durch ein Muskelsystem die Krümmung der Linse und damit ihre Brennweite stufenlos verändert. Das geschieht unwillkürlich. Bei der Betrachtung naher Gegenstände ist die Augenlinse stärker gekrümmt als bei der Betrachtung entfernter Gegenstände (↗ S. 239, Abb. 3). Die Fähigkeit der Augen, sich unwillkürlich unterschiedlichen Entfernungen anzupassen, nimmt allerdings mit zunehmendem Alter allmählich ab.

Verringert man die Entfernung eines Gegenstands von den Augen immer mehr, so kommt man schließlich bis zu einem Punkt, bei dem man gerade noch ein scharfes Bild sehen kann. Dieser Punkt heißt **Nahpunkt.** Seine Entfernung vom Auge beträgt bei einem normalsichtigen jungen Menschen etwa 10 cm. Mit zunehmendem Alter verschiebt sich dieser Punkt vom Auge weg.

Um die Intensität des einfallenden Lichts zu steuern, besitzt das menschliche Auge eine Blende – die Iris mit der Pupille als Öffnung. Das menschliche Sehen funktioniert nur im Zusammenspiel der Augen mit dem Nervensystem. Die von den lichtempfindlichen Zellen der Netzhaut ausgehenden Reize werden an das Gehirn weitergeleitet und dort zu optischen Eindrücken verarbeitet. Wir nehmen aufrechte, seitenrichtige Bilder wahr, obwohl das Bild auf der Netzhaut umgekehrt und seitenvertauscht ist.

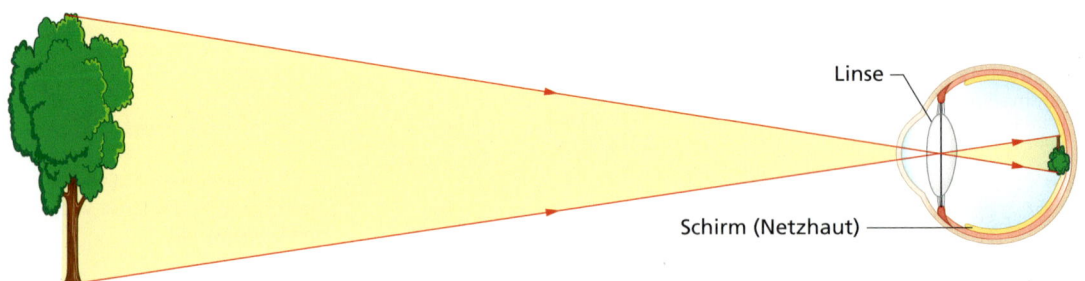

Linse
Schirm (Netzhaut)

2 Bildentstehung beim Auge (vereinfacht)

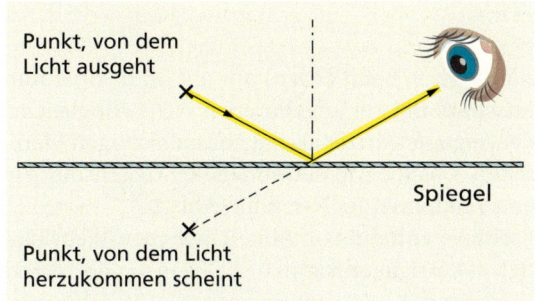

1 Licht wird vom Auge dort wahrgenommen, von wo es herzukommen scheint.

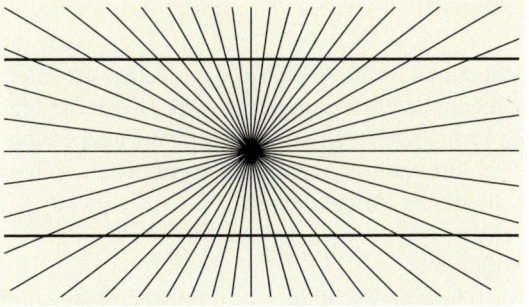

2 Optische Täuschung: Sind die eingezeichneten Waagerechten gerade oder nicht? Prüfe es.

Bei unserer optischen Wahrnehmung treten drei Besonderheiten auf.

Erstens registriert unser Auge einfallendes Licht stets so, als ob es von einem Ausgangspunkt aus geradlinig ins Auge fällt. Das gilt auch für Licht, das auf seinem Weg zum Auge reflektiert oder gebrochen wurde. Deshalb sehen wir auch Bilder an Stellen (z. B. hinter Spiegeln), an denen sie in Wirklichkeit gar nicht existieren (Abb. 1).

Zweitens erfolgt die Verarbeitung der optischen Informationen im Gehirn. Deshalb spielen beim Sehvorgang auch Erfahrungen und Stimmungen eine Rolle. Das bedeutet: Verschiedene Personen, die dieselben Gegenstände betrachten, können unterschiedliche optische Wahrnehmungen haben.

Drittens gibt es darüber hinaus zahlreiche optische Täuschungen, also optische Wahrnehmungen, die nicht der Realität entsprechen. Ein einfaches Beispiel dafür zeigt Abb. 2.

Die lichtempfindlichen Zellen der Netzhaut sind die Stäbchen für das Hell-Dunkel-Sehen und die Zapfen für die Wahrnehmung von Farben.

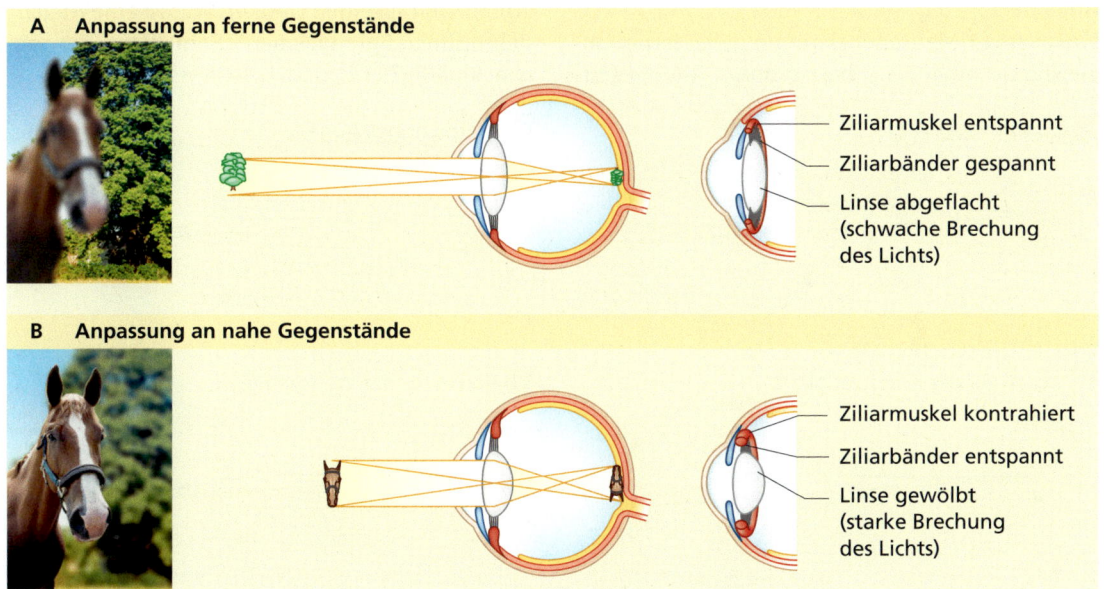

3 Anpassung des Auges an unterschiedliche Gegenstandsweiten: Im Fall A wird ein weit entferntes Objekt scharf auf der Netzhaut abgebildet, im Fall B ein nahes Objekt.

Sehfehler und ihre Korrektur

Manchmal ist die Anpassung des Auges an unterschiedliche Entfernungen gestört. Dieser Sehfehler kann angeboren sein oder erst mit zunehmendem Alter auftreten. Um ihn zu beheben, gibt es Brillen oder Kontaktlinsen.

Aufgabe 1
Die häufigsten Sehfehler sind Kurzsichtigkeit und Weitsichtigkeit. Findet heraus, was man darunter versteht. Was unterscheidet ein kurzsichtiges bzw. ein weitsichtiges Auge von einem normalsichtigen Auge?

Aufgabe 2
Kurzsichtige Menschen können zwar nahe Gegenstände mühelos sehen, ferne Gegenstände sehen sie aber verschwommen. Das kurzsichtige Auge ist länger als gewöhnlich. Das ist meist angeboren. Von fernen Gegenständen entsteht das scharfe Bild bereits vor der Netzhaut. Auf der Netzhaut ist das Bild damit unscharf (Abb. 1a).
Erläutert anhand von Abb. 1, wie man Kurzsichtigkeit korrigieren kann.

Aufgabe 3
Weitsichtige Menschen können zwar ferne Gegenstände mühelos scharf sehen, nahe Gegenstände (z. B. beim Lesen) nur mit Mühe oder nur unscharf. Bei der angeborenen Weitsichtigkeit ist der Augapfel kürzer als bei normalsichtigen Menschen. Das scharfe Bild von nahen Gegenständen entsteht hinter der Netzhaut (Abb. 2a).
Erläutert anhand von Abb. 2, wie man Weitsichtigkeit korrigieren kann.

Aufgabe 4
Viele ältere Menschen benötigen eine „Lesebrille", weil bei ihnen ein altersbedingter Sehfehler auftritt. Er wird Altersweitsichtigkeit genannt.
Erkundet, was man unter Altersweitsichtigkeit versteht und wie dieser Sehfehler korrigiert werden kann.

Aufgabe 5
Die Stärke von Brillengläsern wird in Dioptrien (Abkürzung: dpt) angegeben. Findet heraus, was z. B. +2,0 dpt oder –1,8 dpt bedeuten. Was kann man über die Brennweite aussagen?

Aufgabe 6
Eine spezielle Art von Brillen sind Gleichsichtbrillen. Befragt einen Optiker: Was ist eine Gleichsichtbrille? Bei welchen Sehfehlern ist sie zweckmäßig?

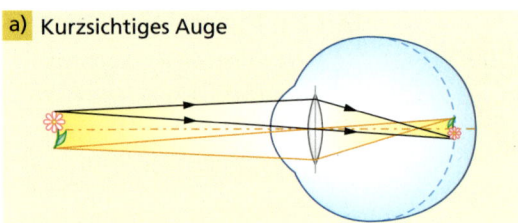

a) Kurzsichtiges Auge

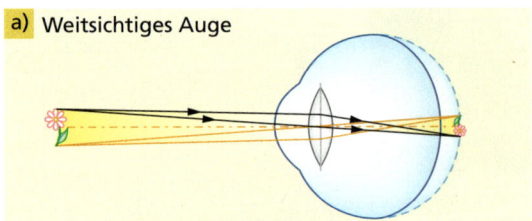

a) Weitsichtiges Auge

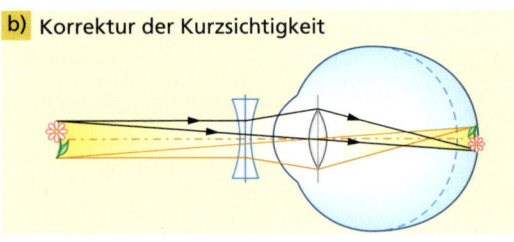

b) Korrektur der Kurzsichtigkeit

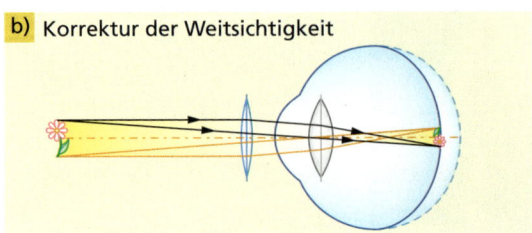

b) Korrektur der Weitsichtigkeit

1 Die Korrektur der Kurzsichtigkeit erfolgt mit einer Zerstreuungslinse.

2 Die Korrektur der Weitsichtigkeit erfolgt mit einer Sammellinse.

Die Lupe als Sehhilfe

Sehr kleine Objekte oder feine Einzelheiten können wir mit bloßem Auge häufig nicht sehen oder nicht klar erkennen. Das hängt damit zusammen, dass der **Sehwinkel,** unter dem wir einen Gegenstand wahrnehmen, zu klein ist. Je größer der Sehwinkel ist, desto größer ist das Bild auf der Netzhaut. Der Sehwinkel lässt sich mit einer **Lupe** vergrößern.

Das hast du bereits in den Experimenten auf der Seite 233 erfahren, wenn du mit Wasserlinsen experimentiert hast. Praktischerweise bestehen Lupen meistens aus Glas. Eine Sammellinse ist in einer Halterung befestigt. Wenn wir Schrift oder Gegenstände durch eine Lupe hindurch betrachten, sehen wir bei zweckmäßigen Abständen ein aufrechtes, seitenrichtiges und vergrößertes Bild (Abb. 1, 2). Ein solches Bild entsteht dann, wenn sich der Gegenstand innerhalb der Brennweite der Sammellinse befindet. Entscheidend dabei ist:

> **Eine Lupe vergrößert den Sehwinkel und damit die Größe des Bilds, das auf der Netzhaut entsteht.**

Dieser Sachverhalt ist in der Abbildung 3 in einem Vergleich dargestellt.

1 Ammonit unter einer Lupe: Wir nehmen ein vergrößertes Bild wahr.

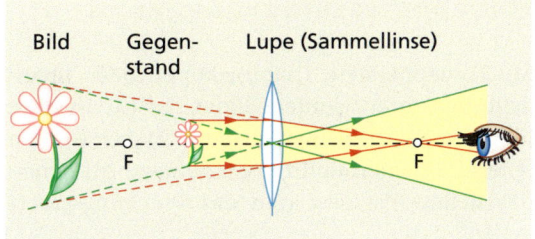

2 Der Gegenstand befindet sich innerhalb der einfachen Brennweite der Lupe.

Ohne Lupe sehen wir den Gegenstand unter einem bestimmten Sehwinkel α_1. Bei Nutzung einer Lupe nehmen wir das Bild des Gegenstands unter einem größeren Sehwinkel α_2 wahr. Mit Vergrößerung des Sehwinkels wird auch das Bild größer, das auf der Netzhaut entsteht. Damit können wir mehr Details erkennen.

Die Vergrößerung liegt bei Lupen meist zwischen 2 und 10. Eine zweifache Vergrößerung bedeutet: Der Sehwinkel mit Lupe ist etwa doppelt so groß wie ohne Lupe.

Gewusst · Gekonnt

Begründe, warum du mit Wasserlinsen nur dann aufrechte Bilder siehst, wenn sich die Gegenstände innerhalb der einfachen Brennweite der Linse befinden.

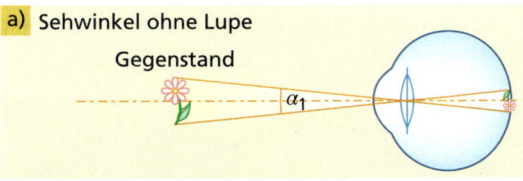

a) Sehwinkel ohne Lupe

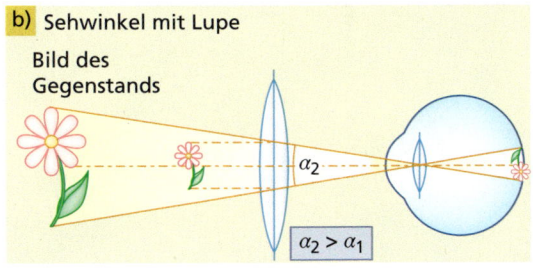

b) Sehwinkel mit Lupe

3 Sehwinkel ohne und mit Lupe: Mit dem Sehwinkel ändert sich die Größe des Netzhautbilds.

Fotoapparat und Diaprojektor

Mit Fotoapparaten, Diaprojektoren oder Tageslichtprojektoren werden Bilder auf CCD-Chips, Filmen oder Schirmen erzeugt. Dabei werden Spiegel, Prismen und Linsen genutzt, bei denen das Reflexionsgesetz und das Brechungsgesetz gelten.

Nach ihrem Aufbau und der Anordnung der optischen Bauelemente kann man zwischen zwei Gruppen unterscheiden:

Bei Fotoapparaten oder Diaprojektoren wird mit **einem** Linsensystem (**Objektiv**) ein Bild des Gegenstands erzeugt. Das kann ein vergrößertes (Diaprojektor) oder ein verkleinertes (Fotoapparat) Bild sein.

Um ein möglichst scharfes und farbrichtiges Bild zu erhalten, verwendet man als Objektive meist komplizierte Linsensysteme. Sie wirken wie eine Sammellinse. Deshalb sind in den Abbildungen 1 und 3 vereinfacht Sammellinsen gezeichnet. Bei

Fotoapparaten werden häufig Objektive mit veränderbarer Brennweite (Zoomobjektive) genutzt (Abb. 2). Dadurch ist es möglich, von einem Gegenstand, der sich in einer bestimmten Entfernung befindet, unterschiedlich große Bilder zu erhalten.

Andere optische Geräte, z. B. Mikroskope oder Fernrohre, bestehen aus **zwei** Linsensystemen, dem **Objektiv** und dem **Okular** (↗ S. 243).

Gewusst · Gekonnt

1. Wie verändert sich bei einem Diaprojektor die Bildweite, wenn das Objektiv um wenige Millimeter an das Dia herangeführt wird? Begründe.

2. Worin besteht der Vorteil eines Fotoapparats mit Zoomobjektiv gegenüber einem Apparat ohne ein solches Objektiv?

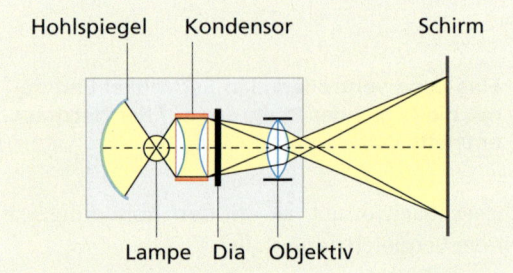

1 Strahlenverlauf beim Fotoapparat: Es entsteht ein verkleinertes Bild.

3 Strahlenverlauf beim Diaprojektor: Es entsteht ein vergrößertes Bild.

2 Eine Spiegelreflexkamera mit Zoomobjektiv gehört zur Ausrüstung eines Naturfotografen.

Das Mikroskop

Wesentlich stärkere Vergrößerungen als mit einer Lupe kann man mit einem Mikroskop (Abb. 2) erzielen.

Wie ist ein Mikroskop aufgebaut? Wie kommt eine bis zu tausendfache Vergrößerung zustande?

Ein Mikroskop besteht aus zwei Linsensystemen: Das **Objektiv** ist dem Gegenstand zugewandt. Durch das **Okular** wird das Bild betrachtet. Da beide Linsensysteme wie Sammellinsen wirken, zeichnen wir sie vereinfacht als Sammellinsen.

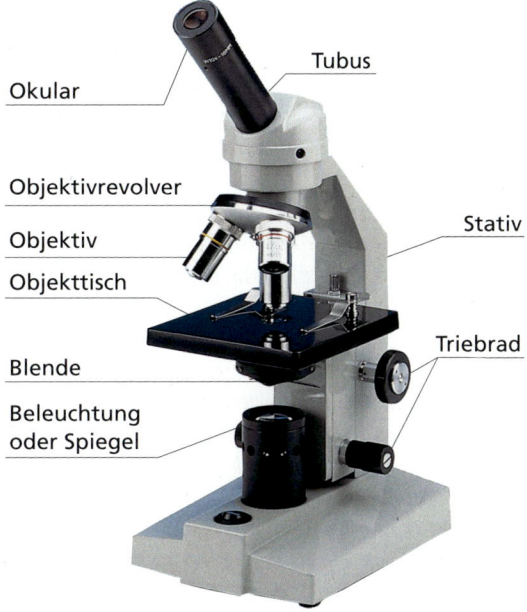

2   Aufbau eines Mikroskops

Das Objektiv hat eine relativ kleine Brennweite. Durch verschiedene Objektive (Abb. 2) erhält man unterschiedliche Vergrößerungen.

Mit dem Objektiv wird ein reelles Bild des Gegenstands erzeugt (Abb. 1). Dieses gegenüber dem Gegenstand vergrößerte Zwischenbild wird von der anderen Seite aus durch das Okular betrachtet. Da sich das Zwischenbild innerhalb der Brennweite des Okulars befindet, wirkt dieses wie eine Lupe. Man sieht durch das Okular das noch einmal vergrößerte Zwischenbild (Abb. 1).

> Beim Mikroskop entsteht ein stark vergrößertes, umgekehrtes Bild eines Gegenstands, wobei der Sehwinkel stark vergrößert wird.

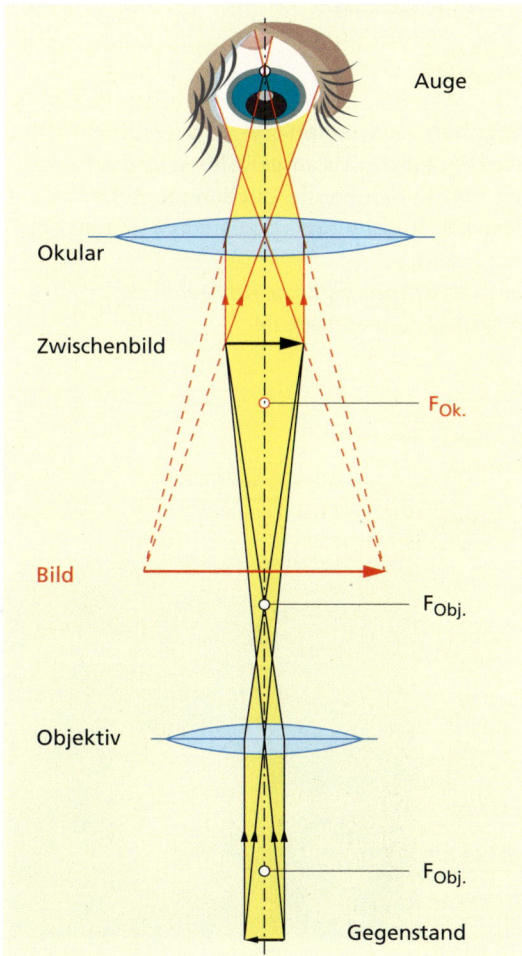

1   Strahlenverlauf am Mikroskop

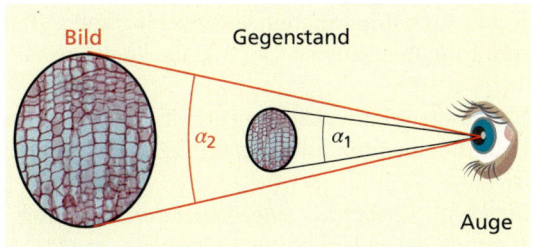

3   Der Sehwinkel ohne und mit Mikroskop

Recherchieren im Internet

Immer wieder benötigst du Informationen, die im Lehrbuch nicht enthalten sind. Das Internet ist eine wichtige Informationsquelle. Um an die gewünschten Informationen zu kommen, kannst du verschiedene Suchmaschinen oder die Homepage eines Internetlexikons nutzen.
Es gibt auch spezielle, für Schüler entwickelte und aufbereitete Lexika, die im Internet zugänglich sind.

Die Entwicklung moderner Mikroskope geht auf eine enge Zusammenarbeit des Feinmechanikers CARL ZEISS *(1816–1888) und des Physikers* ERNST ABBE *(1844–1905) zurück.*
Recherchiere im Internet, wer CARL ZEISS *war. Warum verbindet man seinen Namen vor allem mit dem Bau von Mikroskopen?*

Schritt 1

Auswählen der Suchmaschine
Gib über den Webbrowser die entsprechende Internetadresse ein.

Schritt 2

Gestalten der Suchabfrage
Informiere dich darüber, wie die Suchabfrage gestaltet werden muss.
Tipp: Für die meisten Suchmaschinen sind Leerzeichen, Pluszeichen und Minuszeichen gültig.

Schritt 3

Finden von Suchbegriffen
Überlege dir treffende Schlüsselwörter (Suchbegriffe). Eine Kombination von zwei Suchbegriffen durch ein Leerzeichen schränkt die Suche ein.

Eine weitere Einschränkung erhältst du, wenn du beide Suchwörter durch ein Pluszeichen trennst.

Suchbegriff zeiss bzw. eingegrenzt durch die Kombination der beiden Suchbegriffe zeiss+geschichte (Abb. 1)

Schritt 4

Abfragen der Informationen
Frage die Information durch die Eingabe der Suchbegriffe in dem dafür vorgesehenen Suchfenster ab. Du erhältst mehrere Links.
Tipp: Beachte, dass jede Person Informationen ins Internet stellen kann. Gehe daher kritisch mit den Informationen um. Verlässlich sind Seiten von Hochschulen oder Behörden (Deutscher Wetterdienst, Umweltbundesamt …).

Mögliche Ergebnisse sind auf der folgenden Seite zusammengestellt.

Schritt 5

Angeben der Quellen
Gib bei den von dir ausgewählten und verwendeten Informationen die Quellen an. Achte darauf, dass alle Informationen aus verlässlichen Quellen stammen.
www.wikipedia.de, www.amuseum.de
www.carl-zeiss-stiftung.de

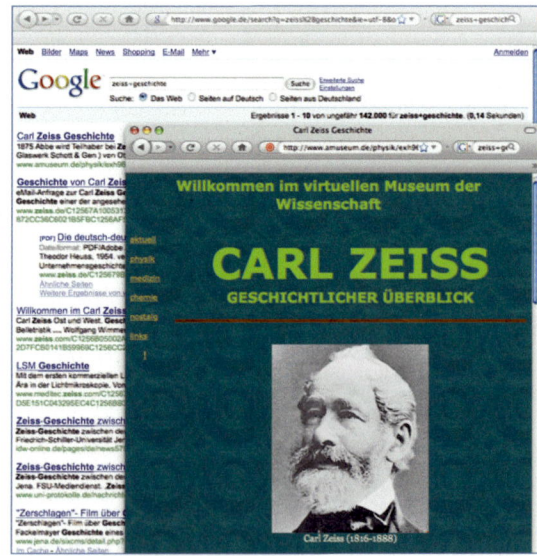

1 Seite des virtuellen Museums der Wissenschaft bei dem Suchbegriff „zeiss+geschichte"

Carl Zeiss – ein Name mit Tradition

Am 10. Mai 1846 reichte der 30-jährige Mechaniker CARL ZEISS (1816–1888) bei der Landesdirektion in Weimar das Gesuch ein, ihm die Gründung einer mechanischen Werkstatt in Jena zu gestatten. Am 17. November 1846 war es so weit: CARL ZEISS eröffnete seine Werkstatt für Feinmechanik und Optik in Jena, Neugasse 7.

Schon 1847 begann er mit der Fertigung einfacher Mikroskope, die er immer weiter verbesserte. Allerdings gab es ein Problem: Der Bau der Mikroskope erfolgte nicht auf wissenschaftlicher Grundlage, sondern man war auf Probieren angewiesen, eine sehr unsichere und aufwendige Methode. Deshalb suchte ZEISS nach einem wissenschaftlichen Berater und fand ihn 1866 in dem jungen, noch unbekannten Physiker ERNST ABBE (1844–1905). Diese Zusammenarbeit von Wissenschaftler und Handwerker erwies sich als äußerst konstruktiv.

ERNST ABBE wurde 1870 Professor an der Universität Jena, gründete dort 1874 das Physikalische Institut und war zeitweise auch Direktor der Universitätssternwarte. Sehr schnell schuf er eine Theorie des Mikroskops, auf deren Grundlage ab 1872 alle Zeiss-Mikroskope gebaut wurden. Auch zur Entwicklung von hochwertigen Objektiven und Fernrohren hat ABBE wesentlich beigetragen.

Das alles führte die kleine Werkstatt schnell zu Weltruhm. Sie entwickelte sich in wenigen Jahren zum Großbetrieb, der unter dem Namen „Carl Zeiss Jena" weltberühmt wurde.

2 Projektionsgerät in einem Planetarium

Das Unternehmen Carl Zeiss, das 1996 sein 150-jähriges Bestehen feierte, ist heute in vielen Bereichen ein technologisch führendes Unternehmen.

Zur Produktionspalette gehören beispielsweise Spezialmikroskope für die Chirurgie und Geräte für medizinische Untersuchungen (Abb. 3). Außerdem werden große Spiegelteleskope für Sternwarten und Planetarien (Abb. 2) produziert. Flugzeuge und Satelliten nutzen Spezialkameras und Registriergeräte. Gefragt sind bei Kunden in aller Welt hochwertige Ferngläser, Fotoobjektive sowie Geräte zur Erzeugung feinster Strukturen bei der Herstellung von Mikroschaltkreisen.

1 Werkstatt von Carl Zeiss (1864)

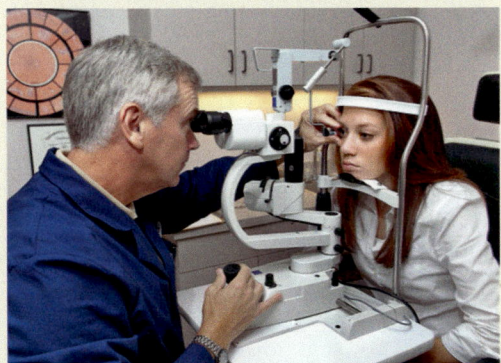

3 Gerät zur Untersuchung des Auges

Physik im Alltag

Das Fernrohr

Mit einem Fernrohr oder einem Fernglas beobachtet man weit entfernte Gegenstände, die zwar relativ groß sind, aber wegen ihrer Entfernung nur unter einem kleinen Sehwinkel wahrnehmbar sind.
Wie ist ein Fernrohr aufgebaut? Warum können wir mit ihm weit entfernte Gegenstände besser erkennen?

Wir betrachten eine der einfachsten Bauformen, das keplersche Fernrohr (Abb. 2). Es besteht aus **Objektiv** und **Okular,** die beide wie beim Mikroskop als Sammellinsen wirken. Der Abstand der Linsen ist gleich der Summe ihrer Brennweiten. Ähnlich wie beim Mikroskop entsteht durch das Objektiv ein Zwischenbild (Abb. 1), das hier aber kleiner als der Gegenstand ist, da sich dieser weit außerhalb der doppelten Brennweite befindet. Dieses Zwischenbild wird durch das Okular betrachtet, das wie eine Lupe wirkt. Insgesamt entsteht ein verkleinertes, umgekehrtes Bild des Gegenstands (Abb. 3). Bei Ferngläsern wird das Bild z. B. durch Prismen um 180° gedreht, sodass wir dort ein aufrechtes Bild sehen.

> Ein Fernrohr vergrößert den Sehwinkel für weit entfernte Gegenstände und damit die Größe des auf der Netzhaut entstehenden Bilds.

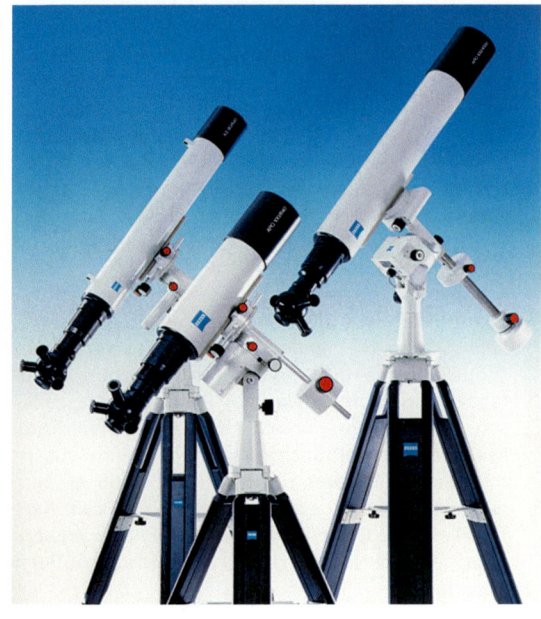

2   Astronomische (keplersche) Fernrohre

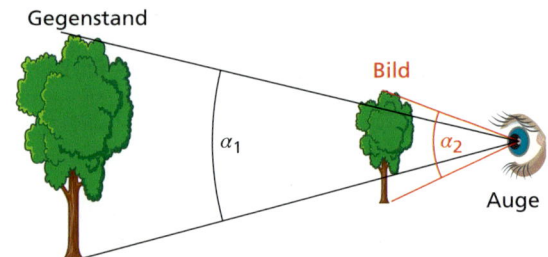

3   Der Sehwinkel ist mit einem Fernrohr größer als ohne Fernrohr.

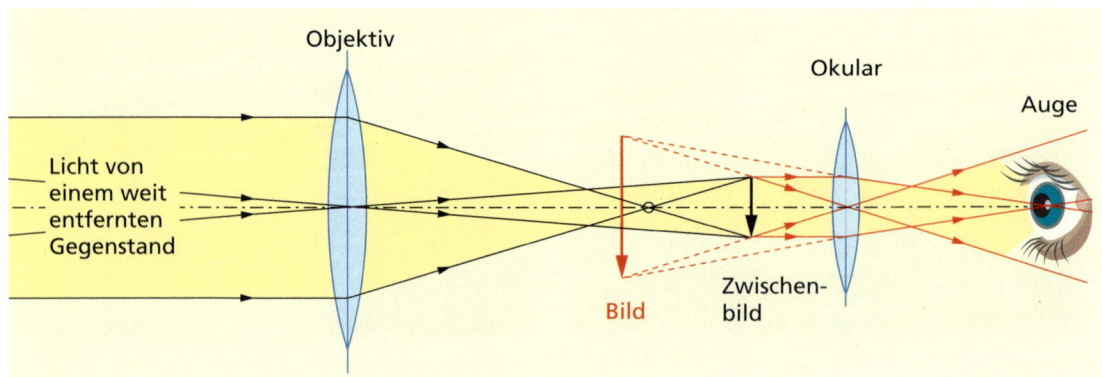

1   Strahlenverlauf bei einem astronomischen (keplerschen) Fernrohr

1. Verschiedene Linsen
In den Abbildungen sind Glaslinsen verschiedener Formen dargestellt.

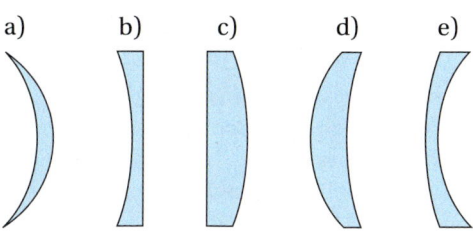

a) b) c) d) e)

Welche der Linsen wirken als Sammellinsen, welche als Zerstreuungslinsen?

2. Eine Blackbox
Es ist der Verlauf des Lichts durch nicht sichtbare Linsen dargestellt.

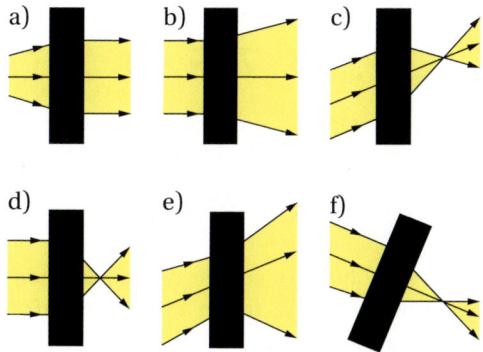

a) b) c)
d) e) f)

Welche der Linsen sind Sammellinsen, welche Zerstreuungslinsen? Begründe.

3. Wechselnde Bilder
Suche dir einen Partner. Haltet ein möglichst kugelförmiges Gefäß aus dem Haushalt zwischen eine Kerze und einen Schirm.

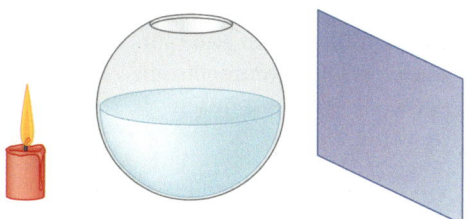

Geeignet ist auch eine Weihnachtsbaumkugel aus Glas oder eine Vase, die dein Partner in der Hand halten muss.
a) Was passiert, wenn du das Gefäß langsam mit Wasser füllst? Wechselt euch ab und tauscht eure Beobachtungen aus.
b) Wiederholt diesen Versuch mit einer quaderförmigen, durchsichtigen Plastikdose.
Beschreibt und erklärt eure Beobachtungen.

4. Brennweite einer Sammellinse
Beschreibe eine Möglichkeit, wie man die Brennweite einer Sammellinse experimentell bestimmen kann. Bestimme die Brennweite einer Lupe mithilfe von Sonnenlicht. Vorsicht: Im Brennpunkt kann eine hohe Temperatur auftreten.

5. Dünne und dicke Linsen
Zwei Linsen sind aus demselben Glas hergestellt, haben aber unterschiedliche Form. Welche der Linsen hat die kleinere Brennweite? Begründe.

(I)  (II)

6. Eine Wasserflasche als Linse?
Fülle eine durchsichtige Plastikflasche voll Wasser, sodass keine Luftblasen in der Flasche sind.
Verschraube die Flasche gut. Lege sie auf ein Brett mit Schrift. Verändere die Entfernung. Was kannst du feststellen?

7. Linse beschädigt – und die Bilder?
Eine Linse wird wie in der Abbildung abgedeckt. Wie ändert sich ein Bild, das mit dieser Linse erzeugt wird?

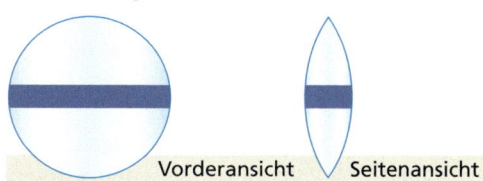

Vorderansicht Seitenansicht

Gewusst · Gekonnt

8. Gefährliche Wassertropfen
Fritz behauptet: „Wassertropfen können wie kleine Linsen wirken. Deshalb sollte man die Blätter von Gartenpflanzen möglichst nicht bei intensiver Sonnenstrahlung wässern."
a) Hat Fritz recht? Begründe.
b) Probiere es aus, indem du Wassertropfen auf eine durchsichtige Folie bringst, die auf Schrift liegt.

9. Bildpunkt und Gegenstandspunkt
Eine Sammellinse hat eine Brennweite von 40 mm. Ein leuchtender Punkt (Glühlampe) befindet sich 3 cm über der optischen Achse und 9 cm vor der Linsenebene. Konstruiere das Bild des Punkts.

10. Bilder durch eine Linse
Vor einer Sammellinse mit einer Brennweite von 4,0 cm steht in 6,0 cm Entfernung von der Linsenebene ein 2,0 cm großer Gegenstand, so wie es in der Abbildung skizziert ist.

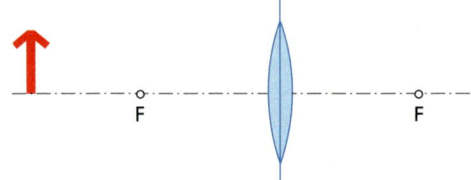

a) Konstruiere das Bild des Gegenstandes.
b) Bestimme die Größe des Bildes und die Bildweite.
c) Würde der gesamte Gegenstand auf einem Schirm scharf erscheinen? Begründe deine Aussage.

11. Brennweite unserer Augen
Unser Auge hat eine Brennweite von etwa 20 Millimetern, wenn die Linse auf sehr weit entfernte Gegenstände eingestellt ist. Wie groß ist in diesem Fall die Bildweite?

12. Wie nah ist der Nahpunkt?
Bestimme für jedes deiner Augen den Nahpunkt (↗ S. 238). Beschreibe dein Vorgehen.

13. Unser Auge – ein Alleskönner
a) Bei unseren Augen ist der Abstand zwischen Linse und Netzhaut immer gleich. Trotzdem können wir Gegenstände in unterschiedlicher Entfernung scharf sehen. Wie ist das zu erklären?
b) Wie reagieren unsere Augen auf verschiedene Helligkeiten? Beobachtet gegenseitig eure Augen, wenn ihr vom Dunkeln ins Helle kommt. Wertet aus.

14. Sehschärfe im Test
Überprüft eure Sehschärfe für jedes Auge ohne Brille. Betrachtet dazu aus einer Entfernung von zwei Metern die dargestellten Buchstaben und Zahlen.

A X 3 Z 2
K D 7 F O 2 C
W G 4 Y Z 2 H K 7
S R V 7 9 O U 3 Z E

Was könnt ihr gerade noch erkennen? Bei welcher Größe treten Probleme auf? Zieht Folgerungen: Wer sollte seine Augen von einem Fachmann untersuchen lassen?

15. Kurze Sicht
Kurzsichtige Menschen können zwar nahe Gegenstände mühelos sehen, aber ferne Gegenstände sehen sie verschwommen. Der Augapfel dieser Menschen ist etwas länger als gewöhnlich.
Müssen in diesem Falle für eine Brille Sammellinsen oder Zerstreuungslinsen gewählt werden? Begründe deinen Vorschlag.

16. Bilder am Auge

Beschreibe den Aufbau eines menschlichen Auges und erkläre die Bildentstehung.

17. Lichtempfindliche Sinneszellen

Die Netzhaut des menschlichen Auges besitzt zwei Arten lichtempfindlicher Zellen: Stäbchen und Zapfen.

a) Erläutere die unterschiedlichen Aufgaben von Stäbchen und Zapfen im menschlichen Auge.

b) Worin besteht der Sinn des Sprichwortes „Nachts sind alle Katzen grau"?

18. Untersuchungen mit Sammellinse

Nimm eine Sammellinse, z. B. eine Lupe, und einen Gegenstand und blicke durch die Linse zum Gegenstand (↗ Abb.).

a) Beschreibe die Eigenschaften des Bildes, das du siehst.

b) Verändere systematisch den Abstand zwischen Gegenstand und Linse und beobachte die Bilder.

c) Beschreibe die Eigenschaften der Bilder und gib an, wo sich der Gegenstand in Bezug auf die Brennweite befinden muss. Fertige dazu eine Tabelle an.

19. Unter die Lupe genommen

Untersuche verschiedene Gegenstände mit einer Lupe.

Ermittle zunächst die Brennweite der Lupe. Was für Bilder siehst du, wenn sich der Gegenstand innerhalb der Brennweite befindet?

20. Modell eines Auges

An einem Augenmodell kann man den Aufbau und die Bildentstehung beim menschlichen Auge untersuchen.

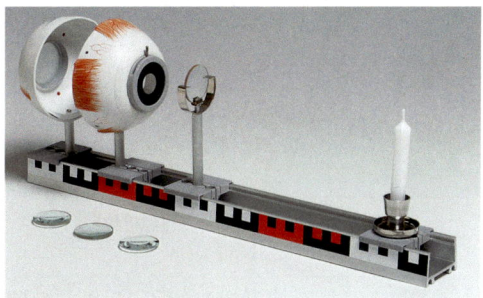

Führt diese Untersuchungen durch.

21. Verschiedene Bildgrößen

Eine Kerzenflamme soll mit einer Sammellinse ($f = 4{,}0$ cm) auf einem Schirm scharf abgebildet werden. Das Bild soll

a) vergrößert,

b) verkleinert,

c) gleich groß

wie der Gegenstand sein.

Welche Abstände müssen Kerze, Linse und Schirm voneinander haben? Fertige für jeden Fall eine Zeichnung an.

22. Auge und Kamera im Vergleich

Vergleiche die Bildentstehung in einem Auge mit der Bildentstehung in einem Fotoapparat. Nenne Gemeinsamkeiten und Unterschiede. Gehe insbesondere auf solche Teile ein, die für die Bildentstehung notwendig sind. Fertige auch Skizzen an.

23. Scharfe Bilder

Beschreibe, wie man ein scharfes Bild von einem Gegenstand erzeugen kann

a) beim Auge,

b) beim Fotoapparat,

c) beim Tageslichtprojektor,

d) beim Mikroskop,

e) beim Fernrohr.

Bildentstehung an optischen Linsen

■ Licht wird an Linsen in der Regel zweimal gebrochen. Bei dünnen Linsen kann diese doppelte Brechung durch eine Brechung an der Linsenebene ersetzt werden.

■ Nach dem Strahlenverlauf unterscheidet man zwischen **Sammellinsen** und **Zerstreuungslinsen.**

Sammellinse   **Zerstreuungslinse**

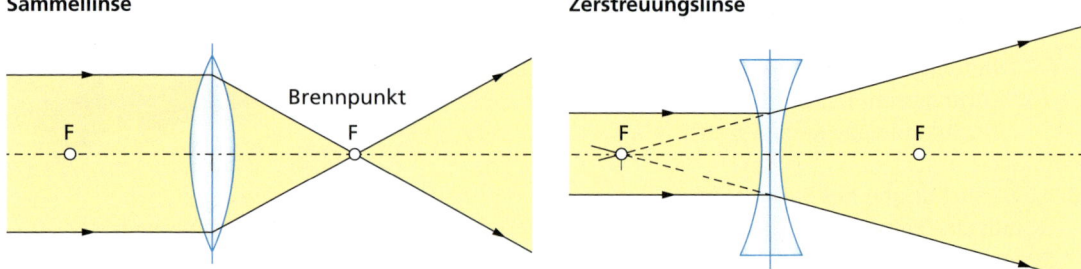

■ Zur Konstruktion des Bildes eines Gegenstands an einer dünnen Sammellinse können **Parallelstrahlen, Mittelpunktstrahlen** und **Brennpunktstrahlen** genutzt werden.

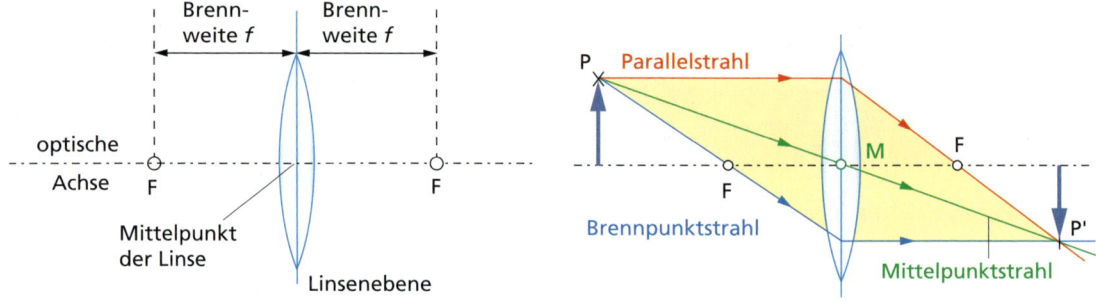

■ Sammellinsen werden zur Erzeugung von Bildern bei Auge, Fotoapparat, Lupe, Mikroskop, Diaprojektor und Fernrohr genutzt. Die Bilder können kleiner oder größer als der Gegenstand sein oder die gleiche Größe haben.

■ Befindet sich ein Gegenstand außerhalb der Brennweite, entsteht ein **reelles Bild** (auf einem Schirm auffangbar). Befindet sich der Gegenstand innerhalb der Brennweite, entsteht ein **virtuelles Bild.**

■ Das Verhältnis von Bildgröße B zu Gegenstandsgröße G wird als **Abbildungsmaßstab** bezeichnet.

Basiskonzepte erleichtern das Lernen, weil du mit ihrer Hilfe naturwissenschaftliche Inhalte systematisieren und strukturieren kannst.

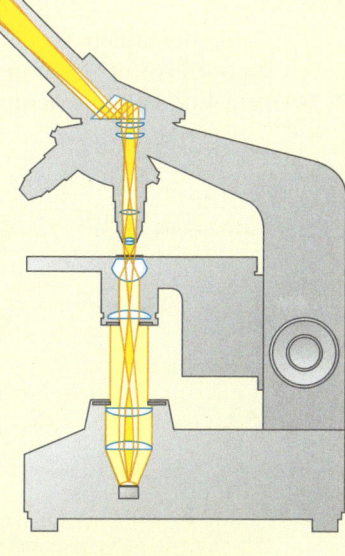

System

- Im System Sonne-Erde-Mond entstehen durch die Bewegung von Erde und Mond Sonnen- und Mondfinsternisse.
- Das menschliche Auge, Fotoapparate, Beamer, Mikroskope oder Fernrohre sind optische Systeme.

Lichtausbreitung und Bildentstehung

Struktur der Materie

- Es gibt undurchsichtige, durchscheinende und durchsichtige Körper.
- Weißes Licht kann durch ein Prisma in seine Bestandteile (Licht verschiedener Farben) zerlegt werden.

Wechselwirkung

- Zwischen Licht und Körpern, auf die es trifft, treten Wechselwirkungen auf.
- Beim Auftreffen auf Körper kann Licht reflektiert werden.
- Beim schrägen Auftreffen auf lichtdurchlässige Körper kann Licht gebrochen werden.
- Licht kann von Stoffen absorbiert werden.

Energie

- Mit Licht wird Energie transportiert.
- Bei der Absorption von Licht wird Lichtenergie in thermische Energie umgewandelt.
- Mit der Reflexion von Licht wird auch Energie „umgelenkt".
- Durch Spiegel oder Linsen kann Licht und damit auch Energie in einem Punkt (Brennpunkt) konzentriert werden.

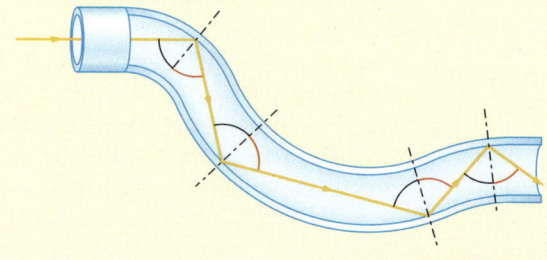

Erfasst und vernetzt

Mit Fachwissen umgehen

1. Caroline trainiert für einen Test. Dabei sind ihr noch einige Fehler unterlaufen. Finde die Fehler und korrigiere sie.

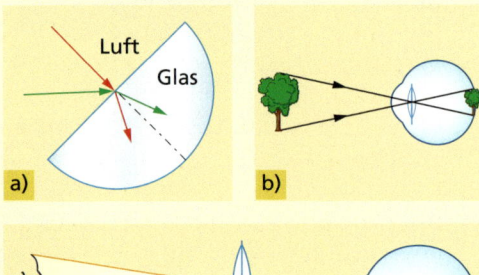

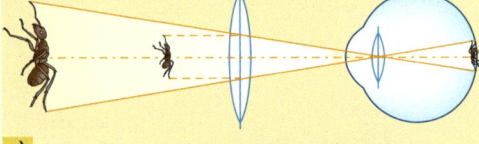

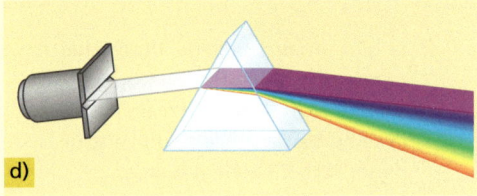

c) Eine Lupe verkleinert den Sehwinkel.

d)

2. Bei der Ausmessung von Flächen und zur Festlegung rechter Winkel verwenden Landvermesser im Gelände oft einen Winkelspiegel. Er besteht aus zwei Spiegeln, die in einem Winkel von 45° zueinanderstehen.

a) Zeichne einen solchen Winkelspiegel ins Heft. Konstruiere den Verlauf eines beliebigen Lichtstrahls bis zum Austritt aus den Spiegeln. Der Winkel α soll dabei zwischen 0° und 45° liegen.

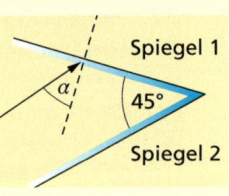

b) Zeichne zwei weitere Lichtstrahlen und deren Verlauf ein. Welche allgemeine Aussage über den Verlauf von Lichtstrahlen an einem solchen Winkelspiegel lässt sich ableiten?

Methoden der Physik nutzen

3. Untersuche die Eigenschaften von Bildern, die an einer Sammellinse entstehen. Protokolliere den Versuch.

Vorbereitung:
a) Stelle folgende Materialien bereit: Linse mit $f = +100$ mm, Kerze, Schirm, Maßstab.
b) Bereite ein Protokoll vor.
c) Zeichne den Strahlenverlauf an einer Sammellinse und kennzeichne Gegenstandsweite und Bildweite.

Durchführung:
a) Ordne die Kerze so an, dass sich ihre Flamme etwa in Höhe der Linse befindet (↗ Abb.). Stelle die Kerze gegebenenfalls etwas höher.

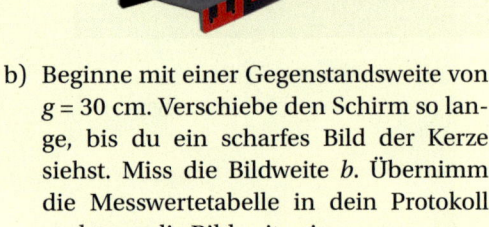

b) Beginne mit einer Gegenstandsweite von $g = 30$ cm. Verschiebe den Schirm so lange, bis du ein scharfes Bild der Kerze siehst. Miss die Bildweite b. Übernimm die Messwertetabelle in dein Protokoll und trage die Bildweite ein.

Gegenstandsweite g	Bildweite b
30 cm	
25 cm	
20 cm	
15 cm	
12 cm	

Auswertung:
a) Formuliere dein Ergebnis in der Form: „Wenn sich die Gegenstandsweite verkleinert, dann ..."
b) Nenne weitere Eigenschaften der erzeugten Bilder.

Informationen erschließen und austauschen

4. Erstellt eine Wandzeitung zum Thema „Bilder von Gegenständen – wie sie entstehen und welche Eigenschaften sie haben". Berücksichtigt Spiegel und Linsen. Nutzt verschiedene Informationsquellen. Vergleicht und diskutiert eure Ergebnisse.

5. Kontaktlinsen ersetzen vielfach Brillen. Informiere dich bei einem Optiker oder Augenarzt über Arten, Vor- und Nach-  teile von Kontaktlinsen. Nutze auch das Internet. Tausche dich mit deinen Mitschülern aus.

6. Betrachtet 10 s lang gemeinsam ein Bild eurer Wahl. Beschreibt und vergleicht das Gesehene. Welche Folgerungen könnt ihr aus dem Vergleich ableiten?

7. Lupen und Mikroskope dienen dazu, mehr Einzelheiten als mit bloßem Auge zu erkennen.
   a) Erkunde, was man bei einer Lupe oder einem Mikroskop unter „Vergrößerung" versteht.
   b) Welche Vergrößerung erreicht man mit einer Lupe? Vergleiche mit der Vergrößerung eines Mikroskops.

8. Finde gemeinsam mit deinem Partner Gemeinsamkeiten und Unterschiede von Mikroskop und Fernrohr heraus. Bereitet den Vergleich vor, indem einer eine Übersicht zum Mikroskop und der andere eine Übersicht zum astronomischen Fernrohr erstellt. Legt zuvor die Merkmale fest, die verglichen werden sollen.

Sachverhalte erkennen und bewerten

9. Lichtquellen zur Beleuchtung von Räumen und Arbeitsplätzen sind in den letzten Jahrzehnten erheblich weiterentwickelt worden. Als Stichworte seien genannt: Glühlampe – Leuchtstofflampe – LED.
   a) Erkunde, worin die Weiterentwicklung aus physikalischer Sicht besteht.
   b) Bewerte die Entwicklung aus ökonomischer und ökologischer Sicht.

10. Bewertet die Entwicklung der Lichtleitertechnik. Erörtert an Beispielen, welchen Nutzen die Entwicklung im Alltag, in der Medizin und in der Technik brachte.

11. Astronomen gewinnen neue Erkenntnisse unter anderem durch die Beobachtung von Sternen und Galaxien. Dazu werden immer neue Instrumente entwickelt. Zu ihnen gehören große Teleskope auf der Erde und Teleskope, die sich außerhalb der Erde im Weltraum bewegen. Das Foto zeigt das VLT (Very Large Telescope).

   a) Informiert euch über das VLT.
   b) Diskutiert miteinander über Aufwand und Nutzen solcher Projekte. Bildet dazu Interessengruppen.

12. Erkundigt euch in Gesprächen mit euren Eltern nach Erfindungen, die in den letzten 30 Jahren das Leben der Menschen revolutioniert haben. Bewertet diese Veränderungen.

Register

Bildquellenverzeichnis

ADAC: 38/01; Adam Opel AG: 93/2; adpic Bildagentur/M. Dietrich: 87/04; AEG GmbH: 104/01; AEG Hausgeräte GmbH: 106/01; ARAL: 175/01; Archiv der Archenhold-Sternwarte Berlin: 212/2; B. Mahler, Fotograf, Berlin: 27/01, 43/01, 49/02, 87/03, 90/1a, 90/1b, 90/1c, 129/01, 151/03, 182/02, 216/1a, 216/1b, 216/1c, 217/1; B. Pehl, Warenshof: 171/1b; B. Wöhlbrandt: 227/01d; BackArts GmbH 22/01, 46/01, 100/02, NS 05, NS 08; Barbara Gau: 10/04; Bibliographisches Institut GmbH, Mannheim: 37/2; Biedermann, A., Berlin: 179/01; Bizerba GmbH & Co. KG, D-72336 Balingen: 16/1a; Bosch: 99/1b; Carl Zeiss Jena: 245/1, 245/2, 246/2; Claudia Kilian: 124/1, 232/01; Corel Photos Inc.: 25/2, 31/04, 31/05, 65/02, 79/1a, 151/05, 151/06, 160/3/4, 171/1c, 181/01, 186/1, 187/1; Cornelsen Experimenta: 45/01, 45/02, 45/03, 53/01, 57/01, 87/01, 91/3, 98/01, 98/03, 98/04, 98/08, 102/01, 112/01, 117/2a, 117/2b, 155/1a, 155/1a, 155/1d, 155/2, 155/3, 176/01, 182/01, 222/1a, 222/1b, 222/1c, 249/02, 252/01, 253/02; DB AG/Klarner: NS 10; Dr. Ingo Schnell: 205/1; Dr. Michael Unger: /NS 01; Dr. Tilo Geisel: 156/02; Duden Paetec GmbH: 94/1, 218/3; Düsterhaus, Heiner, Bad Driburg: NS 09; EFS Hausgeräte GmbH, Seppelfricke: 160/3/2; ESO: 253/03; Fotolia: 36/02, 106/04, 128/01, 232/05; Fotolia/Chris Lofty: 8/03; Fotolia/Christa Eder: 73/09; Fotolia/Cyril Comtat: 86/01; Fotolia/D. Trifunovic: 204/03; Fotolia/Elina Gareeva: 183/1a; Fotolia/Franz Pfluegl: 87/05; Fotolia/Gregor Mönks Photografie: 82/01; Fotolia/H. Niklas: 215/02; Fotolia/Ihar Kaskevich: 69/04; Fotolia/Kaarsten: 8/01; Fotolia/lnzyx: 181/03; Fotolia/Markus Lennartz: 16/1b; Fotolia/Steven Pepple: 26/01; Fotolia/Tan Kian Khoon: 73/04; G. Liesenberg: 6/01, 12/1, 42/01b, 42/01c, 42/01d, 73/06, 98/05, 98/06, 98/07, 122/2, 151/02, 152/02, 152/04, 155/1b, 164/2, 172/1, 206/1c, 228/01, 230/01, NS 03; H. Mahler, Fotograf, Berlin: 10/02, 11/1a , 12/2a , 12/2b, 14/1, 21/01, 21/02, 31/02, 31/03, 62/02, 62/03, 62/04, 63/1, 89/01, 98/1, 102/02, 150/03, 151/03, 177/01, 183/1b, 203/03, 204/01, 208/3, 219/01, 224/1; Heinz-Günter Lau GmbH, Ahrensburg: 127/2; Hekatron Vertriebs GmbH, Sulzburg: 175/1; Held, Alfred, Falkensee: 202/01; Hemera Photo Objects: 14/01, 20/01, 30/02, 229/02, 248/01, NS 06; Henkel-Werksarchiv: 187/1; Hubert Bossek, Hoppegarten: 213/01; Hummel Roland, Engstingen: 156/01; HVBG/Danetzki: 5/01; IKEA: 78/1; InfraTec GmbH, Dresden: 158/1, 162/2; iStockphoto: 7/01, 49/03, 74/1, 106/02, 199/01, 245/3; iStockphoto/B. Blankenburg: 69/01; iStockphoto/Bart Sadowski: 9/04; iStockphoto/Bo Insogna: 64/01; iStockphoto/Carsten Böttcher: 41/1; iStockphoto/Chris Schmidt: 60/01; iStockphoto/Gene Cutka: 204/02; iStockphoto/Izabela Habur: 87/02; iStockphoto/Jacom Stephens: 36/01; iStockphoto/Linda Bucklin: 8/04; iStockphoto/marco testa: 150/01; iStockphoto/Marion Hornik 9/03, 83/01; iStockphoto/Matjaz Boncina: 88/04; iStockphoto/photoGartner: 10/03; iStockphoto/S. Dominick: 202/04; IStockphoto/Tammy Peluso: 9/02; iStockphoto/Ugur Bariskan: 198/01; Jim Reed/Jim Reed Photography - Severe/Corbis: 86/02; J. Menzel, Radewege: 30/01; John Foxx Images: 69/03; K. Bahro, Berlin: 79/1c, 127/1, 132/01, 132/02; Kyocera: 144/06; LD Didactic: 138/01, 155/01, 155/1c, 220/2; Lufthansa-Bildarchiv: 73/02; M. Liesenberg: 222/2; M. Vollmer, K.-P. Möllmann, FH Brandenburg: 39/1; Mannesmann Dematic, Wetter: 73/08; mauritius images/age fotostock: 150/04; mauritius images/Chris Hermann: 207/3; mauritius images/Douglas Peebles: 196/01; mauritius images/Harry Walker: 214/02; mauritius images/Peter Enzinger: 147/01; mauritius images/Phototake: 203/04; Meyer, L. Potsdam: 10/01, 14/2, 42/01a , 50/2, 61/02, 66/01, 83/02, 100/03, 100/04, 103/01, 103/01, 104/02a, 128/2, 138/02, 140/01, 142/01, 144/01, 144/02, 144/03, 144/04, 144/05, 144/07, 144/08, 152/03, 153/1, 155/4, 155/5, 179/02, 179/03, 179/04, 186/2, 188/1, 197/01, 197/02, 203/06, 208/1, 210/2, 214/01, 218/1a, 218/1b, 226/3, 227/01b, 229/01, 230/02, 232/03, 232/04, 233/01, 235/1, 235/2, 249/01; Mid-America Science Museum, Hot Springs, Arkansas: 4/02; Mountain High Maps: 33/1, 92/2; NASA: 33/2, 191/01, 227/02, NS 02; NTL Austria: 30/03, 31/01, 37/1, 88/03, 99/1c, 99/2b, 200/01, 221/1, 223/1, 234/01, 234/02; ÖAMTC: 25/3, 181/04, 215/01, 215/1; Osram GmbH: 78/1, 98/02, 100/01, 104/03, 207/2, 207/4, NS 07; panthermedia 31/06, 65/03, 151/01; panthermedia/Claus Kiefer: 9/05; panthermedia/Dieter Möbus: 9/01; panthermedia/Elmar Weber: 69/02; panthermedia/Gabi Schär: 8/02; panthermedia/H. Bechheim: 99/1a; panthermedia /H. Hellwig: 251/01; panthermedia/Jenny Sturm: 49/01; panthermedia/Kristin Kirpschus: 133/01; panthermedia/M. Pucher: 79/1b; panthermedia/Manfred Grafweg: 4/01; panthermedia/Meseritsch Herby: 242/2; panthermedia/Monika Guthy: 31/08; Patrik Vogt, Landau: 87/06, 101/1, 101/2, 101/3, 104/03, 107/1, 110/1, 113/2, 116/1, 117/3, 117/4, 123/1a, 123/1b, 126/1, 126/2, 148/01; Philips AG: 136/1; Photo Disc Inc.: 5/02, 21/03, 31/09, 50/4, 65/01, 65/04, 73/01, 73/07, 79/1d, 92/1, 141/01, 153/2, 160/3/1, 171/1a, 181/02, 189/1, 202/03, 203/05, 206/1a, 206/1b, , 241/1, 253/01, NS 11, Photosphere: 187/1; Phywe Systeme GmbH & Co. KG, Göttingen: 18/2, 19/1, 55/01, 56/1, 62/01, 135/3, 152/1, 203/01, 243/2; picture alliance/dpa/Foto DVR: 11/1d; picture-alliance/dpa: 75/1, 225/2; picture-alliance/dpa/dpaweb: 32/01; picture-alliance/maxppp: 149/01; picture-alliance/ZB: 183/1c, 232/02; Pitopia/Beate Türk, 2004: 61/01; rebelpeddler Chocolate Cards: 114/01; S. Kalmutzki, Neuenhagen: 239/3a, 239/3b; S. Pielow/STOCK4B: 36/03; S. Ruhmke, Berlin: 11/1c; S. Schmitz: 54/1; Samsung: 134/02; Sartorius AG: 23/01; SCHOTT, Mainz: 73/05; Sebastian Karpp: 10/05, 84/01; Shutterstock/EpicStockMedia: 3/01; shutterstock/Olga Utlyakova: 99/2a; Shutterstock/Picsfive: 151/04; Shutterstock/Ungor: 196/02; Sibylle Haase: NS 04; Siemens AG / München: 31/07, 86/04, 104/02, 104/04, 106/03, 134/01, 134/03, 181/05, 206/1d, 223/2, 227/01a; Siemens- Bildarchiv: 73/03; Silvestris GmbH, Kastl: 11/1b; Susanne Raake: 88/02; Technorama, Schweiz, www.technorama.ch: 86/03, 88/01, 203/02; THW Neu-Ulm/Thomas Würth: 76/1; U. Schmidt, Bad Lausick: 25/1; VARTA AG: 112/02; Volkswagen Nutzfahrzeuge: 194/2; Wacker Siltronic AG Burghausen: 137/2; WML-Weathershop GbR: 134/04; www.fotos-direkt.de: 202/02, 227/01c; Z. Neuls, Berlin: 125/01.

Massen in Natur und Technik

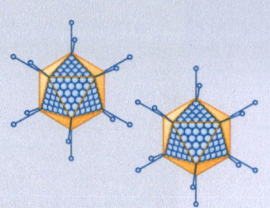

Elektronen, Atome
$<10^{-24}$ kg

Viren, Bakterien
$<10^{-20}$ kg

kleines Sandkorn
10^{-8} g

Briefmarke
10^{-5} g

Wassertropfen
(0,3 g)

1-Euro-Münze
7,5 g

Tafel Schokolade
100 g

1 Liter Wasser
1 kg

Gehirn eines Menschen
ca. 1,4 kg

Pkw der Mittelklasse
1 200 kg = 1,2 t

Startmasse eines Airbusses A 380
ca. 500 t

Masse der Kugel des Berliner Fernsehturms
4800 t

Masse des Betonschafts des Berliner Fernsehturms
26 000 t

Masse der Erde
$5,97 \cdot 10^{24}$ kg